江蘇省地方志編纂委員會辦公室組織
主編 程
執行主編 張

江南通志

第十二册

藝文志
雜類志

鳳凰出版社

第十二册目録

江南通志卷一百九十

藝文志

文獻足則能徵。江南人物之爲獻詳矣，文其可略乎？漢儒授經在沛、碭間。至宋，新安朱子傳述大備，故宣、歙多説經之士。自餘史才詩學、諸子百家之書，大江南北爲尤盛。固天性使然，亦文學流風結習於翰墨，彬彬乎千載著述之林也。又多藏書之家，卷帙充棟，津逮者不罕。今考漢、隋、唐、宋諸史，所載藝文之目，撰著出於江南者，雖書或軼，猶載之。耳目睹聞所及，郡邑乘所録，參擇而取焉。爲類四，爲卷五，作《藝文志》第九。

經部

註疏箋訓　理學語録　字說

商

《咸乂》四篇。　商相巫咸作。《越絶書》云：虞山，巫咸所出篇名。見《書·序》。

漢

《田氏易》。　田氏名王孫，碭人，受業於梁丁寬，傳施讎、孟喜、梁(邱)〔丘〕賀三人。

《焦氏易》十卷。　焦氏名贛，一名廷壽，碭人，受《易》於孟喜。

《焦氏易林》二卷。　焦贛自撰。

《施氏易章句》二篇。　施氏名讎，沛人。

《高氏易災異說》　高氏名相，沛人。自言受《易》於丁將軍，傳子康及蘭陵母將永。

《劉向校尚書大傳》 三①。《大傳》，伏生作，彭城劉向校定。

《洪範五行傳記》 十一卷。劉向作。其子歆亦有《洪範五行傳論》，與向頗有異同。

劉向《禮記》 二百十四篇。先是，東海孟卿傳《禮》百三十一篇。向又得孔子《三朝記》七篇，《明堂陰陽記》三十三篇，王氏、史氏《記》二十一篇，合之爲此書。梁人戴德即向所傳，删之爲八十五篇，名《大戴禮》。其從子聖，又删去四十五，餘亦離合之爲四十五篇，名《小戴禮》。馬融仍取劉向本，增入《樂記》《月令》《明堂位》三篇。不知何時，逸《朝義》，增入《喪服》《四制》篇。今所傳《禮記》四十九篇是也。

《聞人氏禮記》 聞人氏名通漢，沛人，受《曲臺記》於郯后蒼。

《慶氏禮記》 慶氏名普，亦沛人，受《禮》於后蒼。

《樂記》 二十三篇。先是，河間獻王撰《樂記》二十四卷，後傳常山王禹。成帝時，獻入秘府，其書遂亡。此劉向所校定。張守節云：公孫尼子所撰。其目有樂本、樂倫、樂理、樂施、樂情、樂形、樂化、樂象、賓牟賈問樂、子貢問樂、魏文侯問樂、奏樂、樂器、樂作、意始、樂穆、説律、季札、樂道、樂義、招本、招頌、竇公。自馬融掇十一篇入《禮記》，而餘篇遂亡矣。

《嚴氏公羊春秋》 嚴氏名彭祖，下邳人，受《公羊》於魯眭孟。

---

① 《新唐書·藝文志》一尚書類有「伏勝注《大傳》三卷」，疑此處「三」下脱「卷」字。

《蔡氏穀梁春秋》　蔡氏名千秋，沛人，與梁人周慶、丁姓皆從魯榮廣受《穀梁》。漢宣帝先徵千秋立穀梁學，千秋卒，徵慶及姓並置博士。徐州舊志則謂慶、姓皆徐人。又丁姓弟子申章昌，時史稱楚人。徐州志謂：徐州，時爲楚王封國，故稱楚，實徐州人也。

劉向《新國語》　五十四篇。

劉歆《左氏春秋》　漢初，張蒼、賈誼、張敞等皆修《左氏春秋傳》，而武帝止立《公羊》，宣帝乃立《穀梁》。至此，《左氏》乃立。

《孝經翼氏説》　一篇。　翼氏名奉，下邳人。

東　漢

桓氏大、小太常《尚書章句》。　沛郡桓榮，子郁。

《魯詩章句》　曲阿包咸。

《樂原起》　二卷。　沛桓譚。

《論語章句》　包咸。

三　國

《周易陸氏註》　十五卷。

《京房易傳註》 三卷。
《京房積算雜占條例註》。
俱吴陸績，吴人。
《周易日月變例》 六卷。 陸績同虞翻註。
《毛詩雜問難》 七卷。 吴雲陽韋昭撰。
《春秋古今會盟地圖》 一卷。
《註穀梁》 十二卷。
《春秋外傳國語註》 二十一卷。
俱吴丹陽唐固。
《春秋外傳國語註》 二十一卷。 吴韋昭。
《孝經註》 一卷。 吴謝萬。 按《孝經正義》云： 今文則魏有王肅、蘇林、何晏、劉劭，吴有韋昭、謝萬、徐整。 是此謝萬，吴人，非晋之謝萬也。
《孝經註》 一卷。 吴韋昭。
《孝經傳》 一卷。 彭城嚴畯。
《五宗圖述》 吴沛郡薛綜。

晋

《尚書註》 一卷。

《尚書舜典註》 一卷。

俱范甯。其先順陽人，父汪徙居丹陽。

《毛詩草木蟲魚疏》 二卷。 吴陸璣，字元恪。璣，《隋書·藝文志》作「機」。①

《祭典》 三卷。 范汪。

《禮答問》 九卷。

《禮雜問》 十卷。

俱范甯。

《周禮詳解》 安東陳邵。

《春秋穀梁傳解》 十二卷。

《穀梁傳例》 一卷。

《論語説》 十卷。

---

① 《隋書·藝文志》，當即《隋書·經籍志》，清人偶有稱作《隋書·藝文志》者。

俱范甯。

東晋

《周易繫辭》二卷。亳桓(元)〔玄〕。

《尚書註逸篇》三卷。京口徐邈。

《喪服變除》一卷。句容葛洪。

《春秋經傳註》十二卷。徐邈。

《五經大義》三卷。

《中庸註》一卷。

俱譙戴逵。

南北朝

《周易論》十卷。齊鍾山周顒。

《周易乾坤義》一卷。

《周易四德例》一卷。

《周易繫辭義疏》二卷。

俱齊沛國劉瓛。

《周易大義》二十一卷。

《大義疑問》二十卷。

《周易講疏》三十五卷。

《周易繫辭義疏》一卷。

俱梁武帝。

《連山》三十卷。梁元帝。

《周易幾義》一卷。

《發義》一卷。

俱梁南平王蕭偉。

《周易註》十卷。梁灊人何允。

《尚書大義》二十卷。梁武帝。

《毛詩背隱義》三卷。宋京口徐廣，邈弟。《隋書·藝文志》作「二卷」。①

《毛詩釋》一卷。宋灊人何偃。

① 《隋書·藝文志》，當即《隋書·經籍志》，清人偶有稱其爲《隋書·藝文志》者。

《毛詩序義疏》三卷。
《毛詩篇次義》一卷。
俱齊劉瓛。
《毛詩發題序義》一卷。
《毛詩大義》十二卷。
俱梁武帝。
《毛詩十五國風義》二十卷。梁簡文帝。
《毛詩序註》一卷。梁秣陵陶弘景。
《毛詩總集》十卷。
《毛詩隱義》十卷。
俱梁何允。
《毛詩義疏》十二卷。陳吴郡顧越。
《禮論答問》十三卷。
《禮答問》二卷。
俱宋徐廣。
《月令章句》十二卷。

《中庸傳》 二卷。

俱宋譙郡戴顒，逵子。

《喪服經傳義疏》 一卷。 齊劉瓛。

《禮記大義》 十卷。

《樂社大義》 十卷。

《樂論》 三卷。

《鍾律緯》 六卷。

俱梁武帝。

《樂義》 十一卷。 梁武帝集朝臣共撰。

《長春義記》 一百卷。 梁簡文帝。

《禮疑義》 五十卷。 梁鍾山周捨，顒子。

《禮記講疏》 一百卷。

《禮記義疏》 五十卷。

俱梁皇侃，吴人。 按《戴記》自馬、鄭增定後，傳之南者爲皇侃，傳之北者爲熊安生。 唐孔穎達疏以皇爲據，而熊本遂亡。 今所傳熊本《大學》與石經同，與皇本異。 而孔疏於《樂記》亦言，今次與鄭目殊。 記家别起意趣，是皇或變鄭次，而孔遂因之也。《梁書》作「講疏」五十卷，無「義疏」名。《隋志》作「講疏」四十八卷、「義疏」九十九卷，序目不在列。此從《唐志》。

《禮答問》十卷。

《禮雜答問抄》一卷。

《禮記義》十卷。

俱梁潛人何佟之。

《士喪儀註》九卷。

《喪服治禮儀註》九卷。

《政禮》十卷。

俱梁何允。

《理義儀註》九卷。梁潛人何點。

《喪服文句義》十卷。梁皇侃。

《喪服義》三卷。陳吴人張冲。

《周官義證》三卷。

《儀禮義證》五卷。

《禮記義證》十卷。

俱後魏彭城劉芳。

《春秋左傳例苑》十八卷。梁簡文帝。

《春秋左氏義略》陳張冲。

《孝經註辨》一卷。齊吴人陸澄。

《孝經義疏》十八卷。梁武帝。

《孝經義疏》五卷。梁簡文帝。

《皇太子孝經講義》三卷。

《天監八年皇太子孝經講義》一卷。

俱梁蕭統。

《孝經集註》一卷。梁陶弘景。

《孝經義疏》三卷。梁皇侃。

《孝經義》十卷。陳張冲。

《孝經義疏》三卷。陳顧越。

《孔子正言》二十卷。梁武帝輯。

《論語集註》十卷。梁陶弘景。

《論語疏》十卷。梁皇侃。

《論語旨義》十二卷。陳張冲。

《論語義疏》 十卷。 陳顧越。

隋

《江都集禮》 一百二十卷。 吴郡潘徽等撰。

《禮疏》 一百卷。

《禮記文外大義》 三卷。

俱吴褚暉。

唐

《易傳》 十三卷。

《易圖指説》 一卷。

《易説變微旨》 一卷。

俱吴陸希聲。

《周易大義》 二卷。

《周易文句義疏》 二十四卷。

俱吴陸元朗，字德明。

《詩纂義》 句容許叔牙。

《禮志》 十卷。 吴丁公著。

《類禮》 二十卷。 吴郡陸淳。

《三禮圖》 九卷。 昆山張鎰。

《樂書》 秋浦胡楚賓。

《春秋通例》 三卷。 吴陸希聲。

《春秋集註》 二十卷。

《春秋集傳纂例》 十卷。

《春秋微旨》 二卷。

《春秋辨疑》 七卷。

俱陸淳。

《春秋三傳指要》 沛劉軻。

《春秋外傳》 沛劉貺。

《五經微旨》 十四卷。 昆山張鎰。

《論語辨註》 三卷。 吴郡張籍。

南唐

《春秋纂例》　江虔嗣。

宋

《易傳易測》　三十卷。　鄭夬，字揚廷，江寧人，得邵堯夫易學於王天悦，著此書。夬傳吴秘，秘傳劉牧。又作《明數》《明象》《明傳道》《明次例》《明範》五篇。《宋志》作鄭揚庭，《時用書》十三卷①，《明用書》九卷，《易傳辭》三卷，《易傳辭後語》一卷。

《易説》　長洲林虙。

《周易義類》　三卷。　吴縣顧棠。

《易議》　常熟(邱)〔丘〕礪。

《易説》　三卷。　常熟錢侯。

《易解》　三十卷。　常熟錢佃，侯弟。

《讀易釋解》　五十卷。　昆山孫載。

① 「十三卷」，《宋史·藝文志一》作「二十卷」。

《古易》　十二卷。

《周易圖説》　二卷。

俱昆山吴仁傑。

《學易蹊徑》　一卷。　華亭田疇。

《周易裨傳》　二卷。

《易外篇》　一卷。

俱華亭林至。

《易繫辭纂義》　二卷①。　晋陵鄒浩。

《易解》　十卷。　武進張巨。

《易傳内篇外篇》　無錫李綱。

《包氏易義》　江陰包天麟。

《周易説義》　十四卷。

《周易變體》　十六卷。

俱丹徒都潔。

① 「二卷」，《四庫》本作「一卷」。

《易學理窟》一卷。丹徒艾謙。
《周易通義》二十卷。
《古易老義》十卷。
《古經考異釋疑》一卷。
《古今易總志》三卷。
《繫辭要旨》
俱丹陽洪興祖。
《周易義海撮要》房審權編百卷，江都李衡刪存十二卷。
《易傳》十卷。
《易口義》十卷。
《易繫辭說卦》三卷。
《易解》十二卷。
俱泰州胡瑗。
《易傳》十卷。高郵孫覺。
《易說》十卷。高郵喬執中。
《易索大究經》十三卷。真州張汝明。

《易新義》二卷。儀（徵）〔真〕沈季長。
《易説》十卷。如皋王俊義。
《易解》舒州王日休。
《易論》歙吴昶。
《周易釋傳》休寧錢時。
《周易集解》六卷。
《易解義》十卷。
俱休寧凌唐佐。
《周易解》休寧金安節。
《易原》十卷。
《易老通言》十卷。
《周易本義》十二卷。
俱休寧程大昌。
《易傳》十一卷。
《易學啓蒙》三卷。
《古易音訓》二卷。

《蓍卦考誤》一卷。

俱朱子。

《易旨疏釋》婺源吴覺。

《讀易筆記》八卷。

《象數稽疑》

俱婺源王炎。

《讀易手編三傳》宣城陳天麟。

《易象寶鑑》石埭王鎡。

《易傳》十卷。

《乾德指説》一卷。

《復書》七卷。

俱當塗王逢。

《易説》泗州李犍。

《尚書解》吴郡范純仁。

《書贊》吴郡朱長文。

《書義》長洲林虙。

《晦菴書説》七卷。吴縣黄士毅。

《書傳》十篇。吴縣謝景平。

《尚書洪範圖解》一卷。昆山吴仁傑。

《洪範九圖説》華亭陳伯達。

《包氏書義》江陰包天麟。

《書解》三十卷。丹陽張綱。

《尚書辨學》十三卷。江都王居正。

《尚書全解》二十八卷。

《洪範口義解》一卷。

《書解》十三卷。

《書義口述》一卷。

俱泰州胡瑗。

《書説》四十卷。

俱高郵孫覺。

《尚書譜》二十卷。歙吴昶。

《禹貢論》五卷。

《禹貢論圖》五卷。

俱休寧程大昌。

《洪範圖説》休寧程若庸。

《閏月定四時成歲議》休寧吴觀萬。

《尚書衍義》休寧錢時。

《尚書直解》婺源朱弁。

《書經解》婺源許月卿。

《書小傳》十八卷。

《禹貢辨》一卷。

俱婺源王炎。

《毛詩訓解》二十卷。吴郡李撰。

《詩説》吴郡朱長文。

《詩考》五卷。

《詩地理考》五卷。

俱吴許洞。

《詩説》十篇。吴縣謝景平。

《詩法》　昆山孫載。
《包氏詩傳》　江陰包天麟。
《毛詩辨學》　二十卷。　江都王居正。
《毛詩講義》　十卷。　一高郵喬執中，一儀(徵)〔真〕沈季長。
《毛詩辨正》　休寧程大昌。
《學詩管見》　休寧錢時。
《詩集傳》　二十卷。
《詩序辨》　一卷。
《詩序辨説》
俱朱子。
《詩義釋音》　寧國汪灝。
《禮記中庸解》　吴郡朱長文。
《禮記解》　長洲林虙。
《儀禮註》　吴縣黄士毅。
《禮記集説》　一百六十卷。
《圖説》　一卷。

俱昆山衛湜。

《周禮辨義》　無錫尤袤。

《禮記解》　七十卷。　揚州馬晞孟。

《周禮辨學》　五卷。

《辨學外集》　一卷。

俱江都王居正。

《周禮講義》　十卷。　儀（徵）〔真〕沈季長。

《夏小正辨》　一卷。　休寧吴觀萬。

《儀禮經傳通解》　朱子輯，門人黄榦續成《喪禮》，楊復續成《祭禮》。

《鄉飲酒禮儀》　婺源王炎。

《樂舞新書》　昆山吴仁傑。

《樂記》　五卷。　無爲楊傑。

《春秋通志》　二十卷。　吴郡朱長文。

《春秋總要》　十卷。　吴郡李撰。

《春秋纂類》　十卷。　蘇州葉清臣。

《春秋傳》　二十卷。

《春秋考》三十卷。
《春秋讞》二十卷。
俱蘇州葉夢得。
《春秋釋幽》五卷。
《演(元)〔玄〕》十卷。
俱吴人許洞。
《春秋新解》二十卷。常熟陸綰。
《春秋集傳》十五卷。
《備論》二卷。
俱昆山王葆。
《包氏春秋傳義》江陰包天麟。
《春秋本旨》二十卷。丹陽洪興祖。
《春秋釋例集説》三卷。江都李衡。
《春秋本義》二十卷。江都王居正。
《春秋要義》二十卷。
《春秋口義》五卷。

俱泰州胡瑗。
《春秋經解》　十五卷。
《春秋尊王》
《春秋學纂》　十二卷。
《春秋經社》　六卷。
俱高郵孫覺。
《春秋通解》　十五卷。　余克濟。
《春秋解》　舒州王日休。
《演春秋繁露》　休寧程大昌。
《春秋大旨》　休寧錢時。
《春秋衍義》　婺源王炎。
《春秋門例通解》　石埭王鎡。
《左傳國語要略》　十卷。
《考異》　三卷。
俱廣德沈虚中。
《孝經解》　五卷。　蘇州王絢。

《孝經正義》三卷。無錫杜鎬。

《古文孝經序贊》丹陽洪興祖。

《孝經註》通州李重發。

《孝經刊誤》一卷。朱子。

《孝經解》五卷。婺源王炎。

《諸經講説》十卷。常熟錢俣。

《易義四書性理講解》無錫喻樗。

《諸經講義》六十卷。金壇王遂。

《周書》山陽王資深。

《三經辨學》江都王居正。

《考古圖》舒州李公麟。

《論語孝經正義別纂》歙舒雅。

《六經疑義》二十卷。休寧程永奇。

《九經要義補》休寧汪大發。

《考古編》休寧程大昌。

《諸經考疑》婺源王炎。

《詩書解義》　寧國汪瀶。
《六經辨証疑問》　石埭丁黼。
《大學章句》　朱子。
《中庸傳》　一卷。　泰州胡瑗。
《中庸義》　一卷。　高郵喬執中。
《中庸章句》
《中庸輯略》
《學庸或問》
俱朱子。
《論語解》　二十卷。　蘇州王絢。
《論語釋言》　十卷。　蘇州葉夢得。
《論語解》　二十卷。　常熟錢觀復。
《論語解》　晉陵周孚①先。
《論語解》　晉陵鄒浩。

① 「孚」，《四庫》本作「郛」。

《論語詳説》 無錫李綱。

《論語註》 江陰曹宻①。

《論語説》 十卷。 丹陽洪興祖。

《論語解義》 十卷。 江都王令。

《論語感發》 十卷。 江都王居正。

《論語説》 江都李衡。

《論語大意》 二十卷。 海陵卞圜。

《論語解》 十卷。 儀(徵)〔真〕沈季長。

《論語解》 婺源王炎。

《論語解義》 婺源李繒。

《論語集註》 十卷。

《論語精義》 三十四卷。

《論語訓蒙口義》

《論語詳説》

① 「宻」,《四庫》本作「密」。

《論語或問》
俱朱子。
《論語義》 十卷。 貴池湯巖起。
《孟子講義》 十四卷。
《廣養氣論》 三篇。
俱吴郡李撰。
《孟子解》 晉陵鄒浩。
《孟子解》 六卷。 宜興蔣之奇。
《孟子解義》 五卷。 江都王令。
《孟子疑》 十四卷。 江都王居正。
《孟子要略》 十四卷。
《孟子或問》 十四卷。
俱朱子。
《四書講義》 蘇州張慶之。
《四書説約》 華亭田疇。
《四書傳》 鎮江湯炳龍。

《四書講説》　歙劉伯諶，伯證兄。
《四書集註附録》　歙祝穆。
《四書疑義》　十卷。　休寧程永奇。
《四書管見》　休寧錢時。
《四書講義》　婺源江愷。
《四書增釋》　婺源胡伸。
《曾子》　十二篇。
《子思子》　九篇。
俱績溪汪晫所。

元

《大易會要》　一百三卷。
《周易集説》　四十卷。
《讀易須知》　一卷。
《易圖》　一卷。
《古占法》　一卷。

《卦爻象占分類》 一卷。

《易圖合璧説》

《易外別傳》 一卷。

俱吴縣俞琰。

《讀易編》 吴縣陳深。

《周易解詁》 二卷。

《河圖説》 一卷。

《占法》 一卷。

俱吴縣陳謙。

《易傳集説》 吴縣周南老。

《讀易管見》 三十卷。 華亭衛謙。

《易四圖贊》 華亭周之翰。

《易解大全》 三十卷。 無錫孟文龍。

《易象鉤(元)〔玄〕》 十卷。 江陰惠希孟。

《易註》 嘉定秦輔之。

《讀易釋疑》

《易中正考》
俱歙方回。
《筮易》　七卷。
《易管見》　六十卷。
俱歙吴霞舉。
《易傳義大意》　十卷。　歙唐元。
《周易集議》　歙吴夢炎。
《天原發微》
《筮草研幾》
俱歙鮑雲龍。
《程朱易契》
《周易大全附註》
俱歙鄭玉。
《讀易編》　休寧陳櫟。
《本義啓蒙通釋》　二卷。
《外翼》　四卷。

《易餘閒記》 一卷。

俱婺源胡方平。

《易本義附録纂疏》 十五卷。

《易本義啓蒙翼傳》三篇，《外傳》一篇。

俱婺源胡一桂。

《四聖一心》

《觀易堂隨筆》

俱婺源程直方。

《易本義通釋》 十二卷。

《啓蒙五贊通釋》 八卷。

俱婺源胡炳文。

《三分易圖》 婺源程龍。

《意言圖辨》 五十卷。 婺源趙然明。

《尚書集義》 六卷。 長洲邵光祖。

《尚書辨疑》 吴縣(邱)〔丘〕迪。

《尚書補註》 太倉俞日强。

《尚書考》　歙方回。
《書傳纂疏》　六卷。
《書經折衷》
俱休寧陳櫟。
《蔡傳辨疑》　婺源程直方。
《尚書傳釋疑》　婺源程龍。
《讀詩篇》　吴縣陳深。
《學詩管見》　江陰俞遠。
《詩傳旁通》
《詩緒》　俱江陰梁益。
《讀詩記》　休寧陳櫟。
《學詩筆記》　婺源程直方。
《毛詩傳釋疑》　婺源程龍。
《朱子詩傳附録纂疏》　婺源胡一桂。
《詩經補註》　宣城貢師泰。
《春秋讞議》　十二卷。　吴縣干文傳。

《春秋讞議》二卷。吴江王原傑。

《春秋旨要》京口楊如山。

《春秋闕疑》歙鄭玉。

《春秋諸傳考正》

《春秋旁通》

俱婺源程直方。

《春秋纂疏》婺源汪澤民。

《春秋集解》婺源胡炳文。

《春秋辨正》婺源程龍。

《春秋編類》十二卷。宣城梅致和。

《冕弁冠服考》集慶張瑨。

《周禮訓雋》十卷。

《周禮訓註》十八卷。

《考工記句詁》一卷。

俱吴縣陳深。

《周禮解義》吴縣楊彌昌。

《儀禮註》　吴江顧諒。

《儀禮考》

《古今考》

《曆象考》

《衣裳考》

《玉考》

俱歙方回。

《禮記集義》　休寧陳櫟。

《格物編》　婺源王偁。

《禮記辨證》　婺源程龍。

《孝經口義》　集慶張望。

《孝經解詁》　一卷。　吴縣陳深。

《孝經衍義》　青陽楊少愚。

《四經歸極》　集慶張望。

《十三經解詁》　六十卷。　吴縣陳深。

《三經考證》　上海陳明。

《七經要義》　歙汪逢辰。
《五經會意》
《大學指掌圖》
俱婺源胡炳文。
《大學中庸探説》　平江秦玉。
《中庸管見》
《原孟》
俱華亭夏侯尚（元）〔玄〕。
《四書輯釋》　四十卷。　休寧倪士毅。
《四書通》　二十六卷。
《四書辨疑》
《四書章圖》
俱婺源胡炳文。
《四書語録纂釋》
俱婺源程復心。

明

《易原》 上元王可學。

《易筌》 上元焦竑。

《闡微易學宗旨》 上元周維藩。

《鵝湖讀易》 十二卷。 句容笪繼良。

《古今易系》 八卷。

《易索》 八卷。

俱六合孫國敉。

《周易解》 高淳谷再吉。

《易經精義》 蘇州張著。

《易繫奥旨》 長洲黄省曾。

《蠡測易解》 長洲管志道。

《義經約説》

《讀易紀聞》

《學易標聞》

《學易漫聞》

俱長洲張獻翼。

《周易解》　長洲丁文尉。

《周易註解》　長洲許元溥。

《義經易簡録》　八卷。　長洲陳仁錫。

《周易考異》　吴縣都穆。

《原易》　吴縣沈幾。

《周易管窺》　十卷。　吴縣陳光宙。

《今文周易衍義》　十二卷。　吴江徐師曾。

《易説》　六卷。　吴江吴默。

《周易奥義》　二卷。　常熟林大同。

《周易傳義會通》　十五卷。　常熟張洪。

《易聞》　常熟歸起先。

《讀易備忘》

《三經易集説》

俱常熟桑瑾。

《易通復舊編》　常熟陳九疇。
《易圖論上下篇》
《大衍解》
俱昆山歸有光。
《易卦通義》　華亭孫承恩。
《周易繹旨》　八卷。　華亭吴炯。
《大易心印》　華亭徐獻忠。
《連山數學》　華亭楊樞。
《易經輯説》　三卷。　上海潘恩。
《周易明洛義纂述》　六卷。
《不語易義》　二卷。
俱武進孫慎行。
《周易像象管見》　五卷。
《像抄》六卷，《續抄》四卷。
《四聖一心録》　五卷。
《範衍詞象占》　五卷。

俱武進錢一本。
《周易象義》四卷。　武進唐鶴徵。
《易解》　武進徐常吉。
《周易揆》　武進鄒忠允。
《周易卦説》　武進吴鍾巒。
《周易發微》　無錫楊文。
《周易孔義》　無錫高攀龍。
《周易像象述》　五卷。
《談易隨問》
俱無錫吴桂森。
《周易古本通義》　無錫華從允。
《易敘圖説》　二卷。　無錫秦鏞。
《生軒易説》
《易同》
俱無錫嚴瑴。
《易像圖義》　無錫嚴福孫。

《易象大旨》八卷。江陰薛甲。
《易會通》十二卷。江陰繆昌期。
《周易疑義》宜興儲瀣。
《韋編三集》宜興許際科。
《補六十二卦文言》宜興陳于泰。
《學易啓蒙》十卷。宜興吴慎。
《周易支義》四卷。宜興吴喬森。
《易定》十二卷。宜興謝遴。
《周易解義》六卷。
《周易補疑》十三卷。
俱丹陽姜寶。
《古易銓》二十卷。
《今易銓》二十卷。
俱金壇鄧伯羔。
《周易私録》金壇王樵。
《剥復否泰論》山陽郭允。

《易辨疑》 鹽城李文。
《易貫》 江都蕭灼如。
《周易翼註》 三卷。 江都王納諫。
《周易要義》 嘉定趙洪範。
《易經會義》
《讀易別記》
《易説》 十篇。
俱嘉定殷子義。
《易解》 三卷。 嘉定侯峒曾。
《易説》 一嘉定嚴衍，一婺源江一麟。
《易研》 懷寧顔素屬草，任之熼續成。
《大衍圖邵子圜中圖九宫圖解》 懷寧張映奎。
《易時論》 十五卷。 桐城方孔昭。
《易占》 桐城吴國琦。
《易頌》
《易疑》

《周易指要》
《繹易引》
《易學述談》
《易通圖説》
俱歙縣方時化。
《易解》　歙縣洪應紹。
《序卦圖説》
《乾坤屯三卦解》
《大易文銓》　八卷。
俱休寧趙汸。
《易説》　九卷。
《大易要語》　一卷。
《二四一三參兩説》　一卷。
《大易宗旨》
俱休寧程智。
《周易集傳》　十卷。　休寧程琨。

《易説》　休寧程策。
《六爻原意》　休寧金瑶。
《周易玩辭》　婺源洪垣。
《周易傳義會通》　婺源游震得。
《洗心齋讀易述》　婺源潘士藻。
《易宗義》　十二卷。　婺源程汝繼。
《易抄》　婺源張聘夫。
《周易質疑》　婺源余懷悌。
《易解》　婺源汪敔。
《圖書辨》　婺源程霆。
《周易博通釋》
《周易象數舉隅》
俱祁門汪思敬。
《易説》　祁門謝顯。
《易學正傳》　宣城徐元氣。
《讀易志》

《易稽疑》

俱宣城梅鶚。

《古易考原》　三卷。　宣城梅鷟，鶚弟。

《問易商》　十卷。　貴池胡允聘。

《易信序卦雜卦圖解》　青陽施達。

《易心鑑》　建德江杏。

《周易解》　當塗謝理。

《周易解》　蕪湖朱宗讓。

《易上下解義》　蕪湖韋學仁。

《易經蔀疑》　滁州吕潛。

《周易銓旨》　天長陳一新。

《禹貢解》　一卷。　上元焦竑。

《尚書筆記》　吴江杜偉。

《尚書補傳》　十二卷。　常熟張洪。

《尚書叙録》

《洪範傳》　一卷。

《考定武成》一卷。
俱昆山歸有光。
《禹貢古今合註》五卷。華亭夏允彝。
《禹貢詳節》華亭夏寅。
《尚書大旨》華亭莫如忠。
《書經質疑》一卷。華亭吴炯。
《洪範或問》華亭徐獻忠。
《尚書稽》武進鄒忠允。
《範衍》十卷。武進錢一本。
《禹貢註》一卷。武進鄭鄤。
《書傳補經》武進陳濟。
《書經説》無錫吴桂森。
《尚書秘旨》無錫華從允。
《洪範正誤》一卷。丹徒丁璣。
《尚書日記》十六卷。
《書帷別記》四卷。

俱金壇王樵。

《尚書要旨》三十一卷。金壇王肯堂。

《尚書微旨》金壇王綱。

《尚書晚訂》十二卷。金壇史惟堡。

《尚書集議》高郵黄諫。

《禹貢本末》海州張朝瑞。

《尚書過庭雅言》

《禹貢備遺》

俱桐城胡瓚。

《尚書論》桐城方孔昭。

《書傳補正輯註》一卷。休寧朱升。

《書經傳翼》二卷。婺源江旭奇。

《尚書折衷》婺源余懋學。

《書經會要》績溪程傳。

《讀書志》

《尚書稽疑》

俱宣城梅鶚。

《尚書考翼》 宣城梅鷟。

《洪範會極》 涇縣趙仲全。

《書疇彝訓》 合肥蔡悉。

《爾雅堂説詩》 四卷。 上元顧起元。

《詩正義》 十五卷。 常熟張洪。

《詩經約説》 常熟鄒泉。

《六家詩名物疏》 五十五卷。 常熟馮復京。

《詩經鈎旨》 常熟唐敏。

《詩經解》 常熟言福。

《毛詩名物考》 三十卷①。 常熟毛晋。

《詩經通解》 常熟歸起先。

《詩通》 四卷。 常熟陸化熙。

《毛詩翼傳》 華亭顧秉禮。

---

① 「三十卷」，《四庫》作「三卷」。

《毛詩微言》二十卷。一華亭張以誠，一華亭唐汝諤。

《詩經質疑》一卷。華亭吴炯。

《陳子説詩》上海陳正容。

《毛詩六帖》六卷。上海徐光啓。

《儼山詩微》二卷。上海陸深。

《詩傳通證》武進陳濟。

《方山詩説》八卷。武進薛應旂。

《説詩志》八卷。宜興謝遴①。

《詩序解頤》邵弁。

《詩經註疏大全合纂》三十四卷。太倉張溥。

《詩經説約》二十八卷。太倉顧夢麟。

《詩經疏解》嘉定殷子義。

《毛詩註疏》嘉定徐時勉。

《毛詩箋》宿松田有年。

---

① 《四庫》本未著録作者。

《學詩略》一卷。婺源汪應蛟。
《詩經札要》青陽吴光裕。
《周禮註》上元張正綱。
《考工記解》二卷。上元焦竑。
《周禮註》高淳谷再吉。
《周禮句解》六卷。長洲陳仁錫。
《禮記集説辨疑》一卷。長洲戴冠。
《官職會通》二卷①。
《周禮沿革傳》六卷。長洲魏校。
《禮經説》長洲張勉學。
《禮記集註》三十卷。吴江徐師曾。
《禮疑》
《禮纂》
俱吴江史鑑。

① 「二卷」，《四庫》本作「三卷」。

《禮記衷註》常熟許士柔。
《禮記定註》常熟沈昌時。
《三禮奥義》常熟陸一鳳。
《周禮傳》昆山王應電。
《周禮註疏删翼》二十卷。
《儀禮註疏删翼》十七卷。
俱昆山王志長。
《周禮别説》一卷。華亭馮時可。
《續定周禮全經集註》十四卷。青浦王圻。
《樂論》八卷。武進唐順之。
《禮經貫》無錫堵景濂。
《戴記纂疏》無錫華允誼。
《曲禮註》無錫吴桂森。
《夏小正補解》無錫顧起經。
《周禮補註》丹徒丁禮。
《四禮儀制》丹徒丁璣。

《説禮》三十一卷。江都閻有章。

《月令通纂》高郵黄諫。

《律吕考正》興化潘應詔。

《周禮合解》十八卷。太倉張采。

《周禮類編》嘉定孫元化。

《禮略》桐城吴國琦。

《禮説》桐城方大鎮。

《禮節論》桐城方孔昭。

《周禮述註》六卷。休寧金瑶。

《儀禮逸經》

《經禮補逸》

俱休寧程敏政。

《經禮補逸》九卷。婺源（汪）〔江〕①克寬。

《檀弓疏義》婺源汪旭奇。

① 據《四庫》本改。

《投壺儀節》　祁門汪禔。

《周禮釋評》　六卷。　宣城孫攀。

《讀儀禮志》

《讀戴記志》

《禮記稽疑》

俱宣城梅鶚

《儀禮翼經》

《儀禮逸經》

俱宣城梅鷟。

《三禮纂註》　四十九卷。　宣城貢汝成。

《周禮通義》

《儒行註》

俱青陽施達。

《月令通考》　潁州盧翰。

《禮記貞義》　廣德濮陽淶。

《禮記裒言》　廣德李天植。

《月令廣義》　盱眙馮應京。
《春秋紀愚》　十卷。
《春秋或問》
俱應天金賢。
《春秋纂註》　上元貫必選。
《春秋分國便覽》
《春秋經傳集解》
俱江寧沈越。
《春秋書法紀原》　長洲皇甫涍。
《春秋左氏觽》　二卷。
《胡傳辨疑》　二卷。
俱長洲陸粲。
《春秋經世書》　二卷。　長洲魏校。
《春秋經解摘録》　一卷。　吴縣楊循吉。
《春秋霸主源流》　吴縣何夢麟。
《左氏兵略》　常熟陳禹謨。

《春秋詳節》 常熟翁漢麐。

《春秋國華》 十七卷。 常熟嚴訥。

《春秋説約》 十二卷。 常熟張洪。

《左氏討》《左氏論》《左氏釋》 六卷。 華亭馮時可。

《春秋論》 一卷。

《左氏始末》 十二卷。

俱武進唐順之。

《春秋平義》 五十四卷。 武進岳虞巒。

《春秋孔義》 無錫高攀龍。

《註釋春秋大全》 無錫吴桂森。

《春秋類編》 無錫秦淪。

《春秋説》 無錫華允誠。

《左觿》 無錫邵寶。

《春秋屬比直書》 一無錫嚴毂，一宜興儲澂。

《讀左贅言》 宜興王升。

《春秋事義全考》 二十卷。

《春秋讀傳解略》十二卷。
俱丹陽姜寶。
《春秋輯傳》十五卷。金壇王樵。
《春秋探微》十四卷。江都馬駢。
《春秋鉤(元)〔玄〕》泰州石光霽。
《春秋列國世家》
《左傳合註》
俱太倉龔持憲。
《春秋提要發明》
《春秋稽疑參同》
《春秋通例》
俱太倉顧宗瑋。
《春秋三書》三十一卷。太倉張溥。
《左傳釋義評苑》二十卷。太倉王錫爵。
《春秋纂註》四卷。太倉王衡。
《春秋大旨》嘉定殷子義。

《春秋屬事本末》二十卷。嘉定傅遜。

《春秋經傳類事》嘉定陳可言。

《春秋萃藪録》二十卷。海門彭大翺。

《春秋尊王發微》十卷。

《春秋通義》

俱邵弁。

《春秋竊論》桐城方孔昭。

《左氏本末》歙縣劉伯諶。

《春秋集傳》十五卷，《附録》二卷。

《春秋屬辭》十五卷。

《左傳補註》十卷。

《左氏師説》

俱休寧趙汸。

《春秋胡傳附録纂疏》十三卷。婺源王克寬。

《春秋蠡測》四卷。婺源余懋學。

《春秋左傳地名録》二卷，《人名録》二卷。

《國語地名録》一卷。
俱貴池劉城。
《春秋説夢》貴池吴非。
《春秋解》當塗謝理。
《春秋説》合肥王寖大。
《孝經小學詳解》長洲陳仁錫。
《孝經叙録》一卷。崑山歸有光。
《孝經衍義補》六卷。江陰張有譽。
《孝經翼》
《孝經疏義》一卷。
俱婺源江旭奇。
《孝經註》青陽施達。
《五經正解》句容張榜。
《六經圖考》三十六卷。長洲陳仁錫。
《經説》長洲黄省曾。
《經學啓蒙》長洲戴冠。

《經言枝指》十卷。常熟陳禹謨。
《三禮集説》常熟桑瑾。
《易春秋周禮義釋》五十卷。常熟桑悦。
《石經質疑》常熟瞿汝穀。
《五經總論》一卷。武進唐順之。
《五經質疑》武進唐音。
《六經類雅》① 五卷。
《遺經四解》四卷。
俱武進徐常吉。
《五經簡端録》十二卷。無錫邵寶。
《小十三經》無錫顧起經。
《五經稗傳》江都黄一正。
《經傳類義》二十卷。海門崔桐。
《九經漢義》

① 「六經類雅」，《四庫》本作「六經類推」。

《談經彙萃》
俱太倉趙宧光。
《十三經通考》　二十卷。　太倉顧夢麟。
《十三經纂註》　宿松田有年。
《經翼》　婺源余懋衡。
《易詩書會通例》　宣城梅鶚。
《大學指歸》　長洲魏校。
《大學衍註》　武進吴鍾巒。
《大學通考》　一卷。
《大學質言》　一卷。
俱無錫顧憲成。
《大學疑義》　丹徒丁璣。
《大學定序》　休寧程智。
《大學重訂本》　休寧程敏政。
《大學補》　蕪湖胡爟。
《先後大學解》　合肥蔡悉。

《中庸測義》一卷。長洲管志道。
《中庸講義》一卷。儀(徵)〔真〕黄瓚。
《中庸旨説》休寧程智。
《論語訂釋》十卷。長洲管志道。
《論語義府》二十卷。金壇王肯堂。
《論語駁異》太倉王衡。
《論語解》嘉定龔錫爵。
《四書通經註》四十卷。吴縣鄭光宙。
《四書備考》八十卷。
《四書語録》一百卷。
《四書析疑》十卷。
俱長洲陳仁錫。
《四書本義》華亭徐獻忠。
《四書證義》華亭錢大復。
《四書人物考》武進薛應旂。
《四書紹聞編》金壇王樵。

《四書纂註》三十七卷　太倉張溥。
《四書通解》一太倉朱周星，一嘉定殷子義。
《四書説》一嘉定嚴衍，一婺源程霆。
《四書辨疑》潛山涂榮臺①。
《四書晚抄》歙縣汪尚寧。
《四書解》婺源洪應紹。
《四書見存》貴池胡允聘。
《中庸語孟説》丹徒丁璣。
《學庸論語釋》桐城吴應賓。
《讀論孟會通例》
《孔孟異同》
俱宣城梅鶚。

① 「涂榮臺」，《四庫》本作「徐榮臺」。

國　朝

《易解》　江寧周怡。
《讀易私抄》二十卷。　江浦張怡原。
《易解》　吴縣許虬。
《易廣義略》四卷。　吴江朱鶴齡。
《讀易管見》八卷。　常熟吴鷟。
《易經參解》二十四卷。　常熟徐淑。
《讀易偶存》十二卷。　金匱華學泉。
《默齋易説》三卷。　宜興湯之錡。
《周易彙成》十七卷。　宜興吴熙貞。
《讀易模象》　丹陽賀寬。
《周易大象傳解》　溧陽芮城。
《匯村易説》十五卷。　儀(徵)〔真〕洪嘉植。
《周易集傳》　通州錢濤。
《易問》　懷寧劉餘清。

《三易露箋》　桐城陳朝棟。
《周易圖象》　桐城方以智。
《易學》　桐城左國材。
《易學管窺》　桐城童鉉遠。
《周易九圖淺説》　桐城張贇。
《田間易學》　桐城錢秉鐙。
《周易圖説》　潛山汪延造。
《易爻徵》　休寧吴日慎。
《易圖衍義》　婺源游琯。
《大易神策補》
《大易鉤解》
俱青陽王之璘。
《易解》　建德孔尚豫。
《周易解》　壽州陳赤。
《尚書埤傳》　十七卷。　吴江朱鶴齡。
《衍範》　二卷。　上海顧昌祚。

《尚書疑義》五卷。宜興儲在文。

《禹貢註》溧陽馬世俊①。

《尚書疏證》山陽閻若璩。

《書經衷論》桐城張英。

《壁經解》婺源戴思孝。

《尚書年(歴)〔曆〕》貴池劉廷鑾。

《毛詩古義》二十卷。吴江朱鶴齡。

《毛詩日箋》七卷。無錫秦松齡。

《詩學記》通州錢濤。

《詩起》徽州俞塞。

《通禮纂要》六卷。六合孫宗岱。

《古今五服考異》長洲汪琬。

《鄉飲禮》常熟錢蝦。

《禮記類輯》十四卷。常熟曾道生。

---

① 「馬世俊」,《四庫》本作「馬世浚」。

《讀禮通考》 昆山徐乾學。
《周官集解》 十六卷。 無錫高愈。
《周禮輯義》 丹徒姜兆錫。
《儀禮喪服考》 一卷。
《儀禮喪服或問》
俱金匱華學泉。
《禮記通識》 三十八卷。 溧陽芮城。
《周禮註》 通州錢濤。
《左傳拾遺》 上元朱元英。
《春秋集説》 二十二卷。
《讀左日抄》 十四卷。
俱吴江朱鶴齡。
《春秋諸傳會鈔》 常熟宋來復。
《春秋分國左傳》 華亭盧元昌。
《春秋疑義》 二卷。
《春秋經傳日抄》 十二卷。

俱金匱華學泉。
《春秋地理志》
《氏族志》
俱太倉吴偉業。
《春秋日記》　太倉錢晋錫。
《春秋名繫彙譜義理通考》　嘉定孫和鼎。
《左氏提綱》　嘉定許自俊。
《左傳記事本末》　桐城馬教思。
《春秋日(歷)〔曆〕》　貴池劉廷鑾。
《春秋尊義》　建德孔尚豫。
《孝經内外傳》　通州錢濤。
《孝經外傳》　桐城周岐。
《全孝圖説》
《真孝録》
俱歙縣方啓大。
《孝經類解》　歙縣吴之騄。

《五經繹》 上元高阜。
《五經辨訛》 武進呂宮。
《五經集論》 溧陽史逸裘。
《十三經類聚》 江都史銓。
《五經源流》 泰州俞楷。
《七經同異録》 太倉周象明。
《十三經註疏類抄》 嘉定陸元輔。
《六經蠡測》 桐城潘江。
《詩易會參》 太湖劉鉉。
《三經整》
《三疑編》
俱婺源詹紹慶。
《孔子家語分類》 泰州陳厚耀。
《四書名物考》 宜興謝旭。
《四書釋地》 山陽閻若璩。
《四書辨訛》 徽州汪蘭友。

右註疏箋訓　漢唐諸儒，長於數典，理則稍疏。有宋諸儒，於理粹矣。元明以來，變爲講説，不亦鋭乎？要其所説者，固經也，因以其類從焉。

宋

《静修集》　平江史蒙卿①。

《朱子語録》　一百三十八卷。　吴縣黄士毅。

《伊川語録》　武進周孚先②。

《伊川語録文集》　武進胡柄。

《護道録》　無錫胡珵。

《伊川語録》　百四十卷。　宜興唐棣輯。

《周簡惠聖傳録》　一卷。　荆溪周葵。

《元城語録》　三卷。　維揚馬大年。

《樂菴語録》　五卷。　江都李衡，門人龔昱。

---

① 「史蒙卿」，《四庫》本作「史夢卿」。

② 「周孚先」，《四庫》本作「周子先」。

《安定言行録》　泰州胡瑗。
《儒術通要》　徐州劉顔。
《敬心銘》　宿松嚴敬。
《家訓》　歙張雄飛。
《理學正傳》　歙劉伯諶。
《自警編》　歙趙善璙。
《服膺録》　歙曹涇。
《太極圖説》
《近思録註》
俱休寧程若庸。
《太極圖註釋》　一卷。
《西銘註釋》　一卷。
《定性書註釋》　一卷。
《中和考》　三卷。
《朱子語粹》　十卷。
俱休寧程永奇。

《百行冠冕》　休寧錢時。
《太極圖傳》
《通書解》
《濂溪遺事遺文》　一卷。
《西銘解義》
《伊洛淵源録》
《程氏外書》
《近思録》
《學的》
《雜學辨》
《中和舊説》
《小學》
《文公家禮》
俱朱子。
《延平師弟問答》　一卷。　朱門追録。
《朱子經濟文衡》　朱門滕璘及弟珙同編。

《西銘解義》　婺源李繒。
《家塾記》
《近思續録》
俱婺源李季札。
《晦菴語録》　四十三卷。　寧國孫自修録，朱子與門人問答語。
《禔身粹言》　寧國鄭魏挺。

元

《素王道史》　平江楊謜。
《小學訓》　江陰王常。
《雜禮纂要家範》　五卷。　江陰惠希孟。
《皇極經世考》　歙方回。
《文公喪禮考異》　歙吴霞舉。
《皇極經世發微》　婺源徐驤。
《雲峰筆記》
《性理通》

俱婺源胡炳文。

明

《松蔭堂學易》 上元貫必選。

《文廟禮樂志》 江寧王居中①。

《心學探微》 江寧金潤。

《家禮考註》

《宗子說》

俱六合劉閔。

《體仁說》 長洲魏校。

《喪祭二禮舉要》 吴縣周南老。

《正蒙章句》 吴江徐師曾。

《性理群書補註》

《小學集解》 十卷。

① 「王居中」，《四庫》本作「王居正」。

俱常熟吴訥。

《遵制家禮》四卷。常熟馮復京。

《理學管見》昆山蔡懋德。

《家禮節要》昆山莫震。

《冠禮》

《宗法》

俱昆山歸有光。

《程朱繹旨》

《格致臆見》

俱華亭莫如忠。

《良知的證》華亭錢大復。

《道學統緒圖》

《家祭儀》

俱華亭殷奎。

《考亭淵源録》二十四卷。武進薛應旂。

《端文要語》

《黽説》四卷。

俱武進錢一本。

《毗陵正學編》武進毛憲。

《真儒一脈》無錫吴桂森。

《通書半解》

《皇極内篇小引》

《先儒四編》

俱無錫秦鏞。

《禮樂考》無錫陳幼學。

《正蒙集註》

《二程節要》

《朱子節要》

《就正録》

《高子遺書》

《高子藏稾》

俱無錫高攀龍。

《澄性編》

《小心齋劄記》

《自反編》

《當下繹》

《還經録》

《顧子質言》

《東林會語》

俱無錫顧憲成。

《吾學正傳》 江陰薛金。

《學案》 金壇王甡。

《心學正統》 八卷。 江都張懋勳。

《格物論》

《明善論》

《天論》

《良知論》

《子臣心境》

俱高郵孫兆祥。

《理學纂要》寶應朱爾之。

《克復編》蕭縣馬津。

《聖學入門》太倉陳瑚。

《讀禮問》

《祭禮問》

俱太倉趙宧光。

《釋奠議》太倉沈璵。

《家禮纂要》嘉定殷子義。

《大衍圖》

《西銘説》

《邵子圜中圖解》

俱懷寧張映奎。

《宗一聖論》

《性善書》

俱桐城吴應賓。

《居敬論》六篇。桐城方大鎮。

《性理集成》潛山涂棨臺。

《孔廟禮樂考》宿松金忠士。

《朱陸異同辨》一潛山金道寓，一涇縣趙仲全。

《事物圖説》歙縣汪尚寧。

《朱子語録纂》休寧范淶。

《小四書》五卷。休寧朱升。按：集宋元儒方逢辰《名物蒙求》、程若庸《性理字訓》、陳櫟《歷代蒙求》各一卷，黄繼善《史學提要》二卷，爲《小四書》五卷。

《性理小辨》休寧詹景鳳。

《朱翼》

《小學疏義》

俱婺源江旭奇。

《朱王異同辨》婺源江世育。

《理學要録》婺源洪垣。

《理學經濟》二編。婺源汪應蛟。

《近思録補》婺源汪起鵬。

《梅邊讀易稿》

《家禮集》

俱婺源汪敬。

《家禮砭俗》 祁門汪禔。

《周子罪言》

《朱子會通例》

俱宣城梅鶚。

《濂洛格言》 宣城徐元氣。

《理學詮粹》 宣城梅守德。

《讀陸子辨》 南陵汪景。

《良知辨》 一南陵汪景，一胡松。

《太極後圖》 涇縣左輔。

《皇極解》

《正蒙解》

俱寧國貢珊。

《明經拾遺》

《三梁系譜》四卷。俱貴池吴非。
《言行格》青陽施達。
《程朱語録纂》舒城黄中。
《太極一貫解》亳州李惟一。
《圖説性理訂疑》廣德濮陽淶。
《理學臆言》廣德李伯英。
《正蒙分訓註解》十卷。天長許珍。

國朝

《畜德録》吴縣席啓圖。
《大儒語録》吴江顧棟南。
《西銘圖論》華亭張昺。
《洛閩源流録》無錫張夏。
《静坐約言》宜興湯之錡。
《道學正宗》丹徒顧言。

《高子語録》　丹陽周彦文。

《五禮輯要》　丹陽賀寬。

《理學淵源録》　溧陽馬世俊。

《太極圖議》　金壇于鏕。

《五祀考》　金壇史岱。

《朱子近思録解》　江都朱顯祖。

《天人升降圖説》　江都徐石麟。

《聖門舊章》　二十四卷。

《弘道書》　十卷。

俱江都費密。

《性理心宗》　四卷。　江都車大用。

《宗祭禮》　四卷。　太倉陸世儀。

《衛道編》　嘉定陸元輔。

《西銘解》

《太極説》

俱懷寧劉餘清。

《克己復禮圖説》　懷寧楊昭雍。
《幾表》　桐城方以智。
《五子近思録發明》　休寧施璜。
《近思録補》　婺源江清徵。
《泮宫禮樂合集》　婺源余維樞。
《朱子講義》　巢縣楊師錫。
右理學語録　宋儒之書，文去經遠，理與經近，故次其後。凡立言有不悖程、朱家法，或可相發明者，亦類次焉。

漢

《爾雅註》　三卷。　彭城劉歆。

三　國

《辨釋名》　一卷。

《漢書音義》　七卷①。　俱吴雲陽韋昭。

《左氏傳音》　三卷。　魏嵇康本(工)〔上〕②虞人，奚姓，徙譙之銍縣。今亳州之嵇山，因以嵇爲氏。

《左氏傳音》　三卷。　魏高貴鄉公曹髦。曹氏皆譙人。

《左傳音》　四卷。　曹耽。

晋

《吴章》　二卷。　吴陸機。

《老子音》　一卷。　譙戴逵。

東　晋

《要用字苑》　一卷。　句容葛洪。

---

① 「七卷」，《四庫》本作「一卷」。

② 據《四庫》本改。

《五經音》十卷。

《論語音》二卷。

《莊子音》三卷。

《莊子集音》三卷。

俱京口徐邈。

南北朝

《史記音義》十二卷。宋徐廣，字野民。其《自表》云：「祖墓皆在晋陵，身生長京口。」

《四聲切韻》齊鍾山周顒。

《文字釋訓》三十卷。梁金陵僧寶誌。

《千字文》一卷。梁姑熟周興嗣。

《古今字苑》十卷。

《字義音訓》六卷。

俱梁譙曹侯彦。

《前漢音義》十二卷。陳吴郡張冲。

《玉篇》三十一卷。陳華亭顧野王。

《後漢書音訓》 三卷。 陳京口臧競。

隋

《韻纂》 二十卷。 吴郡潘徽。

《漢書音義》 十二卷。 蘭陵蕭該。

《爾雅音》 二卷。 或作一卷，誤。

《廣雅音》 四卷。

《博雅》 十卷。

《古今字圖雜録》 一卷。

《文選音義》 十卷。

俱江都曹憲。

《史漢音義》 東海包愷。

《漢書音義》 二卷。 譙夏侯永，一作「泳」。

唐

《經典釋文》 三十卷。 吴郡陸元朗。

《孟子音義》二卷。昆山張鎰。
《古篆韻》二十卷。顧直之。
《古今韻字原百篇》京口蕭存。
《文選音義》十卷。江都公孫羅。
《廣韻要略》一卷。江都李邕。

南唐

《説文解字》三十卷。
《説文質疑論》二卷。
廣陵徐鉉。
《説文解字繫傳》四十卷。《通釋》三十篇，《部叙》二篇，《通論》三篇，《袪要》一篇，《類叙》一篇，《錯綜》一篇，《疑義》一篇，《系述》一篇。
《説文解字韻譜》十卷。
俱廣陵徐鍇。

宋

《朝野新聲》

《太和正韻》

俱六合白樸。

《秦漢以來鍾鼎奇字》　常熟鍾璇。

《籀史》二卷。　無錫翟耆年。

《老子音訓》　無錫尤袤。

《説文五義》　三卷。　丹陽吴淑。

《蘭亭博義》　十五卷。　淮海桑世昌。

《法帖通解》　一卷。　高郵秦觀。

《監韻五篇》　通州崔敦詩。

《爾雅翼》　歙羅願。

《性理字訓集成》　休寧金若洙。

《性理字訓講義》　休寧程若庸。

《周書音訓》　十二卷。　婺源王炎。

《字訓續編》　婺源李季札。

《古今雅俗字》　四十四篇。　婺源汪藻。

《前漢古字韻編》　五卷。　宣城陳天麟。

《字林補遺》　十二卷。

《音韻管見》　三卷。

俱潁州傅瑾。

元

《韻類》　三十卷。　平江李世英。

《字鑑》　五卷。　平江李文仲。

《韻書》　四卷。　平江邵光祖。

《印史》　平江陸友。

《印文集考》　吴郡朱珪。

《爾雅翼》　歙洪焱祖。

《爾雅韻語》　婺源胡炳文。

明

《俗書刊誤》十二卷。上元焦竑。

《摭古遺文》江寧李登。

《中原音韻註釋》江寧徐霖。

《讀易韻考》長洲張獻翼。

《奇字音釋》長洲戴冠。

《六書精蘊》長洲魏校。

《六經字原》三十卷。長洲金世龍。

《古韻通考》吴江潘一桂。

《吴音奇字》常熟孫樓。

《韻府增定》常熟唐皋。

《韻府摘玉》常熟桑瑾。

《雅學考》二十卷。常熟韋澳。

《同文備考》昆山王應電。

《韻府郡玉掇遺》華亭錢全袞。

《金石文》　華亭徐獻忠。
《韻苑連珠》
《韻學統宗》
俱上海張之象。
《切韻心法秘要》　一卷。
《會意分旨大廣篇韻》　十卷。
《碎金撮要》　一卷。
俱江都歐清。
《亢倉子音釋》　一卷。　高郵黄諫。
《洪武正韻註疏》
《玉篇磯磻》　四十卷。
俱太倉龔持憲。
《説文字原》　太倉盧熊。
《説文長箋》　七十二卷。
《五聲譜》
俱太倉趙宧光。

《韻學集成》十三卷。

《直音》七卷。

俱嘉定章黼。

《尚書音》桐城吴國琦。

《擬聲音經緯書》歙縣張芝。

《字母詮略》

《詩音辨略》

俱歙縣楊貞一。

《學則音韻》休寧程佩。

《釋文略》婺源游遜。

《周易程傳朱義音考》

《毛詩集傳音義會通》三十卷。

俱婺源汪克寬。

《字彙》十四卷。宣城梅鼎祚。

《韻學大成》廣德濮陽涞。

《字郛》二卷。建平吕明倫。

國朝

《字學通》十卷。江寧張怡。

《六書貫》江寧方文。

《隸辨》八卷。長洲顧靄。

《篆韻小箋》六卷。

《印可》二卷。

俱常熟陳鴻。

《音學五書》昆山顧炎武。

《金石字考》華寧周裕度。

《韻統》江陰耿人龍。

《五經音韻》丹徒秦汝霖。

《韻府群書》懷寧程師泰。

《通雅》

《切韻聲源》

俱桐城方以智。

《篆隸辨從》　桐城方中通①。

《字學析疑》

《詩韻尤雅》

俱桐城潘江。

《千字再集》　休寧江瀾。

右字説　《爾雅》爲十三經之一，故凡音訓亦類從焉。

① 「方中通」，《四庫》本作「方忠通」。

江南通志卷一百九十一

藝文志

史　部

正史　編年　雜史傳　史評　職制　地志

周

《齊語》　一卷。　世傳《春秋外傳》，左(邱)〔丘〕明作，非也。大抵皆其國史，左氏收取爲《春秋傳》根柢耳。今按：《齊語》多見《管子》中，必管仲所作。

《吴語》　一卷。　吴亡後，吴人述其事，作者名逸。

《越絶書外傳記》　卷末有隱語云：「以去爲姓，得衣乃成；厥名有米，覆之以庚。」爲「袁康」二字，書爲袁康作也。康，臨淮人，字文術，或曰字文伯。其書有經，子貢作；有《内傳》，吴平作；其《外傳》與《記》，乃袁康爲之。

三　國

《吴書》　五十五卷。　吴雲陽韋昭。

《吴書》　薛綜，竹邑人。

晋

《吴越春秋削煩》　楊方。

《漢書鈔》　三十卷。　句容葛洪。

《後漢紀》　六十五卷。　薛瑩，綜子。

《吴書》　三十卷。　陽羡周處。

《吴録》　三十卷。　吴人張勃。

《晋紀》　四卷。　吴郡陸機。

《晋紀》　十卷。　譙曹嘉之。

南北朝

《漢書註》一百二卷。宋吴郡陸澄。

《晉書》一百十卷。齊京口臧榮緒。

《通史》四百八十卷。梁武帝。

《漢書註》一百十五卷。梁元帝。

《後漢書》一百卷。

《晉史草》三十卷。

《齊書》六十卷。

俱梁南蘭陵蕭子顯。

《齊典》十卷。梁湘東世子蕭方等。

《晉書》一百十卷。梁蘭陵蕭子雲。

《梁史》十卷。梁姑孰周興嗣。

《陳書》四十二卷。陳吴人陸瓊。

《梁書》

《陳書》三卷。

俱陳華亭顧野王。

《梁典》　三十卷。　陳灊人何之元。

《梁典》　二十卷。　後周沛劉璠。

唐

《漢書古今集》　二十卷。　蘇州顧允武。

《漢書辨惑》　三十卷。　江都李善。

《史通内外》　四十九篇。　彭城劉知幾。

《史例》　三卷。　劉餗，知幾子。

南唐

《十三代史略》　貴池夏鴻、夏鵬。

宋

《東漢通史》　五十卷。　丹陽翟汝文。

《群史編》　八十卷。　蘇州王絢。

《五代記》七十七卷。吴郡孫冲。

《兩漢刊誤補遺》十卷。昆山吴仁傑。

《十九史目》二卷。無錫杜鎬。

《五代會史》江陰耿秉。

《南唐書》五十卷。宜興馬令。按：此書舊入霸史，今從李燾，以繼後唐爲三唐。

《十七史蒙求》十七卷。江都王令。

《重修南北史》一百七十卷。祁門方岳。

《左氏兩漢南北史綴節》寧國陳天麟。

元

《西漢會要》平江徐天麟。

《宋三朝摘要》平江秦玉。

《宋史略》十六卷。周才，自浦城遷吴。

《十七史纂》婺源胡一桂。

《通鑑總論》婺源潘榮。

明

《宋史詳節》

《諸史撮要》

俱江寧沈越。

《兩漢紀》　長洲黄姬水。

《二十一史纂》　長洲孫忠。

《南北史摭言》　長洲錢穀。

《遼金史纂》　九卷。　吴縣楊循吉。

《二十一史選駁》　吴江孫履恒。

《宋史增定新編》　常熟許重熙。

《歷代序略補遺》　常熟錢世揚。

《紀事本末》　顧文亨。

《二十一史意抄》　華亭包節。

《十七史獵俎》　華亭徐孚遠。

《太史史例》　一百卷。

《史記彙》 十卷。

俱上海張之象。

《續文獻通考》 二百九十八卷。 青浦王圻。

《史記通表》 二卷。 青浦徐三重。

《元史舉要》 武進陳濟。

《歷朝史纂左編》一百四十二卷，《右編》四十卷，《稗編》一百二十卷。

俱武進唐順之。

《南北史南唐書合註》①

《正史摘奇》

《二十一史同異》

俱興化李清。

《諸史彙編》② 一百二十卷。 太倉金爊。

《宋史纂》 通州成文友。

① 此書與下二條李清著凡三種，《四庫》本俱無。

② 此書與下二條凡三種，《四庫》本俱移《唐書管豹》之後。

《季漢書》　歙縣謝陛。

《十七史摘奇》　休寧金瑶。

《兩漢禁臠》

《唐書管豹》

俱婺源張聘夫。

《十七史删補》①　宣城梅元豊。

《古今全史便覽》　旌德舒弘諤。

《楚漢月表》　一卷。

《歷人紀年異同》　三卷。

《二十一史卷目例異同》　一卷。

俱貴池吴非。

《二十一史撮奇》　繁昌李一公。

《二十一史駁》　合肥黄道年。

① 此書與以下凡十三種，《四庫》本俱未收。《四庫》本并脱「國朝」二字。

國朝

《歷代帝王紀要》十卷。

《歷代名臣紀要》二十卷。

俱上元王應憲。

《宋遼金元四史删》江寧吴古懷。

《文獻通考要略》方若珽。

《歷代紀事考略》吴江沈自南。

《二十一史約編》

《增廣二十一史約編》

俱宜興陳維岱。

《相道編》十卷。荆溪任贇。

《二十一史約》金壇史逸裘。

《正記》一百二十卷。江都費密。

《文獻通考鈔》三十卷。江都史以甲。

《班馬筆記》桐城方亨咸。

《歷代年表》
《歷代世系考》
俱桐城姚士堅。
右正史

宋

《通鑑筆義》 華亭葉汝舟。
《通鑑要覽》 六十卷。 通州崔敦詩。
《資治通鑑綱目》 五十九卷。 朱子。
《編年六朝事蹟》① 婺源張敦頤。
《編年通紀》 婺源王炎。
《資治通鑑事類》 十卷。
《國史要綱》 二十卷。

① 今本通作「六朝事蹟編類」。

俱廣德沈虛中。

元

《宋鑑提綱》　無錫陸以道。

《通鑑綱目集覽》　望江王幼學。

《歷代編年》　婺源胡一桂。

明

《通鑑記事前編》　江寧沈越。

《通鑑大全解》　六合孫近仁。

《通鑑綱目集覽精約》　長洲戴冠。

《世統紀年》　六卷。　吴江徐師曾。

《通鑑贊斷》　四十五卷。

《通鑑節略》

俱常熟丁奉。

《資治通鑑補》　二百七十卷。　嚴衍。

《歷代通略》常熟許重熙。

《紀元要覽》昆山方鵬。

《正綱目通鑑》昆山歸子顧。

《綱目易覽》

《綱目節評》

俱華亭王鑄。

《史綱纂要》華亭吴稷。

《歷代甲子》二卷。青浦徐三重。

《宋元資治通鑑》一百五十七卷。

《甲子會紀》五卷。

俱武進薛應旂。

《通鑑集覽正誤》武進陳濟。

《宋元綱目》八十卷。武進陸簡。

《元史提綱》武進葉夔。

《稽古編大政記綱目》八卷。

《資治上編大政紀綱目》四十卷。

《資治下編大政記綱目》 三十二卷。

俱丹陽姜寶。

《綱目訂正》 大河衛楊伯柯。

《綱目發微》 三十卷。 揚州王峰。

《歷代紀元》 二卷。 儀(徵)〔真〕高日廣。

《歷年甲子圖》 太倉金𤓰。

《紀元備考》 通州陳世祥。

《史鑑會編》 歙縣唐臯。

《通鑑博論》 二卷。

《漢唐秘史》 二卷。

俱休寧朱權。

《史鑑捷衡》 婺源汪懋奇。

《通鑑綱目考異》 祁門汪克寬。

《三唐編年》 貴池吴非。

《宋史編年斷略》 吴孟堅。

《續通鑑綱目廣義》 十七卷。 青陽張時泰。

《綱目提要》　石埭桂標。

《史綱彙説》　建德江杏。

《綱目前紀》　繁昌謝九成。

《史綱抄》　合肥王寖大。

《通鑑纂要》　懷遠方燦。

《資治通鑑輔義》　定遠黄淮。

《甲子圖》　廣德姚啓宗。

國　朝

《綱目分註拾遺》　溧陽芮城。

《歷代帝王世紀》　儀(徵)〔真〕徐濂。

《綱鑑會通》　泰州陳志襄。

《歷代年表》　桐城姚士堅。

《綱目管測》　歙縣程弘志。

《通鑑纂》　婺源潘文楚。

《讀史紀年表》　寧國汪越。

右編年

漢

《楚漢春秋》 徐州陸賈。

《新國語》 五十四篇。 彭城劉向，分國語。

《列士傳》 二卷。

《列女傳》 十五卷。

《列女傳頌》 一卷。

俱劉向。

三 國

《海内士品》 一卷。 魏文帝。

《獻帝春秋》 吴廣陵袁暐。

《洞紀》 四卷。 自伏羲至漢建安，吴韋昭。

《吴先賢傳》 四卷。 吴陸凱。

晋

《良吏傳》　十卷。

《隱逸傳》　十卷。

俱句容葛洪。

《聖賢高士傳》　三卷。　譙人嵇康。

《竹林七賢記》　二卷。　譙人戴逵。

《曹氏家傳》　一本。　譙曹毗。

南北朝

《江左名士傳》　一卷。

《徐州先賢傳贊》　九卷。

俱宋臨川王劉義慶。

《任子春秋》　宋杜崧。

《孝子傳》　三卷。　宋京口徐廣。

《雜傳》　十九卷。　齊吴郡陸澄。

《續洞紀》 一卷。 齊京口臧榮緒。
《孝子傳》 三十卷。
《帝譜》 十三卷。
《境内十八州譜》 六百九十卷。
俱梁武帝。按：《十八州譜》，《唐志》作七百十二卷，係王僧孺所撰。
《孝德傳》 三十卷。
《忠臣傳》 三十卷。
《顯忠録》 二十卷。
《同姓名録》 一卷。
《懷舊志》 九卷。
《全德志》 一卷。
《丹陽尹傳》 十卷。
俱梁元帝。
《東宫新記》 二十卷。 梁蕭子雲。
《齊梁拾遺》
《漢書文府》

俱梁蕭琛。

《普通北伐記》 五卷。 梁蕭子顯。

《三十國春秋》 三十一卷。 梁湘東世子蕭方等。

《西京雜記》 梁吴均，托名葛洪。

《棲鳳春秋》 五卷。 梁京口臧嚴。

《高隱傳》 梁阮孝緒。

《梁皇帝起居注》

《皇德紀》

《武帝實録》 三卷。

俱梁姑孰周興嗣。

《徐州人地録》 二十卷。 後魏彭城劉芳。

隋

《鑾駕北巡記》 三卷。 蔣州諸葛潁。

唐

《武德貞觀國史》 四十二卷。

《太宗實録》

俱平江顧允武。

《吴郡陸氏宗系譜》 一卷。 陸景獻。

《陸氏英賢記》 三卷。 吴郡陸師儒。

《小名録》 一卷。 蘇州陸龜蒙。

《建中實録》

《淩煙閣功臣傳》

《秦府十八學士傳》

《宰輔録》 七十卷。

俱義興蔣文。

《義興蔣氏大宗碑》 一卷。 蔣洌。

《蕭梁史譜》 二十卷。 江都蕭穎士。

《狄梁公家傳》 三卷。 江都李邕。

《廣陵烈士傳》　華岳。

《太上皇帝實録》

《高宗復修實録》

俱彭城劉知幾。

《國朝舊記》　三卷。　彭城劉餗。

《列女傳》　秋浦胡楚賓。

五　代

《南唐烈祖開基志》　十卷。　王顔。

《邗溝要略》　十卷。

《吴録》　二十卷。

俱廣陵徐鉉，記楊吴事。

《古今國典》　一百二十卷。

《歷代年譜》　一卷。

俱廣陵徐鍇。

宋

《江東十鑑》　上元周煇。

《南唐近事録》　一卷。

《江表志》　三卷。

俱鄭文寶。

《本朝人物志》　平江孫緯。

《進讀事實》　五卷。　蘇州王絢。

《神宗聖訓》　十卷。　長洲林處。

《范忠宣言行録》　三卷。　不著名，蓋其家子弟所録。

《范太史遺事》　其子范冲記。

《陶淵明杜子美年譜》　各一卷。　昆山吴仁傑。

《靖康傳信録》

《張忠文節義録》　一卷。

《建炎進退志》

《建炎時政記》

《近世厚德録》　一卷。

《奉迎録》

俱無錫李綱。

《廣州十賢贊》　一卷。

《蔣魏公古今逸史》　二十卷。

俱宜興蔣之奇。按：之奇所輯《逸史》凡數百卷，兵火散佚，其曾孫芾摭拾成此書。

《江淮異人録》　二卷。　鎮江吴淑。

《古今忠孝集》　三十卷。　鎮江陳龍輔。

《韓子年譜》　一卷。　丹陽洪興祖。

《政和大理入貢録》　一卷。　維揚周邦。

《唐元和朋黨録》　維揚馬永錫。

《回天録》　一卷。　秦湛，記吕好問事。

《英宗實録》　三十卷。　高郵孫覺。

《太宗實録》　新安錢若水。

《唐史撮要》　歙劉伯諶。

《前後漢紀》　歙舒雅。

《名臣言行録》　朱子。
《前漢六帖》　六十卷。　宣城陳天麟。
《宗澤行實》　十卷。　宣城吴柔勝。
《江南録》　貴池湯悦。
《昭明事實》　二卷。　貴池葉楠。
《翠微南征録》　貴池華岳。
《戚里元龜》　石埭王磁。
《北史記事》　十二卷。　無爲王遘。
《默記七朝國史》　潁州王銍。

元

《餘史傳》　江陰梁益。
《先覺年譜》
《宋季雜傳》
俱歙方回。
《忠孝集》　歙汪逢辰。

《歷代通略》　四卷。　休寧陳櫟。

《節孝録》　休寧黄一清。

《歷代帝王傳授圖説》　休寧倪士毅。

《歷代人臣正邪龜鑑録》　二百卷。　婺源戴焴。

《梅宛陵年譜》　一卷。　宣城張師愚。

明

《國史獻徵録》　一百二十卷。

《遜國忠節録》　八卷。

俱上元焦竑。

《國寶新編》　上元顧璘。

《續宋論》　上元蔣誼。

《征黎始末》　一卷。　上元姚履素。

《金陵人物志》　江寧陳鎬。

《嘉隆見聞録》　十二卷。　江寧沈越。

《明文獻録》　一百卷。

《史流十品》一百卷。
俱江寧司馬泰。
《明殷遺録》應天張烈。
《明世法録》九十二卷。
《壬午書》二卷。
俱長洲陳仁錫。
《召見紀事》一卷。長洲申時行。
《江南經略》長洲鄭若曾。
《江海殲渠記》一卷。
《九朝野記》一卷。
俱長洲祝允明。
《吴中名賢記》一卷。長洲王賓。
《庚己編》長洲陸粲。
《姑蘇名賢小記》長洲文震孟。
《姑蘇名賢續記》
《定陵註略》

《先撥志始》六卷。

俱長洲文秉。

《吴郡獻徵録》長洲朱存理。

《逸民傳》二卷。長洲皇甫濂。

《續高士傳》十卷。長洲皇甫涍。

《貧士傳》二卷。長洲黄姬水。

《中州名賢文表》長洲劉昌。

《繼潛録》吴郡張田。

《宋系統圖》二卷。吴縣王行。

《遜國史及》

《宋遺民續録》

《古吴文獻録》

俱吴縣許元溥。

《吴中往哲記》吴縣楊循吉。

《明獻實》四十卷。

《吴中先賢傳》十卷。

俱吴縣袁袠。
《震澤紀聞》二卷。吴縣王鏊。
《壬午功臣爵賞録》一卷。
《别録》一卷。
俱吴縣都穆。
《宋元遺事》二卷。吴江陳理。
《禦倭武略》二卷。吴江周大章。
《舊京遺事》二卷。吴江史元。
《同里先哲記》吴江吴驥。
《明代臣略》十二卷。常熟瞿汝説。
《朝局分合紀事》常熟顧大章。
《軍興善後録》常熟孫朝肅。
《明右史略》三十卷。
《常熟先賢事略》十卷。
俱常熟馮復京。
《三吴文獻志》常熟趙用賢。

《常熟文獻備考》

《歷代名言摘懿》

俱常熟王夢鼎。

《節義林前後集》

《讀史景忠録》　四卷。

具常熟桑瑾。

《常熟文獻志》　常熟管一德。

《玉峰文獻録》

《林下紀聞》

俱昆山顧潛。

《西臺紀聞》　昆山周倫。

《正德南巡録》　昆山周震。

《昆山人物志》　八卷。　昆山方鵬。

《昆山人物志》　十一卷。　昆山張大復。

《明代紀録》

《明史稗》

俱華亭俞汝爲。
《明史類記》　華亭張以誠。
《萬(歷)〔曆〕事實纂要》　三百卷。　華亭董其昌。
《明史宬》
《補輯名臣琬琰録》　一百十卷。
俱華亭楊豫孫。
《幽貞録》　一卷。　華亭董傳策。
《雲間紀事野史》
《倭亂遺事》
俱華亭鍾薇。
《吴淞甲乙倭變志》　二卷。　華亭張鼐。
《逸民史》　二十二卷。　華亭陳繼儒。
《周文襄公年譜》　華亭顧清。
《北還録》　一卷。
《南巡録》　一卷。
俱上海陸深。

《峰泖先賢志》　上海張所敬。
《陸文裕年譜》　上海陸楫。
《班管録》　上海戴士鰲。
《近代人物志》
《先哲金石録》
《名臣琬琰録》
俱上海董宜陽。
《明事林廣記》　青浦張誼。
《稗史彙編》　二百二十二卷。　青浦王圻。
《明憲章録》　四十六卷。
《明人物考》　七卷。
《隱逸傳》　二卷。
《高士傳》　四卷。
俱武進薛應旂。
《明琬琰録》　武進徐紘。
《毗陵人品記》　武進毛憲。

《孝苑》 武進陳組綬。
《忠義録》
《景賢録》
俱武進葉夔。
《靖難忠節録》 無錫周繼昌。
《國朝故實》 二百卷。
《日録見聞》
《中書直閣記》 一卷。
俱無錫周子義。
《撫湖政要》
《安楚録》
俱無錫秦金。
《補毗陵人品記》 無錫吴亮。
《東林諸賢言行録》 無錫鄒期貞。
《忠鏡録》 無錫馬世奇。
《桑梓録》 十卷。 無錫顧憲成。

《九居士傳》　無錫顧治。

《邵文莊年譜》

《天完録》

俱無錫高攀龍。

《高忠憲年譜》　無錫高世寧。

《使三輔録》　一作《三輔紀略》，無錫施夢龍。

《國史舉領》　二十卷。　宜興陸萬里。

《樞督相左機緣》　一卷。

《戎車日記》　一卷。

俱宜興許德士。

《忠貞合璧》　宜興許有穀。

《忠節録》　宜興吴儼。

《守湖輯要》

《治茗八法》

俱宜興路進。

《埭溪文獻録》

《金淵孝友録》

《溧陽人物記》

俱溧陽史學。

《神光兩朝淮郡實録》　山陽楊干臣。

《淮安文獻志》　山陽潘埙。

《維揚人物續志》　鹽城張桀。

《廣陵耆舊傳》　江都陸弼。

《名賢記事》　一卷。　江都曹守真。

《江都人物編》　江都葛澗。

《革除録》　泰州儲洵。

《吴中人物志》　十二卷。　儀〔徵〕〔真〕張昶。

《維揚人物志》　儀〔徵〕〔真〕黄瓚。

《續高士傳》　徐州李紹芳。

《苻秦書》　十五卷。　太倉王士騏。

《嘉靖以來首輔録》　八卷。

《名卿紀績》　六卷。

《史料前後集》一百卷。

《國朝紀要》十卷。

《天言彙録》十卷。

《明琬琰録》

俱太倉王世貞。

《召見紀事》一卷。太倉王錫爵。

《東吴名賢記》八卷。太倉周復俊。

《節孝録》一太倉秦約，一武進黄俊。

《全陜政要録》嘉定浦鋐。

《澄江政略》嘉定徐時勉。

《世廟識餘録》十二卷。嘉定徐學謨。

《嘐城救時急務録》嘉定侯峒曾。

《丙丁雜志》嘉定侯岐曾。

《平倭策》一卷。通州張鳴鶴。

《通州名宦鄉賢考》通州顧磐。

《孝貞録》泰興張金。

《明經濟録》　歙縣黄訓。
《定西録》　歙縣唐澤。
《歷代諸臣傳贊》　歙縣余棐。
《宋紀受終考》
《新安文獻志》　一百卷。
《宋遺民録》　十五卷。
俱休寧程敏政。
《帝祖萬年金鏡録》　休寧汪循。
《遐齡洞天志》　二卷。　休寧朱權。
《新安文獻志補》　休寧陳曈。
《休寧理學先賢傳》　休寧范淶。
《續列女傳》　休寧邵正魁。
《南征録》　一休寧張信，一江寧張瑄。
《日（歷）〔曆〕》　一百卷。　婺源詹同。
《皇明大政類編》
《嘉隆大政輯要》

俱婺源余懋學。

《明間氣録》婺源游悦易。

《燕邸紀聞》婺源汪懷德。

《湖北民隱録》婺源游震得。

《漢魏春秋》

《通紀集要》六十卷。俱婺源江旭奇。

《征苗録》祁門葉藟。

《歷代忠臣録》寧國胡簡文。

《内閣名臣事略》十卷。寧國吴伯與。

《識大録》宣城劉振。

《歷代宦官傳》宣城梅起申。

《闡幽録》貴池孫溥。

《三唐傳國圖譜》一卷。貴池吴非。

《天啓事實》貴池李嵩。

《天崇兩朝剥復録》①
《留都見聞》
《東林紀事本末》　六卷。
《憙朝忠節録》
《庚辛壬癸録》　四卷。
俱貴池吴應箕。
《貴池三忠録》
《古今名賢年譜》　二十卷。
俱貴池劉城。
《名相行略》　貴池丁旦。
《名賢言行録》　青陽章時鸞。
《忠鑑》
《循良録》
俱青陽吴鍾。

① 此書名《四庫》本作「啓禎野乘」。

《池陽三忠傳》　銅陵佘翹。

《廬陽文獻志》　合肥孫荆。

《洪熙輔政策》　舒城秦鳳。

《宣廟實録》　無爲邢寛。

《志略考》　無爲吴廷翰。

《樵聞野史》　巢縣葉聲嘒。

《開國功臣録》　定遠黄金。

《續吴中先賢贊》　十五卷。　壽州劉鳳。

《小桯史》　滁州王可立。

《明史信書》

《信書逸》

《明鴻猷録》

《鏡古録》

俱廣德李徵儀。

《古今彤史》　天長陳克任。

國朝

《廣萬姓統譜》 二十四卷。 上元王應憲。

《珠光劍氣集》 三十二卷。

《謏聞隨筆》 四卷。

《續筆》 四卷。

俱江寧張怡。

《明國維彙訂》 吴縣王焕如。

《松陵文獻録》 十五卷。 吴江潘檉章。

《明太祖實録辨證》 三卷。

《明初開國功臣事略》① 三十卷。

《明初開國群雄事略》 十五卷。

《古今名人世表》 十卷。 華亭徐懷祖。

《明史擬稿》 華亭王鴻緒。

---

① 此書并以下至《識小録》諸書凡十五條，《四庫》書俱未收。

《明事快編》

《十大典故》

《疑聞略》

俱無錫鄒初基。

《啓貞野乘》

《明季遺聞》

俱無錫鄒綺。

《東林列傳》二十四卷。江陰陳鼎。

《荆溪鄉評備考》宜興楊懷遠。

《歷代徵信編》丹徒錢邦寅。

《野史紀事》丹徒錢邦韶。

《九州史》一百卷。溧陽鍾東序，其書分九州，自春秋及宋、元，凡封建、會盟、戰爭、政治繫其地者分次焉。

《識小録》江都宗元豫。

《瓜渚貞烈士》江都熊敏慧。

《二十一史名臣言行録》

《續南宮舊德録》
俱泰州宫夢仁。
《先賢傳略》 高郵夏洪基。
《綏寇紀略》 十二卷。
《綏靖紀聞》
俱太倉吴偉業。
《東周通紀》 嘉定孫和斗。
《桐城名宦鄉賢實録》 桐城潘江。
《皖桐幽貞録》 桐城馬教思。
《新安節烈志》 歙縣汪洪度。
《續表忠記》 休寧趙吉士。
《古今記林》 婺源汪士漢。
《獻徵録》 貴池劉漢系。
《前明遜國之際月表》 貴池劉廷鑾。
《忠節紀略》 貴池柯自遂。
《二周紀略》 四卷。

《見聞録》

俱建德王爾綱。

右雜史傳

晉

《三國志叙評》　三卷。　建業王濤。

《三國評論》　繁昌何琦。《隋志》有何常侍《論三國志》九卷，疑别是一人。

宋

《漢唐論》　平江陳長方。

《史贊論》　五卷。　吴郡李撰。

《五代史述論》　八卷。　毗陵洪偃。

《讀史通考》　二十卷。　金沙丁明。

《史評》　七卷。　歙吴昶。

《西漢筆記》　休寧錢時。

《史評》 婺源胡敏翁。
《讀史發微》 祁門陳鳴鳳。
《讀史手抄》 寧國汪暐。
《諸史精考》 石埭丁黼。

元

《史補斷》 上海笴隱生。
《讀史説》 三卷。 京口楊如山。
《史斷》 嘉定秦輔之。

明

《史雋》 上元陶元素。
《史鑑》 上元周維藩。
《史疑》 江浦王徽。
《史稗》 長洲湯聘尹。
《讀史類聚》 長洲戴冠。

《咏史補忘録》　長洲沈周。
《吾猶及》　十卷。　長洲鄭敷教。
《史學提要》　長洲潘游龍。
《史斷》　一吴縣徐有貞，一昆山王志慶。
《讀史通》　吴縣許元浦。
《史外類抄》　吴縣都穆。
《史學提綱》　吴江吴簡。
《讀史碎金》　吴江葉紹袁。
《讀史存信》《存疑》　二書。　吴江吴翶。
《古史談苑》　常熟錢世揚。
《史論要語》　常熟張洪。
《評史踶論》　常熟錢汝孝。
《史學撮要》　昆山伊乘。
《史疑》
《史釋》
俱昆山王志慶。

《學史續編》　昆山王志長。
《惇史》
《讀史新知》　俱昆山顧潛。
《讀史纂言》　十卷。　昆山歸有光。
《讀史箋見》　四十卷。　昆山葉鳴鸞。
《讀史管見》　華亭周紹節。
《言史慎餘》　華亭楊樞。
《史詠》　華亭夏寅。
《史通會要》　上海陸深。
《史記發微》　上海張之象。
《廣史》　上海張元玘。
《讀史漫筆》　上海張武。
《讀史餘言》　青浦徐三重。
《學史》　十三卷。　無錫邵寶。
《史説節略》　無錫秦雲。
《讀史閒評》　無錫秦銓。

《十七史節評》　宜興任元亨。

《外史别言》　丹徒韋椿。

《讀史緒言》　二十卷。　何文熙。

《史略》　江都宗名世。

《史論》①

《史略正誤》

俱興化李清。

《史論》　一編二編　共十卷。　太倉張溥。

《史記雜論》　嘉定黄淳耀。

《史衡》　通州陳堯。

《史取》

《史哲》

《讀史補編》

① 此條與下一條李清著作二種，《四庫》本均删。又，《史論》前《四庫》本增收《歷代徵信編》《識小録》二種，與刻本前文重出。

俱懷寧阮懋棠。
《史約》　桐城趙相如。
《史學三筆》　潛山汪延造。
《史評》　潛山金道谷。
《古史斷》　太湖戴君德。
《評古先後編》　望江龍子甲。
《五代史歎》　歙縣王泰徵。
《史裁考信編》
《徵信編》
俱歙縣吴士奇。
《史斷》　一卷。　休寧朱權。
《史詮》
《漢詮》
俱休寧程一枝。
《諸史彙鈔》　婺源汪彦明。
《史測》　婺源張聘夫。

《讀史纂要》　婺源汪國楠。
《讀史隨筆》　婺源余懋學。
《讀史碎言》　黟縣汪有光。
《史疑》　寧國張應奎。
《史學斷義》　宣城貢珊。
《史鑑吟》　宣城徐元大。
《漢書書後》　貴池吴應箕。
《資乘瑣言》　建德江杏。
《史記評註》　當塗端揆。
《經史管窺》　繁昌謝九成。
《末漢正議》　八十一卷。　巢縣趙弘勳。

國　朝

《史挈》　十二卷。　江浦張怡原。
《史析》　丹陽賀裳。
《歷代帝王論》　溧陽吴環。

《史論》十二卷。　金壇王錫祉。

《讀史雜述》

《史斷》

俱山陽李鎧。

《閲史約書》　江都熊敏慧。

《史遊》　儀(徵)〔真〕徐濂。

《歷朝史斷》　懷寧陳師恭。

《史略》　宿松劉應縉。

《論史異同》　歙縣王仕雲。

《史測》　汪濟淳。

《史記別解》　歙縣吴大先。

《讀史論斷》八卷。　休寧吴恒。

《閲史隨筆》　婺源戴思孝。

《拾史唾餘》

《僭國要覽》

俱南陵童升秀。

《史詹》　建德王爾綱。

右史評

漢

《舊儀》　四篇。　東海衛宏。

三　國

《官職訓》　一卷。　吴雲陽韋昭。

《晋惠帝百官名》　三卷。

《官屬名》　四卷。

俱吴郡陸機。

南北朝

《車服雜註》　一卷。　宋京口徐廣。

《新儀》　十卷。　梁東海鮑泉。

《職儀》　十卷。　梁姑孰周興嗣。

《政理》十卷。　梁濡何允。

《陳律》九卷。

《陳令》三十卷。

《陳科》三十卷。

俱陳范泉。

唐

《百僚新戒》

《臣軌》

俱秋浦胡楚賓。

南　唐

《登科記》十五卷。　廣陵徐鍇。

宋

《太常因革禮》一百卷。　金沙姚闢。

《續太常因革禮》三百卷。江陰葛勝仲。

《政和以後赦令》五卷。

《紹興敕十三度令》五十卷。

《格》三十卷。

《式》三十卷。

俱晋陵張守。

《鑄錢故事》一卷。咸平二年，無錫杜鎬奉詔撰。

《唐職林》三十卷。維揚馬永錫。

《中興登科小録》三卷。江都張汝明。

《登科姓類》一卷。江都李椿。

《皇祐樂記》三卷。泰州胡瑗。

《崇寧改修法度》二十卷。儀(徵)〔真〕沈錫。

明

《南樞志》一百七十卷。上元張文峙。

《京學志》八卷。

《詞林歷官表》　三卷。
俱上元焦竑。
《大事記》　上元陳鳳。
《陰德登科録》　一卷。　江寧丁明登。
《翰林志》　江寧陳沂。
《藩鎮傳》　江寧沈越。
《官職會通》　三卷。　長洲魏校。
《南京詹事府志》　二十卷。　長洲劉昌。
《藩府政令》　一卷。　長洲皇甫濂。
《歷代通略》
《大臣年表》
《國朝殿閣大臣年表》　十六卷。
俱常熟許重熙。
《南京兵部車駕司職掌》　八卷。　華亭俞汝爲。
《南京翰林志》　十二卷。　華亭董其昌。
《職掌録》　金壇于仕廉。

《國朝公卿大臣年表》　二十四卷。　太倉王世貞。

《銓曹紀要》　十六卷。　太倉王士騏。

《宗藩要例》　嘉定徐學謨。

《明歷科殿試録》　七十卷。

《歷科會試録》　七十卷。

《明貢舉考》　九卷。

俱海州張朝瑞。

《南京吏部志》　二十卷。　歙汪宗伊。

《留儲志》

《南垣論世考》

俱婺源余懋學。

《玉堂紀實》　貴池丁紹軾。

《南京録》　臨淮趙永。

右職制

三　國

《吴郡記》　吴人陸道瞻。

《二京解》　吴沛郡竹邑薛綜。

晋

《關中記》

《幕阜山記》

俱句容葛洪。

《洛陽記》　一卷。　吴郡陸機。

《風土記》　陽羨周處。

《京口記》　劉損之。

南北朝

《地理書》　一百四十九卷。　齊吴陸澄，合《山海經》以來一百六十家爲此書。義興太守任昉又增八十四家，爲《地記》二百五十二卷，掇其要爲《地記書抄》九卷。

《京都記》　梁秣陵陶季直。
《吴地沿海四縣記》
《婁地記》
俱吴郡董監。
《衡陽記》　梁顧憲之。
《輿地志》　三十卷。
《十國都城記》　十卷。
《古今地譜》　二卷。
《建安地記》　二篇。
俱陳華亭顧野王。

隋

《洛陽古今記》　一卷。
《江都道里①記》　一卷。

---

① 「里」，《四庫》本作「理」。

《巡撫揚州記》　七卷。
俱蔣州諸葛穎。

唐

《吴地記》　吴郡陸廣微。
《頤山録》　一卷。　陸希聲，隱宜興頤山中。
《輿地記》　江都李該。
《揚州記》　江都曹憲。

南　唐

《方輿記》　一百三十卷。　廣陵徐鍇。
《海外使臣廣記》　章僚。　使高麗，記海道所經及其國山川風土。

宋

《續建康志》　十卷。　郡人朱舜庸。
《清波雜志》　二十卷。　上元周煇。

《維揚過江録》一卷。蘇州葉夢得。

《吴郡志》五十卷。

《桂林虞衡志》①

《琴川志》

俱吴郡范成大。

《吴國圖經續記》② 五卷。

《琴臺志》

俱吴郡朱長文。

《吴縣圖經》 吴縣羅處約。

《中吴紀聞》 三卷。 昆山龔明之。

《雲間志》 三卷。 華亭林至。

《方輿别志》 常州葛立方。

《蒼梧志》 晋陵胡珵。

① 此條書名通作《桂海虞衡志》。

② 此條書名通作《吴郡圖經續記》。

《梁溪漫志》　十卷。
《續志》　三卷。
俱無錫費袞。
《同安志》　十卷。　無錫錢紳。
《毗陵志》　十二卷。　鄒補之。
《嘉禾志》　五卷。　張元成。
《續風土記》　宜興單發。
《九域志》　十卷。　鎮江王存。
《都梁志》　八卷。
《續志》　一卷。
俱丹徒霍篪。
《建康志》　十卷。　廣陵史正志。
《房州圖志》　陳宇。
《維揚勝概録》　三十八卷。　孫蔓。
《廣陵志》　十二卷。　鄭少微。《宋志》「微」作「魏」。
《真州志》　七卷。　蔣佑。

《高麗圖經》 四十卷。 廣陵徐兢，鉉孫。
《續成都古今集記》 二十二卷。 廣陵王居正。
《雞林志》 三十卷。 廣陵王雲，輯奉使高麗聘問會見之禮。
《方輿勝覽》 歙祝穆。
《新安志》 十卷。 歙羅願。
《吴陵志》 歙王寅。
《續廬山記》 四卷。
《壽春雜志》 一卷。
俱馬玕。
《山川地理圖》
《雍録》 十卷。 俱休寧程大昌。
《一統志》 婺源汪藻。
《衡陽圖志》 婺源張敦頤。
《延平志》 績溪胡舜舉。
《旌川志》 八卷。 李瞻。
《秋浦新志》 十六卷。 池州王幼學。

《九華總録》十八卷。陳太古，裒集諸家所記成書。

《九華拾遺》一卷。青陽劉放復補三十餘節於總録外。

《太平圖經》五卷。郡人劉澄。

《蕪湖志》五卷。邑人王梠。

《天下名山水記》三百卷。歷陽沈立。

元

《闕里通載》集慶張翌。

《茅山志》十五卷。浙張天雨，隱居句曲。

《西漢地里疏》

《山經》

倶平江徐天麟。

《玉山名勝》昆山顧阿瑛。

《無錫志》二十八卷。無錫王仁輔。

《鎮江府志》郡人俞希魯。

《昆山州志》太倉楊譓。

《練川志》 嘉定秦輔之。

《新安續志》 歙洪焱祖。

《祁門志》 祁門汪元相。

明

《適楚紀勝》 上元姚履素。

《登衡小紀》 上元顧璘。

《遊燕雜記》

《遊吳雜記》

俱上元盛時泰。

《楚征日録》

《嶺南日録》

俱上元黄琮。

《南畿志》 六十四卷。

《金陵古今圖考》 二卷。

《金陵世紀》 四卷。

《遊名山録》

俱江寧陳沂。

《南都英華》

《南都野記》

俱江寧司馬泰。

《金陵舊事》 六卷。

《金陵瑣事》 八卷。

俱江寧周暉。

《閩汴紀巡録》 江浦張瑄。

《棠邑枝乘》

《江北定山志》

《六合冶山志》

《六合靈巖山志》

《燕都遊覽志》

俱六合孫國敉。

《有明地里①志》　蘇州魏俊民。

《九邊圖説》

《三關四鎮志》

《灤州志》

俱吴陳錡。

《西洋朝貢典録》

《輿地經》

《吴風録》

俱長洲黄省曾。

《蘇州續志》　一百卷。

《兩鎮邊關圖説》

俱長洲劉昌。

《廣省通志》　長洲祝允明。

《姑蘇志》　六十卷。　吴縣王鏊。

① 「里」，《四庫》本作「理」。

《寧海志》　二卷。

《蓬窗吴紀》

《吴縣志》

《金山志》

俱吴縣楊循吉。

《長洲野志》

《金閶事纂》

《安南考》

俱吴縣伍餘福。

《石湖文略》

《石湖志》

俱吴縣盧襄。

《遊名山記》　吴縣都穆。

《泰興志》　吴縣王穉登。

《都邑便覽》　吴江沈位。

《松陵别乘》

《虎（邱）〔丘〕志》

《鄧尉山志》　十八卷。

俱吴江周永年。

《嘉魚志》　吴江莫震。

《新昌志》　吴江莫旦。

《金陵紀勝》　常熟蔣以忠。

《地輿分合指掌圖》　常熟許重熙。

《虞鄉雜記》

《方輿勝覽》

俱常熟毛晋。

《松樞十九山》　常熟錢希言。

《吴地廣記》　五十卷。

《蘇州府志》　五十卷。

俱昆山盧熊。

《昆山志》

《咸陽志》

《蘇州志》
《兖州志》
《關中名勝集》
《陝西圖經》
《婁曲叢稿》
俱昆山殷奎。
《大地圖衍義》 華亭徐獻忠。
《輿地一覽》 十五卷。 華亭曹嗣榮。
《雲間通志》 十八卷。 華亭錢岡。
《松江府志》 三十二卷。 華亭顧清。
《廣輿記》 二十四卷。 華亭陸應暘。
《淞故述》 華亭楊樞。
《松江新志》 九十四卷。 華亭陳繼儒。
《雲間紀時野史》 華亭鍾薇。
《續松江志》 華亭錢全衮。
《華亭志》

《祁州志》

《使交紀行》

俱華亭孫承恩。

《東遊録》　華亭夏寅。

《異域殊聞》　華亭李至剛。

《黄河考》　華亭俞汝爲。

《使交録》　一華亭張弘至，一華亭錢溥。

《遠遊紀略》　四卷。　華亭王澐。

《河汾燕閒録》

《蜀都雜抄》

俱上海陸深。

《松志備遺》　上海董宜陽。

《上海志》　上海張之象。

《雲間志略》　二十四卷。

《志餘》　一卷。

俱青浦何三畏。

《雲間雜志》 李紹聞。
《常郡志》 四十卷。 武進王儁。
《延陵通志》 武進謝林。
《浙江通志》 武進薛應旂。
《職方地圖》 三卷。
《闕里志》
俱武進陳組綬。
《九邊圖論》 三十篇。 無錫尤瑛。
《山海圖記》 無錫顧可久。
《常郡續志》 八卷。 無錫張愷。
《勾吴見聞録》 尤晋。
《勾吴佚典》 無錫顧起經。
《無錫山水志》 無錫尤鏜。
《錫山景物略》 無錫王永積。
《惠山名勝志》 無錫華淑。
《通惠河志》 二卷。 無錫王金。

《許州志》三卷。無錫邵寶。
《曹縣志》無錫陳策。
《讀史方輿紀要》一百三十卷。無錫顧祖禹。
《楚越記》無錫王鑑。
《霞客遊記》江陰徐弘祖。
《小桃源記》江陰方謨。
《宜興志》宜興王升。
《荆溪外紀》二十五卷。沈敕。
《瀛洲奇處録》丹徒費誾。
《過海紀略》
《還萊始末》
俱溧陽宋劼。
《鎮江府志》三十六卷。金壇王樵。
《維揚志》二十卷。江都盛儀。
《郡乘正要》八十卷。江都趙鶴。
《東宦録》

《鑾江志》

《齊魯通志》 一百卷。 俱儀(徵)〔真〕黄瓚。

《豐邑古今考》 徐州李春煦。

《太倉州志》 太倉張采。

《閩部疏》 太倉王世懋。

《居庸關志》 太倉顧存仁。

《水經註》

《黄河或問》

《兗州雜記》 四卷。

俱嘉定龔弘。

《職方紀略》 嘉定唐景亮。

《湖廣總志》 嘉定徐學謨。

《越遊記》 嘉定張振德。

《海門志》 海門崔桐。

《海外遊記》 新安汪仲弘。

《九邊論》 歙縣汪瓘。

《大理志》

《廣西志》

俱歙縣張芝。

《滇南雜録》　歙縣程旦。

《異域志》　休寧朱權。

《地圖綜要》　休寧吴學儼、朱紹本同著。

《新安志》　休寧朱同。

《鄣大事記》　二卷。　休寧程一枝。

《惠來志》　婺源游之光。

《出巡録》

《三使録》

俱宣城張綸。

《宣乘翼》　寧國梅膺祚。

《中邊圖制考》　寧國仙克謹。

《名山雅編》　旌德姚裕。

《池州府志》　郡人丁紹軾。

《池志拾遺》 貴池李懃。
《池州雜記》
《九華遊記》
《遊杉山日記》
俱貴池劉城。
《池事未盡録》 貴池吴非。
《九華全志》 青陽吴光錫。
《古一山志》 青陽桂大璉。
《天柱志》 青陽施達。
《齊山奇紀》 銅陵佘翹。
《太平府志删略》 郡人祝鑾。
《太平山水圖》 蕪湖蕭雲從。
《三晋紀行》 合肥張承芳。
《泰山紀遊》 合肥李籛。
《輿志詳考》 無爲鍾濟。
《中都志》 十卷。 臨淮柳瑛。

《相山志》　宿州任文石。
《建業風俗記》　滁州王可立。
《廣德志》　州人李德陽。
《泗州志》　天長戴纓。

國　朝

《江南省志》　江寧劉思敬。
《金陵私乘》　八卷。
《攝山志略》　四卷。
俱江寧張怡。
《金陵寶華山志》　十卷。
《九華山志》　十卷。
俱江寧張惣。
《蘇州府學志》　吴縣王焕如。
《增訂廣輿記》　二十四卷。　吴縣蔡方炳。
《滸墅關志》　二十卷。　吴縣孫珮。

《京東山東考古録》　昆山顧炎武。

《滇行東還紀程》　三卷。　婁縣許纘曾。

《闕里廣志》　華亭宋際。

《宜興續志》　邑人吴晋剡、任元祥仝纂，徐喈鳳增廣成書。

《雁岩山遊記》　武進周清源。

《山海經註》

《三山志》

俱丹徒姚允謙。

《華陽遊志》　溧陽馬世俊。

《溧陽志》

《閭史》

俱溧陽吴穎。

《方輿概》　十五卷。　江都史炤。

《江都志》　江都葉彌廣。

《虎(邱)〔丘〕志》　太倉顧湄。

《春秋地里志》　太倉吴偉業。

《歷遊山水記》　嘉定許自俊。

《續中吳紀聞》六卷。　嘉定龔弘。

《廣輿記補》　歙縣許楚。

《中山沿革志》　休寧汪楫，記琉球國事。

《粤述》　休寧閔叙。

《東遊記》　休寧汪瑶光。

《黄河考》　婺源游良。

《貴池掌故》

《九華散録》

俱貴池劉廷鑾。

《杏花村志》　貴池郎遂。

《西沉紀遊》　滁州潘運皡。

右地志

江南通志卷一百九十二

藝文志

子　部

儒家　雜説　類選　政術　刑法　兵謀　陰陽　農圃　醫家　雜藝　道家　釋家

漢

《淮南子》二十一卷。淮南劉安。

《新語》二卷。彭城陸賈。

《新序》三十卷。

《説苑》　二十卷。

《説老子》　四篇。

俱彭城劉向。

《東漢新論》　十七卷。　沛國桓譚。本傳作二十九篇。

三　國

《太(元)〔玄〕經註》　十卷。　吴陸績。

《太(元)〔玄〕經註》　十三卷。　吴陸凱。

《新論》　十二卷。　吴毗陵顧譚。《唐志》作五卷。

《新議》　八篇。　吴沛郡薛瑩。

《典訓》　十卷。

《典語別》　二卷。

俱吴陸景。

《諸葛子》　五卷。　吴諸葛恪。

《默記》　五卷。　吴張儼。

《秦子》　三卷。　吴秦菁。

《矯非論》　三十篇。　廣陵范慎。

晋

《言道》　十篇。

《審機》

俱吴郡陸喜。

《默語》　三十篇。　陽羨周處。

《新論》　十卷。

《辨道》　二卷。

俱廣陵華譚。

《新論》　十卷。　譙夏侯湛。

《三統五德論》　二卷。　譙曹思文。

南北朝

《褚氏遺書》　齊廣陵褚澄。

《正覽》　六卷。　梁建康周捨。

唐

《皇太子諸王訓》十卷。吴郡丁公著。

《君臣圖翼》二十五卷。吴郡陸淳。

《辨疑志》三卷。吴郡陸長源。

《正論》十五卷。丹陽儲光義。

《續經説》彭城劉迅。

《續説苑》十篇。彭城劉貺。

南唐

《質論》一卷。廣陵徐鉉。

《法言》十卷。劉鶚。

宋

《孔孟衍語》平江張慶之。

《樂間格言》平江龔昱。

《時習編》

《書志編》

俱平江王萬。

《廣文》三卷。虞山瞿汝文。

《寶鑑論》江陰呂棐。

《芻言》五十篇。

《卮言集》五卷。

俱宜興蔣之奇。

《老莊本旨》丹陽洪興祖。

《京口七原略》丹徒朱叔寶。

《確論》十卷。金壇張綱。

《直説》五十篇。金壇丁明。

《睟盎録》金壇趙時侃。

《天鬻子要論》一卷。維揚李昜。

《閒静治本論》五卷。維揚張巖。

《嬾真子》五卷。維揚馬永卿。

《芹宫講古》三卷。高郵陳造。

《張子卮言》真州張汝明。

《洙南子》徐州顔太初。

《儒術通要》

《經濟樞言》

俱徐州劉顔。

《鬻子註》一卷。如皋王觀。

《讀書記》歙曹涇。

《參同契解》一卷。婺源朱子。

《潛虛發微》婺源張敦實。

《菊坡言志録》婺源洪樽。

《山窗業書》婺源李繒。

《太湖十義刻象》宣城梅致和。

《讀書通説》寧國鄭魏挺。

《知非集》

《精金訓鑑》

《童蒙記》

俱貴池葉楠。

《家法》 三卷。 青陽方綱。

《北山讜議》 一卷。 無爲王瀟。

《河南師説》 十卷。 潁川韓元吉。

元

《原道集》

《還原奥旨》

俱平江王珪。

《澤物編》

《親民編》

俱平江周文英。

《思賢録》 五卷。

《懷古録》 三卷。

《辨惑編》 三卷。

俱武進謝應芳。

《格物擇善録》　嘉定秦輔之。

《先儒宗旨》　望江方用。

《稽古編》　婺源汪逢辰。

《太〔元〕〔玄〕潛虛圖説》　婺源吴霞舉。

《人倫事鑒》　婺源胡一桂。

明

《願學編》

《寶唐語録》

俱上元李登。

《淵學探微》　十二卷。　上元金潤。

《養正圖解》　上元焦竑。

《懲忿編》

《窒慾編》

俱江寧殷邁。

《三黨編》　江寧沈越。
《讀書史會要》　江寧徐霖。
《忠孝説義》　江寧陳芹。
《棲霞語録》
《青原語録》
俱江寧倪嘉慶。
《古今類説》　六十卷。　江寧司馬泰。
《續百川學海》　八十卷。　江寧司馬泰、梅純、姚咨。
《五倫啓蒙》　六合劉閔。
《藏書通》
《讀書通》
俱六合孫國敉。
《學基》
《學統》
俱六合章慈。
《讀書要語集》　三卷。　長洲王億。

《理學述言》　長洲趙文。

《辨惑編》

《厚倫集》

《匡正録》

俱長洲顧亮。

《順應篇》　長洲顧存仁。

《簡文編》

《崇正編》

俱長洲伍袁萃。

《懷賢録》　一長洲黄省曾，一昆山沈愚。

《維俗議》《從先議》　二篇。

《覺迷論原教論正續》　三卷。

俱長洲管志道。

《莊渠語録》

《師説》

俱長洲魏校。

《學聚録》　吴江杜偉。
《讀書疑》　二卷。　吴江張基。
《正學編》　一吴江杜偉，一婁縣吴稷。
《緯學辨義》　吴江葉紹袁。
《訓釋伊洛精義》　常熟陳宏。
《讀書記》　常熟連鑲。
《心説》
《主一稿》
俱常熟陳交。
《求仁至言》　常熟陳九疇。
《經傳史通》　常熟錢汝孝。
《人倫師表》
《坐道論》　二卷。
俱昆山沈魯。
《我非説》
《自訟録》

俱昆山顧咸建。

《譚經録》　昆山楊无咎。

《俟後編》　昆山王敬臣。

《道學統系圖》

《家祭儀》

俱昆山般奎。

《家訓》　一卷。

《西齋日録》

俱華亭周思兼。

《質疑録》　華亭莫如忠。

《味道編》

《性學總論》

《省言》

俱華亭錢大復。

《賢王箴》　華亭吴稷爲徽王作。

《省愆日録》　華亭陳仲山。

《吴生叢語》　華亭吴炯。
《古今醒語》　華亭王明時。
《三才圖會説》　一百六十卷。
《古今考》　二十二卷。
俱青浦王圻。
《信古餘論》
《庸齋日記》
俱青浦徐三重。
《薛子庸語》　武進薛應旂。
《儒編》　六十卷。　武進唐順之。
《讀書劄記》　武進徐問。
《霞舟語録》　武進吴鍾巒。
《家訓》　無錫高攀龍。
《依庸堂絮語》　無錫劉元珍。
《三才通考》　無錫秦汴。
《尚論編》　無錫王達。

《古學類編》　無錫余璿。
《日省餘録》　無錫顧起經。
《成均彀語》　無錫周子美。
《定性書》　無錫邵寶。
《經正録》　無錫張雲鸞。
《户牖箴言》　無錫强仕。
《辨思録》
《古今要言》
俱無錫秦涵。
《過庭直訓》
《讀書紀要》
俱無錫王表。
《讀書類》　無錫秦鉽。
《荷橋子》　無錫談縉。
《會解商語》
《庭學愛日》

俱無錫張夢時。

《心學淵源録》 江陰薛甲。

《東家子》 十二篇。 江陰孫作。

《泉上語録》 宜興吴正志。

《玉池語録》 宜興史孟麟。

《五倫分疏》 宜興王升。

《語録》 丹徒朱錫。

《中説》 一金壇于鑑，一寶應宗周。

《理學纂要》 江都朱曰藩①。

《金華正學編》 江都趙鶴。

《彙聞驚心録》 江都孫世恩。

《願體集》 江都史典。

《會心言》 一江都王納諫，一高郵孫兆祥。

① 《理學纂要》爲朱曰藩子朱爾之撰，已見《江南通志》卷一百九十。

《二劍齋日編》① 江都張懋勳。
《一菴會語》 泰州王棟。
《仁孝仕學訓》 泰州羅汝芳。
《五倫解》 五卷。
《子臣心鑑》 五卷。
俱高郵孫兆祥。
《龍沙會語》
《澹臺祠証學》
俱儀(徵)〔真〕林之翰。
《樂吾集》 四卷。 興化韓貞。
《先正訓蒙》 興化李春芳。
《驚心録》 沛縣趙時若。
《異端辨》
《稽古録》

① 此條書名《四庫》本作「二一劍齋目編」。

俱太倉沈璵。
《忠雅》　太倉龔持憲。
《讀書後》　二卷。　太倉王世貞。
《求道録》
《切己録》
《同善會語》
俱太倉陳瑚。
《彙古編》
《閒居觀省録》
俱嘉定宣光祖。
《陶菴語録》
《我師録》
俱嘉定黄淳耀。
《傳道録》　海州張朝瑞。
《古今學要》　通州姚繼律。
《青越樓日録》　桐城陳朝棟。

《桐彝續庸言》

《邇訓》

俱桐城方學漸。

《日省録》　一桐城何塘，一潛山丁一陽。

《省克録》　潛山金藻。

《敬思録》

《我師篇》

俱潛山丁一陽。

《克己録》　潛山涂榮臺。

《訓兒録》　宿松方際明。

《翼言》　歙縣汪有光。

《崇孝編》　歙縣汪祚。

《讀書一得》　歙縣黄訓。

《學言》　二卷。歙縣許鈇。

《廣資録》　歙縣汪尚寧。

《緒言》　一歙縣許楚，一婺源洪垣。

《格言彙編》休寧范泓。
《正學辨》休寧汪循。
《閑辟録》休寧程曈。
《自知録》休寧方廷珊。
《知新保和二書》休寧畢瀚。
《論學質言》休寧金人龍。
《遺範録》休寧程敏政。
《范子哤言》休寧范涞。
《修身格言》一休寧淩雲鵬，一宣城李繁春。
《增校類編》婺源汪舜民。
《省愆録》婺源潘珍。
《三才蠡測》婺源余自怡。
《遵行録》婺源汪起鵬。
《畜德録》一婺源汪尚和，一婺源汪一桂。
《近居録》婺源汪世育。
《門人問答録》婺源吴文光。

《歸養録》
《全歸録》
俱婺源王壽。
《天關證學録》　婺源詹軫光。
《北山言行録》　婺源汪儼。
《克己正蒙録》　婺源胡珙。
《少源語録》　婺源余懋衡。
《觀俗膚語》　婺源胡用賓。
《高言》　婺源程廷策。
《汪子寐語》
《汪子寐言》
俱婺源汪懷德。
《晤言》　婺源吴承志。
《就正語》　婺源滕百善。
《讀書記疑》　婺源吴成德。
《朱翼》　婺源江旭奇。

《闇然堂日録類纂》① 婺源潘士藻。

《藥裏膚言》 婺源游震得。

《聞言》

《應迹言》

俱婺源洪垣。

《風化小補》 婺源游遜。

《蒖言》 婺源余懋孳。

《發蒙近語》 祁門程昌。

《繼善録》 黟縣汪濟一。

《會講録》 黟縣李希士。

《獨居録》 黟縣汪宗訊。

《達觀語録》 黟縣汪濟。

《七士辨》 宣城董傑。

《廣崇正辨》 宣城吴宗周。

① 此條録修本删。

《阿麟語録》　宣城孫經。
《閑道録》　宣城沈壽民。
《古今家誡》
《景行録》
俱宣城梅守德。
《廬中言》　宣城孫緯。
《證學語録》　宣城張五權。
《世道忠言》　宣城汪念顯。
《孔荀異同》
《讀荀志》　俱宣城梅鶚。
《緯書》　宣城劉振。
《杜機子》　宣城貢汝成。
《學覺窺斑》　宣城貢安國。
《同仁語録》　宣城施弘猷。
《寓理千言》　南陵許夢熊。
《書餘偶見》　南陵陳孜。

《警心集要》
《醒世格言》
俱涇縣趙不逸。
《省身至言》　涇縣趙士登。
《獲言》　涇縣吴尚默。
《南庠日講》　涇縣左輔。
《梅峰語録》　涇縣趙仲全。
《梅峰理學正宗》　涇縣趙健。
《就正言》　寧國楊遜。
《家庭訓言》　寧國仙汝泰。
《知新日録》　寧國花如罔。
《省身日記》　太平徐貢元。
《續自警編》　太平胡篤卿。
《居易俟命篇》　太平周懌。
《崇基録》
《思師録》

《恭友録》

俱貴池丁旦。

《讀書種子》① 二十卷。

《讀書觀止録》 六卷。

《讀書鑑》 二卷。

《友鑑録》

俱貴池吴應箕。

《仁至録》 四卷。 貴池吴非。

《庭訓正蒙》 貴池丁時修。

《知行二論》

《古源日録》

俱貴池李呈祥。

《古今廟學記》② 四十卷。

① 此書至《仁至録》凡五種，錽修本俱删。

② 此書與以下二書凡三種，錽修本俱删。

《讀書略記》二十卷。
《劉氏家訓》
俱貴池劉城。
《天柱峰語録》青陽施達。
《見思篇》①
《忠鑑》俱青陽吴鍾。
《孝聞》
《禮箴》
俱銅陵張懋光。
《易九儒譜略》②
《心學測翼》
《南北會言》
《首善書院録》

① 此書録修本删。
② 此書録修本删。

俱石埭桂大璉。

《杞言》　石埭湯文瓊。

《前思録》　當塗謝理。

《敬一箴解》　合肥蔡悉。

《我箴註》　巢縣楊舜漁。

《檢身録》　巢縣周兆輝。

《文華講義》　臨淮趙永。

《日録》　五卷。　亳州薛蕙。

《庭訓録》　天長許學古。

《日警編》　天長戴纓。

國　朝

《傳習録辨》　八卷。　上元王應憲。

《陽明語録繹》　上元高阜。

《下學堂劄記》

《學統》

《閑道録》

俱孝感熊賜履，寄籍江寧。

《道本堂論孝書》　長洲袁甫。

《儒門法理》

《蒙正録》

俱長洲彭定求。

《磐莊語録》　十二卷。　長洲馬荇。

《讀書燈》　常熟王履昌。

《日知録》①　三十二卷。

《救文格論》

俱昆山顧炎武。

《初學辨體》　昆山盛符升。

《經史辨體》　昆山徐與喬。

《養珠語録》　華亭周詠昭。

① 此書録修本删。

《柯村讀書録》三卷。　武進趙鯉詔。

《東林講義》二卷。

《家廟禮則》三卷。

俱江陰孔興綱。

《家訓珍言》　荆溪任培元。

《知新録》　江都王棠。

《敦行録》　江都史銓。

《正學編》

《希賢録》

《師承録》

俱江都朱顯祖。

《讀書紀數略》　泰州宫夢仁。

《明道大意》

《良知説》

俱泰州田狩龍。

《致知論》

《明德編》
俱泰州俞宣。
《懿行編》 八卷。 高郵李瀅。
《素菴集義解》 興化李漢。
《證我箋》
《先賢學記》
俱太倉王御。
《思辨録》
《格致編》
《論學酬答》
俱太倉陸世儀。
《文廟備考》 十六卷。 太倉孔毓慈。
《尚友編》 太倉周象明。
《衛道編》 嘉定陸元輔。
《經書正謬》 嘉定馬舒。
《經史論辨》 嘉定孫和鼎。

《格致録》嘉定侯泓。
《省身録》通州孫宏達。
《猛省格言》懷寧楊昭雍。
《視履考》懷寧蔣延姬。
《白雲語録》桐城姚文然。
《伊洛薪傳》潛山王振基。
《思省録》休寧黄日熙。
《宋元明正學録》休寧汪晋徵。
《讀書存問》二卷。休寧朱弘。
《思成録》休寧汪學聖。
《家居格言》休寧曹頣静。
《趨庭紀聞》休寧汪瑶光。
《道邇編》婺源查光懷。
《正心録》
《迪吉録》
俱婺源潘第。

《遵行録》

《心性編》

俱婺源汪清徵①。

《修身約説》 婺源游琯。

《讀書鈔》 青陽王之璘。

《中和彙編》 六安汪日麗。

《思問編》 英山金奉爵。

右儒家

三　國

《通語》 吴雲陽殷基。

《辨説》 一卷。 吴雲陽韋昭。

《潮水論》 吴彭城嚴(晙)〔畯〕②。

① 「汪清徵」,《四庫》本作「汪清徹」。

② 據《三國志》五十三本傳改。《四庫》本作「峻」。

《私載》　吴沛郡薛綜。

晋

《訪論》

《西州清論》

《娱賓九思》

俱吴郡陸喜。

《子長文筆》　三十卷。　徐州劉遂。

南北朝

《幽明録》　三十卷。

《世説》　八卷。

《小説》　十卷。

俱宋劉義慶。

《玉海》　十卷。　齊吴郡張融。

《金樓子》　十卷。

《妍神記》　十卷。
俱梁元帝。
《刀劍録》　一卷。　梁秣陵陶弘景。
《瑣語》　十卷。
《異姓苑》　五卷。
俱梁吴郡顧協。
《辨林》　二十卷。　蘭陵蕭賁。
《嘉瑞記》　一卷。　梁吴郡陸雲公。
《續嘉瑞記》　一卷。　陸瓊，雲公子。
《註世説》　十卷。　梁彭城劉峻。
《續洞冥記》　一卷。
《符瑞圖》　十卷。
俱陳華亭顧野王。
《異苑》　十卷。　江都劉敬叔。
《物祖》　十五卷。　後魏徐州劉懋。

隋

《馬名録》　蔣州諸葛穎。

唐

《詩格》一卷。　江寧王昌齡。

《大中詩格》一卷。　江都王起。

《九華雜編》十五卷。

《劇談録》

倶秋浦康駢。

《纂新文苑》十卷。

《苕川總載》十卷。

《啓事》一卷。

《苕亭雜筆》

《集遺具録》十卷。

倶秋浦顧雲。

《緑窗鎖翠》

《松窗雜記》

倶池陽杜荀鶴。

南唐

《稽神録》 一卷。 廣陵徐鉉。

《歲時廣記》 一百二十卷。

《登科記》 十五卷。

倶廣陵徐鍇①。

《賓朋燕語》 寧國(邱)〔丘〕旭。

《鏤冰録》 貴池殷文奎。

宋

《席上腐談》

---

① 「徐鍇」,《四庫》本作「徐錯」。

《書齋夜話》
俱平江俞琰。
《負暄雜録》　平江顧逢。
《續白帖孔帖》　平江鍾璇。
《議古》　三卷。　吴縣李彌遜。
《拙庵雜著》　三十卷。
《外集》　四卷。
俱吴江趙磻老。
《古今語説》　吴江王蘋。
《野客叢書》　三十卷。　吴江王楙。
《步客里談》　吴江陳長方。
《剡溪叢話》　姚原。
《船窗夜話》　常熟顧達。
《西府録》　常熟王伯虎。
《中吴紀聞》　昆山龔明之。
《脂韋子》　五十卷。　昆山邊惇德。

《少伊慚筆》　昆山馬先覺。
《全唐詩話》　無錫尤袤。
《詩話》　十卷。　無錫錢紳。
《西疇筆耕》
《韻語陽秋》
俱江陰葛立方。
《紀古事類》　三十五卷。　丹徒艾謙。
《秘閣閒談》　五卷。　丹陽吴淑。
《雜説》　三卷。　金壇陳昉。
《見聞録》　五卷。　金壇張綱。
《事類》　百卷。　金壇丁明。
《容齋筆録》　五十卷。
《三桂筆録》　五十卷。
《拙逸手編》　二十卷。
俱金壇趙時侃。
《方言》　二十卷。　淮南王資深。

《蘭陵博議》十卷。淮海桑世昌。
《江湖長翁雜著》四十卷。高郵陳造。
《詩法》嘉定孫載。
《青唐録》新安汪藻。
《潮説》休寧吴觀萬。
《曲洧舊聞雜書》
《續骫骳説》
俱婺源朱弁。
《閒署日抄》黟縣舒榮。
《漁隱叢話》二卷。績溪胡仔。
《竹坡老人詩話》宣城周紫芝。
《山陰詩話》宣城李兼。
《續金針詩格》寧國梅堯臣。
《見聞録》十卷。潁州傅㰖。
《續清夜録》
《國老談苑》

俱頴州王銍。

《揮（塵）〔麈〕①録》

《投轄録》

俱頴州王明清。

元

《續釋常談》　二十卷。　和州龔頤正。

《燕居雜録》　平江秦玉。

《姓氏通辨》　平江楊譓。

《吴中雜志》　三卷。　吴縣陸友。

《平江紀事》　一卷。　吴縣高德基。

《王淵雜著》　吴縣（邱）〔丘〕迪。

《東遊小稿》　吴縣陳深。

《萬松溪邊舊語》　吴縣尤玘。

---

① 據《四庫》本改。

《繼潜録》　吴縣張文。

《林外野言》　昆山郭翼。

《休休居士雜録》　無錫陳汝霖。

《學詩管見》　江陰俞遠。

《姓氏纂》　江陰梁益。

《墻東類稿》　二十卷。　江陰陸文奎。

《竹素懸鈎》①　二十卷。　鎮江俞希魯。

《庶齋老學叢談》　揚州盛如梓。

《茗谷叢説》　望江方用。

《太平要覽》　歙汪逢辰。

《雜作管見》　歙曹涇。

《名僧詩話》　歙方回。

《弄丸餘説》　婺源程龍。

《星源續志》　婺源汪幼鳳。

① 「竹素懸鈎」，乾隆《鎮江府志》俞希魯傳作《竹素鈎元》，疑當作《竹素鈎玄》。

《上元新録》
《聽雪齋記》
俱宣城貢奎。
《九華外史》　青陽楊少愚。

明

《國獻家猷》　上元王可大。
《説略》①
《客座贅語》
《金陵古今金石考目》
《雪堂隨筆》
俱上元顧起元。
《説楛》　上元焦周。
《宗説》

① 本書并以下三條顧起元著作凡四種，録修本俱删。

《續課》

俱上元黄琮。

《近言》　上元顧璘。

《支談》①

《古珠璣》

《集氏筆乘》

《集氏類林》

《玉堂叢話》

俱上元焦竑。

《青溪暇筆》　二十卷。　上元姚福。

《延休堂漫録》　上元羅鳳。

《憨翁新録》

《石屋閒抄》

《紀行録》

---

① 本書并以下四條焦竑著作凡五種，録修本俱删。

《吹映餘音》
俱上元蔣誼。
《廣陵日録》
《湘中漫録》
《采毫録》
《日得録》
俱上元謝承舉。
《南還雜著》　上元朱之蕃。
《治漳備忘録》
《東籬品彙録》
俱上元盧壁。
《論世録》　上元黄居中。
《湖海遊記》　上元姚履旋。
《欣慕編》
《宛地梓》
俱上元陳鳳。

《誨似録》
《畜德録》
《維楨録》
《存疾録》
《詢芻録》
《語怪録》
《善謔録》
《晤言詩談》
俱上元陳沂。
《華山雜著》　上元陶元素。
《廣説郛》　八十卷。
《知次録》
《蔭白堂雜識》
《視履百録》
俱江寧司馬泰。
《謝山暇録》

《偶然語》

俱江寧黄應登。

《夢徵録》　江寧童軒。

《南園漫録》　江寧張志淳。

《逍遥訣測言》

《閒雲館野語》

《山窗漫録》

俱江寧殷邁。

《客窗閒話》

《雨山墨談》

俱江寧盧璧。

《韓峰隨筆》

《澶淵雜著》

《聞見録》

俱江寧沈越。

《初續商音》　江寧何棟如。

《皖湘録》

《遠遊紀》

俱江寧徐霖。

《書饞漫筆》　五十卷。

《燧人遺意》

《需郊款日録》

《蓉灣雜著》

俱應天丁雄飛。

《損齋備忘録》　應天梅純。

《大受録》　應天吴自新。

《青田雜録》　應天董宣。

《午夢録》　江浦弓元。

《客花館雜説》　六合孫汧如。

《葦菴詩話抄》

《解連環》

俱六合孫國敉。

《解頤新語》　長洲皇甫汸。
《蓮塘漫筆》　長洲皇甫涣。
《近峰聞略》　長洲皇甫録。
《婁渚蓁山》　長洲曹(印)〔胤〕儒。
《潛確類書》①　一百二十卷。　長洲陳仁錫。
《臆説》
《雜説》
俱長洲張獻翼。
《談輅》　長洲張鳳翼。
《名物寓言》
《鐵網珊瑚》
《鶴岑隨筆》
俱長洲朱存理。
《茗曝偶談》

① 本條《四庫》本删。

《夷白齋茶話》

《十友譜》

《瘞鶴銘考》

俱長洲顧元慶。

《攬茝微言》　長洲顧其志。

《博古要覽》　長洲唐敏。

《讀書筆記》

《罪知録》

《枝山前聞》

《枝山野記》

《祝子通》

《祝子微》

俱長洲祝允明。

《東窗筆記》　長洲袁褒。

《隨筆類記》

《戴子》①

俱長洲戴冠。

《林居漫録》

《彈園雜志》

俱長洲伍袁萃。

《耕餘雜録》　吴縣杜瓊。

《秉燭叢談》　吴縣張所敬。

《蘇談》②

《聽雨紀談》

《蓬窗別録》

俱吴縣楊循吉。

《詩話》

《寶話》

① 本條及以下二條伍袁萃著作凡三種，録修本俱删。

② 本條及下二條楊循吉著作凡三種，録修本俱删。

《南濠文跋》
《南濠詩略》
《金薤琳琅》二十卷。
《史外類抄》
《使西日記》
《泉石膏盲①》
《玉壺冰》
《寓意編》
俱吴縣都穆。
《翦勝野聞》吴縣徐貞卿。
《銘墓舉例》吴縣王行。
《擁絮迂談》
《愛日圖》
俱吴縣朱鷺。

① 盲，似當作「肓」。

《唐類函》　一百二十卷。　吴江俞安期。
《説鈴》　吴江陳策。
《文論》　十篇。　吴江莊元臣。
《小雅堂日抄》　吴江史鑑。
《霆威日記》　吴江莫震。
《浣花閒話》
《蟭阿雜俎》
俱吴江沈顥。
《柴居漫語》　常熟陳必謙。
《説儲》
《駢志》
《補北堂書抄》
《廣滑稽志》
俱常熟陳禹謨。
《天谷小言》　常熟嚴栤。
《談觚》　常熟孫唐卿。

《村老委談》二十卷。常熟徐復祚。

《唐人里旌官封考》常熟郭濟南。

《雜聞舊事》常熟蘇奎。

《媿林漫録》常熟瞿式耜。

《虞鄉雜記》

《隱湖小志》俱常熟毛晋。

《秉燭齋隨筆》①常熟顧大韶。

《虚窗手鏡》常熟錢體仁。

《運甓》常熟王良臣。

《責備餘談》昆山方鵬。

《匡齋新語》三十六卷。昆山袁徵。

《研北瑣言》昆山王志堅。

《賢奕》

《瑣詞》

① 本條《四庫》本删。

俱昆山王志長。
《同姓名録》 昆山王志慶。
《臆測》 昆山蔡懋德。
《筆談》 昆山張大復。
《水東日記》 昆山葉盛。
《嘉樹軒紀聞》 昆山柴奇。
《神遊雜著》 昆山孫柚。
《林下紀聞》
《夢林》
俱昆山顧潛。
《天禄閣外史》 昆山王逢年。
《兔園遺册》
《下里餘音》
俱昆山沈訥。
《山樵傳説》 華亭黄鑑。
《四友齋叢説》 三十卷。

《何氏語林》
俱華亭何良俊。
《明世説新語》　華亭李紹文。
《推篷寤語》　華亭李豫亨。
《峰泖詹言》　華亭王明時。
《常語集解》
《語叢》
俱華亭唐汝諤。
《讕言》
《長語》
《崇儉約言》
俱華亭曹安。
《芻蕘言》
《應客緒言》
俱華亭周紹節。
《讀書雜著》

俱華亭董傳策。
《藝林贅言》
《夜燈管測》
俱華亭沈愷。
《格言要論》　華亭曹昭。
《考見録》　華亭王鑄。
《白石山房詩話》
《陶白齋雜記》
俱華亭章憲文。
《鑒古韻語》
《集古像贊》
俱華亭孫承恩。
《隨筆録》
《西清餘暇》
俱華亭沈度。
《備遺録》　華亭夏寅。

《楓菴漫録》　華亭張初。

《瀫陽雜記》　華亭李昭祥。

《傍秋亭雜記》　華亭顧清。

《昭臺雜著》　華亭張弘宜。

《玉署拾遺》　華亭張弘至。

《陸文定雜著》　華亭陸樹聲所著，有《汲古叢語》《清暑筆談》《耄餘雜識》《長林雜抄》《禪林餘藻》等，共十餘種。

《火餘雜著》　華亭楊樞。

《金石文》

《水品》

俱華亭徐獻忠。

《石室餘論》　華亭高承祚。

《西堂日記》　華亭楊豫孫。

《天壽堂日編》　華亭陸彦章。

《尊生樓臆記》　華亭范惟一。

《樵史》　華亭陸應暘。

《記事珠》二十四卷。華亭張以謙。
《渭城寐語》
《渭城寤言》
俱華亭殷奎。
《諸家詩評》華亭周禋。
《藝林剩語》十三卷。上海顧成憲。
《説海》一百四十二卷。上海黄標。
《雅言漫録》上海龔情。
《古奇器録》
《中和堂隨筆》
《春風堂隨筆》
《玉華漫筆》
俱上海陸深。
《夢餘録》上海唐絅。
《山靈異録》上海徐濟。
《閱耕録》

《續録》

《梧潯雜佩》

俱上海張所望。

《中園雜記》　上海董宜陽。

《聞見醍醐》　上海戴士鰲。

《化甲磯》　上海張元玘。

《古今詩話》

《謚法通考》

俱青浦王圻。

《郡望辨》　二卷。　青浦曹宗儒。

《雪堂日抄》　青浦孫克宏。

《鴻洲雜著》　青浦徐三重。

《蓬藁銘言》　武進吴可行。

《筆疇》　武進王達。

《事辭類奇》　三十卷。　武進徐常吉。

《芸窗日録》

《續録》
俱無錫陳幼學。
《一篁軒劄記》 無錫鄒期楨。
《湖南雜録》 無錫秦霖。
《酒史》 無錫尤鏜。
《寶彝堂帖跋語》 無錫秦爾基。
《春明筆奕》
《錫谷叢談》
俱無錫秦鈺。
《疏臆》
《夢言五億》
俱無錫顧治。
《存餘堂詩話》 江陰朱承爵。
《東皋野語》 宜興王超。
《明代語林》 十二卷。
《秋園雜佩》

俱宜興陳貞慧。

《答客言》 鎮江韋椿。

《補菴隨録》 丹徒費誾。

《齊東野録》 丹徒胡信。

《淳化閣帖十七帖釋文》 丹陽孫貞。

《鐸講》 金壇符應乾。

《念西筆塵》 金壇王肯堂。

《叙姓千文》 淮安張素。

《移愚齋筆記》 江都顧九錫。

《邗城子》 江都周播。

《雅論》 三十卷。 江都費經虞。

《女世説》① 興化李清。

《滓溟齋花竹泉石譜》 蕭縣宗元。

《三餘漫草》 豐縣梁澄清。

① 本條《四庫》本删。

《柏菴雜著》 沛縣單鏞。
《(元)〔玄〕亭閒話》 太倉周錫。
《師友話言》
《樵史補遺》
《詩話舊聞》
俱太倉秦約。
《頤山詩話》 太倉安磐。
〔《藝苑卮言》〕①
《觚不觚録》②
〔俱〕③太倉王世貞。
《藝圃擷餘》 太倉王世懋。
《芸窗漫録》 太倉徐恂。

① 據《四庫》本補。
② 本條録修本删。
③ 據《四庫》本補。

《菽園雜記》十五卷。太倉陸容。
《病逸漫記》太倉陸釴。
《江淮雜著》太倉高宗本。
《攝生要語》嘉定宣光祖。
《懷閣浪言》嘉定沈宏祖。
《修辭指南》
《詩學正宗》
俱嘉定浦南。
《三古姓系彙編》
《西學雜著》
俱嘉定孫元化。
《倦還録》嘉定范純。
《小字録》
《蟲天志》
俱嘉定沈弘正。
《筦程斑》二十卷。嘉定(邱)〔丘〕集。

《閒中今古》 海州李春煦。
《雲門録》 大河衛倪潤。
《求野録》 大河衛楊伯柯。
《蓀麓雜言》 通州張梓。
《三餘雅會》 通州馬坤。
《消夏塵談》 懷寧吴崇洙。
《事類偶記》 桐城趙相如。
《古今原始》
《鸜林子》
俱桐城趙釴。
《入夏録》① 桐城齊之鸞。
《新知録》 潛山劉仕義。
《弋談》 潛山金道合。
《楚才録》 太湖馬人龍。

① 本條録修本删。

《友林漫言》 歙縣汪沐日。
《解絃微中》 歙縣胡尚英。
《爨下語》 休寧張復。
《太古遺音》 二卷。
《文譜》 八卷。
《詩譜》 一卷。
俱休寧朱權。
《紫陽風雅》 休寧程曈。
《説頤》 婺源余懋學。
《南野筆録》 婺源程宣。
《逃禪剩語》
《埅几稗語》
《陽春別墅録》
《浮海寓言》
俱婺源詹軫光。
《藝苑叢談》

《卧遊編》
俱婺源游悦易。
《談藝要録》　婺源游震得。
《夢醒記憶》　婺源陳嘉謨。
《話叢漫述》　八卷。　婺源汪敔文。
《迂樵雜著》　婺源胡德。
《晚遊録》
《桃溪族譜》
俱婺源潘珏。
《學文廣見》　祁門汪思敬。
《青蓮學語》　黟縣李希士。
《東岸草堂類語》　黟縣汪有光。
《詩家心法》　李爵。
《劉氏鴻書》①　一百八卷。　宣城劉仲達。

① 本條録修本删。

《童子問》一宣城梅鶚，一松江陳宏。

《林下農談》南陵陳孜。

《水西答問》涇縣翟台。

《孤村遺抄》涇縣張應泰。

《聲溪藥言》寧國仙克謹。

《千古談宗》寧國朱邦衡。

《燕臺筆記》太平焦文臣。

《斐園小言》貴池姜可久。

《无居詩話》①

《耕餘詩話》

《金石屑》

《耕餘志諧》

《蟲弋》

《蟲弋賡》

① 本條與以下六條凡七種，鋟修本俱删。

俱貴池吴非。
《續觚不觚録》　貴池吴應箕。
《呵凍録》　青陽吴鍾。
《筆史》　青陽甯哃。
《心田論》　銅陵丁時修。
《資剩瑣言》　建德江杏。
《映玉齋彙苑》　建德柯日東。
《鄱陽新録》
《辭達類抄》
《姚江類抄》
《鶴沙小紀》
俱太平府陶安。
《東岑筆記》　當塗謝理。
《歸田野語》
《秋臺小紀》
俱當塗邢珣。

《百物閒抄》　蕪湖王德。
《陳言餘論》　繁昌魯璋。
《天然硯譜》①　合肥許如蘭。
《林泉隨筆記》　無爲張綸。
《叢言》
《櫝記》
《甕記》
俱無爲吴廷翰。
《訥齋嘯志》　巢縣薛景奎。
《金僕姑》　鳳陽殷雲霄。
《梅峰隨筆》　定遠黄清。
《玉露續談》　潁州劉大濟。
《約言》　亳州薛蕙。
《塵外(元)〔玄〕談》

① 本條録修本删。

《義倉子》
俱廣德李得陽。
《約言編》
《還初録》
俱廣德夏思。
《言提録》 建平黄奐。
《蓄艾編》 盱眙馮應京。
《羨魚説》 天長張昊。

國 朝

《徹賸》 八編。 江寧劉思敬。
《王氏家乘》 江寧王敞。
《墨笥》 江寧先著。
《言鯖》 長洲吕種玉。
《松窗暇録》 吴縣沈明倫。
《氏族統志》 吴江錢霑。

《觚賸》① 吴江鈕琇。
《雷斧剩書》 昆山王震。
《疑聞略》 無錫周初基。
《耕餘筆誌》 一卷。 荆溪任賓。
《載酒園詩話》 丹陽賀裳。
《匏瓜録》 溧陽芮城。
《蟾菴塗説》
《蟾菴説餘》
俱金壇于鏞。
《楚江蠡史》 山陽稽宗孟。
《學詩録》 江都李敬。
《廣事類賦》 七十卷。 江都史以甲。
《昭代叢書》
《檀几叢書》

① 本條録修本删。

《虞初新志》①
俱江都張潮。
《姓苑類書》　一百卷。　江都周之翰。
《事物考辨》　太倉周象明。
《三通要録》　嘉定許自俊。
《續經籍考》　嘉定陸元輔。
《巽言擬存》　嘉定張昉。
《山霞閣隨筆》　通州錢濤。
《記事珠》②　桐城潘江。
《物理小識》
《諸子燔痏》
俱桐城方以智。
《石林問答》

---

① 本條録修本删。

② 此書與下二書凡三種，録修本俱删。

《石林漫語》

俱桐城張秉貞。

《龍文鞭影》　桐城楊臣諍。

《古事彙考》　桐城陳光。

《西園雜録》　桐城王大礽。

《清越樓日録》　桐城陳朝棟。

《不可不可録》　桐城姚士堅。

《貞勝編》　潛山陳衷赤。

《金石録》

《新安外紀》

俱歙縣許楚。

《蟻語》　歙縣程自玉。

《讀書隨筆》　休寧汪瑶光。

《山居瑣談》

《(元)〔玄〕(邱)〔丘〕素話》

《訪道日録》

俱婺源余紹祉。

《大麓野抄》 婺源詹紹慶。

《完白齋詩話》 婺源查懷光。

《棘憂草》 婺源查思滉。

《腐臆隨筆》 績溪張仕禄。

《休菴影語》 南陵盛于斯。

《掘得書》 二卷。 旌德談文昭。

《聞風録》 貴池姜可久。

《池陽韻紀》 十五卷。 貴池郎遂。

《需菴隨筆》 十二卷。 繁昌郝一樞。

右雜説

南北朝

《集林》 二百卷。 宋臨川王劉義慶。

《文衡》 十五卷。 齊吴縣張率。

《歷代賦》十卷。

《制旨連珠》十卷。

俱梁武帝。

《昭明文選》三〔十〕①卷。

《文章英華》三十卷。

《古今詩英華》十九卷。

《今詩英》八卷。

俱梁太子蕭統。

《玉臺新咏》十卷。

《郊廟歌辭》三卷。

《六代詩集鈔》四卷。

俱陳江左徐陵。

① 據《四庫》本補。

隋

《桂苑珠叢》一百卷。江都諸葛穎。

唐

《玉峰集類》一百卷。毗陵劉綺莊。

《丹陽集》一卷。殷璠輯包融、儲光羲等十八人詩。

《文選註》六十卷。江都公孫羅。

《文選註》六十卷。

《文選辨惑》十卷。

《五臣異同》十卷。

俱江都李善。

《文場秀句》一卷。

《大中新行詩格》一卷。

俱江都王起。

南　唐

《金陵覽古詩》　金陵朱存。

宋

《唐詩史》　平江范師道。

《詞科類要》　十卷。　常熟冷世修。

《詞科類要》　二十卷。　常熟錢佃。

《釋騷》　華亭林至。

《杜詩註》　華亭高子鳳。

《事文類聚刊誤》　無錫李晦。

《文章正派》　十卷。

《文選五臣註異同》

俱無錫費袞。

《名賢碑銘》　一卷。　晉陵胡宿。

《柳集別録》　江陰葛嶠。

《事類賦百篇》　丹陽吴淑。
《楚詞補註》　十七卷。
《楚詞考異》　二卷。
《韓文辨證年譜》　一卷。
《杜詩辨證年譜》　一卷。
俱丹陽洪興祖。
《杜詩註解》　二十卷。　丹陽洪儗。
《明良集》　一百卷。　淮南李虚己。
《古文苑》　九卷。　廣陵孫巨源於佛寺經龕中得之，作者自逸其名。
《文苑英華》
《册府元龜》
俱歙舒雅等修。
《事文類聚》　歙祝穆。
《文海天琛》　歙潘洋發。

《楚詞①集註》　倶婺源朱子。

《韓文考異》　倶婺源朱子。

《編類》　二十卷。　姑熟李之儀。

《唐文辨》　濠州朱丙。

《唐文粹》　一百卷。　合肥姚鉉。

元

《沈氏今樂府》　沈子厚。

《樂府聲調集》　太倉盧觀。

《古梅詩》　十六卷。　吴龍翰。

《瀛奎律髓》　歙方回。

明

《許法鈎(伭)〔玄〕》　應天蔣主忠。

① 「詞」，《四庫》本作「辭」。

《明文徵》　上元黄居中。

《經緯文衡》　上元蔣誼。

《國史經籍志》　上元焦竑。

《明文苑通編》　上元姚福。

《宋元詩選》　十卷。

《明布衣詩選》　十卷。

俱上元張文峙。

《快園詩文類選》　江寧徐霖。

《詞譜》　江寧沈越。

《梧梧館詩選》

《梧梧館代車選》

《耦林辨體》　二十四卷。

《耽佳集》　十二卷。

《警策集》　十二卷。

《集句新偶分韻通考》

俱六合孫國敉。

《經史大成》　八十五卷。　高淳孔尚熹。

《經子鉤(元)〔玄〕》　長洲朱存理。

《六體香奩》　長洲湯允勣。

《群書備考》①　二十卷。　吴江袁黄。

《明文品彙》　吴江沈位。

《詞規》②　吴江周大年。

《九宫譜》　吴江沈璟。

《晦菴詩文鈔》

《文範》

《文章辨體》

俱常熟吴訥。

《古文會編》　常熟錢璠。

《資世文鑰》　一百卷。　常熟錢順時。

---

① 此條鋟修本删。

② 此條鋟修本删，《四庫》本作「辭規」。

《詩紀》一百卷。常熟馮舒。

《續文章規範》

《歷代詩選》

俱常熟張洪。

《藝圃琳琅》常熟蔣以忠。

《增集群書類疏》十二卷。常熟季筬。

《海虞古今文苑》

《有明詞苑英華》①

《宋詞選》一百卷。

《弘秀隱秀國秀閨秀四集》

俱常熟毛晉。

《古詩冶》黄廷鵠。

《古文品外録》華亭陳繼儒。

《名文拔萃》

① 《四庫》本作「詞苑英華」。

《中唐詩選》

俱華亭張誼。

《苑詩類選》　三十卷。　華亭包節。

《古詩解》　華亭唐汝諤。

《唐詩十集》

《唐詩解》

俱華亭唐汝詢。

《唐詩選》

《明詩妙選》

俱華亭陸應暘。

《樂府原》　四卷。　華亭徐獻忠。

《雅歌譜》　華亭楊樞。

《經史譜遺》　二卷。　華亭楊豫孫。

《文選集註》　上海張所望。

《文苑類選大成》　一百六十三卷。　上海李伯嶼。

《雲間明文選略》　上海董宜陽。

《古詩類苑》

《唐詩類苑》

《唐雅》

《詩紀類林》

《迴文類聚》

俱上海張之象。

《明詩藻》　上海張所敬。

《諸家要選》

《古文選》

《唐詩選》

俱武進徐常吉。

《類箋王右丞詩集》

《王司馬宫詞①補註》　無錫顧起經。

《明詩圓雅》　無錫顧起綸。

① 「詞」，《四庫》本作「辭」。

《崇正文選》

《古文集遺》

《唐詩四體》

俱無錫施策。

《武陵詩選》　無錫施漸。

《詩式》

《詞式》

俱無錫施夢龍。

《仲山詩選》　無錫王問。

《杜詩註》

《宋文選》

俱無錫顧可久。

《藝文類稿》　江陰薛甲。

《長吉詩心註》　宜興吴負夏，合徐渭、湯賓尹所註長吉詩，而增損之。

《京江遺響》　四十卷。　丹徒唐成。

《香奩百詠》　山陽高雲。

《北户録補註》　四卷。　江都陸君弼。
《金華文統》
《文統拾遺》
俱江都趙鶴。
《山堂肆考》　二百四十卷。　江都彭大翼。
《蘇文小品》　江都王納諫。
《類林探賾》　一百十卷。
《明詩正聲》
俱江都盧純學。
《詩宗類品》　儀(徵)〔真〕李文。
《諸子類語》　太倉王衡。
《藝林華燭》　一百六十卷。　通州曹大同。
《藝苑會材》　三十卷。
《西漢完雋待問稿》　十卷。
俱海門崔桐。
《新安文粹》

《明詩正音》

俱休寧蘇大。

《明文衡》　一百卷。　休寧程敏政。

《秦漢菁華》

《六朝文膾》

俱婺源詹惟修。

《古逸詩載》　宣城麻三衢。

《古文紀》　二百七十一卷。

《書紀洞詮》　一百二十卷。

《古樂苑》　五十二卷。

《唐樂苑》　三十卷。

《八代詩乘》　四十五卷。

《李杜詩鈔》　十卷。

《女士集》　二十卷。

《青泥蓮花記》　八卷。

《才鬼記》　十六卷。

俱宣城梅鼎祚。

《杜詩外傳》　涇縣鄭汝薦。

《昌黎詩辨註》

《大元圜記》

俱寧國梅鶚。

《郁離子註》

《忠經註》

俱寧國梅士生。

《鶴林玉露録要》　二卷。　貴池劉光謨。

《經史辨略》　十二卷。　貴池吴非。

《九華山詩集》　二卷。　青陽柯喬。

《韓文徵》　青陽施達。

《離騷副墨》　青陽吴光裕。

《翠微集偶記》　銅陵佘翹。

《古樂府四百篇》

《志彀録》

俱鳳陽殷雲霄。

《清粹録》　懷遠楊嘉猷。

國　朝

《詞潔》　江寧先著。

《昌黎詩集註删補》

《温飛卿詩註》

《元詩百家選》　三集。

俱長洲顧嗣立。

《藝林彙考》　吴江沈自南。

《庾子山集箋》

《徐孝穆集箋》

俱吴江吴兆宜。

《杜工部集輯註》

《李義山集箋註》

俱吴江朱鶴齡。

《古文集是編》　一百十卷。

《左傳彙刪》

俱常熟曾倬。

《明列朝詩》①　一百卷。

《杜詩箋註》②　十八卷。

《明八大家文抄》　四十卷。　王載。

《唐詩審體》　常熟錢良擇。

《李義山文集註》　昆山徐炯、徐樹穀。

《杜詩闡》　華亭盧元昌。

《全閩詩選》　華亭宋徵輿。

《唐詩解》　青浦吴昌祺。

《高言集》　青浦田茂遇。

---

① 此條録修本删。

② 此條録修本删。

《三閭楚詞①註》 六卷。

《楚詞餘論》 二卷。

《楚詞説韻》 一卷。

俱武進蔣驥。

《毗陵六逸詩鈔》 武進莊令輿。

《荊溪詞選》 宜興曹亮武。

《左傳論文》

《詞律》 二十卷。

俱宜興萬樹。

《唐宋十大家文選》 宜興儲欣。

《李長吉詩註》 丹徒錢允謙。

《明詩鈔》 丹徒錢邦寅。

《李杜詩彙註》 溧陽馬世俊。

《溧詩選》 溧陽吴穎。

---

① 「詞」，《四庫》本作「辭」。以下二書「詞」字同。

《宋金元詩永》三十卷。江都吴綺。

《全金詩選》江都郭元釪。

《詩觀全集》①泰州鄧漢儀。

《陰符註》

《莊騷註》

俱徐州李向陽。

《學古類解》桐城馬教思。

《莊屈合詁》桐城錢秉鐙。

《杜詩解頤》桐城左國材。

《古今賦會》

《宋元詩會》

俱桐城陳焯。

《龍眠風雅前後集》②桐城潘江。

---

① 此條錄修本删。

② 此條錄修本删。

《問齋杜意》　桐城陳式。

《左傳史記莊子別解》

《離騷幽致集》

俱歙縣吴文先。

《藝文幸存録》　歙縣許楚。

《三統定傳》

《三統史略》

俱休寧張膽。

《子史纂抄》　婺源董世仁。

《昭明詩選輯註》

《儷體文鈔》

俱宣城程元愈。

《唐池上詩人》　八卷。

《明詩爾雅》

《池州文選》

《詩顛》　八卷。

俱貴池劉廷鑾。

《詩永》十六卷。

《古今樂府》

《詩餘新聲》

俱建德王爾綱。

《唐詩韻匯》　泗州施端教。

右類選

周

《管子》十九卷。　潁上管夷吾。

漢

《政論》五卷。　廣陵劉廙。

晋

《慎子註》　徐州劉黄官。

南北朝

《政論》　十三卷。

《述政論》　十三卷。

俱齊吴郡陸澄。

唐

《政典》　徐州劉秩。

宋

《聖治箴》　五篇。　吴江謝絳。

《治平十議》　武進錢公輔。

《安定十策》

《更化三劄》
俱江陰吴漢英。
《謹始五事》 宜興蔣之奇。
《吴中水利書》 宜興單鍔。
《保治要略》 八篇。
《恢復便覽》 五篇。
俱江都史正志。
《恢復方略》 豐縣宋汝爲。
《政論》 三十篇。 通州施昌言。
《正論》 十篇。
《機策》 三篇。
俱歙方恬。
《納言》 十篇。
《末議》 四篇。
俱休寧朱權。
《百官箴》 婺源許月卿。

《永豐錢監須知》一卷。貴池葉楠。

《河防通議》歷陽沈立。

元

《水利書》十卷。華亭任仁發。

明

《原治》二篇。江寧王鑾。

《西巡紀行》江寧沈越。

《漕河奏議》

《漕河撮稿》

俱江寧王以旂。

《實政紀要》六合孫拱辰。

《權書》長洲伍袁萃。

《三吴水利論》長洲伍餘福。

《世緯》二十篇。吴縣袁袠。

《爵賞録》　吴縣都穆。
《治河通考》　十卷。　吴江吴山。
《宦學見聞》　吴江徐師曾。
《水利節略》　吴江周大韶。
《吴江水利考》
《南廠志》
《南船志》
俱吴江沈㞋。
《經濟録》　常熟邵圭潔、玉潔同著。
《論時政書》　常熟趙用賢。
《水利書》　常熟楊舫。
《水利集》　常熟錢仁夫。
《興利稿》　常熟盧翊。
《水利策》　常熟陳九疇。
《荒政要覽》　常熟俞汝爲。
《吴中水利書》　昆山王焕如。

《經制權略》四卷。崑山沈魯。
《論賦役書》
《三吳水利録》四卷。
俱崑山歸有光。
《救荒答問》
《保甲事宜》
俱崑山顧咸建。
《三江水利考》華亭徐獻忠。
《國計三議》華亭李豫亨。
《東吳水利書》上海金澄。
《水利圖考》金松。
《鹽鐵論註》上海張之象。
《東吳水利考》
《西浙鹾志》二十四卷。
《江船廠志》
俱青浦王圻。

《漕政舉要》　無錫邵寶。
《荒政摘録》　無錫秦燿。
《修城通河書》
《救荒書》
俱金壇于仕廉。
《平海寇錢法河防議》　山陽潘塤。
《漕渠七議》　江都何堅。
《鹽法條議》　江都劉有綸。
《屯鹽總議》　江都楊守誠。
《兩淮鹽法志》　十二卷。江都史啓蟄、儀（徵）〔真〕張椠同纂。
《經世要言》　江都黄明昌。
《平賦録》　泰州陳忠靖。
《政書》　徐州賈復淳。
《問官録》
《水利集》
俱太倉陸容。

《海防纂要》①

《通漕類編》②

俱太倉王在晋。

《荆關榷政》　嘉定須之彦。

《漕運志》　海州楊宏。

《鹽政書》　通州張鶴鳴。

《問政集》　三卷。

《賦役詳照》　四卷。

俱通州錢璞。

《經濟彙語》　懷寧汪延侃。

《新政六事書》　桐城陳瓚。

《政略》　桐城璩伯昆。

《三江水學》　潜山金藻。

---

① 此條錄修本删。

② 此條錄修本删。

《全吴水略》　吴韶。
《教養録》
《荒政要録》
俱歙縣吴應明。
《經濟典彙》　婺源余鳴雷。
《課士略》　婺源程汝繼。
《管子成書》　宣城梅士亨。
《守淦紀》　貴池陳以運。
《臺省寶鑑》
《守令寶鑑》
俱貴池丁旦。
《開州政蹟》　貴池李呈祥。
《政體備要》　繁昌周冕。
《經濟編》　定遠趙炯。
《經世待問》　四卷。　廣德張元庚。
《經濟實用編》　盱眙馮應京。

《問漕集》
《續漕志》
俱五河張建節。

國　朝

《南北水利蠡海録》　十二卷。
《鹽鐵志》　二十卷。
《漕運考》　二卷。
俱上元王應憲。
《河渠論》　華亭顧大中。
《賦役私議》　宜興任元祥。
《經濟類考約編》　江都顧九錫。
《賦役管窺》　江都孫自成。
《經濟鴻書》　泰州吴崇先。
《治河方略》　泰州俞楷。
《經濟考》　高郵李瀅。

《蘇松田賦備考》 太倉周象明。
《司計全書》 嘉定許自俊。
《治平要覽》 桐城陳光。
《歷代賦役總論》 婺源游國良。
右政術

漢
《法論》 十卷。 彭城劉邵。

南北朝
《法論》 梁灊何允。

宋
《刀筆》 五卷。 常熟冷世光。
《聽辭類稿》 十二册。 休寧吴箕。

明

《祥刑要覽》　常熟吴訥。

《律解辨疑》　華亭何廣。

《洗冤録》　十卷。　青浦王圻。

《刑戒》　青浦徐三重著，林有麟增。

《慎刑箴》　武進陳咨稷。

《律例箋釋》　金壇王樵。

《憲臺法評》　歙縣王獻芝。

《讀律真詮》　婺源游應乾。

《仁獄類編》　婺源余懋孳。

《八字廣義》　巢縣黄穀。

《律令讀法》　滁州孫存。

國　朝

《律令箋註》　興化李柟。

右刑法

周

《伍子胥》十篇。

《圖》一卷。

俱吴下相伍員。

秦

《素書》一卷。

《三略》三卷。

俱黄石公。相傳黄石公爲下邳隱君子，所著書尚有《三奇五壘》等十餘卷，疑多後人僞托。今所存亦惟此二種。

《項王》一篇。下相項籍。

漢

《韓信》三篇。淮陰韓信。

三國

《風氣占軍決勝戰》一卷。全範。

《孫子兵法解》二卷。吴沈友。

《太公陰謀解》三卷。

《孫子兵法集解》三卷。

《續孫子兵法》二卷。

俱魏武帝。相傳武帝尚有《兵書接要》等二十餘卷，疑多後人僞托，故不載。

南北朝

《黄帝兵法》一卷。

《兵法要略》一卷。

俱宋武帝。

《兵書》一卷。

《兵書要抄》一卷。

俱梁武帝。

《玉韜》十卷。

《金韜》十卷。

俱梁元帝。《唐志》《金韜》作劉祜①著。

《金海》三十卷。《唐志》作四十七卷，梁蕭吉著。

《真人水鏡》十卷。

《握鏡》三卷。

俱梁秣陵陶弘景。

唐

《西陲要略》三卷。吴范傳正。

《止戈記》七卷。徐州劉秩。

① 「劉祜」，《四庫》本作「劉祐」。

南唐

《射書》十五卷。廣陵徐鉉等著。

宋

《虎鈐兵經》二十卷。平江許洞。

《兵説》十卷。丹陽邵亢。

《禦戎要略》

《邊防雜事》

俱丹陽吴遵路。

《樞密院諸房例册》一百四十二卷。丹陽王存。

《將論》五卷。廣陵張巖。

《武學規矩》一卷。泰州胡瑗。

《北邊備對》休寧程大昌。

《練兵實紀》黟縣舒棨。

《孫子註》寧國梅堯臣。

元

《武事要覽》　嘉定秦輔之。

明

《遼海編》　上元倪謙。

《籌海録》　上元童軒。

《楯墨》

《射義府》　六卷。

俱六合孫宗岱。

《墨兵通》　十二卷。　六合孫國敉。

《兵略》　三卷。　長洲錢芹。

《握機經解》　長洲曹(印)〔胤〕儒。

《禦倭武略》　吴江周大章。

《兵家緒言》　吴江周大韶。

《兵政十策》　常熟程式。

《左氏兵略》三十卷。常熟陳禹謨。

《兵略纂聞》十二卷。常熟瞿汝稷。

《軍興善後録》常熟孫朝肅。

《太僕馬政志》昆山歸有光。

《武經七書註釋》華亭李清。

《守城要略》上海金澄。

《兵事巵言》上海徐光啓。

《武經經傳句解》十卷。青浦王圻。

《禦寇捷書》武進瞿士達。

《軍政條例》嘉定陳孜。

《百將傳》①

《籌邊紀略》

《八陣圖説》

俱如皋郭師古。

① 此條録修本删。

《方隅武備》　張元陽。
《去兵書》
《制勝末議》
俱懷寧方都韓。
《九邊時務八陣圖說》　太湖蔡呈圖。
《八陣合變圖說》　歙縣王獻芝。
《孫子旁訓》　休寧朱升。
《用兵新議》
《壇經纂要》
俱婺源游同得。
《籌海圖邊》　績溪胡宗憲。
《防海圖略》　宣城蔡逢時。
《孫子註》　寧國梅士生。
《籌勝必覽》　寧國仙克謹。

《戎政先知》① 建德江杏。

〔《軍政要略》 五河何畏。〕②

《軍政條約》 五河張建節。

國朝

《兵屯志》 十六卷。

《江防考》 三卷。

《海防考》 六卷。

俱上元王應憲。

《鄉兵議》 丹徒陸坦。

《射訣纂要》 丹陽蕭懋光。

《武事全書》 嘉定沈弘之。

《武經句解》 合肥吴純姫。

---

① 此條《四庫》本删。

② 據《四庫》本補。

《武經備旨》　六安江總。

右兵謀

商

《五星占》一卷。　吴人巫咸。

周

《神符易》一卷。

《地鑑訣秘術》一卷。

《五姓風水地理》一卷。

《明幽記》一卷。

《鬼靈經》一卷。

《枯骨經》一卷。

俱老子。

《鬼谷子》三卷。　淮南王詡隱居鬼谷，故以名書。

《乾坤氣法》一卷。
《占氣》一卷。
《五行候氣占災》一卷。
《觀氣色出圖相》一卷。
《白虎經》一卷。
《白虎五通經訣》一卷。
《洞幽秘要圖》一卷。
《孝經雌雄圖》一卷。
俱王翊著。
《遯甲文》一卷。
《遯甲訣》一卷。
《遯甲孤虛記》一卷。
俱吴下相伍員。

秦

《備氣三元經》二卷。

《地鏡訣八宅法》　二卷。

俱下邳黄石公。

漢

《淮南雜子星》　十九卷。

《淮南萬畢術》　一卷。

《淮南變化術》　一卷。

《淮南中經》　四卷。

《淮南六甲隱形圖》　五卷。

《見機八宅經》　一卷。

俱淮南劉安。

《天文十二次二十八宿星占》　十二卷。　溧陽史崇封。

《周易筮占林》　五卷。

《易内神筮》　二卷。

俱東萊費直。

《晷限(歷)〔曆〕》　一卷。

《易林變占》　十六卷。

俱碭山焦贛。按：焦氏有《易》，有《易林》，有《易林變占》。今所傳者《易林變占》，餘書皆亡軼。

《九章重差》　一卷。　彭城劉向。

《三統（歷）〔曆〕法》　三卷。　彭城劉歆。

《風角要經》　十一卷。

《風角鳥情》　一卷。

俱下邳翼奉。

《太初（歷）〔曆〕法》　三卷。　沛國桓譚。

三　國

《渾天圖説》　一卷。　吴陸績。

《渾天象註》　一卷。　廬江王蕃。

晋

《古今（歷）〔曆〕》　吴郡陸喜。

《周易雜占》　十卷。

《龜訣》 二卷。

俱句容葛(元)〔玄〕。

《遯甲要》 一卷。

《遯甲要用》 四卷。

《遯甲秘要》 一卷。

《遯甲反覆圖》 一卷。

《遯甲肘後立成囊中秘》 一卷。

俱句容葛洪。《唐志》有葛洪《三元遯甲圖》三卷，或即此三書合之與？

南北朝

《地理書》 齊吴郡陸澄。

《光明符》 十二卷。

《竈經》 十四卷。

俱梁簡文帝。

《洞林》 三卷。 梁元帝。

《五行記》 一卷。

《五行宅經》二十卷。

《葬經》二卷。

俱梁蕭吉。

《天儀説要》一卷。

《(歷)〔曆〕象》一卷。

《括星詩》一卷。

《星經》五卷。

《五行運氣》一卷。

《握鏡圖》一卷。

《握鏡方》三卷。

《證應集》三卷。

《易髓》三卷。

俱梁秣陵陶弘景。

《分野樞要》一卷。

《元象表》一卷。

俱陳華亭顧野王。

《金英玉髓經》 一卷。

《風角鳥情》 二卷。

俱徐州劉孝恭。

隋

《開皇(歷)〔曆〕》 一卷。

《七曜雜説》 二卷。

俱徐州劉孝孫。

《鳥情占》 一卷。 當塗耿詢。

唐

《丹元子步天歌》 一卷。

《太乙金鏡式經》 十卷。

俱王希明。

《潁陽(歷)〔曆〕書》 三卷。 邢和璞隱潁陽山著，故以名書。

宋

《集丹元子步天歌》　平江姚安世。

《統元(歷)〔曆〕》　一卷。　常州陳得一。

《奉元(歷)〔曆〕》　楚州衛璞。

《王氏五位圖》　十卷。

《五運圖》　一卷。

俱江都王起。

《二十四氣中星日月宿度》　一卷。　高郵荆大聲。

《陰陽備用》　十五卷。　歙胡舜甲。

《霸國周環立成(歷)〔曆〕》　一卷。

《太乙遯甲賦》　一卷。

俱歙(邱)〔丘〕濬。

《蔡牧堂發微論註》　婺源朱子。

元

《（歷）〔曆〕象考》 歙方回。

《天象考》 婺源王偁。

明

《（歷）〔曆〕法書》 江寧周相。

《氣候集解》 長洲戴冠。

《夢占類考》 十二卷。 長洲張鳳翼。

《天文明解》 長洲劉鉉。

《（歷）〔曆〕法新書》 五卷。 吴江袁黄。

《全天集》 常熟蔣紱。

《天文會象》 常熟陸子高。

《葬經翼》 常熟繆希雍。

《天元六符圖經》 昆山王同祖。

《天文指掌録》 松江褚顒。

《(歷)〔曆〕法全書》 一百二十六卷。 上海徐光啓。

《六壬釋義》 一卷。 武進徐常吉。

《(歷)〔曆〕象圖書三考》 無錫堵景濂。

《璿璣抉微》

《五星元珠》

《三命珠鈐》

俱無錫華善繼。

《天文四季圖》 江陰袁舜臣。

《天文雜志占》 一卷。 宜興吴雲。

《奇門秘要》

《遯甲全書》

《七元禽演》

俱陳沭。

《天文圖説》

《星辰躔次》

《歲時占驗》

《地理圖説》

《數學參同辨正》

俱丹徒陳允昌。

《地理必法》　揚州張寬。

《九圜史》　太倉趙(宦)〔宧〕①光。

《天文(歷)〔曆〕律解》　太湖蔡呈圖。

《四家小品》《天文》《醫學》《星學》《數學》各一卷，新安詹芳桂。

《羅經解》　休寧金人龍。

《葬説》一卷。

《葬書問答》二卷。　休寧趙汸。

《讀葬書志》　寧國梅鶚。

《天文輯略》　石埭桂標。

《天文志》　建德江杏。

《五寶經》　廬州吴鵬。

① 據《四庫》本改。

《管窺輯要》八十卷。六安黄鼎。

《堪輿秘要》天柱周天奎。

國朝

《奇門遯甲六壬纂要》吴江吴晋錫。

《大統(歷)〔曆〕》

《西(歷)〔曆〕啓蒙》

《三辰晷志》

《增補劉伯温玉棹銀河集》

俱吴江王錫闡。

《奇門秘要》常州蔣扶暉。

《天玉經註》宜興任觀。

《天文編》泰州陳厚耀。

《星卜要訣》潜山汪延造。

《(歷)〔曆〕數》八十八種。

《(歷)〔曆〕學疑問》三卷。

俱宣城梅文鼎。

《九十四家年月考》 宣城王猷。

《天文大成集》 六安黄玉耳。

右陰陽

漢

《淮南王養蠶經》 一卷。 淮南劉安。

《時鑑雜書》 四卷。 臨淮劉靖。

晋

《南方草木狀》 一卷。

隋

《種植法》 七十七卷。 蔣州諸葛穎。

唐

《四時記》二十卷。義興薛登。

《金谷園記》一卷。江都李邕。

宋

《范村梅菊譜》二卷。吴郡范成大。

《蠶書》一卷。淮海秦觀。

《瓊花集》五卷。揚州曹璿。

《菊譜》一卷。江都史正志。

《野菜譜》一卷。高郵王磐。

《維揚芍藥譜》一臨江劉攽，一如皋王觀。

《洛陽貴尚録》一卷。新安(邱)〔丘〕濬。

《桐譜》一卷。一銅陵陳翥，一石埭丁黼。

《海棠記》一卷。歷陽沈立。

元

《田家五行》　華亭陸泳。

明

《蠶衣》　五篇。　長洲祝允明。

《歲時記》　一卷。　吴縣袁袠。

《澤谷農書》　華亭施大經。

《農政全書》　六十卷。

《農遺雜疏》

《宜墾令》

《泰西水法》　一卷。

俱上海徐光啓。

《藝菊志》　一卷。　上海張元玘。

《明農稿》　八卷。　青浦王圻。

《維揚芍藥譜合纂》　江都曹守真。

《農桑風化録》　嘉定陳述。

《蠶訓》　休寧金瑶。

《蠶桑志》　天長陳克任。

國　朝

《農書》　宜興潘大成。

《農丹》　江都張標。

右農圃

東　漢

《青囊書》　一卷。

《藥方》　一卷。

《觀形察色並三部脈經》　一卷。

俱譙華佗。

三國

《狐剛子萬金訣》 一卷。

《葛氏雜方》 九卷。

《神仙服食經》 十卷。

俱句容葛(元)〔玄〕。

《華佗方》 十卷。

《葛仙翁肘後救卒方》 六卷。

《吴氏本草因》 六卷。

俱廣陵吴普輯。普，華佗弟子。

《曹氏灸方》 七卷。

《夏侯氏藥方》 七卷。

俱譙人，逸其名。

南北朝

《大略丸》 五卷。

《靈壽雜方》二卷。
《坐右如意方》二十卷。
俱梁武帝。
《肘後百一方》三卷。
《神仙餌金丹砂秘方》一卷。
俱句容葛洪。
《集註神農本草》八卷。
《補闕肘後救卒方》六卷。
《靈奇家寶》一卷。
《藥譜藥證》二卷。
《太清草木方集要》三卷。
《太清諸丹集要》四卷。
《食丹合丹節度口訣雜述》六卷。
《雜神丹方》九卷。
《陶氏名醫別録》三卷。
《陶氏效驗藥餌服食方》六卷。

俱梁秣陵陶弘景。

隋

《淮南王食經》一百五十三卷。蔣州諸葛潁。

唐

《本草音義》五卷。江都李含光。

《口齒論》一卷。

《風痃論》一卷。

俱王師。

《傳信方》三卷。徐州劉禹錫。

宋

《傷寒活人書》金陵黃揭之。

《醫學正宗》王元標。

《叔旦醫案》陳景魁。

《幼幼集》 孟繼光。

《醫學會同》 二十卷。 吴郡葛應雷。

《瘡瘍全書》 無錫竇漢卿。

《備急總要方》 四十卷。 溧陽李朝正。

《普濟本事方》 十二卷。

《傷寒歌》 二卷。

《翼傷寒論》 二卷。

《辨類》 五卷。

《仲景脈法》 三十六篇。

《治法》 八十一篇。

俱維揚許叔微。

《德安堂方書》 百卷。 海陵堯允恭。

《小兒保生方》 三卷。

《傷寒要旨》 二卷。

俱姑熟李檉。

元

《難經本義》 二卷。

《十四經絡發揮》 三卷。

《素問抄》 一卷。

《傷寒論抄》 二卷。

《診家樞要》 一卷。

《醫韻》 一卷。

俱維揚滑壽。

《通(元)〔玄〕指要賦註》 二卷。

《經驗針法》 一卷。

俱歙鮑同仁。

《醫學圖説》 婺源程汝清。

明

《醫方集宜》

《蘭閣秘方》

俱江浦丁毅。

《刀圭通》

《石餌通》

俱六合孫國敉。

《經絡十二論》　姑蘇葛乾孫。

《本草單方》八卷。　吴縣王鏊。

《玉機微義》　吴縣陳鎰。

《經絡全書》　吴江徐師曾。

《本草經疏》二十卷。　常熟繆希雍。

《醫統》一百卷。　昆山王履。

《醫藥百問》　昆山盧志。

《黄帝脈書》

《脈微》

俱松江施沛。

《脈訣辨明》　華亭徐樞。

《傷寒括要》

《内經知要》

《本草通原》

《醫宗必讀》

《頤生微論》 十卷。

俱上海李中梓。

《本草證治明辨》 十卷。 徐彪。

《大方折衷》

《幼科折衷》

《痘疹折衷》

《症因脈治》

俱上海秦昌遇。

《活幼心書》

《雜病秘術》

俱沈惠民。

《難經補註》 常州徐述。

《璞菴醫案》 宜興王玉。
《集善方》 三十六卷。 鎮江錢原濬。
《復齋醫案》 丹徒錢寶。
《證治準繩》
《證治類方》
《醫論》 四卷。
俱金壇王肯堂。
《醫學運氣考正》 興化潘弼。
《儒門醫學便覽》 興化解楨。
《醫書簡要》 四卷。 徐州朱自華。
《痘疹詳辨》 徐州崔嶽。
《傷寒要約》 太倉史寶。
《攝生要語》 嘉定宣光祖。
《醫學大成》 七卷。
《傷寒統會》 七卷。
《醫説補遺》 一卷。

《藥性賦》一卷。
俱通州馮鸞。
《本草類方》
《麻痘秘法》
俱新安黄良祐。
《傷寒便覽》歙縣陸彦功。
《醫學論理》歙縣許寧。
《醫彙》十八卷。歙縣畢懋康。
《松崖醫案》
《太素脈訣》
俱歙縣程玠。
《試效大成》休寧汪副護。
《壽域神方》四卷。
《神隱》二卷。
《肘後神樞》二卷。
《活人心》二卷。

《乾坤生意》三卷。

《神奇秘譜》三卷。

俱休寧朱權。

《藥性標本》婺源吴文獻。

《醫學原理》一婺源汪時途，一祁門汪機。

《本草蒙筌》婺源陳嘉謨。

《古今醫統》婺源徐春甫。

《丹溪發明》婺源汪時途。

《傷寒選録》

《素問抄》

《脈訣刊誤》

《本草彙編》

《痘治理》

《外科理例》

《鍼灸問對》

《石山醫案》

俱祁門汪機。
《痘疹方》 涇縣左忠。
《慎齋醫案》 太平周子幹。
《傷寒類症書》 定遠趙道震。

國　朝

《幼科直言》 江寧孟河。
《痘疹心書》 江寧吴江。
《醫通衍義》
《傷寒大成》
俱吴江張璐。
《内經摘萃補註》
《醫宗要略》
俱常熟李維麟。
《内經必讀》
《釋體金鏡》

俱蔣師仁。

《素問註》一卷。

《遡源集》十卷。

俱錢潢。

《醫方尊聞》上海姚泓。

《醫案心印》

《症脈合參》

俱上海劉道源。

《萬全備急方》上海曹垂燦。

《東田醫補》無錫嵇永仁。

《傷寒正宗》七卷。江都史以甲。

《醫宗粹言》四十卷。泰州羅慕菴。

《傷寒論症辨》三卷。

《傷寒論條辨續註》十二卷。

《温①疫論補註》二卷。俱儀(徵)〔真〕鄭重光。

《群方類例》嘉定王翃。

《則菴醫案》安慶嚴宫方。

《醫家圖説》潛山汪延造。

《方脈纂要》婺源潘文源。

《幼科鐵鏡》貴池夏禹鑄。

《醫宗思知録》合肥葉文舉。

《痘科約言》

《保赤正宗》合肥許學文。

右醫家

① 「温」,《四庫》本作「瘟」。

漢

《琴操》二卷。沛國桓譚。

唐

《琴譜》一卷。茅逸山人張淡正。

《投壺經》一卷。江都上官儀。

《廣陵止息譜》吕渭。

《乘除算例》一卷。

《量田要例算法》一卷。

俱潁陽邢和璞。

南唐

《小胡笳十九拍》

《阮咸譜》一卷。

《琴調》一卷。

俱蔡翼。

《臨池妙訣》 三卷。 不知撰人，末有李後主述書。

宋

《琴史》 六卷。

《墨池編》

俱吴郡朱長文。

《畫繼餘譜》

《藝經》

俱上海莊肅。

《法帖通解》 一卷。 淮海秦觀。

《調譜》 四卷。

《琴操譜》 十五卷。

俱歷陽張嚴。

《茶法要覽》 歷陽沈立。

元

《餘力稽》 歙鄭玉。

《圖繪寶鑑》 五卷。 青陽夏文彦。

《書畫補遺》 張雯。

明

《臨池通》

《畫圖題跋考》

俱六合孫國敉。

《讀藝録》 吴縣徐貞卿。

《本朝名畫記》 吴縣都穆。

《吴郡丹青志》 一卷。 吴縣王穉登。

《畫譜》 三卷。 吴縣唐寅。

《書法指要》 昆山王應電。

《戲鴻堂帖》 十六卷。 華亭董其昌。

《書畫銘心録》　華亭何良俊。
《畫苑》　一華亭宋懋晉，一休寧詹景鳳。
《淳化閣帖》　十卷。　上海潘允亮。
《勾股》　六篇。　武進唐順之。
《臨池懿訓》　二卷。　江都費經虞。
《印譜》
《治篇》
俱太倉俞彦。
《畫苑》①　十卷。
《補遺》　二卷。
俱太倉王世貞。
《琴院啓蒙》　一卷。　休寧朱權。
《書筌》　休寧詹希賢。
《八家行草》　婺源潘巒。

① 此條與下一條録修本俱删。

《算數三式》　寧國王猷。

《池州書畫記》二卷。　貴池吴非。

《奕正》　無爲雍熙日。

《七十二家書法》　臨淮楊隆年。

《算法》　三卷。　盱眙徐安。

國　朝

《琴譜抄》　溧陽任芝發。

《勾股籌算捷法》　三卷。　江都史以甲。

《算法編》　泰州陳厚耀。

《奕藪》　休寧蘇亦瞻。

《中西算法通》　宣城梅文鼎。

《奕悟》　廬州周勛。

右雜藝

周

《道德經》二卷。　譙人老聃，今亳州浄宫其所生地。

《南華經》二十卷。　蒙人莊周，今蒙城。

《老子原道經》一卷。

《中經》一卷。

《神仙歷藏經》一卷。

《服氣胎息訣》一卷。

《出塞記》一卷。

《金書内序》一卷。

俱托名老子。按：道家言變而爲神仙丹藥鍊氣符籙，愈流愈僞。原《道經》以下，《唐志》無之，而《宋志》列其目，今存而辨之。

《莊周氣訣》一卷。　疑亦僞托。

漢

《華陽子自序》一卷。

《無上秘要七十二訣》

《道要》 三十卷。

茅處(元)〔玄〕，即茅盈，句曲人。但其書疑亦有僞托。

《陵陽子明經》 一卷。 丹陽竇子明。

《太陽真粹論》 一卷。 淮南劉安。

《參同契》 盧江魏伯陽。

三 國

《老子次序》 一卷。 句曲葛(元)〔玄〕。

《陰符經解》 一卷。 魏武帝。

晋

《簡文談疏》 六卷。 簡文帝。

《抱朴子内篇》 三十卷。 《隋志》作二十卷。

《外篇》 三十卷。

俱句曲葛洪。

《胎息術》一卷。

《譯太一真君固命歌》一卷。

亦句曲葛洪，疑僞托。

《老子義綱》一卷。

《老子義疏》一卷。

俱吴郡顧歡。

《逍遥篇註》十卷。平江支遁。

《唐子》十卷。唐滂。

《老子註》一卷。徐州劉黄官。

《幽求子》三十卷。盧江杜彝。

《養生論》三卷。譙嵇康。

《逍遥論》一卷。譙戴逵。

南北朝

《逍遥註》一卷。宋灊人何偃。

《道德經註》二卷。齊吴郡張憑。

《老子講疏》六卷。梁武帝。

《養性延命録》一卷。

《登真隱訣》三十五卷。

《上中握中訣》三卷。

《導引養生圖》一卷。

《神仙玉芝瑞草圖》二卷。

俱梁秣陵陶弘景。

《老子義疏》十卷。陳吴郡顧越。

《老子私記》十卷。

《莊子講疏》十卷。

《莊子内篇講疏》八卷。

俱陳周弘正。

唐

《茅三君内傳》一卷。句曲李遵。

《陰符經太無傳》一卷。

《陰符經辨命論》一卷。

《氣訣》一卷。

《丹砂訣》一卷。

《神仙得道靈藥經》一卷。

《紫靈丹砂表》一卷。

《内真妙用訣》一卷。

《休糧服氣法》一卷。

《罔象成名圖》一卷。

俱六合張果。

《道德經傳》四卷。吴人陸希聲。

《義略》一卷。

《老子》《莊周》《周易》《學記》各一卷。維揚李含光。按：含光以老莊説《易》，則其《易》亦老莊矣，故《周易》《學記》不列經部。

宋

《參同契發揮》三卷。

《陰符經解》　一卷。

俱吴郡俞琰。

《老子註》

《測靈衍語》

俱平江張慶之。

《纂元》　五十卷。

《洞微經》　十八卷。

《玉林瑶》

俱姚原。

《貫靈篇》

《蟾谷祛疑》

俱華亭王奎。

《參同契説》

《崔公入藥鏡説》

《悟真篇説》

《祛疑説》

俱上海儲泳。
《老子解》 一卷。
《老子繫辭解》 二卷。
俱宜興蔣之奇。
《黄庭内外註》 二卷。 丹陽洪興祖。
《參同契註》
《立命篇》
《關尹子註》
俱維揚陳宇道。
《修真秘旨》
《宗性論》
俱歙聶道元。
《陰符元機》 休寧朱安國。
《參同契解》 婺源朱子。

元

《岩懸會録》二卷。

《外史出世集》二卷。俱句曲張天雨。

《道德經註》

《泰定養生主論》

《道德會元》俱平江王珪。

《中和集》俱臨濠李道純。

明

《老莊翼》①

① 此條録修本删。

《陰符經解》①
俱上元焦竑。
《(元)〔玄〕牘記》 上元盛時泰。
《道德經輯解》 三卷。 長洲皇甫濂。
《原易》
《原老》
《原莊》
俱長洲沈幾。
《參同契詮釋》 長洲曹(印)〔胤〕儒。
《感應篇註》 二十卷。 長洲顧亮。
《老子玉略志》 吴縣黄省曾。
《方外集》 吴縣都穆。
《老子解》② 吴江周宗建。

① 此條録修本删。
② 此條録修本删。

《莊子解》 吴江吴默。
《參同契解》 吴江葉紹袁。
《南華經悟解》 常熟陳必謙。
《感應篇廣續傳》 昆山王志長。
《尊生要旨》 華亭許樂善。
《悟真篇註》 一毗陵張伯端，一毗陵薛道光。
《周易參同契合註》 江都費經虞。
《老子(元)〔玄〕覽》 一卷。
《南華副墨》 八卷。
《周易參同契測疏》 一卷。
《陰符經測疏》 一卷。
《金丹就正編》 一卷。
《方壺外史》
俱興化陸西星。
《老子註》 嘉定龔錫爵。
《老子解》 嘉定徐學謨。

《方外志》　嘉定龔弘。
《泰定養生主論》　如皋冒鸞。
《悟真篇註》
《採真稿》
《方外遊》
俱安慶吴應賓。
《道德經頌》
《南華質》
《莊通》
俱歙縣汪沐日。
《老子旁訓》　休寧朱升。
《運化〔元〕〔玄〕樞》　一卷。　休寧朱權。
《論元編》　休寧金人龍。
《讀參同契志》　宣城梅鶚。
《南華經解》
《陰符經解》

俱盧州熊應降。

《功過格註》 舒城李郁。

國　朝

《參同契註》 吴縣周茂蘭。

《道德經解》 金匱華學泉。

《老子宗指》 貴池吴世尚。

右道家

南北朝

《浄住子》 二十卷。 齊竟陵王蕭子良。

《沙門傳》 三十卷。 吴郡陸泉。

《三藏記》 一卷。

《法苑記》 十五卷。

《釋迦集》 十卷。

《弘明集》 十四卷。

《律學諸部文》 一卷。

俱建業僧僧佑。

《宗鏡録》 一卷。 平江僧智覺。

《東溪集》 京口僧祖可。

《古今佛道論衡》 四卷。

《通惑決疑録》 一卷。

《統略净住子》 二卷。

《續高僧傳》 二十卷。

《後續高僧傳》 十卷。

《廣弘明集》 三十卷。

《東夏三寶感通録》 三卷。

《戒本註》 二卷。

《羯磨註》 二卷。

《疏註》 四卷。

《行事删補律儀》 三卷。

《正行懺悔集》三卷。

《亡物輕重儀》二卷。

《釋門章服儀》二卷。

《歸敬儀》二卷。

《護法儀》二卷。

《譜略》二卷。

《聖蹟見在圖贊》二卷。

《佛化東漸圖贊》二卷。

《釋迦方志》二卷。

俱舒州投子僧道宣。

唐

《天聖廣燈録》三十卷。句曲李遵。

《金陵塔寺記》三十六卷。僧清澈。

《宛陵語録》寧國僧黄檗。

《地藏本願經》一百七十五部。新羅國僧金地藏，至德間浮海而至，居九華山。

《金剛經頌》　廬江僧道川。

宋

《内典略録》百卷。　蘇州王絢。

《金剛錍》　華亭僧静岳。

《楞嚴經補註》　華亭僧可觀。

《還丹復命篇》　一卷。　毗陵僧道光。

《宗鏡録節要》　寧國僧守訥。

《正眼法藏》　寧國僧宗杲。

《大慧語録》　宗杲語，黄文昌輯録。

《夢真語録》　寧國僧。

《池陽百問》　池州杉山僧懷義，休寧雪山道人紀道茂。

《中峰語録》　廬州僧。

元

《九皋録》　吴僧妙聲。

《石室語録》　常熟僧清珙。
《佛祖通載》　松江僧念常。
《雪村語録》　鎮江僧。

明

《心經註》　一卷。　應天僧宗泐。
《金剛解》　上元貫必選。
《禪嬉通》　六合孫國敉。
《華嚴指南》　四卷。　長洲曹(印)〔胤〕儒。
《龍華懺法》　一卷。　長洲管志道。
《道餘録》　長洲姚廣孝。
《佛祖金湯文録》　十二卷。　長洲姚希孟。
《金剛經解》
《楞嚴經解》
俱吴江葉紹袁。
《指月録》　三十二卷。　常熟瞿汝稷。

《心經疏》
《續傳燈録》
《草堂禪集》
俱松江施沛。
《中峰祖燈録》　華亭周紹節。
《金剛經演説》　華亭陸騰。
《居士傳燈録》　上海李中梓。
《心經義句詮》　一卷。
《金剛經義趣廣衍》　三卷。　江陰張有譽。
《心經註疏》
《心經翻》
俱宜興許揆卿。
《參禪要訣》　一卷。　金壇王肯堂。
《免角詮》　十卷。　金壇張明弼。
《楞嚴述旨》　十卷。　興化陸西星。
《僧世説》　懷寧顔從喬。

《楞嚴纂註》十卷。休寧汪道昆。

《儒氏逃禪考》婺源游悦易。

《逃禪剩語》婺源詹軫光。

《苦海浮囊》寧國僧如圭。

《談品餘箋》一卷。寧國僧法通。

《金剛經註》舒城李郁。

《金剛經解》一巢縣闞乘龍，一滁州朱勳。

《釋教編》六卷。壽州劉鳳。

《金剛經解》

《楞嚴通義》十卷。

《觀楞伽記》四卷。

《華嚴法界境》一卷。

《肇論略註》三卷。

《長松茹退》二卷。

《憨山緒言》一卷。

俱滁州僧德清。

國朝

《五燈語録》　僧笑峰，本明江寧倪嘉慶。

《金剛經蒙抄》①　三卷。

《楞嚴蒙抄》　三卷。

《心經蒙抄》　一卷。

《内典文藏》　一百卷。

俱常熟錢謙益。

《楞嚴經解》　五卷。　金匱華學泉。

《金剛疏義》　三卷。　嘉定僧大寂。

《了公宗旨》　嘉定許自俊。

《南臺偶録》　安慶僧超易。

《道盛語録》　太平府僧覺浪。

右釋家

① 此條與以下三條凡四種，録修本《四庫》本俱删。

江南通志卷一百九十三

藝文志

集部 一

制誥　奏議　詩文集

唐

《訓誥集》八卷。義興許景先。

《批答》一卷。潤州李紳。

《制集》四卷。江都李磎。

《寫宣》十卷。江都王起。

宋

《內外制》四十卷。蘇州王绹。

《外制》二卷。吴縣李彌遜。

《內制》三十卷。武進霍端友。

《內外制》三十卷。無錫尤袤。

《建炎制誥集》無錫李綱。

《外制集》江陰葛立方。

《西垣集》一卷。江都王居正。

《制海十編》通州崔敦詩。

《內制》三十卷。如皋王覿。

《玉堂制草》九卷。黟縣程叔達。

《詔誥》三卷。寧國汪澥。

元

《内制集》　平江鄧文原。

明

《制詔全書》　句容孔貞運。

《内外制》　二十八卷。

《續》　六卷。

俱貴池丁紹軾。

右制誥

晋

《移檄章表》　三十卷。　句曲葛洪。

《豫章啓事》　三卷。　丹陽范甯。

《劉正公奏書》　一卷。　廣陵劉頌。

《高茂琰奏書》五卷。廣陵高嵩。

唐

《少傅奏疏》一卷。江都李磎。

宋

《政府奏議》十七卷。吴郡范仲淹。

《忠宣奏議》二卷。

《彈事》五卷。

《國論》五卷。

俱范純仁，仲淹子。

《德孺奏議》二十五卷。范純粹，仲淹子。

《仲甫奏議》三十卷。蘇州盧秉。

《廣平奏議》十五卷。蘇州程師孟。

《王文恭奏議》三十卷。

《進讀事實》五卷。

俱蘇州王絢。

《石林奏議》十五卷。吴郡葉夢得。

《奏議彈章》二卷。平江冷世光。

《龍圖奏議》二十卷。吴縣范師道。

《徽猷奏議》三卷。吴縣李彌遜。

《張修撰奏議》常熟張攀。

《抑齋奏議》常熟王萬。

《丁諫垣奏議》一卷。毗陵丁隲。

《敏節奏議》一卷。晋陵鄒浩。

《張毗陵議奏》二十五卷。晋陵張守。

《李忠定奏議》無錫李綱。

《小山奏議》一卷。無錫李祥。

《忠定奏議》七十卷。宜興錢即。

《簡惠奏議》五卷。宜興周葵。

《榮敏奏議》宜興蔣芾。

《忠文疏稿》宜興蔣重珍。

《正肅奏議》二十卷。金壇王遂。

《杜待制奏議》十二卷。揚州杜杞。

《吴丞相奏議》揚州吴敏。

《集諫》十五卷。江都王居正。

《教授奏議》二卷。泰州胡瓊。

《景祐樂府奏議》一卷。

《皇祐樂府奏議》

俱泰州胡瑗。

《寶文奏議》二十卷。高郵孫覽。

《莘老奏議》十卷。高郵孫覺。

《張承議奏議集》高郵張汝賢。

《褒恤雜録》三卷。

《褒題集》三十卷。

《賢良進策》十卷。

俱真州孫洙。

《劉參政奏議》儀(徵)〔真〕劉大中。

《崔侍講奏議總要》五卷。通州崔敦詩。

《王龍圖諫疏》三十卷。

《奏議》三十卷。

《屯田詳議》二卷。

《司農奏議》五卷。

俱如皋王覿。

俱歙方有開。

《奏議》三卷。休寧程卓。

《奏議》一卷。婺源朱弁。

《起居奏議》一卷。婺源汪義端。

《臺省論諫存稿》十卷。黟縣程叔達。

《奏議表啓》三十卷。黟縣程邁。

《莊敏奏議》三十卷。宣城吴淵。

《許國公奏稿》宣城吴潛。

《孝肅奏議》十五卷。合肥包拯。

《王樞密奏議》一卷。無爲王藺。

《北山讜議》一卷。無爲王遴。

明

《梁端肅奏議》上元梁材。

《青瑣獻納稿》

《江西巡視稿》

俱上元金紳。

《出山疏牘》江寧何棟如。

《澹予奏稿》六合潘世奇。

《韓襄毅奏議》一卷。長洲韓雍。

《綸扉奏草》[1] 長洲申時行。

《恤刑疏稿》六卷。長洲金應徵。

《撫秦奏疏》四卷。

《籌陝存牘》

① 此條録修本删。

俱長洲顧其志。

《留垣奏草》① 長洲金士衡。

〔《奏議》一卷。長洲王元。〕②

《掖垣諫草》 長洲湯聘尹。

《軍民利病十八疏》 吴縣陳鎰。

《守溪奏疏》 二卷。 吴縣王鏊。

《西臺奏議》 吴縣盧雍。

《吴尚書奏疏》 吴江吴山。

《工科奏議》 八卷。 吴江吴巖。

《水西奏疏》 二卷。 吴江沈漢。

《周忠毅奏議》③ 四卷。 吴江周宗建。

《吴文叔奏疏》 五卷。 吴江吴涣。

① 此條録修本與《四庫》本俱删。
② 據《四庫》本補。
③ 本條録修本删。

《牧越議略》吴江沈啓。
《都憲奏議》常熟章律。
《尚書奏議》二十卷。常熟程宗。
《公肅奏議》五十卷。常熟徐恪。
《松西奏議》七卷。常熟盧翊。
《醒菴奏議》常熟馮玘。
《西臺奏草》常熟王宗錫。
《趙文毅奏議》①常熟趙用賢。
《掖垣疏草》常熟瞿式耜。
《周勉思奏議》常熟周木。
《都憲奏草揀編》二卷。常熟陳察。
《徐司空奏議》常熟徐栻。
《西垣奏草》
《邊奏存稿》

① 本條録修本删。

俱昆山葉盛。

《大禮奏議》一卷。　昆山毛澄。

《貞翁奏議》二十卷。　昆山周倫。

《兵垣奏疏》昆山秦鏊。

《職方奏議》昆山周鳳鳴。

《朝天奏疏》

《督撫奏略》

俱華亭陳詢。

《東塾諫草》華亭張弘至。

《諫垣疏草》華亭蔡汝賢。

《三垣諫草》華亭許譽卿。

《馮御史奏疏》一卷。　華亭馮恩。

《鳳山奏稿》無錫秦金。

《郎中奏議録》無錫莫驄。

《梅村疏稿》無錫曹懷。

《東巡疏略》無錫嚴一鵬。

《天垣疏稿》
《全楚奏議》
俱無錫秦燿。
《忠毅奏稿》 江陰李應昇。
《文靖疏稿》 二卷。 宜興徐溥。
《文肅疏摘稿》 一卷。 宜興吴儼。
《撫鄖疏草》 宜興蔣允儀。
《安節奏疏遺稿》 一卷。 宜興吴達可。
《史玉池疏稿》 一卷。 宜興史孟麟。
《何武莪疏稿》 一卷。 宜興何士晋。
《張儀部疏稿》 宜興張納陛。
《歷陳民隱疏稿》 一卷。 宜興任駉。
《端毅疏稿》 二卷。 宜興陳于廷。
《星沙城守議》 宜興堵(允)〔胤〕錫。
《撫鄖奏議》 二卷。

《宣雲奏議》① 六卷。

《總理疏稿》 一卷。

俱宜興盧象昇。

《諫垣遺稿》 丹陽湯禮敬。

《竹湖奏疏稿》 溧陽馬從謙。

《春曹書疏》 金壇于孔兼。

《綸扉奏議》 楊一清，滇人，居鎮江。

《張世才奏疏》 三卷。 淮安人。

《劉侍御奏疏》 一卷。 儀（徵）〔真〕劉學詩。

《掖垣諫草》 沛縣張貞觀。

《式齋封事録》 太倉陸容。

《荆石奏草牘草》② 太倉王錫爵。

《仲明奏疏》 六卷。 太倉張寅。

---

① 此條鋟修本删。

② 此條鋟修本删。

《經略疏稿》① 太倉王在晋。

《津門奏草》 太倉李繼貞。

《大征疏稿》 嘉定張任。

《籌邊疏稿》 嘉定殷都。

《南宫奏題稿》 八卷。 嘉定徐學謨。

《恤刑題稿》 嘉定嚴貞度。

《西臺疏草》 嘉定何選。

《臺端諫草》 嘉定時偕行。

《諫垣疏稿》 嘉定李先芳。

《天垣疏略》② 嘉定侯震暘。

《儀曹疏草》 嘉定須之彦。

《工垣奏疏》 嘉定歸子顧。

《西臺奏疏》 嘉定趙弘範。

---

① 此條書名，《四庫》本作《經濟疏略》，録修本删。

② 此條書名，《四庫》本作《疏略遺稿》，録修本删。

《納言存稿》嘉定侯峒曾①。

《石渚奏議》四卷。通州馬坤。

《芹溪奏議》一卷。通州淩相。

《陳督撫奏疏》二十卷。通州陳大科。

《黄氏奏疏稿》四卷。通州黄河。

《督撫奏議》八卷。通州顧養謙。

《蓉川奏疏》② 桐城齊之鸞。

《諫垣遺稿》潛山金燕。

《仁夫奏議》三卷。歙縣汪山。

《臺中廷中撫黔奏疏》歙縣江東之。

《南岡奏議》歙縣唐澤。

《畢孟侯疏草》二十卷。歙縣畢懋康。

《蘭臺疏稿》歙縣洪世俊。

---

① 「侯峒曾」,《四庫》本作「侯峒曾」。

② 本條録修本删。

《畿省奏疏》休寧張應揚。
《五垣奏議》休寧邵庶。
《瀛賢奏對録》休寧程敏政。
《督儲疏草》婺源游應乾。
《崇仁堂奏疏》婺源汪國楠。
《留臺疏草》婺源汪懷德。
《禮垣疏草》十二卷。婺源余懋孳。
《關中奏議》婺源余懋衡。
《河東奏議》婺源汪以時。
《督撫奏議》①績溪胡思伸。
《三巡督撫平倭奏議》績溪胡宗憲。
《籌邊奏議》寧國許汝驤。
《三晋奏議》寧國仙克謹。
《諫垣奏書》宣城王蓋。

① 此條録修本删。

《西曹奏議》　宣城徐鴻起。

《撫蜀奏議》　宣城徐元大。

《憲臺奏稿》

《棘臺駁稿》

俱宣城張綸。

《保洮八議》　宣城高惟岳。

《四朝臺疏》　南陵汪有源。

《玉城疏稿》　涇縣葉永盛。

《行臺奏議》　貴池孫仁。

《獅山奏議》　貴池柯相。

《諫垣疏草》　青陽吴文梓。

《端廷赦疏稿》　當塗人。

《都憲奏議》　十二卷。　繁昌吴琛。

《許中丞奏議》　十卷。　合肥許如蘭。

《周忠愍奏議》　合肥周璽。

《兵部奏議》　潁州劉九光。

《督撫楚臺奏疏》　廣德李得陽。

國　朝

《趙恭毅自治官書》　二十六卷。　又名《實政録》①，武進趙申喬。

《銀臺疏稿》　二卷。　宜興任弘②嘉。

《端恪奏疏》　桐城姚文然。

《從祀諸儒繫議》　婺源余維樞。

《西臺奏議》　婺源游有倫。

《宗伯奏疏全集》　合肥龔鼎孳③。

右奏議

---

① 《實政録》，《四庫》本另列一條。

② 「弘」，《四庫》本作「宏」。

③ 此條《四庫》本、録修本俱删。

漢

《淮南王集》一卷。

《淮南王賦》八十二篇。

《淮南群臣賦》四十四篇。

《淮南歌詩》四篇。

俱劉安。

《枚叔集》二卷。

《賦》九篇。

俱淮陰枚乘。

《枚少孺集》一卷。

《賦》一百二十篇。

俱淮陰枚皋。

《劉子政集》五卷。

《賦》三十三篇。

俱彭城劉向。

《劉穎叔集》五卷。彭城劉歆。

《陸賈賦》三篇。徐州人。

東漢

《桓君夫集》五卷。沛桓譚。

《丁正禮集》一卷。沛丁儀。

《丁黄門集》一卷。丁廙，儀弟。

三國

《張中郎集》六卷。吴吴郡張温。

《暨選部集》六卷。吴吴郡暨豔。

《陸丞相集》五卷。吴吴郡陸凱。

《張侍中集》一卷。吴吴郡張儼。

《高陵亭侯集》二卷。吴雲陽韋昭。

《張長史集》二卷。吴廣陵張紘①。

《盛翁子集》五卷。廣陵盛彦。

《司徒集》二卷。蜀漢睢陵許靖。

《魏武帝集》三十卷。

《逸集》十卷。

《新撰》十卷。

《露布文》九卷。

俱魏武帝。

《魏文帝集》二十三卷。《隋志》作十卷。

《明帝集》七卷。

《高貴鄉公集》四卷。

《陳思王集》三十卷。

《殿閣畫贊》五十卷。

俱曹植。

① 「張紘」，《四庫》本作「張絃」。

《中領軍集》五卷。曹羲。
《陳孔璋集》十卷。魏廣陵陳琳。
《夏侯太常集》三卷。魏譙夏侯(元)〔玄〕。
《征北將軍集》二卷。夏侯霸。
《樂安太守集》二卷。夏侯惠。

晋

《王茂高集》五卷。建業王鑒。
《王濤集》五卷。建業人。
《陸景集》一卷。吴陸抗子。
《陸平原集》四十七卷。《隋志》作十四卷，吴郡陸機。
《陸清河集》十二卷。吴郡陸雲。
《陸從事集》一卷。吴郡陸沖。
《陸從事集》二卷。吴郡陸沉。
《江東步兵集》二卷。吴郡張翰。
《張黄門集》一卷。吴郡張協。

《張憑集》十卷。吴郡人。
《豫章太守集》十六卷。丹陽范甯。
《徐前衛率集》二十卷。京口徐邈。
《劉穎集》十卷。廣陵人。
《劉元度集》一卷。廣陵劉訏。
《戴望之集》五卷。廣陵戴邈。
《閔徵士集》三卷。廣陵閔鴻。
《華令思集》三卷。維揚華譚。
《劉正公集》三卷。維揚劉頌。
《劉光禄集》二卷。彭城劉毅。
《劉太常集》三卷。沛劉弘。
《中散集》十二卷。譙嵇康。
《嵇侍中集》二卷。譙嵇紹。
《夏侯散騎集》三卷。譙夏侯湛。
《弋陽太守集》二卷。譙夏侯淳。
《曹散騎集》二卷。譙曹志。

《曹征南司馬集》三卷。譙曹攄。

《戴徵士集》九卷。譙戴逵。

《桓大司馬集》四十卷。譙桓温。

南北朝

《宋文帝集》七卷。

《武帝集》二十五卷。

《廢帝集》十卷。

《明帝集》三十三卷。

《長沙王集》十卷。

俱①劉道憐。

《臨川王集》四卷。劉道規。

《臨川王集》八卷。劉義慶。

《江夏王集》十一卷。

① 「俱」字疑衍。

《别集》十五卷。
俱劉義恭。
《衡陽王集》十卷。劉義季。
《新淪惠侯集》十二卷。劉義宗。
《南平王集》五卷。劉鑠。
《竟陵王集》二十卷。劉誕。
《建平王集》十卷。劉休祐。
以上劉氏，皆彭城人。
《（邱）〔丘〕思（元）〔玄〕集》一卷。吴郡（邱）〔丘〕淵之。
《定命集論》一卷。宋吴郡顧覬之。
《徐野民集》十五卷。宋京口徐廣。
《諸葛幼文集》二十卷。京口劉曒輯。
《鮑明遠集》十卷。宋揚州鮑照。
《吏部尚書集》十九卷。宋潜人何偃。
《何車騎參軍集》十卷。宋潜人何瑾之。
《何司空集》十卷。宋潜人何尚之。

《齊文帝集》一卷。
《竟陵王集》四十卷。蘭陵蕭子良。
《晋安王集》四卷。蘭陵蕭子懋。
《隨王集》七卷。蘭陵蕭子隆。
《聞喜公集》十一卷。蘭陵蕭遥欣。
《中書郎集》八卷。齊建康周顒。
《張新安太守集》吴郡張鏡。
《太子舍人集》八卷。吴郡張演。
《右光禄集》十卷。吴郡張永。
《大司農集》十六卷。吴郡張辨。
《長史集》十六卷。吴郡張憑。
《司徒長史集》二十七卷。齊吴郡張融。
《陸韓卿集》十卷。齊吴郡陸厥。
《步兵校尉集》三十卷。齊宿豫劉瓛。
《射聲校尉集》三卷。宿豫劉璡。
《謝宣城集》十二卷。

《逸集》 一卷。

俱齊謝朓。朓居當塗之青山，故録之。《東山》《康樂》諸集，當入浙志。

《梁武帝集》 三十二卷。

《詩賦集》 二十卷。

《連珠》 一卷。

《雜文集》 九卷。

俱武帝。

《簡文帝集》 八十五卷。 蘭陵蕭綸①。

《元帝集》 五十二卷。 蘭陵蕭統。

《邵陵王集》 六卷。 蕭綸。

《昭明太子集》 二十卷。

《小集》 十卷。

俱蕭統。

《武陵王集》 八卷。 蘭陵蕭紀。

① 「蕭綸」，應作「蕭繹」。簡文帝名蕭繹。

《岳陽王集》十卷。蘭陵蕭詧。
《後梁王集》十卷。蘭陵蕭巋。
《西昌侯集》四卷。蘭陵蕭藻。
《安成王集》十卷。蘭陵蕭欣。
《景陽文集》三十卷。蘭陵蕭子顯。
《周護軍集》二十卷。梁建康周捨。
《陶隱居集》二十卷。梁秣陵陶弘景。
《陸佐公文集》二十卷。梁吴郡陸倕。
《顧廷尉文集》十卷。梁吴郡顧協。
《張士簡文集》四十卷。梁吴郡張率。
《陸士茴集》十四卷。吴郡陸種。
《陸子龍集》
《雜集》
俱梁吴郡陸雲公。
《陸才子文集》雲公從兄。
《臧彦威文集》十卷。梁京口臧嚴。

《徐修仁前集》三十五卷。

《後集》十六卷。

俱梁徐勉，郯人，居丹徒。

《平西參軍集》六卷。梁彭城劉峻。

《廷尉卿集》十四卷。梁彭城劉孝綽。

《都官尚書集》二十卷。梁彭城劉孝儀。

《庶子集》十卷。梁彭城劉孝威。

《到氏集》二十卷。梁彭城到溉、到洽。

《陳後主集》三十九卷。

《陸伯玉集》二十卷。

俱陳陸瓊。

《陸温玉集》二卷。陳陸琰。

《陸幹玉集》十卷。陳陸瑜。

《陸潤玉集》十卷。陳陸珍。皆雲公子。

《顧希馮集》十九卷。陳華亭顧野王。

《劉内史集》二十卷。後周沛劉璠。

隋

《饒陽伯集》十卷。下相劉臻。

唐

《王龍標集》五卷。江寧王昌齡。

《庾抱詩集》十卷。江寧人。

《曹松詩集》三卷。江寧人。

《秣陵子集》一卷。逸其姓氏。

《張文昌集》七卷。吴郡張籍。

《華陽集》二十卷。

《古今體》二卷。

俱姑蘇顧況。

《顧非熊詩》一卷。況子。

《吴廷實詩》一卷。姑蘇吴仁壁。

《忘機詩稿》二卷。姑蘇周朴。

《笠澤叢書》三卷。

《甫里先生詩編》十卷。

《賦》十卷。

俱蘇州陸龜蒙。

《麟角集》一卷。王棨，先福清人，居吴。

《劉綺莊集》十卷。吴江人。

《頤山詩》一卷。吴陸希聲。

《閒居詩集》十卷。晉陵施肩吾。

《文肅全集》十卷。

《追昔遊詩》三卷。

俱無錫李紳。

《蔣詹事集》五卷。義興蔣儼。

《中書詩賦集》義興蔣防。

《俞鳧詩》一卷。義興人。《唐志》作喻鳧。

《包融詩》一卷。《唐志》註：潤州延陵人。

《陶翰集》《唐志》註：潤州人。

《湯賁集》十五卷。《唐志》註：潤州丹陽人。

《蕭德言集》二十卷。京口人。

《蕭鈞集》二十卷。京口人。

《權德輿文集》五十卷。京口人。

《皇甫茂叔集》三卷。丹陽皇甫冉。

《皇甫孝常集》二卷。皇甫曾，冉弟。

《儲光羲集》七十卷。丹陽人。

《蔡希周詩》一卷。丹陽人。

《游梁新集》三卷。

《茂挺文集》十卷。

俱丹陽蕭穎士。

《丁卯集》二卷。丹陽許渾。

《丁餘杭集》二卷。金壇丁仙芝。

《戴幼公集》十卷。金壇戴叔倫。

《臺閣集》五卷。廣陵李嘉祐。

《渭南集》三卷。

《編年集》一卷。俱山陽趙嘏。

《上官侍郎集》十卷。邑志作三十卷，江都上官儀。

《來中令集》三十卷。江都來濟。

《曹朝散集》三十卷。江都曹憲。

《李北海集》七十卷。江都李邕。

《王文懿集》百二十卷。江都王起。

《南燕染翰集》十卷。江都王鐸。

《李景望集》一卷。江都李磎。

《劉長卿集》十卷。徐州沛人。

《劉伯芻集》三十卷。徐州人。

《劉虞部詩》十卷。徐州劉商。

《王守素集》六卷。徐州王駕。

《吴通(元)〔玄〕碑誌集》海州人。

《吴少微集》十卷。府志作五卷，歙人。

《盧嶽集》一卷。宣州邵拙。

《劉太真集》一卷。宣州人。

《許文化詩》一卷。宣州許棠。

《詠史詩》一卷。宣州汪遵。

《陳述聖文集》一卷。宣州陳商。

《豐溪存稿》一卷。吕從慶，大梁人，隱旌德，遂世居焉。

《張喬詩》二卷。秋浦人。

《鳳策聯華編》三卷。

《賦》二卷。府志作表奏類賦。

《編稿》十卷。

俱秋浦顧雲。

《唐風集》二卷。池陽杜荀鶴。

《周繇詩》一卷。池州人。

南　唐

《後主集》十卷。

《集略》十卷。

《詩》一卷。

俱李煜。

《滎陽集》十卷。廣陵潘祐。

《陽春録》一卷。廣陵馮延巳。

《徐常侍集》二十卷。南唐時作。

《續集》十卷。歸宋後作。

俱廣陵徐鉉。

《李司空文集》二十卷。

《詩集》二卷。

俱廣陵李建勳。

《擬謡》十卷。

《桂香詩》一卷。

俱高郵喬匡舜。

《冥搜集》二十卷。

《登龍集》十五卷。

《從軍稿》二十卷。

《筆耕詞》　二十卷。
俱貴池殷文圭。
《南金集》　九華山人熊皦。
《伍考功集》　一卷。　廬江伍喬。

宋

《天籟集》　六合白樸。
《龍圖集》　五十卷。　吴郡范師道。
《河陽集》　一百六十卷。　吴郡葉清臣。
《丁晋公集》　四卷。　平江丁謂。
《范文正集》　二十卷。
《别集》　四卷。
《尺牘》　三卷。
俱吴郡范仲淹。
《范忠宣集》　二十卷。　吴郡范純仁。
《盧仲甫文集》　十卷。　吴郡盧秉。

《樂圃文集》二百卷。

《吴門集》二十卷。俱吴郡朱長文。

《隨緣居士集》四十卷。吴郡黄策。

《復軒集》十卷。吴郡章憲。

《伯成集》三十卷。吴郡章綡。

《東觀集》十卷。吴郡羅處約。

《子野詩》二十卷。

《樂府》十卷。俱吴郡張先。

《石湖集》一百三十六卷。吴郡范成大。

《墨莊詩集》吴郡范之柔，仲淹五世孫。

《梔林集》十卷。吴郡沈繼祖。

《周氏山房集》二十卷。

《後集》二十卷。吴郡周南。

《唱道野集》　平江王伯起。
《雲崖集》　十五卷。
《詩集》　五十卷。
俱平江章康。
《梅山樵叟詩》　十卷。　平江顧逢。
《黄士毅文集》　一百五十卷。　吴人。
《覆瓿集》　五卷。　吴高常。
《荀里退居編》
《理窟集》　三卷。
俱蘇州范正平。
《李朝奉文集》　五十卷。　蘇州李撰。
《筠溪集》　二十四卷。
《詩詞》　十卷。
俱李彌遜，撰子。
《石林總集》　一百卷。　長洲葉夢得。
《大雲集》　一百十卷。　長洲林虙。

《海峰文編》三卷。長洲張慶之。
《寧極齋集》吴縣陳深。
《謝希深集》五十卷。吴江謝絳。
《聽雨集》吴江王伯廣。
《信伯集》四卷。吴江王蘋。
《巢睫稿》五十卷。王楙，蘋從孫。
《桂軒稿》
《東溪集》
俱吴江謝常。
《漁唱稿》吴江朱良實。
《時齋集》吴江沈義甫。
《朝散郎集》十五卷。常熟錢觀復。
《將作監集》五卷。錢俣。
《秘撰文集》二十卷。錢佃。皆觀復子。
《少保文集》三十卷。常熟曾懷。
《益齋文集》常熟張攀。

《留耕堂雜文》三十卷。常熟冷世修。
《燕堂類稿》五卷。常熟趙公豫。
《超然類稿》常熟(邱)〔丘〕礪。
《孫積中詩文集》昆山孫載。
《止安集》五十卷。昆山陳振。
《後樂集》五十卷。昆山衛涇。
《秘閣正續集》十五卷。松江任元受。
《陳都官集》三十卷。松江陳舜俞。
《谷陽文集》華亭朱之純。
《澹菴文集》華亭高子鳳。
《樗齋詩集》華亭朱允恭。
《静菴集》華亭胡琚。
《秋聲集》華亭衛宗武。
《胡文恭集》七十卷。晉陵胡宿。
《道鄉集》四十卷。晉陵鄒浩。
《鴻慶堂集》四十二卷。晉陵孫覿。

《張文清集》五十卷。毗陵張守。
《荆溪集》晋陵吴懋。
《賢己集》武進李端。
《資古紹志集》十卷。
《胡忠獻集》六十卷。
俱武進胡世將，宿曾孫。
《李修撰集》二十卷。無錫李夔。
《梁溪集》一百二十卷。無錫李綱。
《樂溪集》五十卷。
《遂初小稿》六十卷。
俱無錫尤袤。
《小山文集》無錫李祥。
《杜尚書文集》無錫杜杲。
《三逕老人碔砆集》十二卷。
《杜待制文集》十卷。
俱無錫杜杞。

《丹陽集》 四十二卷。

《後集》 四十二卷。

俱（江陰）〔丹陽〕①葛勝仲。

《歸愚集》 二十卷。 葛立方，勝仲子。

《青陽集》 江陰葛宫。

《（邱）〔丘〕忠定集》 十卷。

《拾遺》 十卷。

俱江陰（邱）〔丘〕宻。

《吴門集》 二十卷。 宜興蔣堂。

《景坡堂詩集》 十卷。 宜興蔣璨。

《荆溪集前後》 八十九卷。

《北扉集》 九卷。

《别集》 九卷。

《西樞集》 四卷。

---

① 據《四庫》本改。

俱宜興蔣之奇。

《錢忠定文集》三十卷。宜興錢即。

《蔣忠憲詩集》宜興蔣葵。

《周簡惠文集》三十卷。宜興周葵。

《竹山集》宜興蔣捷。

《橫山堂倡和集》宜興孫覿、董棻，海州胡松年。

《丹陽集》三十卷。鎮江蔡肇。

《霍和卿詩集》丹徒霍箎。

《淡軒類稿》二十卷。丹徒艾謙。

《玉堂梅林集》二十卷。

《雲溪類集》三十卷。

《蠹齋集》三十卷。

俱丹徒周孚。

《佩韋集》十六卷。丹徒俞德鄰。

《翟參政集》三十卷。丹陽翟汝文。

《後湖集》十卷。

《詞》一卷。

俱丹陽蘇庠。

《張章簡華陽集》四十五卷。丹陽張綱。

《石曼卿詩文集》石延年，幽州人，徙丹陽。

《東郭集》四十卷。丹陽陳輔。

《華陽居士集》金沙譚知柔。

《洮湖集》金沙陳從古。

《漫堂集》三十卷。金沙劉宰。

《頤堂文集》金沙湯邦彥。

《實齋文集》金沙王遂。

《靖智集》金沙洪擬。

《定軒文集》十卷。金壇張志道。

《居陽集》三十卷。淮安劉彝。

《東牟集》三十卷。

《元渤集》三十卷。

俱淮安王洋。

《節孝集》三十卷。《通考》作二十卷，山陽徐積。

《俞紫芝詩》一卷。維揚俞秀老。

《逢原文集》二十卷。

《廣陵集》十卷。

俱江都王令。

《樂菴文集》江都李衡。

《支山集》江都牛大年。

《乘桴集》江都李正民。

《浮山集》十六卷。江都仲并。

《竹西集》十卷。江都王居正。

《青雲集》三十卷。江都王雲。

《大隱文集》三十卷。

《清暉閣詩》一卷。

俱江都史正志。

《陳亞之集》三卷。江都陳亞。

《松隱集》二十卷。泰州卞大亨。

《資聖集》 十三卷。 泰州胡瑗。
《淮海集》 三十卷。
《淮海閒居集》 十卷。
《淮海詩餘》 一卷。
俱淮海秦觀。
《莘老文集》 四十卷。
《外集》 十卷。
《雜稿》 三卷。
俱高郵孫覺。
《孫待制文集》 三十卷。 高郵孫覽。
《馬永逸文集》 二十卷。 高郵人。
《馬永修文集》 高郵人。
《曲轅集》 高郵崔公度。
《陳唐卿詩文集》 四十卷。
《長短句》 三卷。
俱高郵陳造。

《陳知誥集》三十卷。高郵陳知微。
《孫司封文集》二十卷。真州孫錫。
《張侍御文集》三十八卷。真州張汝明。
《張承議文集》真州張汝賢。
《沈龍圖文集》十卷。真州沈洙。
《沈徽猷文集》十二卷。真州沈錫。
《征處士詩集》真州征集。
《孫處士詩文集》真州孫侔。
《觀物老人集》二十卷。海陵堯允恭。
《鳳池集》十卷。海陵潘汝一。
《周集賢文集》十卷。海陵周秩。
《唐山前後集》四卷。海陵卞圜。
《周樞密集》三十二卷。海陵周麟之。
《鼂繹集》徐州顧太初。
《后山集》二十卷。徐州陳師道。
《雞肋集》豐縣姚孝錫。

《如村冗稿》二十卷。太倉胡嶧。
《錢德鈞詩集》通州錢鼎。
《崔侍講詩文集》三十卷。海門崔敦詩。
《王惟熙文集》十五卷。如皋王國。
《王龍圖文集》五十卷。如皋王覿。
《王俊乂文集》十卷。如皋人。
《潘朝散文集》三十卷。泰興潘及甫。
《浮溪集》六十卷。新安汪藻。
《查龍圖集》二十卷。新安查道。
《蘄春集》十卷。
《河東集》三十卷。
俱歙聶冠卿。
《涓菴集》
《鄂州小集》
俱歙羅願。
《汪若容文集》三十卷。歙人。

《方司農詩》十卷。　歙方有開。
《友堂詩文》五十卷。　歙吴昶。
《容齋雜著》十卷。　歙唐廷瑞。
《證甫詩文》二十卷。　歙劉伯倫。
《山窗集》　歙程元岳。
《山泉類稿》四十二卷。
《烏衣集》
《圻南集》
《曉山吟稿》
俱歙陸夢發。
《竹坡類稿》　歙吕午。
《訥齋集》　歙程元鳳。
《程文簡文集》　休寧程大昌。
《金忠獻文集》三十卷。　休寧金安節。
《洪惟清集》十五卷。　休寧洪湛。
《南窗詩集》　休寧程洙。

《默齋文集》二十卷。休寧朱權。
《竹洲集》三十卷。休寧吴儆。
《格齋稿》四十卷。休寧程永奇。
《洛水集》六十卷。休寧程珌。
《鳳山集》二十卷。休寧吴天驥。
《柳塘集》休寧汪莘。
《蜀阜集》休寧錢時。
《寒松閣集》婺源詹初。
《韋齋文集》十二卷。
《外集》十二卷。
俱婺源朱松。
《朱逢年詩集》一卷。婺源朱槔，松弟。
《騁遊集》四十卷。
《新鄭舊詩》
《南歸文》
俱婺源朱弁。

《晦菴集》 一百卷。
《年譜》 三卷。
俱婺源朱子。
《雲溪文集》 一百卷。 婺源汪汝舟。
《山屋集》 婺源許月卿。
《尊德性齋集》 十卷。 婺源程洵。
《溪齋類稿》 婺源滕璘。
《胡氏棣華稿》 婺源胡侃、胡伸。
《雙溪文集》 婺源王炎。
《雲巖集》 婺源王昺。
《西岸草堂詩集》 四卷。 婺源汪權經。
《竹溪詩稿》 三十卷。 婺源張珏。
《秋巖小稿》 祁門方岳。
《漫浪編》 五卷。 黟縣程邁。
《道原文集》 十五卷。 黟縣(邱)〔丘〕濬。
《程元誠詩文稿》 十六卷。 黟縣程叔達。

《宛陵集》六十卷。
《外集》十卷。
《池州後詩》三卷。
俱寧國梅堯臣。
《尊白堂集》二十四卷。寧國虞儔。
《湘潭集》十九卷。寧國章夏。
《汪仲容文集》三十卷。寧國汪澥。
《陵陽集》二十卷。宣州鍾世美。
《謝宛陵集》四十卷。宣城謝初。
《梅昌言集》二十卷。宣城梅詢。
《太倉稊米集》七十卷。
《竹坡詞》
俱宣城周紫芝。
《李孟達集》一卷。宣城李兼。
《退菴文集》宣城吴淵。
《鵶塗集》

《履齋詩餘》

俱吴潜，淵弟。

《仙都集》五卷。宣城李含章。

《柯山集》十卷。李孝先，含章孫。

《王綫之詩集》二十卷。宣城王知微。

《溪堂集》四卷。王相如，知微曾孫。

《攖寧居士集》十卷。宣城陳天麟。

《秋浦集》十卷。貴池曹緯。

《玉臺集》貴池郎文韶。

《寶峰詩》五十卷。貴池湯巖起。

《九華詩集》二卷。

《鳳髓集》

俱青陽陳巖。

《九華詩》百篇　青陽程九萬。

《紫薇集》十卷。石埭王鎡。

《清谷居士集》一卷。石埭隱士，逸其名。

《延溪集》五十卷。石埭丁黼。
《青山集》三十卷。當塗郭祥正。
《建炎文集》姑孰惠直。
《石力臣文集》蕪湖石禹勤。
《橘林集》十六卷。石悉禹，勤子。
《仙居集》十五卷。蕪湖王侣。
《山林拾遺集》八卷。
《海嶽外史集》
俱廬州米芾。
《姚寶臣文集》二十卷。合肥姚鉉。
《楊宣懿集》二十卷。合肥楊察。
《潛川文集》四十五卷。
《詩集》三卷。
俱龍舒朱翊。
《無爲集》十五卷。
《别集》十五卷。

俱無爲楊傑。

《相山居士集》 二十六卷。

《詞集》 六卷。

俱無爲王之道。

《軒山集》 十卷。

《别集》 十卷。

俱無爲王藺，之道子。

《柯山集》 一百卷。 譙郡張耒。

《孝順詩》 一卷。 滁州范酉新。

《張師黯集》 五十卷。 滁州張淮。

《張晋彦文集》

《總得翁集》

俱歷陽張祁。

《于湖居士集》 四十卷。 張孝祥，祁子。

《桐川集》 十卷。 廣德沈虚中。

《李尚書詩文集》 二十卷。 廣德李嘉言。

《寶章閣遺稿》　廣德梅應發。

《月華山人集》　二十四卷。　建平章汝鈞。

《臨淮集》　十卷。　泗州李(植)〔穜〕①。

元

《導江文集》　上元張翨。

《霜月齋集》　上元楊剛中。

《𩡧䴈稿》　句容朱南强。

《北村集》　句容夏疇。

《存悔齋稿》　龔璛子敬，自高郵遷吴。

《歸閒堂稿》　吴尤玘。

《穀山集》　吴黄錫孫。

《王立中文集》　二十卷。　吴人。

《把菊軒稿》　吴陸友。

---

① 據《宋史》三七九本傳改。

《集賢文集》 吴鄧文原。
《東巖小稿》 平江劉岳。
《静春堂稿》 長洲袁易。
《拙逸齋稿》 吴縣周南老。
《雲麓稿》 吴縣(邱)〔丘〕迪。
《碧山類稿》 吴縣湯彌昌。
《翠寒集》
《啽囈集》
《靄乃集》
俱吴縣宋无。
《橧巢稿》 吴縣錢逵。
《滴露齋稿》 吴江盛輿。
《素心堂詩集》 一作「心遠堂」，吴江張淵。
《樵唱集》 吴江朱鳳。
《貞白英華文集》
《水雲清嘯詩集》

俱吴江王原傑。

《蒙菴集》　吴江丁敏。

《嘯古集》　吴江盛應發。

《儀古集》　吴江淩昌。

《嘐菴稿》　吴江梅鼐。

《更生遺稿》　三卷。　常熟錢甦。

《歸湖岡集》　常熟盛彧。

《静菴集》　常熟徐德賢。

《山居幽興集》　常熟王珪。

《月樵稿》　常熟瞿孝貞。

《林外野言》　昆山郭翼。

《存復齋稿》　昆山朱德潤。

《菊逸集》　昆山金至善。

《草堂名勝集》

《玉山璞稿》

俱昆山顧阿瑛。

《過耳集》十卷。松江衛培。
《古木風瓢集》華亭淩嵒。
《雙清稿》華亭沈騰。
《敬聚齋稿》華亭錢仁近。
《自立齋集》十卷。上海王文澤。
《東白文集》上海任暉。
《丹崖夜嘯》
《玉露吟》
俱上海筍隱生。
《九峰清氣集》青浦陸鵬南。
《東山高蹈集》青浦曹慶孫。
《古漁唱》青浦陸厚。
《陸士弘文集》無錫陸以道。
《薇山文集》二十卷。無錫虞薦發。
《雲陽集》無錫虞志道。
《雲林詩集》無錫倪瓚。

《金帚集》無錫范致大。
《谷陽集》無錫陳方。
《不二心稿》無錫孟栻。
《確軒集》無錫李琛。
《滄洲集》江陰丁岷。
《豆亭集》江陰俞遠。
《北郭集》江陰許恕。
《海漁集》宜興馬治。
《覺軒集》十卷。宜興王天覺。
《松軒文集》宜興許應祁。
《惺惺道人遺稿》宜興王餘慶。
《岳孟堅稿》宜興岳惟元。
《淮海集》十卷。京口楊如山。
《北村集》湯炳龍，寶應人，徙居京口。
《聽雨軒集》二十卷。丹徒俞希魯。
《屠龍集》十卷。丹徒高皓孫。

《復辨集》 丹徒俞庸。

《望雲稿》 丹陽謝震。

《舜咨集》 金壇曹俞。

《顧子静集》 金壇顧岩壽。

《容齋集》 顧觀岩，壽子。

《覆瓿集》 山陽趙篔翁。

《雲谷集》 鹽城金原舉。

《睢景臣詞》 一卷。 揚州人。

《牛處士詩集》 一卷。 真州牛野夫①。

《漢泉詩文》 十卷。

《漫稿》 二卷。

《續稿》 一卷。

俱碭山曹伯啓。

《來鶴亭稿》 太倉吕誠。

---

① 「真州牛野夫」，《四庫》作「真州人」。

《淵默叟集》　太倉俞日强。
《醉漁集》　太倉馬麟。
《樂府聲調集》
《草翠軒集》
俱太倉盧觀。
《僑吴集》　太倉鄭元祐。
《雪篷行稿》　嘉定張天永。
《嘉樹堂稿》　嘉定强珇。
《鳴球集》　歙汪逢辰。
《碧流集》
《桐江集》
俱歙方回。
《雜作》《管見》　各一卷。
《書稿》《文稿》《韻稿》《儷稿》　各五卷。
俱歙曹涇。
《唐元詩文》　五十卷。　歙人。

《吴克敏集》五卷。休寧吴訥。

《弗齋集》休寧陳宜孫。

《姚江集》休寧汪松壽。

《退密老人詩》八卷。休寧汪巽元。

《蘭皋集》休寧吴錫疇。

《野趣集》休寧楊公遠。

《前村吟》婺源程直方。

《巢燕稿》

《宛陵稿》

俱婺源汪澤民。

《雲峰文集》婺源胡炳文。

《陶陶翁文集》婺源江霝。

《菟菴文集》婺源王儀。

《雲坡樵唱集》婺源汪斌。

《黟南集》三十八卷。婺源程文。

《紫氣集》婺源汪宗臣。

《雲樓野稿》 婺源程樞。
《菊坡集》 婺源汪德馨。
《東湖遺稿》 婺源汪德鈞。
《德新詩稿》 婺源方伯鑑。
《學稿》《復稿》《隨筆稿》 婺源程鼎新。
《雲中稿》
《雲屋稿》
俱婺源王壎。
《玉泉集》 祁門謝俊民。
《仁山遺稿》 祁門程彌壽。
《養浩集》 黟縣汪漢卿。
《道原詩稿》 績溪舒頔。
《理官集》 宣城貢性之。
《雲林小稿》 一作「雪林」。
《青山紀吟》
《倦遊草》

《豫章稿》

《上元新録》　共一百二十卷。

俱宣城貢奎。

《友迂集》

《東軒集》

《玩齋集》

俱貢師泰，奎子。

《桂芳家集》　旌德吕枋。

《黄山詩集》　太平陳玉峰，隱歙之黄山。

《汪友雲集》　太平汪文龍。

《南山詩集》　太平汪珍。

《秋浦集》　青陽楊少愚。

《土苴集》　建德馮勉。

《楊斛山文集》　合肥人。

《青陽山房集》　八卷。　合肥余闕。

《環翠山房集》　合肥葛聞孫。

《友石山人稿》　合肥王翰。

《吴主一詩草》　無爲吴志淳。

右漢至元詩文集

江南通志卷一百九十四

藝文志

集部　二

詩文集

明

《高皇帝集》　三十卷。

《三華館集》

《灌月亭漫稿》

《瞻紫堂漫稿》

俱金陵鄭宣化。

《克齋稿》　金陵任彦常。

《友菊詩集》　金陵賀確。

《風樹亭稿》　金陵姚福。

《育齋子稿》　金陵宋夢駿。

《竹浪齋稿》

《遂園稿》

俱金陵李佺。

《鴻雪集》　金陵宋存德。

《競辰齋稿》　金陵黄戊儒。

《挹秀閣稿》　金陵黄復儒。

《蒼半軒稿》　金陵方登。

《青黎閣稿》

《淇澳稿》

俱金陵張維。

《逸園集》　金陵歐陽廩。

《河垣稿》

《謫台稿》

《粤臺稿》

《慎齋稿》

俱金陵謝少南。

《續貂小稿》

《務本齋詩》

俱金陵蔣主忠。

《樵林摘稿》

俱金陵蔣主孝。

《竹溪集》　金陵金儁。

《晞真集》　金陵杜大成。

《嘉會齋集》　金陵許隚。

《竹護齋稿》　金陵葛如龍。

《延立詩集》　金陵陳弘世。

《長嘯集》 金陵孫謀。
《薄遊答贈稿》 金陵沈朝陽。
《金庭稿》 金陵沈乾陽。
《樵居集》 金陵李向陽。
《竅蚓集》 金陵謝天聘。
《蓬蒿集》 金陵張正蒙。
《知載齋集》 金陵胡宗仁。
《入蜀稿》 金陵馬電。
《長卿集》 金陵周元。
《江上編》 金陵倪民悦。
《長吟閣稿》 金陵吴擴。
《北山詩》 金陵王希皋。
《玉露堂稿》 四卷。 金陵顧源。
《張徵君集》 金陵張一儒。
《貝葉齋稿》
《青蓮閣稿》

《遊燕稿》
俱金陵李言恭。
《步天集》
《七幅菴稿》
俱金陵傅汝舟。
《雲樓稿》 金陵殷康。
《二淮稿》 金陵向爨。
《著雲岫集》
《延清室稿》
俱金陵沈開雲。
《賓柳堂稿》 金陵李曉。
《秋潭集》 金陵崔粲。
《汝籓稿》 金陵李宗城。
《雅娱閣稿》 金陵王元坤。
《卧石齋集》 金陵邵之楨。
《起渭詩草》 金陵徐開吕。

《登涉紀吟》

《避暑吟》

俱金陵景齊。

《東中集》

《東中餘集》

俱金陵楊一洲。

《豆花園集》

《霞舉集》

俱金陵陳元允。

《香烟集》　金陵馮嘯。

《獻園集》　應天朱榛。

《默菴集》　應天朱志㙺。

《賓竹小鳴集》　應天朱成泳。

《長春競辰集》　應天朱讓栩。

《凝齋集》　應天朱銓鉌。

《保和齋稿》　應天朱允栘。

《集書樓稿》 應天朱允梗。

《綠筠軒稿》 應天朱恬烄。

《嘉慶集》 應天朱恬爖。

《清苑山房集》 應天朱埕坦。

《居敬堂集》 應天朱厚煜。

《勿齋文集》 應天朱厚燁①。

《休齋稿》 應天姚黼。

《關中集》 應天盧璧。

《竹素園稿》 應天何汝健。

《息齋稿》 應天朱貞。

《容菴集》 應天金澤。

《鳳巖山房全集》 應天黄甲。

《李楊二子遺稿》 應天李逢暘、楊希淳。

《滄適集》 二十卷。 應天路九同。

① 「朱厚燁」,《四庫》本作「朱厚烑」。

《西冶遺稿》　應天王鑾。
《損齋稿》　應天梅純。
《東谷集》　十卷。　應天湯允勣。
《白下初集》《二集》
《駛雪齋詩集》《文集》
俱應天張可大。
《錦江類稿》　應天王璉。
《元吉詩集》　應天張祥。
《拘虛集》
《偶然集》
俱應天崔士元。
《軒軒居集》　應天盛敏耕。
《考槃集》
《自鳴集》
《秋山詩集》
俱應天韋椿。

《希山吟》　應天丁霔。
《樺冠集》　應天紀青。
《柿葉菴稿》
《孤山遊草》
俱應天于徵。
《闕道人詩集》
《鴻雪草》
俱應天張可度。
《居學齋集》　應天徐遠。
《迴文詩》　應天張翹。
《微塵闇集》　應天艾容。
《同文集》　應天常信。
《沁南稿》　應天胡汝嘉。
《香醉集》　應天馮化。
《咏物詩》　應天王萬齡。
《北遊集》　應天陳嘉謀。

《應閒齋詩集》

《霞起閣文集》

俱應天張文暉。

《古廉文集》　上元李懋。

《倪文僖四稿》　一百七十卷。　《玉堂》《南宫》《上谷》《歸田》，上元倪謙。

《清溪漫稿》　二十四卷。　上元倪岳。

《榆陽集》①　上元周金。

《清風亭稿》

《枕肱集》

《論蜀稿》

《醯甕集》

俱上元童軒。

《劉清惠集》　十二卷。　上元劉勝。

①　此條録修本删。

《余學士集》① 上元余孟麟。

《澹園全集》② 四十九卷。

《續集》 三十五卷。

俱上元焦竑。

《南原集》 上元王韋。

《石城五稿》《二臺》《外臺》《武林》《省中》《歸田》，上元許穀。

《雪心稿》 上元金紳。

《飲虹遺稿》

《尚友集》

《明農稿》

俱上元李熙。

《求志稿》

《行義稿》

---

① 此條録修本删。

② 此條與下條凡二種，録修本、《四庫》本俱删。

《謫湘稿》
《青田稿》
《郯城稿》
《東歸稿》
俱上元黄琮。
《元彝集》　上元廖文光。
《錦石齋稿》
《耕餘集》
《浪遊集》
俱上元姚汝循。
《静虚稿》
《南山十秀集》
俱上元金潤。
《休翁詩集》
《思古齋文集》
俱上元沈鍾。

《清華稿》　六卷。

《舟談感遇篇》

俱上元陳鳳。

《欆亭集》　上元陳舜仁。

《三山彙稿》　八卷。

《白雲稿》

俱上元王可大。

《西浦稿》　上元管景。

《鳳全堂稿》

《子野集》

俱上元陳芹。

《冶城真寓稿》　上元李登。

《謝山文草詩草》　上元黄應登。

《息園集》　九卷。

《詩》　十四卷。

《浮湘稿》

俱上元顧璘。

《寒松齋稿》四卷。　上元顧瑮。

《遂初齋集》

《拘墟館集》

俱上元陳沂。

《萬竹山房稿》

《松雲集》

俱上元陶元素。

《江南二隱稿》　上元金琮、史忠。

《赤侯稿》　上元金丹。

《徙倚軒稿》

《蕭爽閣詞稿》

俱上元金鑾。

《在客稿》

《東村稿》

《西遊稿》

俱上元謝承舉。
《子有集》　上元金大車。
《淵泉集》　上元羅纛。
《編年稿》
《落葉哀蟬集》
《擊磬集》
俱上元張文峙。
《坦拙稿》
《謫居集》
俱上元李昊。
《嘉遁子集》　上元王濬。
《千頃齋初集》《次集》《三集》　上元黄居中。
《石林稿》　上元徐堻①。
《奉使朝鮮集》

① 「徐堻」，《千頃堂書目》卷二十一作「徐瑵」。

《落花詩》
俱上元朱之蕃。
《香雪集》　上元姚履旋。
《侑閒齋集》　上元路伯鍠。
《遯園集》①
《嬾真堂集》　三十卷②。
俱江寧顧起元。
《張文僖集》　江寧張益。
《矩菴漫稿》　江寧陳鎬。
《自菴集》
《海上聯句集》
俱江寧陳欽。
《古峰集》

① 此條録修本删。
② 此條録修本、《四庫》本俱删。《四庫》本并改爲《歸田集》，俱苗衷」。

《兩京賦》二卷。

俱江寧余光。

《麓村詩草》

《新亭漫稿》

俱江寧沈越。

《交石稿》十卷。江寧吴文度。

《市隱園詩文紀》江寧姚履素。

《海峰遺稿》江寧朱潤身。

《攝園稿》江寧何棟如。

《與然堂全集》江寧孫自修。

《懷洛園集》江寧司馬泰。

《大城山全集》六十八卷。

《軒居集》俱江寧盛世泰。

《蔗渣稿》江寧陳丹衷。

《淳父三集》三十四卷。白下高素齋，《後集》黄姬水。

《顧經魁詩集》二卷。江寧顧言。

《端居咏》
《北行稿》
《古杭清遊稿》
《麗藻堂文集》
俱江寧徐霖。
《虎鼠菴稿》
《牛欄集》
俱江寧王亦臨。
《越臺小稿》　江寧王杞。
《計樞草》
《銓諫草》
《棘遯草》
俱江寧倪嘉慶。
《疏園集》
《歸田草》
俱江寧何湛之。

《足園集》 江寧何淳之。
《南園集》 江寧張志淳。
《東谿集》 江寧何鉞。
《三華館稿》 江寧卜鏜。
《栅堂集》 江寧程漢。
《容菴集》 江寧李旻。
《飲虹稿》 江寧高遠。
《秋渠詩》 江寧張鐸。
《清涼山草》 江寧何如充。
《鳴蟬稿》
《象山稿》
俱句容淩傅。
《克齋集》 句容王暐。
《默菴集》 句容曹義。

《在魯齋集》①
《詒書堂類稿》
俱句容孔貞時。
《敬事草》
《行餘草》
俱句容孔貞運。
《肺山稿》 句容張榜。
《香泉稿》 二卷。
《粉署餘閒稿》 一卷。
《凝清集》
俱江浦張瑄。
《石巖三體詩》 江浦嚴紘。
《定山集》 江浦莊昶。
《淑清録》

① 此條録修本删，《四庫》本改爲《漢江集》。

《曰有篇》
俱江浦丁明登。
《酉陽集》　六合孫可久。
《賜書堂文集》　六合孫拱辰。
《汲古堂詩》四卷，《賦》二卷，《詩餘》一卷。　六合孫汧如。
《梧梧館》　十二卷。
《文集》　二十四卷。
《別集》　十八卷。
俱六合孫國敉。
《巴山集》　六合黄肅。
《東洛文集》　溧水張愷。
《東磵集》　吴郡沈應。
《知希齋集》　吴郡王人鑑。
《感樓詩集》　吴郡賀甫。
《秋水軒詩稿》　吴郡陳汝言。
《潛齋集》　吴郡沈元。

《甓餘集》十二卷。吴郡朱紈。
《輸廖館集》吴郡范允臨。
《蘭庭集》六卷。長洲謝徽。
《密菴集》十卷。長洲謝肅。
《大全集》十八卷。
《詞》一卷。
俱長洲高啓。
《光菴集》二卷。長洲王賓。
《鼓枻稿》長洲虞堪。
《扣角集》長洲申屠衡。
《青城山人稿》長洲王璲。
《客臺集》長洲皇甫録。
《噫餘集》長洲梁時。
《甘白集》六卷。
《樂圃集》
《江館集》

《南湖集》

《溟南集》

俱長洲張適。

《慎獨齋集》　長洲趙文。

《存齋稿》　長洲趙友同。

《歸休文集》　長洲仰瞻。

《草窗集》　二卷。　長洲劉溥。

《鳴珂集》

《漱芳集》

俱長洲鄒亮。

《假菴稿》　長洲劉鉉。

《芳菴集》　長洲陳鑑。

《侗菴集》　長洲祝顥。

《匏菴集》　七十八卷。　長洲吴寬。

《枝山集略》　三十卷。

《懷里堂集》　三十卷。

俱長洲祝允明。
《石田詩鈔》十卷。長洲沈周。
《甫田集》三十五卷。長洲文徵明。
《味芝居士集》二十卷。長洲陳頎。
《劉溥集》長洲人。
《學鳴前後稿》長洲沈林。
《玉涵堂集》長洲吴子孝。
《邃谷文集》十二卷。
《濯纓子詩集》二卷。
俱長洲戴冠。
《嫗解集》長洲陳瓚。
《范菴集》長洲李應貞。
《野航集》長洲朱存理。
《五嶽山人集》三十八卷。長洲黄省曾。
《得之詩集》長洲黄魯曾。
《華陽集》六十卷。長洲皇甫沖。

《少(元)〔玄〕集》三十卷。長洲皇甫涍。

《司勳集》六十卷。長洲皇甫汸。

《水部集》二十卷。長洲皇甫濂。

《貞山集》十二卷。長洲陸粲。

《子威正續集》三十二卷。長洲劉鳳。

《句曲紀遊詩》一卷。

《蕘民集》

俱長洲朱凱。

《隱逸集》長洲錢穀。

《五湖集》長洲陸師道。

《王禄之集》長洲王穀祥。

《水村集》二十卷。長洲陸完。

《玉涵堂稿》十卷。長洲吴子考。

《容菴詩集》長洲謝會。

《伐檀集》長洲張元凱。

《賜間堂集》① 四十卷。長洲申時行。

《處實堂前後集》 五十三卷。長洲張鳳翼。

《隆池山樵集》

《貞士集》 三卷。

俱長洲彭年。

《宧游集》 長洲張勉學。

《遺安堂稿》 長洲伍袁萃。

《丹棘臺集》 長洲沈自炳。

《博士集》 三卷。長洲文彭。

《和州集》 一卷。長洲文嘉。

《竹塢藏稿》 長洲文震孟。

《姚文毅集》 二十八卷。《徽天》《丹黄》《公槐》《響玉》《迦陵》《松癭》六集，長洲姚希孟②。

① 此條録修本删。

② 此條録修本删。《四庫》本「公槐」作「緑天」。

《無夢園集》① 四十八卷。

《白松堂稿》②

俱長洲陳仁錫。

《寸碧堂詩集》 長洲汪起鳳。

《二株園集》 長洲徐汧。

《咫聞齋草》 長洲朱隗。

《匏園賦草》

《鷗吟》

《雪籟》

俱長洲陳宗之。

《鄭敷教文集》 二十卷。 長洲人。

《完菴詩集》 長洲劉珏。

《蒙齋山人集》 吴縣韓奕。

---

① 此條録修本删,《四庫》本改爲「雪窗稿」。

② 此條録修本删。

《漱芳集》三卷。吴縣朱應辰。
《眉菴集》十二卷。
《詞》一卷。
俱吴縣楊基。
《立菴集》吴縣俞貞木。
《楮園集》十五卷。
《半軒集》六卷。
《學言稿》十二卷。
俱吴縣王行。
《楊清介集》吴縣楊翥。
《釣鼇集》
《清嘯集》
《賦》一卷。
俱吴縣陶振。
《青陽集》
《桂坊稿耻菴》

俱吴縣金問。

《介菴集》　吴縣陳鎰。

《天全堂集》　八卷。　吴縣徐有貞。

《怡菴集》　吴縣陳繼。

《六如居士集》　四卷。　吴縣唐寅。

《六臺集》　二十二卷。　《胥臺》《鳳臺》《金臺》《嵩臺》《越臺》《岳臺》諸稿合編，吴縣劉昌。

《徐迪功前後五集》　吴縣徐(貞)〔禎〕①卿。

《南濠文略》《詩略》　吴縣都穆。

《五塢草堂》　十卷。　吴縣盧襄。

《南館集》　十三卷。　吴縣蔡羽。

《倚玉集》②　五卷。

《松籌堂集》

俱吴縣楊循吉。

---

① 據《四庫》本改。

② 此條與下一條録修本删。

《雅宜居士集》十卷。吴縣王寵。
《王文恪集》吴縣王鏊。
《蘭亭集》吴縣謝晋。
《五臺集》吴縣劉昌。
《夢菴集》吴縣張肯。
《胥臺集》二十卷。吴縣袁袠。
《江南春集》吴縣袁表。
《志山詩集》吴縣袁裘。
《括囊稿》吴縣袁褒。
《田舍集》
《遊都三稿》
《石湖春泛稿》
俱吴縣袁褧。
《己寬堂集》吴縣陳鎏。
《袁安節文集》吴縣袁洪愈。
《自娱集》吴縣俞琬綸。

《望雲樓集》二十卷。吴縣徐如珂。

《南有堂詩集》① 十二卷。

《謀野集》四卷。

俱吴縣王穉登。

《復菴遺稿》吴縣楊廷樞。

《袁魯望集》十二卷。吴縣袁尊尼。

《楊莊簡集》吴縣楊成。

《傳響集》吴江崔澂。

《吴樵稿》吴江鄒奕。

《守約齋集》吴江吴簡。

《東村詩稿》

《北征集》

俱吴江莫禮。

《由菴集》十九卷。吴江莫震。

① 此條與下一條録修本俱删。

《休休翁集》 吴江盛昶。
《鱸鄉集》四卷。 吴江莫旦。
《半江集》十二卷。 吴江趙寛。
《周恭肅集》 十六卷。 吴江周用。
《古直稿》 吴江江愚。
《茶谷集》 吴江黄喬。
《好齋集》 十卷。 吴江王哲。
《己畦集》 吴江葉燮。
《鳳閣草》 吴江莊元臣。
《翏翏集》 二十八卷。 吴江俞安期。
《吴越遊》《楚遊》《後吴越遊》《岳遊編》 吴江王叔承。
《湖上集》 十四卷。 吴江徐師曾。
《兩行齋集》① 吴江袁黄。
《東湖集》 吴江吴易。

① 此條録修本、《四庫》本俱删，《四庫》本并將其改爲「《湖山小稿》吴廷翰」。

《天寥集》

《撊塵集》

俱吴江葉紹袁。

《懷響堂集》　吴江周永年。

《中清堂集》　二十五卷。　吴江潘一桂。

《石居遺稿》　吴江吴玾。

《西村集》　八卷。　吴江史鑑。

《東川集》

《九華集》

俱吴江陳策。

《攬轡集》

《清溪集》

《貫道集》

《永言集》

俱常熟張洪。

《永嘉集》　常熟張著。

《友梅集》常熟季篪。

《�坡集》

《勖齋稿》

俱常熟陳繼宗。

《泛雪集》

《育菴集》

俱常熟陳蒙。

《一得居士集》二十卷。常熟陳翥。

《竹深遺稿》四卷。常熟錢洪。

《吴文恪文集》常熟吴訥。

《學古齋稿》常熟瞿俊。

《學古集》

《陳言集》

俱常熟陳紱。

《南宫集》常熟楊儀。

《春澤文稿》常熟章律。

《石城居士集》五十卷。
《雪樵集》五十卷。
俱常熟李傑。
《鶴溪集》二十卷。常熟桑琳。
《檢齋集》八卷。常熟桑瑜。
《瀹齋詩文草》十五卷。
《續集》七卷。
俱常熟桑瑾。
《白厓詩選》十卷。常熟桑介。
《主一齋稿》三十卷。常熟徐恪。
《南湖留稿》十二卷。
《逸稿》八卷。
俱常熟丁奉。
《玉渠稿》四卷。常熟盧翊。
《歸閒文纂》八卷。
《水部詩曆》八卷。

《和高季迪吴中百咏》一卷。
《和鳴鶴餘音》一卷。俱常熟錢仁夫。
《松韻堂集》十二卷。常熟孫七政。
《簡默遺文》四卷。常熟周炯。
《虞山集》十二卷。常熟陳察。
《味梅齋稿》常熟傅著。
《止窩集》常熟沈冕。
《水雲集》常熟邵濂。
《瞿文懿公集》十六卷。常熟瞿景淳。
《嚴文靖文集》十二卷。常熟嚴訥。
《歸湖岡集》常熟盛彧。
《啜醨集》常熟張恕。
《朝徹齋稿》常熟徐漢稚。
《廣川集》常熟錢有威。
《螢窗稿》

《秋臺稿》

《閩海稿》

《雲泉稿》

俱常熟陸昶。

《松石齋集》① 三十卷。 常熟趙用賢。

《石淙山人漫稿》 常熟陳逅。

《濟美堂集》 常熟陳瓚。

《同卿集》 十六卷。 常熟瞿汝稷。

《百川集》 十二卷。 常熟孫樓。

《清權山人集》 常熟蔣以忠。

《保閒堂集》 常熟趙士春。

《清音閣集》

《海岱吟》

《閩遊草》

---

① 此條録修本删。

《園居稿》
俱常熟顧大章。
《悦齋集》　常熟陳九疇。
《浪泊集》　常熟龔立本。
《成均集》　常熟許士柔。
《雲濤集》
《松丸集》
《浩氣吟》
俱常熟瞿式耜。
《範軒集》　九卷。　常熟林大同。
《旅寄軒稿》　常熟許重熙。
《虚巖集》　常熟周詩。
《北虞文集》　八卷。　常熟邵圭潔。
《紫菊翁集》　昆山陳則。
《梧竹稿》　昆山王永和。
《最美集》　六十卷。　昆山龔理。

《篔簹集》二十卷。
《吴歈集》五卷。
俱昆山沈愚。
《勿齋集》二十卷。　昆山張穆。
《廷贇詩文集》　昆山秦瓛。
《寓菴集》　昆山屈昉。
《篠菴集》　昆山張和。
《莊渠文集》十六卷。　昆山魏校。
《恭簡集》　昆山朱希周。
《文康集》二十四卷。　昆山顧鼎臣。
《貞翁净稿》二十卷。　昆山周倫。
《静觀堂稿》十四卷。　昆山顧潛。
《矯亭存稿》十八卷。　昆山方鵬。
《五龍山人集》六十卷。　昆山王同祖。
《玉巖集》九卷。　昆山周廣。
《古園集》十二卷。　昆山盧雍。

《丹巖文集》十卷。昆山黄雲。
《平橋稿》十卷。昆山鄭文康。
《震川集》十卷。昆山歸有光。
《陶菴集》四卷。昆山歸子慕。
《後樂堂集》昆山周鳳鳴。
《顧武祥四集》昆山顧夢圭。
《玉山草堂集》昆山張廷臣。
《可菴集》昆山張棟。
《子儀文集》昆山張羽。
《南溪草堂集》昆山范能。
《梅花草堂集》
《聞雁齋集》
俱昆山張大復。
《慎爾堂稿》昆山王志慶。
《醉漁堂二集》昆山馬鏖。
《石池稿》

《黼菴集》
俱昆山柴奇。
《觀後堂集》　昆山朱集璜。
《紅藥堂詩稿》　昆山葉襄。
《三畏齋集》　昆山朱吉。
《舊存近存二稿》　昆山葉重華。
《鹿城隱居集》
《清溪集》
《石門集》
《蓬蝸集》
《幽憂集》
俱昆山盧熊。
《菊莊集》　三卷。　松江袁宗。
《蛾術稿》　二十卷。　松江邵亨貞。
《鳳城稿》　華亭金鉉。
《簡菴詩稿》　華亭沈粲。

《夏文明集》　華亭夏寅。
《慎齋集》　華亭焦伯誠。
《瀛洲稿》　華亭錢溥。
《鶴灘稿》　六卷。　華亭錢福。
《世經堂正續二集》　華亭徐階。
《適志齋稿》　華亭許樂善。
《來嘉堂集》　十二卷。　華亭徐陟。
《釣璜堂集》　二十卷。　華亭徐孚遠。
《西堂集》　十二卷。　華亭徐元春。
《定菴集》　華亭張悅。
《天趣稿》
《東海集》　八卷。
俱華亭張弼。
《海叟詩集》　四卷。　華亭袁凱。
《古菴集》　華亭張誥。
《寧海稿》

《舜江稿》

俱華亭張弘宜。

《萬里志詩稿》

《見意稿》

俱華亭張弘至。

《思親堂稿》　華亭陳詢。

《壯遊集》　華亭黄翰。

《九峰集》　華亭曹泰。

《晚堂集》　華亭曹時中。

《世鳴集》　華亭周輿及子周佩。

《薇菴稿》　華亭任勉之。

《東江正續集》　二十四卷。　華亭顧清。

《董大理集》　華亭董恬。

《經進集》　二十卷。　華亭顧禄。

《雙清集》　十卷。　華亭杜隰。

《沈東老集》　華亭沈齊。

《石湖漫稿》

《自得園稿》

俱華亭吴稷。

《前後入蜀稿》　華亭富好禮。

《狎鷗亭稿》　華亭李日章。

《長谷集》　十五卷。　華亭徐獻忠。

《細林遺稿》　華亭楊樞。

《環溪集》　二十六卷。　華亭沈愷。

《水南集》　華亭沈東。

《隍中稿》　六卷。　一名《侍御集》，華亭包節。

《萃玉稿》　四十卷。　華亭曹嗣榮。

《南臺集》　華亭包孝。

《平泉全集》　二十六卷。　華亭陸樹聲。

《崇蘭館集》　二十卷。　華亭莫如忠。

《何禮部集》　十卷。　華亭何良傅。

《何翰林柘湖集》　二十八卷。　華亭何良俊。

《笏谿草堂集》　共二十三種，華亭陸應暘。

《周萊峰集》　十一卷。　華亭周思兼。

《經術堂集》　華亭朱大韶。

《玉恩堂集》　二十卷。　華亭林景暘。

《缶音稿》　四卷。　華亭俞汝爲。

《元成全集》　八十三卷。　華亭馮時可。

《强齋文集》　華亭殷奎。

《貞白詩》　華亭張初。

《竹素齋集》　華亭馮大受。

《明月社稿》　華亭周紹元。

《灌園草》　華亭周紹節。

《白樂窩全集》　華亭李豫亨。

《唐文恪集》　十六卷。　華亭唐文獻。

《陶白齋稿》　華亭章憲文。

《保素堂集》　華亭錢金甫。

《蒭蕘集》　華亭馮恩。

《華平苧菴集》 華亭吴懋謙。
《晚香堂集》① 三十卷。 華亭陳繼儒。
《容臺集》② 十四卷。
《别集》 六卷。
俱華亭董其昌。
《讀書園集》 華亭陸彦章。
《酌春堂集》 十卷。 華亭張以誠。
《愧翁集》
《知古堂稿》
俱華亭高承祚。
《寶日堂集》③ 六卷。 華亭張鼐。
《中台集》 華亭李克孝。

---

① 此條録修本、《四庫》本俱删，《四庫》本并將其改爲「《南塘雜集》六卷」。
② 此條録修本删。
③ 此條録修本、《四庫》本俱删，《四庫》本并將其改爲「《望雲集》郭奎」。

《編蓬集》 十卷。

《汝蔑集》

俱華亭唐汝詢。

《石秀齋集》 十卷。 華亭莫是龍。

《藜(邱)〔丘〕館初集》《二集》 華亭唐汝諤。

《九籥集》①

《别集》② 四卷。

俱華亭宋懋澄。

《面溪集》 華亭鍾微。

《輞川集》 華亭王澐。

《蚓竅集》 華亭管訥。

《景祺詩稿》 華亭陳貞。

《滇南稿》

① 録修本、《四庫》本俱删，《四庫》本并將其改爲「蘇原全集」。

② 此條録修本删。

《自樂稿》
俱華亭沈度。
《方林集》 宋堯俞。
《儼山正續集》 一百十卷。 上海陸深。
《南山詩集》 二十卷。 上海瞿霆。
《笠江集》 二十四卷。 上海潘恩。
《石比部集》 四卷。 上海石英中。
《龍江集》 十四卷。 上海唐錦。
《留耕堂稿》 上海姚昭。
《采薇集》 十四卷。 上海董傳策。
《張王屋十集》 《翦綃》《翔鴻》《聽鶯》《避暑》《題橋》《猗蘭》《鞶轅》《佩劍》《林棲》《仙隱》十種，上海張之象。
《朱邦憲集》 十五卷。 上海朱察卿。
《竹素堂集》 上海陳所藴。
《容膝齋集》 上海朱正色。
《潛玉齋稿》 八卷。 上海張所敬。

《西郊笑端集》　上海董紀。
《四然齋正續稿》　上海黄體仁。
《緑天館集》　上海葉有聲。
《鴻洲類稿》　十卷。　青浦王圻。
《袁履善集》　青浦袁福徵。
《漱六齋集》　四十八卷。　青浦何三畏。
《鳳山稿》　青浦朱應祥。
《駉野集》　毗陵儲瓘。
《思軒集》　十二卷。　武進王僎。
《梅菴集》　武進趙琬。
《龍皋集》　十九卷。　武進陸簡。
《山堂萃稿》　武進徐問。
《古菴文集》　武進毛憲。
《荆川集》　二十六卷。　武進唐順之。
《凝菴詩文集》　武進唐鶴徵。
《唐音文集》　二十卷。　武進人。

《方山集》六十八卷。武進薛應旂。
《木菴集》武進龔三益。
《遠行稿》
《思親軒稿》
俱武進白玢。
《考槃集》武進惲厥初。
《吴文端集》武進吴宗達。
《十願齋文集》武進吴鍾巒。
《舫齋詩文集》武進陳組綬。
《思賢集》五卷。
《龜巢稿》二十卷。
《懷古集》三卷。
俱武進謝應芳。
《一梧集》無錫張籌。
《黄楊集》四卷。無錫華幼武。
《慮得集》無錫華宗韡。

《中解編》 無錫尤文。
《無礙居士詩集》
《義寧集》
俱無錫吕敏。
《雲溪文集》 無錫徐績。
《天遊集》 二十三卷。
《耐軒集》
俱無錫王達。
《鳴志齋稿》 無錫顧協。
《東海生集》 十卷。 無錫浦源。
《宜閒集》 無錫楊璿。
《月樓文集》 無錫倪敬。
《冰壑集》 無錫盛顒。
《修敬集》 無錫秦旭。
《五峰遺稿》
《中齋稿》

俱無錫秦夔。
《容春堂全集》　六十一卷。
《勿藥集》
俱無錫邵寶。
《頤齋集》　無錫莫驄。
《海州文集》　無錫吴學。
《螾竅餘音》　無錫張愷。
《鉛虚集》　無錫楊文。
《鳳山詩文集》　十卷。　無錫秦金。
《雙梧集》　無錫華昶。
《東湖集》
《傳芳集》
俱無錫華顔。
《洞陽詩集》　無錫顧可久。
《顧起經詩文集》　七十一卷。　無錫人。
《少微堂稿》　無錫華金。

《巖居稿》
《碧山堂集》
俱無錫華察。
《溪上集》　無錫王瑛。
《原笠齋集》
《祇役稿》
《崇文館稿》
俱無錫王問。
《迴溪集》　無錫尤瑛。
《雲鴻館集》　無錫尤鏜。
《紹修堂詩集》　無錫秦梁。
《雪菴集》　無錫厲昇。
《澤西文集》　六卷。　無錫杭濟。
《寶界集》　無錫王鑑。
《采真堂集》　無錫胡涍。
《嶼南集》　無錫施夢龍。

《勵菴詩稿》 無錫施策。
《孫宗伯集》 無錫孫繼皋。
《始清閣集》①
《鬱儀樓集》
《調象菴稿》
《石語齋集》
《天倪齋集》
俱無錫鄒迪光。
《得閒堂集》 無錫萬象春。
《緑苔軒詩》六卷。 無錫錢子正。
《錦樹集》 八卷。 無錫錢子義。
《寒齋狂稿》 無錫錢百川。
《涇皋藏稿》 無錫顧憲成。
《小辨齋集》 無錫顧允成。

① 《四庫》本改爲「道南集」。

《興至吟》 無錫葉茂才。
《湖畔逸農遺稿》 無錫劉元珍。
《静遠堂集》
《東皋倡和集》
俱無錫秦堈。
《澹寧居詩集》三卷，《文集》六卷。 無錫馬世奇①。
《參同閣集》 無錫秦鏞。
《生軒存稿》 無錫嚴穀。
《鶴湖小咏》 無錫鄒期貞。
《悟秋集》
《曉泠集》
俱無錫顧杲。
《鈍軒稿》 無錫張遜。
《雪江集》 無錫吴肇。

① 此條録修本删。

《梧溪詩集》七卷。江陰王逢。

《滄螺集》六卷。江陰孫作。

《治齋集》江陰薛金。

《張允敬集》江陰張簡。

《水南集》江陰張衮。

《焚餘集》江陰尹嘉賓。

《傳是堂文集》江陰陳睿謨。

《寄寄堂稿》

《閒居集》

《雪浪集》

《鷗盟集》

俱江陰李科。

《從野堂存稿》①八卷。江陰繆昌期。

《落落齋遺稿》十卷。江陰李應昇。

① 此條并以下二條凡三種，録修本俱删。

《斗酒堂集》　江陰貢修齡。

《蔣偉人詩集》　宜興蔣章。

《半江集》　六卷。　宜興趙珪。

《吴文肅集》　宜興吴儼。

《雙溪文集》　十卷。

《詩集》　八卷。

俱宜興杭淮。

《謙齋集》　宜興徐溥。

《履菴文集》　宜興萬士和。

《燕臺感遇集》

《藜川歸田集》

俱宜興湯建衡。

《杭大川稿》　宜興杭濂。

《賜餘堂集》　十四卷。　宜興吴中行。

《毅齋集》　宜興卜同。

《荆南漫稿》　宜興吴達可。

《史玉池集》　宜興史孟麟。

《靈蘐閣集》　宜興湯兆京。

《雲聲閣集》　三卷。

《續抄》　二卷。

俱宜興張納陛。

《雲起樓詩文集》　宜興吴正志。

《澹香園文集》　宜興蔣允儀。

《冰心齋詩集》　宜興吴士貞。

《占佳齋集》　十卷。　宜興吴喬森。

《聞美堂詩集》　宜興吴正己。

《湄隱園集》　一卷。　宜興盧象昇。

《是亦樓集》　宜興謝遴。

《雙劍集》　宜興許肇籙、肇篪。

《釣洞集》　一卷。　宜興許肇篪。

《去華子集》　靖江朱家棟。

《夷白齋稿》　靖江朱家楫。

《金閶齋集》　靖江人。
《鳳臺集》　鎮江弋鎬。
《石淙詩文集》　鎮江楊一清。
《三復齋集》　丹徒俞珪。
《霽野漫稿》　丹徒俞桂。
《冰蘗稿》
《琴清集》
俱丹徒李熹。
《丁无咎文集》　六十四卷。　丹徒丁元吉。
《慎齋稿》　丹徒畢昇。
《天傭集》　二十卷。
《京江遺響》　四十卷。
《瓢稿》　十卷。
俱丹徒唐成。
《江峰集》　丹徒吕高。
《吴芊遺稿》　丹徒人。

《芳潤齋集》九卷。丹徒郘佐卿。
《四友草》十卷。丹徒茅溱。
《燕遊草》
《入蜀吟》
《歸來率筆》
俱丹徒張拱昌。
《逆耳集》
《寅清集》
俱丹徒盛祥。
《澹菴集》丹徒胡清。
《自考集》
《貽笑集》
《臨雍録》
《向陽書屋稿》
俱丹徒費閶。
《補齋集》八卷。丹徒丁璣。

《誦抑齋文稿》 四十卷。

《詩稿》 八卷。

俱丹徒靳貴。

《諫垣遺稿》 丹徒湯禮敬。

《中憲集》 四卷。 丹徒鄔紳。

《青霞亭集》 丹徒杜堇。

《雪洞集》 丹陽張存。

《蘭臺吟稿》

《三餘集》

俱丹陽丁禮。

《鰲陽漫稿》

《清暢齋駢語》

俱丹陽孫雲翼。

《京口賦》 二十卷。

《東遊詩》

俱丹陽潘一桂。

《文濟詩稿》　丹陽殷鏊。

《姜宗伯文集》　三十八卷。

《詩》　十卷。

俱丹陽姜寶。

《東蓀集》　丹陽眭石。

《净香池集》　丹陽賀世壽。

《遊藝集》　十九卷。　溧陽馬一龍。

《埭溪集》　二十卷。　溧陽史學。

《王叔聞詩集》　二十卷。　金壇王繒。

《青金集》　八卷。　金壇史遷。

《菊菴集》　金壇高遷。

《竹雪齋集》　金壇王振。

《玉雪齋集》　三卷。　金壇虞謙。

《遲菴集》　八卷。　金壇王臬。

《樗菴集》七卷。金壇王燁①。
《南州集》金壇段敏。
《華陽洞稿》二十二卷。金壇張祥鳶。
《繡虎軒尺牘》金壇李煜。
《曹太史集》二十卷。金壇曹大章。
〔《空谷居詩集》盛世鳴。〕②
《螢芝集》二十卷。③金壇張明弼。
《同聲集》金壇曹楝。
《疑雨集》四卷。金壇王彦泓。
《方麓居士集》十四卷。金壇王樵。
《學惠齋稿》金壇王堯封。
《畏齋集》淮安徐聯。

① 「燁」，《四庫》本作「煜」，乃避康熙諱而改。
② 據《四庫》本補。
③ 此條《四庫》本删。

《枝元堂集》　淮安楊于臣。
《省菴集》　山陽金銑。
《松泉集》　山陽史敏。
《冰壑老人詩集》　山陽潘亨。
《檜泉集》　山陽張素。
《静齋集》　山陽高雲。
《淮南近集》　山陽馬焕。
《頤貞堂集》
《鶴江稿》　俱山陽蔡昂。
《家傳集》　山陽潘塤。
《射陽集》　四卷。　山陽吴承恩。
《二金草》
《青藜館集》　俱山陽劉世光。
《得夫詩文集》　山陽張世才。
《亦園集》　鹽城孫椝。

《漣隱集》　安東陳擇善。

《樂道子詩集》　安東貫進。

《龍岡文集》　桃源朱笈。

《露葵稿》　大河衛倪潤。

《直甫文集》　大河衛楊伯柯。

《存道詩集》　大河衛顧達。

《具區文集》二卷。　江都趙鶴。

《鏡心亭集》

《賦濤軒集》

《徐醎稿》

俱江都黄一正。

《畸佯軒稿》　江都曹守貞。

《南皋文集》十卷。

《桑子木集》十卷。

俱江都桑喬。

《竹素齋集》　江都方岑。

《防秋紀行稿》　江都楊守誠。
《正始堂集》　二十卷。
《芳樹齋集》　四卷。
俱江都陸弼。
《含香集》　十卷。　江都宗名世。
《文娱集》①　江都鄭元勳。
《寶藥栖集》②　八卷。　江都王醇。
《初日齋集》　江都王納諫。
《南兖州集》　江都高灐。
《柴墟文集》　十五卷。　泰州儲瓘。
《張存簡雜稿》　泰州張文。
《林東城集》　四卷。　泰州林春。
《王心齋遺稿》　泰州王艮。

---

① 此條《四庫》本改爲「《横槊稿》三卷，戚繼光」。
② 此條《四庫》本改爲「《藕花墅集》，任文石」。

《淩海樓集》 泰州淩儒。

《沈少司馬集》 泰州沈良才。

《玉堂清餘集》 高郵董璘。

《五似堂詩集》 五卷。 高郵孫兆祥。

《西樓集》

《西樓樂府》

俱高郵王磐。

《鳳池吟稿》 十卷。 高郵汪廣洋。

《雪洲集》 十二卷。

《續集》 四卷。

俱儀(徵)〔真〕黄瓚。

《前溪文集》 十四卷。 儀(徵)〔真〕景暘。

《南冷集》 二十卷。

《休園集》

俱儀(徵)〔真〕蔣山卿。

《青蓮閣集》

《攝山草》

《塞上擬古》

俱儀（徵）〔真〕李杌。

《草草吟》　儀（徵）〔真〕林之翰。

《櫟軒詩文集》　一百卷。　儀（徵）〔真〕蔣宮。

《静學齋集》　六卷。　儀（徵）〔真〕蔣武生。

《育齋詩集》　二十卷。　興化高穀。

《頤光集》　興化陸顒。

《陸伯陽詩集》

《續古樂章》

俱興化陸闓。

《李文定貽安堂集》　興化李春芳。

《心安集》　興化胡獻。

《宗子相詩文方城集》　十五卷。　興化宗臣。

《菱谿集》　十九卷。　寶應朱應登。

《竹西稿》　寶應張稷。

《山帶閣集》三十三卷。寶應朱曰藩。
《吴曰南集》寶應吴敏道。
《石崖集》寶應丁鏞。
《蘭齋集》徐州馬蒠。
《野心堂集》沛縣張貞觀。
《雪秀亭稿》
《秋碧軒稿》
《秋碧樂府》
俱下邳陳鐸。
《鳳臺吟嘯集》
《江雨軒集》
俱太倉偶恒。
《昆圃稿》四卷。太倉沈璵。
《守溪文集》三十六卷。
《春雨堂稿》三十卷。
俱太倉陸釴。

《迎暉閣集》　吴宗洙。

《弇州四部稿》一百七十四卷，《續稿》二百十八卷。

《弇山堂別集》

俱太倉王世貞。

《奉常集》　五十四卷。

《攝月詩草》　十五卷。

俱太倉王世懋。

《式齋集》　三十八卷。　太倉陸容。

《荆石詩文集》①　三十二卷。　太倉王錫爵。

《南遊集》

《東山集》

《歸來集》

《蒹葭集》

俱太倉周錫。

① 此條録修本删。

《惕若齋閏續》二集。太倉管志道。

《王緱山集》太倉王衡。

《日華居詩草》四卷。太倉孔衍鳴。

《蘭江集》①太倉王在晋。

《雪虹閣集》太倉李繼貞。

《即山集》②太倉沈承。

《七録齋合集》十二卷。

《詩》三卷。

俱太倉張溥。

《知畏堂集》太倉張采。

《滄洲集》③太倉張泰。

---

① 此條録修本删。

② 此條并以下三條凡四種，録修本俱删。《四庫》本改爲「《光化堂集》《篋中集》，俱劉昺；《詩》三卷，（俱）太倉浪溥；《起亭集》，顧伯謙」。所改諸書俱與後文重複。

③ 此條録修本删。

《耕學集》　太倉袁華。

《獨醉亭詩集》　太倉史謹。

《俞少卿集》　太倉俞彦。

《野古集》《二集》　太倉龔詡。

《狄餘夫詩》　二卷。　太倉狄雲漢。

《蠖齋稿》　太倉陸伸。

《范誠夫詩》　十八卷。

《文》　二卷。

倶嘉定范純。

《静軒集》　嘉定陳述。

《草亭詩集》　嘉定周璣。

《小隱堂集》　嘉定湯珍。

《茭川集》　嘉定（邱）〔丘〕峻。

《春明文集》　四十三卷。

《詩》　二十二卷。

倶嘉定徐學謨。

《鐵菴遺稿》　嘉定侯堯封。

《明志稿》　嘉定張恒。

《學古緒言》①　二十六卷。　嘉定婁堅。

《檀園集》　十二卷。　嘉定李流芳。

《陶菴集》　七卷。　嘉定黄淳耀。

《蔗境吟稿》　嘉定顧文煜。

《三易集》②　二十卷。　嘉定唐時升。

《侯納言集》　嘉定侯峒曾。

《三近齋集》

《蝸蜼子集》　四卷。

俱嘉定王彝。

《玉書樓稿》　嘉定龔弘。

《十笏齋集》

---

① 此條并下一條凡二種，録修本删。

② 此條録修本删，《四庫》本改爲「《水臺集》，浪𪸩」。

《爾雅齋集》
俱嘉定殷都。
《子貞文集》　海州張朝端。
《容堂雜稿》
《自考録》
俱海州楊宏。
《拙逸亭稿》　贛榆裴天佑。
《南津詩集》　沭陽胡璉。
《皇華集》一卷。
《西莊遺稿》四卷。
俱通州張珹。
《夢菊齋集》　通州邵棠。
《梧岡文集》十六卷。
《梧岡詩集》三卷。
《梧岡續集》五卷。
《搜玉集》一卷。

俱通州陳堯。

《海涯集》 十卷。 通州顧磐。

《石渚遺稿》 八卷。 通州馬坤。

《海山集》 通州姚繼巖。

《龜田遺稿》 通州凌楷。

《黄氏家傳録》 四卷。 通州黄河。

《玉芝樓稿》 三十卷。 通州曹大同。

《顧大司馬集》 通州顧養謙。

《靈隱文集奏疏》 四十卷。 通州陳大科。

《勛卿文集》① 六卷。

《勛卿詩集》② 二十一卷。

《續集》 十二卷。

俱通州范鳳翼。

---

① 此條録修本删。

② 此條并下一條凡二種，録修本删。《四庫》本改爲「《瀛洲詩》《類菴稿》俱趙永」。

《石圃老人集》　通州包莊行。
《東洲文集》二十卷。
《東洲續集》十卷。
俱海門崔桐。
《柳陳父詩》四卷。　海門柳應芳。
《拙存堂稿》　如皋冒夢齡。
《白雲居士集》　如皋石沆。
《金陵集》
《緑蕉館集》
俱如皋冒愈昌。
《東田遺稿》二卷。　泰興張羽。
《南溪遺稿》二卷。　泰興張䎖。
《老女吟》　懷寧丁相。
《文脊山房稿》
《苓塞居詩文集》
俱懷寧程之魯。

《荃園草》　懷寧容士賓。
《養慵堂詩文集》　桐城顧渾①。
《讀書堂稿》②　桐城葉燦。
《白鹿山文集》③　桐城方孔昭。
《省菴集》　桐城方祐。
《霞起樓集》　桐城方大任。
《南淙稿》　桐城方見。
《梅林集》　桐城蕭世賢。
《蓉川集》④　桐城齊之鸞。
《無聞堂稿》　桐城趙釴。
《寒玉山房集》　桐城吴用先。
《懷兹堂詩文集》　桐城吴國琦。

---

① 「顧渾」，《四庫》本作「顧元」。
② 此條《四庫》本改爲「《西原集》，薛蕙」。
③④ 此條録修本删。

《解愠堂集》

《粤遊草》

《濟上詩》

俱桐城吴瓚。

《霧靈詩集》　桐城阮自華。

《太白劍詩文集》①　二卷。　桐城姚康原。

《迴文詩八百》　桐城侯琦。

《慎菴文集》　二卷。　潛山丁言。

《竹浪館文集》　潛山金道寓。

《思補亭集》　潛山金憲。

《黄山帽山合集》　潛山金憲及弟表。

《天香館詩集》　潛山金一梅。

《諫垣遺稿》　潛山金燕。

《斗陽集》　潛山金珸。

---

① 此條鋟修本删。

《瑶草山房全集》　潛山金道合，有《越吟》《楚吟》《南草》《北草》《集杜》。

《丹臺集》　潛山徐桂。

《華鬘集》　潛山王世薦。

《沁心集》　太湖李之讓。

《達意稿》　太湖吴肇東。

《空原園集》

《蕉園草》

《(元)〔玄〕覽集》

俱太湖馬人龍。

《佛圖集》

《竹桂草》

《古越草》

俱太湖戴君德。

《旭山集》①　宿松金忠士。

① 此條錽修本删，《四庫》本改爲「《北歸稿》，顧啓」。

《冬青園草》 宿松方際明。
《碧溪文集》 宿松吴泰。
《濟水新吟》
《香署彙編》
《越楚行吟》
俱望江龍子甲。
《兩山集》 望江龍映。
《雪崖文集》 徽州程國儒。
《武彝小稿》
《白雲集略》
俱歙縣唐仲實。
《心菴文集》 歙縣唐皋。
《三(邱)〔丘〕山人什一草》 歙縣唐世靖。
《鳳池山房集》 歙縣姚璉。
《怡菴集》 歙縣方勉。
《白沙稿》

《樗菴集》
俱歙縣鄭潛。
《南岡集》　歙縣唐澤。
《素園稿》　歙縣方弘静。
《文穆集》　二十卷。　歙縣許國。
《桃源集》　歙縣江來岷。
《嚣嚣集》　歙縣江應曉。
《緑滋館稿》①　歙縣吴士奇。
《西清集》　二十卷。
《管涔集》　五卷。
俱歙縣畢懋康。
《可筠稿》　歙縣吴遜。
《白雲稿》
《卧雲稿》

① 此條録修本删。

俱歙縣楊寧。

《梧岡集》 歙縣唐子儀。

《超凡文集》

《擊鉢吟》

俱歙縣胡尚英。

《秋齋野趣稿》 歙縣王善慶。

《秀運集》 歙縣王寅。

《東山集》 十五卷。 休寧趙汸。

《太函集》 休寧汪道昆。

《茂齋集》 休寧葉保翁。

《二峰集》 三卷。 休寧葉伯鳴。

《榆莊集》

《容軒稿》

俱休寧程信。

《采芝吟》 休寧朱權。

《篁墩全集》 一百二十卷。 休寧程敏政。

《晞陽文集》休寧范淶。
《仁峰稿》休寧汪循。
《瑞穀詩文集》
《大鄣山人稿》
俱休寧吴子玉。
《藥溪集》休寧吴買。
《西遊稿》休寧詹景鳳。
《滌元館稿》
《尚友集》
俱休寧邵庶。
《秋水堂文集》
《夢莊詩草》
俱休寧夏雨金。
《虀甕稿》
《西游率稿》
俱休寧范準。

《秦淮闘草篇》 休寧吴兆。
《新安詩集》 休寧李敏。
《楓林集》 十二卷。 休寧朱升。
《燕詒閣全集》① 休寧金聲。
《浪淘集》
《松圓集》②
俱休寧程嘉燧。
《海涓集》
《天衢吟嘯集》 俱婺源詹同。
《浯溪集》 十卷。 婺源汪叡。
《絅軒小稿》 婺源汪奎。
《方塘集》 婺源汪思。
《兩峰存稿》 婺源潘珍。

① 此條録修本删，《四庫》本改爲「《燕喜集》」。
② 録修本删，《四庫》本改爲「《偈菴集》」。

《方塘文集》　婺源潘鑑。
《春明草》　婺源余懋孳。
《留都小稿》
《中都行稿》
《嶺南類稿》
俱婺源汪一桂。
《筆花齋集》　婺源江旭奇。
《鄖雝集》　婺源張聘夫。
《甘棠集》
《三覲稿》
《雲萍唱和展驥集》
《澹翁稿》
俱婺源潘珏。
《乾惕齋集》　婺源余懋衡。
《環谷集》　八卷。　祁門汪克寬。
《竹坡小稿》

《代思集》俱祁門王珣。
《休菴稿》祁門汪回顯。
《蘗菴遺稿》祁門汪湜。
《養浩齋稿》祁門汪思敬。
《風木哀情集》祁門葉蔔。
《和溪文集》祁門程昌。
《西山類稿》祁門謝復。
《仕優稿》績溪汪溥。
《華陽貞素齋集》七卷。績溪舒頔。
《郊廟三大禮賦》一卷。
《和齋集》
《籟野集》
《瀛海集》
《燕市吹劍集》
《湖涯稿》

俱宣城貢汝成。

《居諸集》　宣城梅守箕。

《鹿裘石室集》

《予寧草》

《庚辛草》

俱宣城梅鼎祚。

《滄洲摘稿》

《無文漫草》

《龍城署草》　宣城梅綿祚。

俱宣城梅守德。

《敬亭集》　宣城張綸。

《素雯齋集》　宣城吴伯與。

《唐山集》　宣城貢珊。

《西園集》　二卷。　宣城貢鏞。

《湖亭集》　宣城貢欽。

《古林摘稿》　宣城沈寵。

《郊居集》　六卷。　宣城沈懋學。

《睡菴集》①　十卷。　宣城湯賓尹。

《潔身堂集》②　宣城詹沂。

《遠齋集》

《翠雲亭集》

俱宣城高惟岳。

《匡廬遺集》　十卷。　宣城劉汝芳。

《偶居集》③　宣城鍾震暘。

《静菴集》　二卷。　宣城趙瑞。

《竹西堂詩》　宣城王士謙。

《姑山遺集》④　宣城沈壽民。

① 此條録修本删。

② 此條録修本删,《四庫》本書名改作《蒯緱集》。

③ 此條録修本删,《四庫》本改作「《静中自樂詩集》,駱俊」。

④ 此條録修本删,《四庫》本改作「《玉山樵唱集》,任扃」。

《原泉集》　宣城吴宗周。
《襟日樓草》　南陵許夢熊。
《東江集》　南陵丁鎡。
《涉園擬詩》　南陵劉有源。
《莆山集》　南陵汪景。
《静齋詩集》　南陵陳孜。
《玉巖潭集》　十卷。　涇縣王廷幹。
《五城集》　涇縣董傑。
《水雲詩集》　涇縣洪載。
《風光軒稿》
《友竹亭稿》
俱涇縣左鎰。
《思居草》　寧國仙克謹。
《近勇軒存稿》　寧國許汝驥。
《南銓小草》　寧國黄一騰。
《芝林居詩文集》　旌德郭建邦。

《静軒稿》　旌德汪舜民。
《鼓缶集》　太平焦煜。
《訥溪文集》　二十七卷。　太平周怡。
《龍山遺稿》　太平崔師訓。
《筆山文集》　太平崔涯。
《源頭李氏文獻存稿》
《恭川集》
俱池州李崧祥。
《黄侍中詩文集》　貴池黄觀。
《茗糧齋稿》　貴池李崟。
《野查集》　貴池李懋。
《東山稿》　貴池孫仁。
《八行詩集》　十卷。　貴池吴本義。
《默齋集》　貴池李嘉祥。
《艾凡草》　貴池陳光虞。
《獅山文集》　貴池柯相。

《豹霧集》四卷。貴池紀元照。
《澄觀堂存稿》貴池陳以運。
《東莊論集》
《東莊論草》
俱貴池胡大武。
《林下集》貴池劉岐。
《吟窗稿》貴池劉正蒙。
《海暘遺編》十八卷。貴池丁旦。
《丁文愘集》十卷。
《續集》六卷。
俱貴池丁紹軾。
《何瑭集》四十三卷。
《甲甲甲詩》① 六十卷。
《静居詩》一卷。

① 此條并下一條凡二種，録修本俱删。

俱貴池吴非。

《樂蹊軒集》 貴池柯一鳳。

《懸榻齋詩》 貴池李尚質。

《蕙園集》 貴池徐萬春。

《梅塢集》 一卷。 貴池陳光宁。

《萼緑齋詩》 一卷。 貴池方元美。

《黄士甫詩》 六卷。 貴池黄尚志。

《西野集》 貴池郎鈇。

《得全堂詩》 一卷。 貴池陳桂。

《野軒詩》 貴池陳尚質。

《覃(邱)〔丘〕園集》 貴池陳大質。

《痀僂洞稿》 貴池丁燿。

《棐園集》 貴池姜可久。

《嶧桐集》① 二十卷。 貴池劉城。

---

① 此條録修本删，《四庫》本改作「《金御史詩文奏疏》六十九卷，金光辰」。

《盛事集》① 三十卷。

《樓山集》 二十卷。

俱貴池吴應箕。

《秋浦吟》 一卷。 貴池李盤。

《諫議集》 青陽章允賢。

《采芹集》

《笥蕉集》

《蠡測集》

俱青陽孫楠。

《遊梁草》

《天台遊草》

《飲和社草》

《秋山樵唱》 一卷。

俱青陽吴光裕。

① 此條并下一條凡二種，録修本俱删。

《南溪遺稿》　青陽王世禄。
《方亭文存》
《雙峰詩》
《劉沖山人集》
俱青陽吴鍾。
《青浦草》
《雙柑園集》
俱青陽何煜。
《沙塘晬稿》
《補拙稿》
俱青陽章棟。
《陽華集》　青陽汪應明。
《浮齋集》
《翠微集》
《白下遊草》
俱銅陵佘翹。

《石琴齋集》 銅陵佘遂。
《泉山諸集》 銅陵佘應龍。
《夢雪集》
《北遊集》
《歸與集》
《濟偉集》
俱銅陵何自謙。
《偃松集》 石埭畢鏘。
《仙峰稿》 石埭唐子初。
《卧雲集》 石埭桂一龍。
《止菴集》 石埭李廷璋。
《静居詩》 一卷。 石埭金文光。
《丹崖集》 建德洪仲導。
《東岡文集》 建德柯暹。
《陶山集》 建德李一元。
《瞻竹堂詩》 建德徐紳。

《映玉齋彙苑》八卷。

《映玉齋文集》

俱建德柯日東。

《焚餘草》建德徐廷宗。

《巢雲集》建德鄭三俊。

《申椒園集》東流金宗範。

《知新稿》五卷。

《玉堂稿》八卷。

《黄岡寓稿》一卷。

俱當塗陶安。

《澹軒詩集》當塗李衡。

《篁溪文集》當塗柷鑾。

《水東文集》當塗夏祚。

《一鶴齋文集》當塗梅淳。

《丹湖集》當塗祖雋。

《橄欖集》當塗李習。

《蒲塘集》 蕪湖胡燿。
《赤山集》 蕪湖周易。
《知幻集》
《南岳集》
俱蕪湖崔涓。
《舫齋集》 蕪湖李貢。
《梅花堂遺稿》 蕪湖蕭雲從。
《寶齋集》 繁昌謝九成。
《嘯月集》
《西湖草》
俱合肥李籛。
《友雲集》 合肥龍源。
《德卿詩集》 合肥黃道月。
《荆卿詩集》 合肥黃道日。
《香雪菴集》 十二卷。 合肥許如蘭。
《沖元稿》 合肥孫鎮。

《建櫜集》　合肥王清。

《高岡遺稿》　舒城秦鳳①。

《儆菴集》　舒城秦民悦。

《默菴集》　舒城祝富。

《蒯緱集》

《漢江集》

俱無爲楊四知。

《蘇原全集》

《湖山小稿》

俱無爲吴廷翰。

《望雲集》　巢縣郭奎。

《空谷居詩集》　鳳陽盛世鳴。

《光化堂稿》

《篋中集》

---

① 此條及以下至《河村集》凡三十二則，《四庫》本散見於前文各州縣删削著作處。

俱鳳陽劉昺①。

《起亭集》　臨淮顧伯謙。

《瀛洲詩》

《北歸稿》

《類菴稿》

俱臨淮趙永②。

《竹莊詩集》　定遠許鵬。

《雪窗稿》

《歸田録》③

俱定遠苗衷。

《南塘雜集》　六卷。

《横槊稿》　三卷。

---

① 劉昺著作二種，《四庫》本與前文太倉藝文重複。

② 趙永著作第一、第三種，《四庫》本與前文通州藝文重複。

③ 《四庫》本與前文江寧藝文重複。

俱定遠戚繼光。

《藕花墅集》三卷。宿州任文石。

《道南集》潁州白夏。

《水臺集》潁州張慊。

《西原集》亳州薛蕙。

《靜中自樂詩集》滁州駱俊。

《玉山樵唱集》滁州任扃。

《樗菴集》滁州劉清。

《引睡稿》滁州王可立。

《金御史詩文奏疏》六十九卷。全椒金光辰。

《薖園集》全椒吴國鼎。

《鷄鳴集》和州成清。

《河村集》和州戴重。

《李中丞詩文集》廣德李得陽。

《蘧菴集》廣德弋簡。

《覆瓿集》六安張澡。

《缶鳴集》　六安潘楨。
《團山集》　六安潘鏜。
《惺菴文集》　六安潘子嘉。
《何長人集》　六安何慶元。
《九公山人集》　六安郝錦。
《横山集》　天長戴纓。
《北園粹稿》　五河沈應乾。
右明詩文集

國　朝

《夏雲堂集》
《天放居集》
俱上元朱圻。
《香草堂詩》　四卷。　上元蔡埅。
《同歸集》　上元吴調元。

《鹽山堂文集》 上元梁堉。
《濯足菴文集》 十二卷。
《詩集》 十五卷。
《詩餘》 六卷。
《外集》 四卷。
《張氏一家言》 四卷。
俱江寧張怡。
《勸影堂詞》① 江寧先著。
《酒隱堂詩集》 江寧顧夢游。
《組霞亭文集》 江寧楊士元。
《敦善堂詩集》 江寧徐必遠。
《天山堂詩古文稿》 江寧白夢鼐。
《夕字唱和詩》 江寧張愢、先著、徐時盛。
《樗儂詩稿》 江寧嚴元。

① 此條并下一條凡二種，鋟修本俱删。《四庫》本「先著」作「毛先著」。

《大山詩集》　江浦劉巖。

《燕臺唱和詩》　劉巖、徐時盛。

《石臼前後詩集》①　高淳邢昉。

《瓠容草堂詩》　五卷。　長洲劉石齡。

《堯峰文鈔》　五十卷。

《鈍翁類稿》《外稿》《續稿》《别稿》　八十八卷。

俱長洲汪琬。

《西堂全集》②　五十九卷。　長洲尤侗。

《有懷堂集》　二十八卷。　長洲韓菼。

《秀野草堂詩文集》　長洲顧嗣立。

《一角山樓詩集》　長洲謝志發。

《鳳鳴集》　長洲陸壽名。

《香茗山房集》　長洲馬士龍。

---

① 此條録修本删，書名《四庫》本改爲「《石窩集》」。

② 此條録修本删。

《蠅弔集》　長洲謝鳳毛。
《碧幢全集》　吴縣李模。
《呋劍集》　吴縣吴士玉。
《鄧尉山房稿》　二卷。　吴江李鍼。
《息齋稿》　吴江金之俊。
《升恒堂集》　十卷。　吴江吴翾①。
《甫里草》
《改亭集》
俱吴江計東。
《愚菴集》　吴江朱鶴齡。
《南州草堂集》　吴江徐釚。
《居易堂集》　吴江徐枋。
《遂初堂集》　三十卷。　吴江潘耒。
《秋笳集》　吴江吴兆騫。

① 「吴翾」，《四庫》本作「吴翔」。

《壹是堂集》 常熟趙士錦①。

《莘田文集》 十八卷。 常熟蔣伊。

《鐵菴文稿》

《梵園詩集》

俱常熟翁叔元。

《雪屋集》② 常熟孫永祚。

《調運齋集》 常熟錢陸燦。

《懸弓集》 三十卷。 常熟歸莊。

《懷舊集》 常熟馮舒。

《鈍吟詩文稿》③ 常熟馮班。

《南崖集》 四卷。 常熟陶元淳。

《秋影樓集》 常熟汪繹。

---

① 此條以下與《莘田文集》之間，上、下欄俱空一行，疑删二書，推測作者爲錢謙益。

② 此條録修本删，《四庫》本書名改《緑蔭軒詩集》。

③ 此條録修本删，《四庫》本書名改爲《苦吟詩略》。

《思菴文集》 常熟嚴虞惇。

《亭林遺書》① 昆山顧炎武。

《愧訥集》 十二卷。 昆山朱用純。

《萬山樓詩集》

《燕臺近草》

俱昆山許虬。

《憺園集》 三十六卷。 昆山徐乾學。

《誠齋詩集》 昆山盛符升。

《堪齋詩存》 八卷。 華亭顧大申。

《苔月軒稿》 華亭彭彦昭。

《瀼西草堂集》 二卷。 華亭孫承恩。

《鶴静堂集》 十九卷。 華亭周茂源。

《畫舫齋集》 華亭王頊齡。

《頷顑集》 八卷。 華亭吴騏。

① 此條録修本删。

《問月堂集》　華亭吴元龍。

《秋葉軒集》　華亭張琳。

《蓬山詩稿》　八卷。　華亭金是瀛。

《賜金園文集》

《橫雲山人詩集》

俱華亭王鴻緒。

《改蟲齋集》　華亭高層雲。

《苧菴集》　華亭吴懋謙。

《容居堂集》　四卷。　華亭周稚廉。

《金門稿》

《湘瑟詞》

俱華亭錢芳標。

《保素堂集》　華亭錢金甫。

《椒巖集》　華亭彭開祐，彦昭子。

《菰廬集》　華亭夏雲。

《四香樓集》　六卷。　婁縣范纘。

《且蘭集》四卷。上海周彝。

《半林詩集》十卷。

《鼓離草》一卷。

俱上海盧元昌。

《葉忠節集》上海葉映榴。

《水西草堂集》青浦田茂遇。

《尋樂齋詩集》八卷。金山衛戴有祺。

《樗亭稿》金山衛董俞。

《南田詩稿》常州惲格。

《偶然吟》武進湯之錡。

《正誼堂集》武進董以寧。

《青門全集》武進邵長蘅。

《遠志齋集》武進鄒祇謨。

《芝田集》武進楊大鶴。

《趙裘萼文集》武進趙熊詔。

《艾圃詩文集》武進陶自悅。

《鶴鳴堂文集》 十四卷。

《詩集》 十卷。

俱武進任元祥。

《書巢文集》 無錫唐德亮。

《石農詩稿》 無錫秦保寅。

《秋水集》① 二十卷。 無錫嚴繩孫。

《未學草》 無錫馬翀。

《蒼峴山人集》 無錫秦松齡。

《徵緯堂集》

《纑塘詩》

《彈指詞》

俱無錫顧貞觀。

《鐵莊集》 無錫陸楣。

《峨嵋集》 江陰曹禾。

① 此條録修本删。

《愛日堂集》江陰夏敦仁。

《蘭皋集》江陰曹璣。

《求野齋詩文集》十卷。江陰孔興綱。

《秋巖文草》

《秋巖詩草》

俱江陰孔毓璣。

《遯菴文集》二十卷。宜興儲方慶。

《日懷堂集》宜興蔣永修。

《望古齋集》宜興路邁。

《陳檢討集》三十四卷。宜興陳維崧。

《在陸草堂文集》六卷。宜興儲欣。

《待園文集》八卷。宜興儲在文。

《水榭集》十二卷。宜興儲雄文。

《謝應雲全集》宜興謝芳琦。

《陳緯雲詩稿》宜興人。

《日勖齋詩集》十卷。

《羽豐齋詩集》 十卷。俱荆溪任贇。
《金閶齋集》 靖江金敞。
《張文貞集》 丹徒張玉書。
《少賤齋集》 丹陽賀裳。
《拓菴詩古文集》 丹陽賀寬。
《宛吟集》 丹陽荆其惇。
《石雲居集》 三十卷。 溧陽陳名夏。
《柴雪詩鈔》
《國雅集》 俱溧陽宋之繩。
《史宫詹全集》 溧陽史夔。
《匡菴詩文集》 溧陽馬世俊。
《蓴羹堂集》 溧陽吴穎。
《硯瀆堂詩文集》 溧陽費達。
《綏菴集》 金壇蔣超。

《南村集》 金壇潘高。
《茶山詩集》 金壇于梅。
《學山集》 金壇史岱。
《畦思永詩文》 二十卷。 金壇人。
《願息齋詩文集》 金壇徐喈鳳。
《燃藜集》 山陽王元齡。
《青溪草》 山陽吴晟。
《世耕堂集》 鹽城孫一致。
《止止堂集》 清河汪之藻。
《立命堂全集》 安東嵇宗孟。
《編年詩存》 四十卷。 揚州桑豸。
《芙蓉集》 二十卷。 揚州宗元鼎。
《白田集》 二卷。
《異香集》 二卷。
俱揚州王巖。
《青岑集》 揚州許承宣。

《汲冷堂集》　江都熊敏慧。

《秋實堂文集》　江都張標。

《抱末堂集》　八卷。　江都汪耀麟。

《百尺梧桐閣集》　十六卷。

《錦瑟詞》　二卷。

俱江都汪懋麟。

《林蕙堂全集》　二十卷。　江都吴綺。

《蕪城集》

《才治樓集》

俱江都史申義。

《雄雉齋集》　二卷。

《續集》　十二卷。

俱江都顧圖河。

《藜光集》　江都耿兆紳。

《述堂文集》　江都郭嗣齡。

《敬義堂文集》

《適可軒詩集》

俱江都胡文學。

《春雨草堂集》 五十卷。 泰州宫偉鏐。

《宫中丞自訂文集》 泰州宫夢仁。

《翠屏集》 泰州石光霽。

《雙虹堂集》 泰州陸舜。

《陋軒集》① 泰州吴嘉紀。

《詩觀全集》② 泰州鄧漢儀。

《依歸草》 泰州張符鑲。

《張詞臣詩集》 泰州張幼學。

《甓湖草堂詩文集》 高郵吴世杰。

《三十六湖草堂集》 高郵李必恒。

《真冷堂集》

① 此條録修本删，書名《四庫》本改爲「碧山書屋集」。

② 此條録修本删。

《巳字山樵詩集》

《卷婁集》

俱儀（徵）〔真〕紀映鍾。

《緯文堂詩集》　儀（徵）〔真〕徐瀌。

《素菴集》　興化李漢。

《螺隱居詩集》　興化李國宋。

《大遠堂集》　興化李柟。

《樓村詩集》　寶應王式丹。

《李孝乾文集》　徐州李向陽。

《隰西集》

《内景集》

俱徐州萬壽祺。

《白眘山人集》①　沛縣閻爾梅。

《忍菴文集》　太倉黄與堅。

① 此條録修本删，《四庫》本改爲「《樗庵集》，太倉黄與堅」。

《芝廛集》 太倉王揆。
《寄園集》 太倉錢晋錫。
《東江集》 太倉唐孫華。
《白漊集》 十卷。 太倉沈受宏。
《性影集》 八卷。 太倉王時憲。
《梅村集》 太倉吴偉業。
《秋水集》 太倉許旭。
《蘆中集》 太倉王攄。
《端峰詩集》 太倉毛師柱。
《冰菴詩文集》 太倉王吉武。
《江皋集》 太倉王燾。
《掌亭集》 二十卷。 嘉定侯涵，一名泓。
《潛壺集》
《韞齋集》
俱嘉定許自俊。
《菊隱集》 嘉定陸元輔。

《紺寒亭集》 嘉定趙俞。

《蔗菴集》 嘉定孫暘。

《醉竹草堂詩集》 通州錢濤。

《山居集》

《梅花集》

俱懷寧劉餘清。

《鶴峰詩文集》 懷寧任熟。

《讀書堂内外集》

《寒燈閣詩存》

俱桐城孟安世。

《張文端集》 桐城張英。

《浮山全集》① 桐城方以智。

《端恪詩文集》 二十二卷。 桐城姚文然。

① 此條錗修本删，《四庫》本改爲「《翠竹軒集》，桐城方文」。

《登山集》　桐城方文①。
《涉江草》
《醉翁石照詩稿》
俱桐城方式玉。
《陵江草》　桐城左國林。
《南高文集》　桐城劉日燿。
《葵園集》　桐城左國鼎。
《越巢齋集》　一百卷。　桐城左國材。
《赤嵌集》
《片石園詩》
俱桐城孫元衡。
《木厓詩集》②　桐城潘江。
《在湄詩文集》　桐城江皋。

① 「桐城方文」，《四庫》本删此四字。
② 此條録修本删，《四庫》本改爲「《環隅集》，桐城江皋」。

《滌岑詩文前後集》　桐城陳焯。

《泳園詩文集》

《瞻雲草》

《南歸草》

《餘齋詩集》

俱桐城姚士藟。

《深園詩文集》　桐城姚士堅。

《可處堂詩集》　桐城姚孫森。

《卧遊集》　桐城張贇。

《南汀詩集》　桐城張祐。

《藕浦詩古文集》　四十卷。　桐城劉輝祖。

《柱雪山房文集》　潛山盧璣。

《兼山堂集》　潛山汪延造。

《叢桂樓詩集》　太湖戴之瑾。

《杜溪詩文稿》① 宿松朱書。

《恕齋行稿》

《玉山詩集》

俱宿松虞吉。

《方天曙詩集》 望江方日早。

《涉江草》

《懶餘集》

俱新安汪弘滏。

《冠清樓集》

《五臺遊草》

俱歙縣汪瑶光。

《一木堂詩稿》② 歙縣黄生。

《聚星堂文稿》 歙縣羅蒼期。

---

① 此條鋟修本删，《四庫》本改爲「碧谿詩稿」。

② 此條鋟修本删，《四庫》本改爲「《雙槐堂集》，歙縣黄濬」。

《青巖文集》
《遺民集》 俱歙縣許楚。
《息廬詩》 歙縣汪洪度。
《北黟集》 歙縣吴苑。
《雪晴軒集》 歙縣宋和。
《留桂堂集》 歙縣吴之騄。
《萬青閣集》 休寧趙吉士。
《秀濯堂詩集》 休寧吴啓元。
《知本堂詩文稿》 休寧汪灝。
《悔齋全集》 休寧汪楫。
《桂留堂集》 休寧施璜。
《且吟集》 休寧楊幨。
《中台》《文集》《詩稿》 婺源余維樞。
《梅花詩集》 婺源游國良。
《戴思孝文集》 六卷。 婺源人。
《查思滉文集》 六卷。 婺源人。

《石渠稿》 祁門張顏。
《虬松子詩稿》 績溪汪文度。
《梅溪文集》
《燕遊草》
俱宣城茆薦馨。
《梅聽山詩集》
《漫與集》
俱宣城梅庚。
《野樵吟》 宣城阮士鵬。
《雙溪詩文集》 宣城施閏章。
《若巖堂集》
《遺山詩集》
俱宣城高詠。
《甓社齋詩稿》 宣城孫卓。
《緑影草堂集》 南陵汪越。
《櫟園集》 寧國洪啓權。

《楓菴集》　貴池章世德。
《梳山堂集》　貴池危映壁。
《梅根集》　貴池劉廷鑾。
《磬聞詩鈔》　貴池曹晟。
《待廬存稿》　貴池曹風。
《秋舫集》
《築吟》
俱青陽徐文烜。
《鍾堂集》　青陽王之璘。
《一竹居集》　石埭曹繼參。
《雲石齋詩》　建德孔尚萃。
《道之園集》　建德孔尚大。
《砌玉軒集》　建德王爾綱。
《端楚材詩稿》　當塗端茂杞。

《來青集》　四十卷。〔當塗〕①李居柔。

《郭仲庸詩集》　二十種。　當塗郭登名。

《巢雲閣集》　當塗龍雲澍。

《澹吾廬集》　當塗張畢宿。

《讀書草堂文集》　當塗丁宗閔。

《來青閣集》　當塗端揆。

《綠漁草》

《言從閣集》

〔《青溪閣草》〕②

俱蕪湖張一如。

《定山堂全集》③　合肥龔鼎孳。

---

① 據《四庫》本補。

② 據《四庫》本補。

③ 此條録修本、《四庫》本俱删。

《稻香樓集》① 合肥龔鼎孖。
《容齋詩集》 合肥李天馥。
《槃隱集》 合肥李孚青。
《睍鶴亭全集》 合肥王綱。
《冰翠堂詩集》 合肥王袞。
《慎墨堂詩集》 合肥許孫荃。
《霜林集》 廬江夏起敏。
《蔞江詩集》 無爲吴爾康。
《秋潭集》 無爲王履同。
《卓觀堂詩文集》 巢縣葛遇朝。
《匏菴集》 魯良材，餘姚人，居於巢。
《任定子詩文集》 宿州任柔節。
《東麓山堂集》 潁州李敏。
《七頌堂集》 劉體仁，河南人，居潁州。

① 此條《四庫》本改爲「《竽齋集》，石埭王尚」。

《惜陰集》 滁州潘紹徵。
《五待吟》 全椒潘運皡。
《金光昊詩文集》 全椒人。
《味泉遺稿》 四卷。 全椒邵溶。
《玉騧遺集》 四十二卷。 全椒吴國龍。
《月潭集》 全椒吴旦原。
《繩樞集》 來安張高。
《篴步集》 來安徐時盛。
《陟山堂集》 六安韓獻。
《嘯閣集古詩》 泗州施端教。
《韡韡堂文集》 天長陳天篤。
《翠微山人集》 天長陳以明。
《錢紹文集》 五河錢世熹。
右國朝詩文集

漢

《説經六篇》

《老子傳》

俱臨淮徐小季。

南北朝

《臨安公主集》 三卷。 梁武帝女。

《劉令嫺集》 三卷。 徐悱妻。

《沈皇后集》 十卷。 陳後主后。

隋

《陳氏集》 五卷。 劉臻妻。

宋

《混元圖》 吴李防妻朱氏。

《閨秀集》 二卷。 吴祝磯妻徐氏。
《惠齋居士詩》 平江黄由妻胡氏。

元

《肅雝集》 吴施伯仁妻鄭允端。

明

《高后内訓》 一卷。
《列女傳》
俱太祖后馬氏。
《倪文毅夫人集》 江寧盧氏。
《芷居集》 江寧陳沂妻馬氏。
《雲巢集》 江寧張羽王妻周潔。
《絡緯吟》
《倡和集》
俱長洲范允臨妻徐媛。

《韓孺人詩集》　吴縣楊廷樞女兄。
《聯芳集》　吴縣薛氏女蘭英、蕙英。
《午夢堂集》　吴江葉紹袁妻沈宜修。
《許夫人詩集》　常熟許瑶妻吴綃。
《雙星館集》　昆山顧懋宏妻朱柔英。
《焚餘草》　華亭王鳳嫻。
《貫珠集》　華亭張氏女引元、引慶。
《上清四集》　無錫秦淑貞。
《羼提閣詩集》　無錫王朗。
《吴沄詩集》　宜興陳維妻。
《雲卧閣稿》
《考槃集》
《(元)〔玄〕①芝集》
《寒巖剩草》

① 據《四庫》本改。

俱太倉趙宧光妻陸卿子。

《悼亡詩百首》 太倉沈承妻薄少君。

《上谷四貞集》 夏淑吉、章有渭、盛韞貞、侯蓁宜，俱嘉定人。

《荇洲草》 通州王氏女。

《碧雲軒集》 通州王兆淑。

《紉蘭草》 通州錢氏女令暉、令嫺。

《茹蕙草》 通州陳挈。

《清芬閣集》 七卷。 桐城孫棨妻方維儀。

《紉蘭閣集》 桐城張秉文妻方孟式。

《松聲閣集》 桐城潘金芝妻吴坤元。

《采藻軒集》 徽州吴鶴翔妻汪氏。

《留香草》 寧國屠金樞妻沈天孫。

《士齋集》 三卷。 當塗濮琰妻鄒氏。

《緑窗詩稿》

《續稿》

俱當塗芮儒(詩)〔妻〕①端淑卿。

國 朝

《花樵集》 吴縣楊无咎妻張學典。

《漸樓集》 吴縣吴藻妻張繁。

《古文聲鑑》 吴縣嚴廷鋏〔妻〕②孫嫊。

《凝翠樓集》 常熟朱雲集妻太倉王慧。

《琢齋幗箴存稿》 華亭何志璇。

《容與集》 華亭姚静嫺。

《挹青閣集》 華亭蔣季錫。

《緑窗小草》 華亭袁寒篁。

《繡餘草》 華亭徐基妻張氏。

《露香樓集》 婁縣王圖女,名之珊。

---

① 據民國《當塗縣志·藝文志·别集類》改。

② 據文意擬補。

《洮坏詞詩遺集》　宜興毛節婦金壇史氏。
《依桂稿》
《紉蘭稿》
俱宜興湯振商妻秦氏。
《遺愁集》　溧陽史左臣妻賀氏。
《林下風清集》　興化解舉鼎妻李國梅。
《喬孺人詩集》　寶應喬可聘妻潘氏。
《凝暉閣詩集》　五卷。
《閨鑑》　三卷。
俱桐城馬方妻姚氏。
《凌霜閣集》　桐城徐正誼妻方氏。
《宜閣詩文集》　桐城方以智妻潘氏。
《文閣詩集》　桐城方中通妻陳氏。
《繡餘集》　歙縣黄日瑚女，名克巽。
《玉榮詩集》　休寧楊幨妻王淑辰。
右閨秀

晋

《道林文集》十卷。平江支遁。

唐

《機緣集》華亭船子和尚德誠。

《靈一詩集》一卷。揚州人，姓吴氏。

宋

《消飲集》無爲隱明和尚。

明

《夢觀集》金陵僧守仁一初。

《樸園集》金陵元瀞樸隱。

《天柱稿》金陵大同一雲。

《北遊稿》

《鳳山稿》

《西齋稿》

俱金陵梵琦曇耀。

《全室集》　金陵宗泐。

《雨軒集》

《南洲集》

俱金陵溥洽。

《雨花集》　金陵覺澄古溪。

《香林集》　金陵慶文。

《雲隱集》　金陵慈露心田。

《唯菴集》　金陵唯識。

《渭師外集》　金陵清遠。

《雪浪集》　金陵弘恩三懷。

《堯山草》　金陵寬悦臞鶴。

《焚餘草》　金陵欽義湛懷。

《夢遊集》　金陵德清憨山。

《飲河稿》

《石頭菴稿》

俱金陵如愚藴璞。

《蒲室集》　江寧來復見心。

《笑菴集》　吴僧静可。

《松月集》　吴僧故山。

《淮海集》　通州僧元肇。

《空響集》　通州智明。

《月明鐘集》　通州明河。

《緑羅菴集》　通州通際。

《擬寒山詩》　涇縣守訥。

《籟鳴集》　寧國夢真覺菴，汪姓。

國　朝

《禪外集》　蘇州彝老。

《勁節堂集》　蘇州悦可。

《桂羅壯遊集》三卷。

《黄山遊草》十二卷。

俱吴江大涵。

《腐鐵和尚詩稿》 宜興庠生許肇箕，棄家隱。

《一莖草》 安慶僧荆堂斧。

《五五草》

《東山律陶》

俱安慶僧超易。

《雲屋和尚集》

《衡山詩稿》

俱寧國僧衡範，錢姓。

《星朗禪師集》二十卷。 居盧江冶父山祖庭寺。

右方外

江南通志卷一百九十五

雜類志

志爲史之一體。今以表與傳入志，所謂各從其類，以類聚也。其爲九志所不能入，而通志所不可棄者，天時之一機一祥，人事之一言一行，古書之一信一疑，繫於江南者不能更僕數矣。網羅散失，參伍而鉤稽之，其詳備尚難焉。若片羽碎金之可珍，則識者所不廢也。《易》有雜傳，《禮》有雜記，而史亦有雜家，竊取其名漫羡而無歸者歸焉。爲類四，爲卷六，作《雜類志》第十。

紀聞 一

江寧府

倪文毅岳家鐵作坊，任南大司馬。每往部，必步出街口登車，曰：「鄉黨、父兄、宗族所在，豈得居然自尊？」又嘗曰：「吾輩兒童時能讀書作對，鄰里親姻俱喜，忽而入學補廩，又喜，中舉人、進士，又皆喜。及其爲官，居鄉刻薄，此心何安？且廩膳、科舉、入京諸費，孰非鄉里脂膏？一旦得志，圖報不得，何敢妄作威福乎？」

王襄敏以旂家於聚寶門小市口之西，屋宇樸隘。爲都憲時，每過家必引避小市口路，曰：「此皆我鄰居父老爲貿易者，我不忍以車前八騶妨其務也。」鄰有老人與封翁善，王幼以伯父呼之，既貴，猶不改。後有勸其郊居不便，請市羊市橋大宅者，王曰：「門廳高大，必常得青衣數人守之。吾一老書生，安能辦此，矧兒輩耶？」

雨花臺東梅將軍廟，祀晉豫章內史梅賾也。舊志謂，賾嘗屯營此地。按：漢武時，《古文尚書》出孔子壁，皆蝌蚪書，孔子十一世孫安國定爲五十八篇，并序一篇，爲五十九篇，獻之。遭巫蠱事，未列於學宮。皇甫謐以授鄭冲，冲授蘇愉，愉授梁柳，柳授臧曹，曹授賾。賾於元帝時奏上其書，亡《舜典》一篇。至齊建武中，姚方興得之。隋開皇中，募遺典，始獲全，而夏侯、歐陽所傳皆廢。賾之有功於《書》如此。世人第知爲梅將軍，不知有傳《古文尚書》事。

陸慧曉家於汝南灣，當秦淮曲折處。張融自稱天池逸民，牽船住岸，與之爲鄰。劉璡謂人曰：

「吾聞張融與陸慧曉并宅，其水必有異味。」酌而飲之，曰：「飲此則鄙吝之萌盡矣。」《明祖實録》：上以海内太平，思欲與民偕樂，乃命工部作十樓於江東諸門之外，令民設酒肆，以接四方賓旅。既又增作五樓。至洪武二十七年八月成，賜百官鈔，宴於醉仙樓。

金潤與王浚，俱以高年居林下，相友善。潤子紳，躋南少司寇，謁浚向執猶子禮甚恭，至是浚延之上座，紳不辭而坐。浚不悦，别後，移書於潤，具道其事。潤切責紳，云：「吾止此老友，以爾傲慢致絶，何以爲情？」乃移書謝之，浚不納。潤率紳往謝，三返而後得見，自是款洽如故。前輩風度如此。

童軒，性寡合，不妄取予，雖貴家人，衣食不給。王恕爲巡撫，有所饋，亦不受。毗陵王與知其介，不敢致饋，值有持禮幣求文者，因謂曰：「童尚書文勝予，可往求之。」至則童問曰：「汝自來乎？抑有使之者乎？」其人以王尚書對，遂却而不納。

金澤爲都憲，能知人。王以旂在諸生中，澤即器重之，贈以所服金帶，曰：「子異日名位當似我也。」後以旂爲尚書，如其言。

顧璘撫楚時，張居正年甫十三，有雋才，璘大爲賞器，解所服金帶贈之，曰：「子異日何但繫此帶，聊以見予期子意耳。」出少子峻與結世好。後居正在政府，感璘知己，議與祭葬，官峻爲上林苑監事。

李重官於浙海鹽，鄭曉爲諸生，重許爲國士，曰：「子必得元。」鄉試果第一。赴公車往辭，重曰：「此行仍當第一，若第二人弗予見也。」已，舉第二。迨歸，逡巡不敢見。三君知人略相似云。

江寧貢士盛仲交時泰，高才博學。既困場屋，將老矣，居常仰屋而歎。妻沈曰：「君見里中得意人乎？不過治第舍、買膏腴、榮耀閭里耳！以妾觀之，有三殆焉：屈志徇人，一也；踰憲黷貨，二也；生子不肖之心，三也。孰與君家居著書之爲高乎？隱處山中，以免三殆，奈何長歎？」盛笑曰：「爾能是，吾今可爲大城山樵矣。」

周吉甫有《山中白雲》一卷，中多見道語，如云：「世事惟偶然者最佳。偶有醇醪，適知心聚首。偶有餘錢，適書畫來售。偶欲登涉，適伴侶相約。真乃快意事！」又云：「向平謂富不如貧，貴不如賤，此語尚有計較，未能脱然於富貴貧賤之外。」又云：「對明月，照止水，便懷澄慮。世間無心之物，能使人亦無心也。」誦之使人泠然。顧起元曰：「南都自盛仲交後，推此君爲隱士之傑矣。」

王允恭爲和陽教官，督學熊廷弼索劣生，允恭力言其無。熊固索，允恭自鋃鐺以見，遂免。時稱有守。

劉尚書麟，廣洋衛千户蒼子也。鄉舉時，魏國公讌之。二鼓歸，蒼不容相見。麟與家人莫測其故，求師趙先生問之曰：「子得舉，佳事，乃不與相見，又不言其故，彼何從知而改之？」蒼曰：「我是本府站廳千户，麟纔一舉，遂爾縱飲耶？」趙乃引麟相見請罪。

海瑞爲南右都御史。一日，因送表向三山門内一孝廉家借坐，孝廉家極壯麗，憚海清嚴，盡撤廳事什物，列舊敝椅待之。有楊綰令人減騶撤樂之風。瑞所至，人必擁輿聚觀，婦孺咸歡呼歌舞。即司馬温公之入洛，不過是也。其初來涖任，止携二竹笥，舟泊上河，人猶不知。嘗延醫入見，室中所御衾幬皆白布，蕭然如寒生也。

卜璠，生平好施德。嘗卜地牛首山側，見負戴者苦渴，即以資穿井，今鐵心橋井是也。偶經一橋，聞下哭聲甚哀，詢之，則夫婦逼於債，携幼子欲自盡也，捐金救之。後過吴江，夜深舟覆，附船底漂數十里得登岸，叩户求濟。啓視，則昔之橋下人也，遂得具食燎衣，易舟以行。

劉誥家復成倉前，羅軍支所餘月米，發之得官鏹十錠，謹候其處。翌日，有鋃鐺號而至者，遺鏹糧弁也，主者已逮治之矣。誥還之，事乃白。誥故貧，聞者多之。

李時勉，正統中爲祭酒。（大）〔太〕①師英國公張輔及侯伯二十餘人早朝畢，奏曰：「臣等皆武夫，不諳經典，願賜一日假，詣國子監聽講。」上命以三月三日往。是日，太師率諸侯伯到監，始携茶湯果餅之屬甚豐。李祭酒命諸生立，講《五經》各一章。講罷設饌，諸侯伯讓，曰：「教授之地，皆就列坐，惟太師與祭酒抗禮。」久之，太師屢辭，祭酒曰：「秀才家飯不易措置，願太師少寬，命諸生歌《鹿鳴》之詩。」賓主雍雍，抵暮而散，此真太平盛事也。

梁尚書材，爲廣東左轄，旦夕皆飯堂上，侑以青菜，或冬瓜、蘿蔔，惟一味。比擢副都御史，巡撫江右，薦紳皆餞諸大觀橋，解衣盡歡，痛飲大嚼。視所服圓領，用浙蕉極下者，衷服布素澣補，惟兩裾鮮潔，始知其節嗇，乃習慣成自然爾。罷官後，門庭蕭然如寒士。

同時管簡校子山，亦罷官歸，同在武定橋，南北相向而居。子山造樓居，廣田產，會親友，其門如市，人稱之曰「管尚書、梁簡校」。

① 據下文改。

丁清惠賓官南司空時，盡心民事，每五日一評薪米之價，市儈不得輒擅低昂。榻前特設一柝，語門卒曰：「遇有以便宜告者，許非時得聞。」外每傳鼓榻前，即擊柝應之，雖熟睡時不禁。城中河渠，皆賓所疏濬者。

王三原恕爲都御史時，巡撫南畿。一日至市，無賴子乘醉面詈之，王略無怒色，徐曰：「此人醉矣。」命吏卒遣之。

劉清惠麟，知紹興甫五十日，政聲大和，越人肖其像爲小劉祠。既爲工部尚書，心慕樓居，無力築之，文内翰徵明爲寫層樓圖以遺之。嘗張之於壁，命曰「神樓」。楊升庵爲作《神樓曲》。今此畫價值百金，是殆真樓弗若矣。

劉清惠請老家居，遇直指使者來，頗以飲食苛求屬吏，稍不精腆，輒被誚讓，郡縣患之。清惠曰：「此人吾門生，會當開諭之。」俟其來謁，因款之曰：「欲設席相邀，恐有公務廢閣，不如今日留此一飯。但老妻他往，無人治具，能從家常飯對食乎？」直指以師命不敢辭，唯唯就坐。則又故延緩之，自朝過日午，饑甚。比就案設食，惟脱粟一盂、菽乳一器而已。少頃，佳餚美醞，羅列盈前，直指不復能下箸。公强之，對曰：「適已飽甚，兹不能也。」公笑曰：「此可見飲饌原無精粗，饑時易爲食，飽時難爲味，時使然耳。」直指喻其言，遂絶不敢以盤餐責人。

劉司空璽以江西運糧把總，擢江西都指揮使。巡撫盛應期知其廉明，每屬以疑獄，多所平反。一日，某御史按部南昌，謁文廟，諸生進講《中庸》，至「白刃可蹈，中庸不可能」，御史問：「若鄉人先輩，誰可當此？」諸生對以文公天祥。璽在座聞之，縮項曰：「奈何以專聶之行，加諸仁至義盡之賢乎？且仁至義盡之外，豈更有所謂中庸耶？」諸生歎服而退。

謝與槐督學廣西，喜臨桂儒童張鳴鳳文筆奇古，因進而訓之曰：「子不患不成名，患胸中無全書耳。」乃取兩《漢書》，親爲之句讀，令五日進院一背，雖出巡亦携之行。逮與槐轉官，兩《漢書》已卒業矣，其造就後學如此。鳴鳳，字羽王，後來南都拜於墓下，立碑而去。

參議蔣浤少冶，顧侍郎起元之外祖也。顧云：公少爲諸生，所居在下街口，門有樓二間，即公讀書處也。後罷官歸，猶讀書其上，杜門埽軌，人罕覿其面。有《通鑑綱目》一部，每閱一過，即以一色筆誌之。凡數閱，五色皆備。所批字畫精謹，深可寶玩。此不惟見前輩操履清貞，矯矯人外，即其終身學古，無他嗜好，亦當時醇樸寡欲之一端也。沈韓峰侍御看《綱目》，亦用五色筆。前輩讀書用意，大都爾爾。今人鹵莽言之，令人慨歎深。

顧文莊起元博覽群書，能文章。兄弟四人，一進士，官光禄；一舉人，官主事。每元旦，拜家廟畢，長幼團集，酒一壺，上席列坐者凡三四行，亦飲而不醻，子弟皆空杯而已。起元發言，必朝章家政，惟光禄唯唯，主事以下，皆不敢出聲。此風士大夫家安可復睹也？

朱侍郎之蕃，和易長者。父衣，與焦弱侯同鄉舉，焦重學識之士，頗輕蕃，每見即遭譏讓，然蕃終身父執事之惟謹。蕃官南侍郎，歷綰五部尚書印，每乘輿回西，及倉巷口東及橋即下輿，徒步至家。鄰有婚喪，雖細民之家，必親至。延之飲，亦往，與里人噱笑，無異寒素。

程閣老國祥家甚微，以菽乳爲業。幼時治骨角，每日入市，夜則讀書。與賈户部必選同學。有一扎，今在賈孫爾安處，蓋鄉舉日招賈飲酒者。扎云：「足下毋以不售爲恨。某寒微之家，驟發不祥，反用爲懼。」其器度如此，遠到非偶然也。

國祥爲户部尚書日，賈必選爲司務，論事偶不合，侍郎司屬皆在前，賈厲聲曰：「吾與我旋三十年筆研交，而末路變節，可乎！」我旋，國祥字，司廳當衆呼之，祥不以爲忤。

李如真與朱侍郎元价，皆世居倉巷。朱後輩既貴達，李但以朱大哥呼之，朱未嘗不疾應。李名登，字士龍，耿天臺弟子，由明經爲新野令。所居屋後名月牙巷，垣内一小樓，時有雙藤倚門，蓋留都士大夫多造訪者。其地有封崇寺，已毁，如真鬻宇以復之。

雲浦盛時泰，字仲交，高才博學，有聲文場。既屢失意，將老矣，居常仰屋而歎，其妻沈氏曰：「君見里中得意人乎？不過治第舍、買膏腴，榮耀閭里爾。以妾觀之，有三殆焉：屈志徇人，一也；踰憲黷貨，二也；生子不肖之心，三也。孰與君家居著書之爲高乎？從君隱處山中，可免三殆之憂，奈何長歎哉？」仲交笑而諾之。

陳廷尉士芳以選貢官吏垣①時，頗著風采。嘗語子弟曰：「聖賢千言萬語，不離謹慎二字，要須時時檢點。」又曰：「讀書講學，當思實落用處何在。若但付之空言，爲取利禄計，即辜負不淺。」

石城門外居民哈九開飯肆，有携五十金赴江浦縣完糧者，遺銀肆中，哈九追及江邊還之。其人至江浦，見大風覆舟，人俱溺死，念銀失復得，願以救人，遂呼舟救溺，許酬以銀。比救一人，問之，即

① 《四庫》本作「史部」。

哈九子。順治五年事。

句容孫炎，字伯融，明祖命招致劉伯温基，基堅不肯出，以寶劍遺炎。炎作詩，以爲劍當獻天子，封還之。基無以答，遂逡巡就見。

康熙間，溧水司徒珍爲濟陽令。有村民某，與鄰陳獨者約侶貿易。至暮，而陳來叩門，呼其子，問何以失約，子以父晨出告。明日，陳又來，率其子覓父。至他村，見某已被殺古墓旁，遂偕其子訟於令。司徒問：「父出門，何所挾？」曰：「挾八百錢。」又問：「陳叩門，作何語？偕汝覓父，作何狀？得尸在何地？」具以告。則曰：「八百錢，乃致命之由也。叩門倉猝間，呼子不呼父，已知門内主人死矣。且父既不與偕行，陳何以獨知其處？約與貿易者陳，報信者陳，偕子覓尸者陳，得尸訟官者陳，其爲陳獨所殺也何疑？」陳駭服，闔邑稱爲神君云。

六合縣令某，因耿天臺定向講學行部至縣，令曰：「王陽明先生但言良知，不言良能，得無遺漏否？」耿曰：「如子官名知縣，不名能縣，豈亦有所遺耶？蓋此知字未易承當。如一縣窮檐蔀屋之下，其艱苦疾痛，無不了然洞悉，則撫循之者自不能已矣。若茫然未知，縱幹當一二興利除害事，衹爲門面計。爲思朝廷設知縣之意，終屬曠官也。」

蘇州府

庾冰爲吴國内史。蘇峻反，遣兵攻冰，冰棄郡奔會稽。峻購冰甚急。吴鈴下卒引冰入船，乃故艤船市渚去，飲酒醉還，舞櫂向船曰：「何處覓庾内史？此中便是。」冰大惶怖，不敢動。兵見船小，謂卒狂醉，都不復疑。因送過浙江，寄山陰魏家，得免。事平，冰報卒恩，問所願，卒曰：「出自厮下，不願名器。少苦執鞭，恒患未得快飲酒，使有酒畢餘年足矣。」冰爲起大舍，市奴婢，使門内有百斛酒終其身。

張率在新安，遣家僮載米三千斛還吴，耗失大半。率問其故，答曰：「雀鼠耗也。」率笑曰：「壯哉，雀鼠！」不復研問。

張緒口不言利，有財輒散之，清言端坐。或竟日不食，門生見緒飢，爲之辦食。

張充少不拘檢，肆意畋遊。父緒請假還吴。始入西郭，值充正獵，左手臂鷹，右手牽犬。遥望見緒，乃放鷹紲犬，向舟而拜。緒曰：「一身兩役，無乃勞乎？」充跪對曰：「充聞三十而立，今二十九矣，請至來歲，終身折節。」緒曰：「若過而能改，乃顔子矣。」明年，幡然易操，尋師就學，博覽古籍，鬱爲名士。

袁洵弟子粲，幼名愍孫，好學有清才。隨洵在吴郡，擁敝裘讀書，足不踰户。其從兄顗出遊要愍孫，愍孫輒稱疾不動。或有欲與洵子婚者，洵曰：「顗不堪，正可與愍孫婚耳。」

陸象先在官務以寬仁爲政，司馬韋抱直嘗言：「望明公稍行杖罰，以立威名。不然，恐下人怠廢。」象先曰：「爲政者理則得矣，何必嚴刑樹威，損人益己，以傷仁恕之道。」

范忠宣純仁罷相，與程伊川頤相見，責以某事合言，何爲不言。如是數四，純仁但稱謝。他日，頤偶見純仁劄子一篋，凡頤所力言者，皆已先言之矣。但不與頤辯一詞，惟謝罪耳。

范純仁嘗誡子弟曰：「人雖至愚，責人則明。雖有聰明，恕己則昏。苟能以責人之心責己，恕己之心恕人，不患不至聖賢地位。」又曰：「六經，聖人之事也，知一字則行一字。」又曰：「惟儉可以助廉，惟恕可以成德。」

范正平勤苦學問，操履甚於貧儒。純仁當國時，與外氏子弟結課於覺林寺，去城二十里，正平徒步往來，人不知爲丞相子。

蔣侍郎堂慶（歷）〔曆〕間由宜興徙居蘇州，告歸後，郡守李仲偃即其居第建坊曰「難老」以祝之。蔣愀然謂胡文恭宿曰：「此俚俗歆羨，内不足而誇之人者也，必撤去。」胡因其第有芝草之瑞，乃改爲「靈芝坊」。退語人曰：「識必因德而後達。蔣公之德，蓋人所畏，故其識如是，非我所及。」

鄭希尹景平居帶城橋，爲人剛正不詭，隨守鄱陽未半載，拂衣歸。人問之，曰：「奉天子命爲守，職當撫字。乃不得行其志，今日須金幾百，明日須金幾千，枯骨頭上打不出也。」時朱勔用事，勢可炙手，士大夫中惟鄭無阿附意。

五經博士陳嗣初繼母吴夫人，守節撫孤，嘗以二語訓繼曰：「懋於學則道明，安於欲則心晦。」此至理名言，粹然相勖於聖賢也。

盧仲甫秉父光禄卿名革，自德清徙吴，遂爲吴人。秉少有俊譽，嘗謁蔣侍郎堂，坐池亭。蔣曰：「亭沼粗適，恨林木未就耳。」秉曰：「亭沼如爵位，時來或有之。林木非培植不成，似士大夫立名節也。」蔣深味其言。

李撰教授真定時，曾布爲鎮。曾妻邀李母、妻燕集，武官提刑宋者妻亦預席，盛飾而至，珠翠耀目。李姑、婦所服，浣濯布素而已。又各携其子俱來。宋之子眉目如畫，衣裝華焕。李之子樸陋，而弦誦如流。曾妻曰：「教授今雖貧，諸郎皆令器，他時未易量。提刑之子雖楚楚，趨走才耳。」後李五子俱登科，彌遜、彌大尤著。宋之子止閣門祗候，果如所言。

王鑑，真定安平人，耿介厲名節。父官平江路吴縣尹，鑑侍養終任，樂其風土，遂隱居吴中臨頓里，足跡不出户者二十年。應門惟一婢，客至輒叩鄰家貰酒，對客劇飲。家貧，無儋石之儲，然非其義，一毫不苟取。性嗜蟹，人或饋兩蒲青，願易一詩，曰：「我豈以口腹害物命耶？」盡放之江中，而償以詩。

沈右，字仲説，年四十未有子，其妻爲置一妾，姿色美麗。右詢其父祖名，女泣對曰：「妾范復初之女也。父喪家貧，老母見鬻於此。」右惻然淚下，因語其妻曰：「此女之父，吴中名士，亦吾故人，豈忍以爲妾？當如己子視之。」即召其母，令擇婿，具奩遣送。郡人稱之。

至正間，朝遣兵部員賫空名告身，過江南募民納粟補官，自五品至九品粟有差，而民無一願者。松江知府崔思誠，集屬縣豪右大姓列庭下，不問有無，輒施拷掠，衆皆悲涕入粟，且逼抑使就官。惟平江監郡六十不爲使者所愓，力争其不可，闔郡得免。崔聞之，大慚。

金壇張德常，起家吴縣丞，歴縣尹，遷嘉定州同知。其行也，諸文士分賦吴中舊蹟送之。廣陵成廷珪得龍門，廬山陳汝秩得採香逕，宛(邱)〔丘〕陳秀民得靈巖，吴郡鄭元得越公井，錢塘范致大得石湖，江陰張端得林屋館，青(邱)〔丘〕劉塤得虎(邱)〔丘〕，太原王逢得劍池，薊(邱)〔丘〕聶鏞得天平山，四明陳樸得白雲泉，會稽張憲得吴王井，四明陳桱得太湖石，勾吴周砥得洞庭山，晋陵張體得琴臺，巴西鄧德基得玩花池，清河張端義得錦帆涇，昆山盧熊得館娃宫，吴郡王行得放鶴亭，渤海高啓得響屧廊，高郵龔宜得梧桐園，吴郡黄本得白公檜，延陵徐文舉得百花洲，江陰張瑄得採蓮涇，海昌董翔鳳得辟疆園，無錫顧常得夫椒山，而遂昌鄭元祐亦賦採香逕，且爲之序。

楊文貞士奇薦士蘇州有三人：尚書楊翥、都御史吴訥、五經博士陳繼。翥與楊在武昌固患難之交，訥黑窑匠以一文、繼教書儒生以一詩，皆入啓事，悉列顯秩爲名臣。

況鍾守蘇州，興學禮士。鄒亮獻詩，鍾賞之，將薦於朝。有以匿名書數亮過失，潛揭於府治門。況得書，嘆曰：「彼欲阻我薦，正速成亮名耳。」遂薦其才學可用。召試，授吏、刑二部司務，轉監察御史。

吴縣尤安禮，字文度，官至貴州參議。歸田後，人罕見其面。況太守鍾入覲，楊東里士奇詢其起居，鍾無以應，士奇曰：「公爲守土吏，乃不識尤文度耶？」鍾歸訪之，見一老絡絲巷中，布衣紃履，環堵蕭然。鍾欲割官地益宅，謝不可。遺以金，亦不受。鄉人傳爲美譚。

吴訥居家嚴肅。孫淳以御史按某處，便道歸省，怒曰：「簡書之謂何？」杖三十，遣之。外孫錢昕登第來謁，命執糞之禮，加帚箕上，無塵長者。嘗宴郡守，命淳行酒，昕執炙拱立左右。守跼蹐求同席，乃令各携一杌，坐廡下。起，侍酒炙禮如初。後淳卒於官，民奉爲神，牲楮日甚。訥令人持文一通，告彼城隍神，俾驅還，無爲厲。一夕，里巷聞車馬聲，僉曰：「御史歸矣。」

太監牟良，知書好禮。正統間，織造蘇州。有人以刻絲獻者，良曰：「此内府所未曾有也，今以上聞，必爲民病。」因却其所獻。

趙焕之庾，幼撫於從伯中丞士諤。方有母喪，衣麻衣，值歲時，兄弟皆綵服，庾獨匿不肯易服，中丞甚器重之。一日，與仲兄弈，中丞呼庾至，詬且撻之，而薄責己子。庾不解，中丞曰：「汝父母相繼殁，貧困，非力學何以自樹？且汝賦資敏，勉加奮厲，無慮不達。我子才不汝逮，蒙業而安耳。汝何自比於彼，暴棄若此？」庾由是感激向學，卒以成名。每爲人述此事，輒涕洟不止。

韓雍家居，或以韓世忠像遺之，曰：「公之先也。」韓取懸中堂，焚香再拜而返之，曰：「韓雍出自寒微，人所共見，豈敢妄祖蘄王？」

陳興立居長洲之蠡口，奉母至孝。母嗜楊涇橋糕，離家十餘里，興立不避風雨寒暑，每旦致之，如是者將十年。忽一日，途遇破衲道人求糕，即與啗之。復往買歸，而道人已畀前糕與母，且留一瓢，云：「將此注水飲人，可以療病。」自是病者日求瓢水飲之，疾良已，一時以爲孝感。遂聞於朝，明孝宗遣中使取瓢以去。興立歿，里人爲立祠。

上元史忠，字端本，自號癡翁，工畫山水人物。嘗訪沈啓南周於吳門，不值，見堂中幀有素絹，搖筆作山水，不題姓名而去。啓南歸，見之，曰：「吳中無此人，必金陵史癡也。」邀之回，留三月乃返。晚無嗣，一女既笄，婿貧不能娶。與婿期：「元夜略具隻雞、斗酒，我當過飲。」至夜，誑其妻、女云：「家家走橋觀燈，盍亦隨俗可乎？」携其妻、女，送至婿家，留其女，一笑而別。

都穆，字(元)〔玄〕敬，居吳之南濠，以太僕少卿致仕。家居，讀書不輟。嘗有娶婦者，夜大風雨，滅燭，遍乞火無應者。衆雜然曰：「都少卿家當有讀書燈在。」叩其門，果得火。齋居乏食，笑曰：「天壤間當不令都生餓死。」

徐恪爲御史，一太守送(歷)〔曆〕日百本，有金葉一片，共約千金，恪將(歷)〔曆〕封固。後按其地，命太守領(歷)〔曆〕去，亦不言及。

申文定時行在政府日，秀水朱太傅國祚見時行於邸第，時方九齡，時行特起避席，留之讀書。一日，從師出遊，國祚失足蹈污泥，時行命僮子回取履。僮子誤持時行朝鞋至，國祚不敢納，時行笑曰：「履之，終當踐我迹耳。」及舉順天鄉試，同學少年有侮之者，時行怫然曰：「是且大魁天下，若輩焉知！」明年，國祚果臚傳第一。

陳珍凡國華，萬(歷)〔曆〕甲戌進士，歷刑部郎中、廣州知府歸，年至九十。及見後甲戌進士同縣嚴栻登第，國華戲投以同年刺枉顧之，時傳爲美談。

懷宗時，巡按御史祁彪佳於月朔，特行賞善罰惡之典。前三日，遍約郡之士大夫集(圓)〔玄〕妙觀，又諭闔郡父老畢至。乃舉善人某某花紅給賞，囚惡人某某將杖殺之，以詢士大夫，皆曰：「可。」又以詢諸父老，亦皆曰：「可。」遂杖殺之，遠近悦服。

昆山周壽誼，年一百一十四歲。魏觀守蘇州，舉爲鄉飲賓，是生於宋者也。

成、弘間，昆山士大夫有弔會，月輪一人主之，祭王文恭鏊、王侍御葆、李欒菴衡、劉改之過、易蓮峰斗元、顧尚書禮、龔安節詡諸無嗣者之墓。後楊循吉之墓在郡城濠南，詹事姚希孟祖墓近焉，姚展祖墓，必啐酒楊墓，歲以爲常。

昆山顧夢圭，字武祥。當參議粤藩，賦詩云：「夏月行部至雷州，思製一葛且復休。冬月行部至廉州，思製一裘且復休。故衣雖穿尚可補，秋毫擾民民亦苦。」呂仲木擷梅花贈之，曰：「武祥如此花矣。」聞者以爲美譚。

昆山許立知海豐縣，每出行，見一老父掃墓無間，使人問之，曰：「吾父母生平畏蛇蝎，今雖殁，恐其潛撓，致體魄不安耳。」許奬其孝，請與鄉飲，以勵風俗。

常熟東鄉有義鴿冢。相傳一人謫戍，其弟在家。偶持鴿入市，見少年束裝，因問何往，曰：「代兄戍耳。」遂感泣，曰：「吾兄在何地，而不一顧耶？」不謀妻子，竟帶鴿往。後傳家信，悉賴此鴿。鴿死，葬焉。

常熟趙氏，祖傳纏喉風藥甚效，而方極秘惜。一日，趙氏子與友章某飲，章詢其方，不答。酒次，趙喉間忽痛不可忍，乃大聲曰：「爲求猪牙、皂角來！」來則搗爛，以酸醋調末入喉。四五嗽，痰大吐，痛立止。章數以告人，傳者遂衆。

譚曉居常熟之東里，與兄照相友愛，照持門户，而曉用圭頓術，財至不貲。曉無子，病篤，其女婿覬覦之，曉不可，乃以照之次子培爲後。曉死，照念弟以辛勤起家，己奄有之不義。後培亦旋死，適倭寇張甚，而邑無城，衆洶懼，議築城以禦。括公私帑，僅充費十之五，計無所出。照躍然曰：「吾財有所以用之矣。」籍其藏得四萬金，獻於官。不日而工畢，寇來不能入，邑得全。而照竟爲貧人以老。

吴江鱸鄉亭傍，畫范蠡、張翰、陸龜蒙像，謂之「三高」。至元間，里人祠祀之，張邁題壁云：「功迹盡高天下士，豈惟吴地作三高。」夜夢老人來云：「張、陸，吴産也，吴人固當祀之。范蠡，越産，與勾踐陰謀十年，卒以滅吴，吴之仇也，吴人不當祀之，子何爲附會之乎？子之詩，我不與也。」邁覺，異其言，志於祠壁。

徐孝祥居吴江，茆屋數楹，而樹石幽勝。有田數畝，供饘粥而已。隱居好客，客至必留飲，歲常釀酒數石。而自奉布衣草屨，泊如也。一日後園徐步，見樹根一穴坍陷，諦視之，下有石甃。啓之，皆銀也。亟掩之，人無知者，幾三十年。值至治壬戌歲，大歉，孝祥曰：「是物當出世耶？」乃啓其穴，銀如故，日取數錠，收糴以散貧人，所全活者不勝計，銀盡乃已。女適人，惟荆布遺之，而於穴中銀錙銖無犯。其子純大，以明經發解，官至翰林供奉承旨。孝祥封如其官，壽九十七。

杜偉，吴江人。萬〔歷〕〔曆〕時，仕工部郎，學者尊爲静臺先生。嘗曰：「有意爲道德，道德亦名利。無心於名利，名利皆道德。」

杜偉幼育於沈給諫漢仲之子嘉謨，沈奇其穎悟，遂廟見而子之。後歸安茅鹿門坤作沈墓志，直書偉杜姓，偉致書茅欲芟去之，茅答云：「萬物本乎天，人本乎祖，此必不當諱者。太史公傳衛青，至云青無本姓，冒衛媪爲衛。古人於此等絶無含糊。足下賢者也，一切文章行誼，當與古人相應，何必嚅效世眼所争耶？」茅此論甚正。其引衛青事，今人必不肯言。偉亦不以爲忤，厥後仍復本姓，蓋得乎茅之言也。

崇〔正〕〔禎〕末，吴江大疫，觸屍氣必死。諸生王玉錫之師，一家五人死，無敢窺門者，弗論棺殮也。玉錫毅然直入，曰：「師弟之謂，何忍坐視耶？」至屍所，一一棺殮之，并抱所遺襁褓子出，藥乳得生。

松江府

咸平初，趙屯漁婦張罾河上，得一白龜，如錢色，玉瑩雹眸，朱尾，宮畫燦然。放於河，夜有光熒熒。往視之，龜在焉。乃獻於官，郡守具表以聞。張君房曰：「按《瑞應圖》，千歲龜巢蓮葉上。其出也，其將以應千歲之運乎？且白，西方色也。龜，歸也。豈西夷懷歸乎？」明年，朔方叛帥李繼遷貢馬。

賈宣伯有神藥。嘗過松江，得巨魚置罟中，因投少刀圭藥，魚引吸即死。後吴江有怪，土人謂蛟爲孽，宣伯以數刀圭投潭中。明旦，老蛟死，浮於水，而水蟲莫知其數。其藥云受之皂閣山王天師，止熬黄檗水，以熱酒沃之，别無他物。

黄土橋周保，宋敷文閣學士尹之後也，年三十餘，未有子。保性虔恭樂施，夜夢神人授十八味藥方。既寤，知即五積散，曰：「是委予施濟人也。」遂造酒三十石，漬藥以施。酒盡則出其方，俾人自漬酒服，雖疾無弗愈者。自是有男子五，咸以爲誠感獲報云。

翰林學士高智耀，河西人。嘗奏崇學校，正儒術者户籍，免其徭。松江學宫像而祠之，知府張之翰爲之贊曰：「公生西夏，遭際聖元。力扶吾道，名動中原。致位内相，垂裕後昆。德日益彰，身日益尊。畫像雲間，在泮之坤。香火弗墜，埃塵莫昏。百千年兮，不亡者存。」

宋末，北橋俞彌恭與子端好施惠。凡售物者，自百緡而下，一聽所邀償之。糴及百斛必誤，唱籌以裨其不足。人謂之癡。

孫彬頎而美，年三十無子，慨謂所親：「吾志得一官而有四子，以英、俊、雄、傑名，天其可必乎？」人咸哂之。已，果育四子，唯傑夭折，餘至正間並位星郎，彬亦貴如其志云。

談公綽以老人受憲司命，簡災田於松江，夜宿華亭富人家。富人欲虚冒災田，數厚款之，寢密室。夜分，一女子出榻後。談驚叩之，女曰：「父貸主人粟，積利三十石，因以妾質，今夕奉主人命來也。」談遽起求出，而門扃不可啓，呼主人弗應，乃諭女曰：「汝良家子，吾安敢污？」張燈待旦。既主人入，談曰：「某所負，我當代償，幸以女還其家。」主人慚謝，遂焚券而還之。

華亭市鋪一物，如桶而無底，非木、非竹，亦非鐵石，莫能名而用之者。一日，有海舶老商見之，驚喜，撫弄不已，叩所值。其人亦黠駔，漫索三百緡，商酬以三之二，遂付之。因叩曰：「某實不識此物。今既賣，無悔理，幸以告我。」商曰：「此至寶也，名曰海井。尋常航海，必須載淡水自隨。今但以大器滿貯海水置此井，於中汲之，則皆甘泉矣。」按《范石湖集》載，海中大魚腦有竅，吸海水噴從竅出，則皆淡，疑海井即此魚腦骨也。

楊維〔貞〕〔禎〕避地松江。嘗有一貴遊子，既破産，流落海上，數踵維〔貞〕〔禎〕門。一日，竟持所購倪瓚畫去，左右欲發之，維〔貞〕〔禎〕曰：「吾哀其困，使往見一達官，以畫爲介耳，非盜也。」

任勉之歿未葬，里長編其子弘爲本縣養馬夫。教授言於太守葉冕，冕嘆曰：「有是乎？」即諭令歸治喪，大書榜於門曰：「今後均徭，故官子孫，一例優免。」

費榮敏榕《斛銘》云：「出以是，入以是；子子孫孫，永如是。」榕爲名臣，而克勤小物，隨處可想見。

洪武中，數遣使者廉察諸仕宦家。任勉之令鄱陽時，使者至其第，茅舍三間，父灌園，母紡績。使者紿以客遊至鄱，有札寄子否，父因貽書，略曰：「天道福善禍淫，甚可畏也。勿謂已安已治而懈怠，勿謂已能已足而驕矜。」使者以書上達，并陳所居狀。太祖嘉歎，旌異之。

劉鈍兄銑，永樂間以會計事坐法，繫京師獄。鈍婚二日，即趣裝北行護兄。後兄思歸，鈍陰乞守者，代兄繫。兄歸紿父母，謂弟旅病卒。既而，里人官長安者爲司寇，白而釋之。既歸，家人驚以爲鬼。鈍具言其故，與父母相對泣，兄愧逸去。後鈍生二子璵、玉。璵，天順舉人，仕至建寧太守。玉，生子衮，仕汀州通判。衮子兆元，舉進士，懷慶推官。

上海秦嘉楫初授行人，使周藩。周王偉其風度，厚贐之，秦悉謝却。王乃衣以一狐裘，曰：「天氣方寒，幸使者爲遠道計。」不得已，諾之。至杞縣，托同年以裘歸王，曰：「某小臣，何敢辱王服。」

張莊簡悅自律甚嚴，而待物不苛。有四川監司赴任請教，張曰：「川行甚險，州縣卑官携妻孥往者，實以軀命博升斗禄，幸無以微罪斥去之。」

李觀察希顔，居東郊洞涇上，止茆屋三間。其門人爲御史，行部來謁，見其室陋，曰：「何不稍擴之？」李曰：「無力辦此。」御史請任之，李曰：「是即民脂民膏。」御史不敢復言。

宋天民公望，與顧文僖清同學友善。及文僖主考秋闈，宋竟不入試，顧深以失之爲恨。抵家，始知其故，即造慰曰：「何自遠乃爾？」答曰：「我兩人交厚，不得則損公衡鑑，得疑公私我，故引避以兩全也。」顧大嘆服。

顧文僖清修《松江府志》，黄憲副明致書云：「夫志者，所以識一方之事，凡人物、風俗、政教、賦稅之類，無不該載，即古之一國史也。前之修者，間雜以私，致後之觀者不甚信服。執事於是非筆削，可不加意乎？且執事行將入閣，而操天下刑賞之大權，於此亦小試耳。謹拭目以俟，毋使後人之視今，猶今之視昔也。」

陸文裕深，出入館閣前後幾四十年。每抄録國朝前輩事，命子弟熟讀，曰：「士君子有志用世，非兼通今古，何得言經濟？今世學者，亦有務爲博洽，問及朝廷典故、一代之經制沿革，恍如隔世。縱才華邁衆，終爲俗學。」

正統間，富林焦震家生瑞竹，凡二本，皆異梢同幹，森然齊長。越三四年，又生一本，亦如之。震隱居教授，與弟友愛深至，人以爲和氣所鍾云。巡撫周文襄忱有詩咏之曰：「植物有修竹，獨爲貞静姿。況作此嘉瑞，一本挺兩歧。間生已爲異，重見真絶奇。考祥揆所自，天和本人爲。君家世積善，習隱勤詩書①。孝友既不爽，德慶日以滋。沖融感和氣，徵應良在兹。繁陰媚駢幹，密葉交連枝。春妍色不競，冰霜操豈移？虚心待結實，擢秀期諸兒。朝陽有彩鳳，翽翽將來儀。」

張鎣巡按山東，過酒肆，簾拂其冠墜地，公徐命拾冠著之。諸長吏惶恐，繫賣酒傭待戟門，公諭曰：「自後簾可高懸。」竟遣之去。爲大司寇時，有獄須急報，夜坐趣吏治文書，遲明早奏。夜半，書既就，吏拂燭污文書，叩頭請死，公曰：「誤耳。」趣再書之。坐待達曙不寐。

張弼爲兵部郎，數以直言忤當路，遂出守南安。入覲至京，謁李文正東陽，閽人辭焉，弼題其几云：「始知東閣先生貴，不放南安太守參。」東陽固賢者，與弼善，弼非譏之也，而風流亮直之概可想云。其守南安時，各郡收兵議賞，武夫吏卒惟願得其墨妙，故多以筆札佐郡費。有方伯入覲，緘楮一篋求書，以饋長安貴人。弼笑曰：「吾不能爲書傭也。」爲書四紙而還之，其持正又如此。

曹時中分巡黔中，所過題咏郵壁。及還，復經其處，見有屬和者，詞甚佳，訪知爲從行指揮所作。既而，其人罪當褫職，特釋之。及歸，其人饋五百金，公曰：「我惜汝才耳，豈有私耶？」却不受。家

① 「詩書」，據詩韻，應作「書詩」。

居廣富林，不輕入郡邑。守令初至，一通謁歸，即杜門。守令至，亦不接見。年八十，不復冠帶，見客幅巾布袍，賦詩飲酒，人樂其真率。

華亭吴丕顯，初補學官，弟子製青苧布爲襴衫。後以授兄子太僕炯以及孫曾，家有青苧亭，至今存焉。襴衫之製，諸生服之。洪武二十四年，三易其式而後定。用玉色絹布爲之，寬袖皂緣，繫絛垂繻。其後漸易以藍，又罕用布者矣。

潘奎爲本郡掾，慈仁好拯物。太守御下嚴，胥吏無敢啓口。有豪甚殘暴，往往誣陷殺人，賄諸役煆鍊，人無敢辨。一日，當審録退，奎伏地爲諸囚白冤，并數豪不法事甚具。守乃覆訊，得實，悉解放，捕豪下獄。後奎於吏舍生子，守夢諸神騎乘鼓吹，送一兒至吏舍。醒而念曰：「有德者必有後，是潘奎家也。」月給粟周之。所生子即尚書恩也。

錢福里居日，有老儒館梁溪鄒氏，詭稱錢狀元師以取重。鄒與錢舊相識，適報錢至河下，鄒以錢來必謁師，大治具以待。師惶窘無措，謂主人曰：「我當往舟中與偕來。」乃詣錢叩頭請死，囁嚅吐實，錢笑曰：「是不難。」欣然同往。侍坐，盡醉而罷。

瑁湖橋有賣餅師析箸，争父遺貲構訟。兄以五十金，乞顧文僖清居間求勝。清佯應之，使人召其弟，叩所争狀。弟謂兄匿百金不予耳。顧笑曰：「是易決，何至遂傷天性。」即召兄至，出金授弟曰：「我與若兄弟分此百金矣。」兩人感愧，泣謝而去。

馮恩有布衣交曰郭濟。恩上疏逮詔獄，惟濟與同起居，櫜饘之饋，五易寒暑。及恩得論戍，而濟以勞憊卒於旅次。恩哭之慟，撫其子女成立，給以田宅，遇之如家人子弟云。

四義僧舍利塔，在佘山之北。嘉靖間知府方廉所建，皆征倭死事僧也。

群鸛旋飛，俗謂「鸛井」。鸛飛成井，必有風雨。若探巢攫其子，則一方致旱。嘉靖間，松江大風拔木，鸛巢墮地，有子不損，老人侯姓者取護之，鸛復成巢負去。其後侯老得疾，氣絶矣，鸛銜一草如箸置其口，復活。或曰：「此東海祖州不死草也。」

嘉靖乙卯順天鄉試，首題「仁以爲己任」，次題「必得其名」二句。司禮巨璫持主考甚急，宣言於朝曰：「仁以爲己任，下不知是何語？」徐文貞階曰：「即必得其名必得其壽。」

徐文貞階督學兩浙時，有士子文用「顔苦孔之卓」語，徐批杜撰。後散卷，士子曰：「此語出揚子《法言》。」徐遽出位揖之，曰：「本道科名早，未曾讀書，今承教矣。」衆皆嘆服。

徐鴻洲三重有八語自識室中，曰：「室無美姬，堂無俊僕，案無戲具，門無雜賓。」又：「宅取安人，田取給食，書取明道，器取適用。」

徐文貞階以禮部右侍郎遷吏部時，榜於壁上曰：「咄汝階！二十一而及第，四十三而佐天官，國恩厚矣，何以稱塞？所不竭忠殫勞，而或植黨以擯賢，或徇賄而鬻法，或背公以行媚，或持禄以自營，神之殛之，及於子孫！」

張所玆思敬娶許氏，外舅歿，分授百金，張曰：「此許氏物也。」立命還之。從父給諫承憲有門生典試，密寄關節一紙。給諫子幼，召思敬授之，謝曰：「以此而得，何以立縉紳間？」竟不受。後司訓，署邑篆，歷以清介著，早於一言徵節概矣。

隆慶間，張燭知華亭縣，櫃吏餽羨金千餘，循故例也。張悉籍其數，報於兩臺，請補別税額。臺使旌之，曰：「塵視千金。」今猶額公署退食堂。

海瑞爲巡撫，意在搏擊豪强。而兵備蔡國熙承時相風旨，首發難於徐文貞階，於是雲間刁風特熾，告訐無虚日。或投《柳跖告伯夷叔齊牒》諷之，海殊自悔，乃盡焚訟牒。故老言，此陸莊簡光祖戲筆也。

蔡汝賢侍郎營墓葬父，墓旁有人以積土來售。畚鍤將半，土中微露磚槨，蔡惻然亟移原土封之，不復取直。

林景暘以太僕家居，性惇恪而雅負倫鑒，喜獎後進，延文士與子有麟同學。每舉會，必晨起滌几席，設楮墨，客具必親閲。三命題期以酉刻畢，畢則引大觥酹客，稱引古道相慰勉，迄無倦容。與其會者：張宗伯鼐、鄭憲副棟、杜方伯喬林、杜駕部士基、姜中翰雲龍、錢比部大忠，及李紹文也。

奚夢芝母病，早夜籲天，復收瘞遺胔爲母祈福。母夢神針兩頤及膝，病遂瘥。叔貧乏嗣，養之。迨卒，稱貸治喪。姊密以筐篚寄芝，暴卒，籍而歸其子。萬（歷）〔曆〕初，司訓金壇，遷曹縣教諭。

徐文貞階，嘉靖癸未探花及第，壽八十一，及見後癸未進士。陸文定樹聲，嘉靖辛丑會元，壽九十七，及見後辛丑進士。姚方伯永濟，萬（歷）〔曆〕戊戌登第，壽九十八，亦及見順治戊戌進士。皆松之人瑞也。

郡侯許維新嘗坐早衙，見興聖寺浮圖上有人盤旋，使隸攝至，具言爲寺中磨治塔頂。許熟視良久，問其姓名居址，命鄰里具收管狀存案，以其人趫捷異常可慮也。其防微周密如此。

又嘗開濬郡河，募工挑土，擇無業荒灘積之。故河旁無留土，久而通利。其灘積高，遂以葬無主之喪。超果寺兩廊旅櫬累百，一旦盡空。蓋治河難於運土，此亦可爲法。

萬（歷）〔曆〕間，府城有劫盜。先數日，有人載稻草灰堆積東城下，高卑大小不一處。是夕，群盜劫城中，自城飛墮灰上，安然而去。有詰奸之責者，不可纖瑣不察也。

李凌雲爲御史日，過滄州，州守裁其夫馬，李不爲忤。後巡按福建，而州守爲汀州同知，自以前嫌，必當被譴。及李行部，至旅見畢，復召入，謂曰：「屬吏皆先容競進，獨君無有，已登啓事，幸自勉！」竟首薦之。

葉蕃春，憲副有聲之父，居黄浦東。嘗宿邸舍，主人出追逸僕，獨少婦在，日且暮矣，蕃春渡浦避之。時甚風雨，足繭血濡無所顧。又鄰有妾與嫡忤者胠篋逃，夜匿蕃春園，蕃春密召其夫與俱歸，曰：「無箠楚，使聞諸人，爲而垢。」其質行修飭如此。

徐炯倜儻好施，振人之急，不能償者，多出券還之。家居南橋，嘗以事至郡，所過津梁十餘處皆圮毀不治，歎曰：「風雨冰雪中，病涉者多矣。」遂捐資悉創石梁，里人至今賴之。又覽南橋形勢，有明行寺居南，而北無鎖結，因捨地建佛閣三座，石甃洞門，以通往來，與寺遥望，爲浦南名鎮焉。年逾耄，無疾而終。

杜啓勳内行甚飭，家貧，假錢貿布之大賈席冏卿家市之。司庫者於本值外，誤發羨銀數十金，勳不知也。歸始知，乃復棹舟以餘金歸席。又嘗拾遺金於木市，艤舟待亡金者歸之，不告姓名而去。

李存素玠瑩，積學教授，恒語學者曰：「狂得聖人之神，狷得聖人之骨。惟鄉愿襲聖人之皮毛耳。」人推爲確論。

張勃父年九十餘，病不能起步。明季土寇索財，欲殺其父，勃以身捍，宛轉白刃間。賊感其孝，俱獲免。

小碭里民高英，偶他出夜未歸，群盜窺高繼妻張及女慧，俱二十許有姿，遂夥至。女聞之，遽呼母起，曰：「賊至矣，寧鬬死，毋爲所污！」且命幼弟挑燈，曰：「看我殺賊！」遂握刈草刀伏門左，張持鋤伏門右。一賊巨斧斬門入，柄長礙户，落稍緩，而女刀已斷賊頦墜。一賊奮戟入，張揮鋤擊之不中，中楣，堅不能脱。女爲指壁間稻叉，張遂引叉刺賊，洞胸背。一賊憤甚，遽赤手入奪女刀。賊手刃女手柄，劃然柄刃爲二。賊雖得無柄刃，而手傷甚，不能用。女則以柄撾之，而張又拾地下賊斧亂劈。賊退，未逾限而斃。

當是時，門外賊林立，駭愕不敢入，争負屍逸去。明日，青村所守備楊廷棟往勘得狀，且見賊頦，兵卒咸咋舌。

義田贍族，自宋范文正公仲淹創行於吴中，負郭常稔之田千畝。其規例見錢公輔《記》。嗣是，前明申文定時行義莊田若干畝，陳文莊仁錫田蕩三百畝，又唐順之記無錫華進士從龍近郭田千畝，皆倣文正公之意，其他惜不盡聞。

國朝刑部尚書張照祖淇，以田千畝贍族，田在婁縣。照具以奏，奉旨：「張淇所置義田，著照伊孫所請，立册存案。張淇以己田作爲公産，贍養宗黨，其敦本厚族之誼可嘉，應加恩旌奬，以昭義舉。

著交該部酌議具奏。」部覆：「張淇照伊子彙吏部侍郎加四級職銜，給與封典。仍行文署江撫喬世臣，飭該縣立册存案，載入縣志。張氏子孫，不得擅賣，族人外人，不得擅買，違者照例治罪。」奉旨：「依議。」士大夫咸歎美之，以爲盛事。

常州府

楊龜山時，正和間寓毗陵，居龜巢巷，嘗謁鄒志完。時志完已病，楊至卧内，見之，猶問以時事如何，互相咨嗟。龜巢巷，在今周仙巷口。

張誠旌孝碑，宋元豐七年毗陵華直内所重建。誠，須城人，自祖綰六世同居，男女少長合一百十七口，以耕漁爲業。每旦坐堂上集子弟，分工授事，皆整容悚息而出，不敢少怠。南渡後，徙居毗陵。子孫以文學取科第，爲毗陵望族。是碑没於郡人薛埜之家園。元至治間，因治地得之，植於庭。

倪瓚自先世以來，代雄於貲。瓚厭棄紛華，清修好義。其師鞏昌王仁輔老而無嗣，奉養終其身，殁爲制服執喪營葬，務致誠慤。嘗鬻産得錢千百緡，會張雨至其家，念雨老不再至，推與不留一緡。

無錫有義犬冢。張籌遇毒蛇，犬嚙殺蛇，中毒死。籌葬之，勒石以志云：

「洪武元年，余以尚書禮部奔先考喪歸，講喪禮時，則鄰姻得菴費翁數相過從。六月既望，時雨新霽，余因訪得菴於弓河草堂。步行新橋委巷，泥濘没屐齒。余踞盤石濯足，有蛇蟠石，交縛余左足。事出不意，時惟一黄犬隨余行，余顧犬太息。犬解余意，嚙蛇數段死，犬亦旋死。余相河南隅一（邱）〔丘〕，用箔席四襲坎葬云。嗚呼，銜結之報，書傳所載，非誣也，乃余親受此犬脱非常之厄。謹朱書（元）〔玄〕石，追而納之壙，與得菴親臨視焉。余乃一梧主人，姓張氏。葬之爲六月二十四日。」

徐晞，永樂中由縣功曹歷陞兵部尚書。其爲功曹時，有貧人誤籍成丁，被攝祈免，具酒爲壽，令妻進觴，而身自引避。妻殊色也，晞一見絶裾走，仍脱免之。

尤文簡延之，每公退則閉户謝客，日計手抄若干古書。其子弟及諸女亦抄書。嘗曰：「予所抄書，將彙而目之，以代饑之肉、寒之裘、寂處之朋友、幽憂之金石琴瑟也。」

張通參選，大節甚著。臨終，語所親曰：「先輩身死國事，如施御史武、許給事靈，皆未與祀典，吾累陳之有司，未之信也。吾死，勿置我鄉賢，以增吾愧！」

湯大理沐《公餘日録》云：「予仕武義時，適奉部檄旌表節婦朱氏。先期召婦入邑，蓋鄉民徐信妻，守節五十年矣。用綵亭二，一置金縷，一置文牘。題綵聯云：『喜聞鼓吹喧通市，羞殺琵琶過別船。』又云：『食荼敢謂當年苦，啖蔗方知此日甘。』又云：『地無塵土沾荊布，天有恩波載柏舟。』以竹兜坐婦，導迎遍城市，許婦女縱觀。仍偕儒官，送至其家。蓋奉宣德意，固臣職之大端。表勵風俗，尤親民之首務，聊竭此心而已。」

朱仲南爲縣主刑吏。景泰末，無錫大饑，民無食者群聚而之有穀之家强貸焉。有穀之家指爲盜，上之郡，郡守擬以辟。仲南争之曰：「法當笞，足矣。」守怒其徇，榜掠甚毒，嚴訊至再，無異辭，獄以不成。英宗復辟，諸囚邀赦出。仲南曰：「我爲小吏，活三十六人，亦可以無負矣。」遂解役歸。

張養浩嘗行高橋之南，遇醉而鬬者，一人墜金於地，張拾而默觀焉。鬬已，其人始覺，大惶迫，潸然出涕。張徐呼謂曰：「男兒何不能自愼，以有此失？苟非我，恐金不歸矣。」遂還之。其人謀所以報，不顧而去。子愷，舉成化進士。

顧榮僖可學，副使可久之祖。少貧，寄食於姻邵，早起立門外。富人鄒雲騎馬過，一僕騎而負笥以從，下馬携笥如溷，既見主已遠，遂馳去，忘其笥。顧視之，一笥金也，俟其來還之。雲聞馳謝，願分十一以贈，不受。時適有蘇商見而義之，妻以女。後乃日昌，終邀封典。

陳廣，儒家子，孤貧，通家顏氏衣食之。廣無能，强飯酣卧而已，且有風疾，顏厚之不少衰。顏之讎賄侍婢置毒餅中以進，廣知不泄，遽入攘餅食之。左右方怪駭，食頃，嘔出細蟲無算，問之，終無所言。及侍婢夜逃，人始漸知其事，而廣風疾頓除，壽至九十八。

顧言曾祖清，年逾四十，妻方娠。適寒夜，清宿郡邸。有女來奔，清正襟出庭中冒寒立，比旦托事歸。而是夜即生子，至言貴顯。

邵文莊寶，幼與同邑丁松年、惠遠稱「三奇童」。嘗同至洞虚宫。嗣龍山房道士年八十餘，謂曰：「聞三君敏妙，我有王學士壽先師祖文千餘言，能誦十過記，當烹白鵝以進。」於是丁誦一過背之，不失一字。惠誦兩過，訛四五字。邵細讀三過，又聽二子背誦各一過，訛十餘字。道士進鵝。既去，謂弟子曰：「邵子深沉寡言，舉止不苟，此遠大之器。二子質敏而氣浮，非其倫也。」又三年，而丁以儒士第一人應舉不第，尋卒。惠後仕終順天通判，邵至大位。悉如道士言。

萬宗伯士和，唐荆川順之門人也。分守饒州，謁别荆川，荆川以磁盂二爲贐。或曰：「饒固多磁，何贐是？」唐曰：「惟其多磁，是以贐也。萬子他日歸，而磁不加益者，乃真我弟子也。」

惠山之麓有碧山吟社，成、弘間諸名德爲文會之處。好事者繪圖，以紀其勝，邵寶爲之記。

王宗幼喪母，父傭惠山僧舍。及宗年十三，慟哭迎父歸，止於外家，旦暮負薪以養。既二年，拾遺囊於道，俟其人至而還之，則報以三緡，受而買二驢負載取直，父養稍裕。又十年，始僦屋三登里，娶妻生子。痛母早世，終身不飲酒食肉。當宗策蹇時，爲富民張江齮齕瀕死。後江與强銘者訟，久不相下。會銘一奴死，遂誣江殺之。知宗之仇江也，餽之金而引爲証。及就訊，宗慷慨明其始末，還所餽金於官，修三登倉。其子曰澤，澤子台問，問子鑑，皆登第。

許鼎臣之父繩武，以屋典毛敬宇，銀四十兩。敬宇不戒於火，屋毀，繩武慰之曰：「典銀當奉還。」已而書與鼎臣曰：「毛敬宇失火，吾家當自再造耳。」鼎臣方爲僉憲，亦以銀寄歸曰：「應還其銀也。」父子同心好義，與范文正詢堯夫麥舟事相類。

鄒忠潁極孝。一日將飯，食肉而美，問母曾飯未。既而知先母飯也，自咎，罰穢水二碗，終日不食。又極友愛。祖居一區，得第後讓弟居之。弟三鬻於人，三贖以與弟居之。

孝廉許世卿伯勳，嘗揭《安貧五戒》於壁曰：「詭收田糧，干謁官府，借女結婚，多納僮僕，向人乞覓。」又揭《省事五戒》於壁曰：「無故拜客，輕赴酒席，妄薦館賓，替人稱貸，濫與義會。」又有「和風未學由由惠，清節寧希望望夷」之句。每敕其子曰：「人何可不學，但口不説欺心話，身不做欺心事。出無慚朋友，入無慚妻子，方可名學人耳。」

白惠風貽清當會試五日，父訃至。或勸匿之，白曰：「今科不第，尚有來科。終天之悲，如何可遏？今違含殮，罪已莫逭，況可入闈以冀非分耶？」星夜馳歸。後服闋登第。

宜興堵作邦妻徐氏少寡，止一女，亦早寡，母問當守故，女以夫情對。母作色曰：「婦人之節，守義不守情。夫情與欲鄰，念情即欲動，欲幾動而守不還者，寡矣。」女凜然受戒，母女相依，操如霜肅。

趙登之熙瀛四十無子，方與諸昆謀卜地葬親，而形家言：「地獨不利於熙瀛嗣續，奈何？」熙瀛毅然曰：「有諸猶子在，趙氏鬼不餒，但得親骨入土，吾絕嗣甘心焉。」竟葬之。後生子林玖，登鄉薦，孫枝繁衍。

萬（歷）〔曆〕間，島盜躪毗陵，官兵懦縮。顧湯卿率里中子弟爲團練，厲衆扼據河北諸村，設伏山溪叢薄，剿殺無算。會夜逐北，錯足墮水，遂遇害。官檄各處，倣行顧保障法。寇平，爲建祠曰「義烈」。

江陰縣簿曹廷慧，力捍危城，四十日不寢食，卒用火攻退倭，論功陞蘇州判去。有戰馬，直百金，曹以官物，留於縣。上官知之，命日給圉人料銀一錢，豢之二十餘年乃死。

劉崟混跡牙儈。襄陽估王姓，載棉花至常，因往浙，以銀二千餘兩并衣囊手書單貯崟處。估去，溺死錢塘江。崟聞之，即馳信估子。子至，悉以前所貯及單與之。子感涕，願分其半，崟義不受。自後子孫科甲綿盛云。

萬（歷）〔曆〕壬子鄉闈，學臣命諸生在省候榜。榜首，武進張瑋也。瑋師同邑高秉忠，夙儒，弟子登榜者并瑋得十七人。例鹿鳴讌五魁坐堂上，餘列兩廡。瑋白監臨御史：「弟子不得先師。」移秉忠席堂上。其十七人者，向秉忠肅拜，而後就坐。一時以爲盛事。

萬（歷）〔曆〕末，商舟浮江來艤黄田港，舟人死，稾葬城北隅。舟人故畜一犬，犬繞屍悲鳴，呼之不去。商舟解維，其犬卧墓下，寒暑不暫離。居人哀之，咸給其食，且爲草窟以庇焉。

又博瀦里民家一犬，對宇而居者時與之食。後其家主人死，主婦即嫁對宇者，犬遂絶不入其門。與之食，亦不食，竟悲號卧死空室中。嗚呼，人之愧此者多矣！

天啓乙丑秋，將毁東林書院。高忠憲攀龍夜召儒學吏潘守，命之曰：「書院毁矣，惟是燕居廟孔子神位，豈可俱毁？吾念惟文廟複壁中可藏，特以相托，毋泄。」乃呼燈躬奉神位付潘。明年，公及於難。其後燕居廟再建，潘之子華言於衆，乃迎而祀焉。

廼安爲華仲儀僕。仲儀戍淮，貲盡無所得食，安因求事乾没，日以所得歸給其主。

又王朋者，亦華氏傭。主爲郡諸生，誤殺其族人之僕。朋竟詣官，言主有事郡學，去錫邑百里，殺人者朋也。歷訊，任益力，瘐死獄中。

又姚録者，從其主姚期綱運入都。期罹法，東廠捕之急。因期出，惟録守舍，遂自言期子，縛之去。道遇期，亂以他語，期乃逸。録至官，榜掠甚酷，堅言父逃。久之，得解歸。

崇（正）〔禎〕丁丑，錫邑第者七人，持年晚生刺謁嚴司寇一鵬。嚴爲萬（歷）〔曆〕丁丑進士，年九十，出見笑謂曰：「今日承諸君不棄老耄，他年丁丑，又有後來者援例謁諸君也。」胡時中進曰：「是時晚生輩又率諸後來者，以謁先生耳。」相與大笑。嚴固人瑞，而一時詞令之善如此。

陳大智家世素封，性孝尚義，識松江錢龍錫於諸生，曾造羈人鋪及雲亭崇鎮橋、張公殿。撫諸侄成立，以己資分析授之。還貧人券。育族女於家，失火延燒其堂，詭辭曰：「吾室小，正欲別構。」卒成禮嫁之。

巢五一震林，爲禮部郎。康熙初朝，議去《四書》八股制藝，專用時務論策取士。震林言：「八股可去，《四書》《五經》不可去。」於是採其説，例以經書命題。

江陰縣名宦祠傾圮已久，木主散失，僅存三五，露處祠内。康熙間，學博某爲之修葺，焕然一新。學博夜夢入祠中，見衣冠甚偉者四十餘人，揖而告之曰：「君爲吾輩安設木主，吾輩爲君修葺宫牆。」閲月，有學役吴欽於祠旁鋤地，忽得白金三十兩，願獻於官學。博曰：「疇昔之夢驗矣，吾敢染指此金乎？」手授邑紳輩，築宫牆三十餘丈，不日告成。學使田雯曰：「此將來一段佳話也。」

鎮江府

漢時有金牛出於山東，馳到曲阿界，村人柵斷其道，謂其地爲柵口，牛皆奔聚，因曰奔牛。又相傳萬策湖中有銅牛，人逐之，走至此柵。今柵口及堰皆以此名。二説微異。

溧陽舊多蠱毒。丞相韓滉爲浙江觀察，欲絶其源。時有僧住竹林寺，每絹一疋，易藥一丸，中蠱毒者多獲全濟。值滉女有疾，浴於温泉而愈。乃捨女裝奩，造浮圖於泉之右，延竹林藥僧主之。滉因求其方，刊石於縣市以流布焉。唐末，石不復存，而温湯之寺不改。有夏氏，世傳其方藥，以温湯爲名，誌所自也。原方以五月初桃皮生用二錢，盤蝥以麥麩炒去翅足二錢，大戟生用二錢。三物爲末，以米泔淀爲丸，如棗核形。凡中蠱者，於食前以米泔下一丸，坐静室中，忌婦人、孝服、猫犬見。此方崇寧間竹林住持僧智淳，得之於帥府曾氏云。

唐代宗時，李秀卿刺湖州，至維揚逢陸鴻漸羽。李素熟羽名，因赴郡抵揚子驛，曰：「陸君善於茶，天下聞名，況南零水又殊絶，二妙千載一遇。」乃命軍士挈瓶，操舟汲南零，羽執器以俟。俄水至，羽以杓揚之，曰：「江則江矣，非南零者。」既而傾諸盆，至半，遽止之，曰：「此南零者矣。」軍士大駭，跪曰：「齎自南零，舟蕩覆水。懼其尠，挹岸水增之，處士神鑒也。」

又李德裕在中書，有親知奉使京口，德裕曰：「還日，金山下中冷水，可與汲一盎來。」其人舉棹日醉而忘之，至石城下方憶，乃汲一瓶於江中歸獻。德裕飲而嘆曰：「江表水有異於頃歲矣，頗似建業石城下水。」其人謝過不敢隱。

蕭楚材知溧陽縣時，張乖崖詠作牧。一日，召之食，見几案有詩句云「獨憾太平無一事，江南閒殺老尚書」。楚材爲易「憾」字作「幸」字。詠出，見稿曰：「誰改我詩者？」楚材曰：「公功高位重，姦人側目之秋，且天下一統，公獨憾太平，何也？」詠感嘆曰：「君，我一字之師也。」

王正肅遂，紹定間曾爲平江守，以師黄榦之訓書諸紳曰：「士友當親，而賢否不可不辨；財利當遠，而會計不可不明。折獄以情，毋爲私意所牽。薦士以才，毋爲權要所奪。當言則言，不視時而退縮。可去則去，不計利而遲回。庶幾名節之全，不愧簡册所載。」

范文正仲淹在睢陽，遣子純仁往蘇州，取麥五百斛。純仁時年尚少，既還，舟次丹陽，見石曼卿，問寄此久近。石曰：「三喪在淺土，欲葬之而北歸，無可與謀者。」純仁以麥舟付之，單騎到家。文正曰：「東吴見故舊乎？」曰：「曼卿爲三喪未舉，方滯丹陽，時無郭元振，無可告者。」文正曰：「何不以麥舟與之？」曰：「已與之矣。」

宋末，賊掠潤州，城門不啓者十七日，民餓死且半。時有費簣者，出粟施粥，活人甚衆。鄉人曰：「皆簣所祐也。」遂名其里曰「簣祐」，以志其德。

丹陽吉棠少時，父令負販。眭仲德途遇之，勸令就學，曰：「家貧，須麥粥養父。」仲德曰：「麥粥我家有之。」携歸，與子曄同學。後棠爲御史，過仲德家，家惟一椅，讓棠坐，自坐木臼。棠辭不敢，因並坐檻上，仍出麥粥啖之。時曄已列刑垣矣。

北固有蜂甚巨，冠色赤，鳥撲之墮地。群蜂數萬，結聚不去，一二日皆死。楊文襄一清取而瘞之，作《義蜂記》。

楊文襄一清在靈州，人有笑其演營習陣者，楊謂：「余誠書生，不諳軍旅。然以古人行必謹哨探、止必修戰備爲法，其敢忽諸？」又每諭諸將曰：「無事常如有事時隄防，有事常如無事時鎮静。念武侯、衛公未嘗廢營陣，世無岳武穆，豈可恃野戰爲能耶？」

李重嘗授經溧陽史氏，歲俸八十金。史憐先生貧，私爲置子錢，歲暮進之。重但受如約，餘麾之弗顧。後舉正德間進士，官至副使。歸老後，仍授經於溧陽、高淳間，恒無以自給。

丹陽蔣教諭從教，性戇直。有市井子驟富，以金綫結爲履，見而惡之，紿曰：「吾欲倣其式。」既進履，即令童子擲諸水，曰：「小人敢爾奢僭！」

王給事燁①，年十三遊庠。時縣令與邑紳互訐，直指詣學諭諸生曰：「爲令者左，爲紳者右。」諸生俱左，燁獨徐步至右。直指曰：「小秀才何獨異？」燁曰：「問理之曲直，不問人之多寡。論人之是非，不論年之大小。」直指顧謂令曰：「此子即樹，爾他日之敵矣。爾其行哉。」及壯，讀書金山寺。一日以訪友出，適嚴嵩以翰林學士入朝，道金山。入其館，見案間文，善之。久待不至，留名刺函十金，屬寺僧道意。燁見之，曰：「彼日後得志，必爲奸黨，何以是污我！」擲其金於江。

戴從商尚質，性介特。嘉靖間一就試學使者，鄙其苛文碎儀，即棄去。隱居篤學，自壯至老，不取人一錢，不飯人一飯。嘗著《不取歌》曰：「我取人一錢，人取我一緡。旦旦相取，月月相纏。是以下有血地，上有刀天。我今不取，我念曠然。爾念曠然，聊以頤我年。」又《不飯歌》曰：「若通人飲食，是隨人往來。我來彼往，彼往我來。歡則爲狎，怨則爲猜。歡情恒不常，怨情最易久。偪側一世間，負債如羊狗。我寧吞大冶之鎔銅，決不霑烏程之清酒。」

吕城人陳瑶，能於馬上運鐵叉，數百人叢刺之莫能近。嘉靖倭寇江南，大府令鄉民絶橋自守，而

① 「燁」，《四庫》本作「煜」。下三「燁」字同，避康熙諱而改。

募能斬倭者，一首賞錢萬，瑶率其徒數十人應募。乘白騾與倭戰，騾上倭首纍纍也。一日，倭悉衆死戰。倭法，臨陣左手持刃挺而前，右手刃纔數寸，人不虞其右也。近則舒之，長五六尺，削鐵如肉。因斷瑶叉，瑶呼徒易叉。瑶每戰，令徒載數叉隨之，而性貪，馘首專其功，徒無與者。徒憾之，不應。瑶度倭盛不可敵，奔逸至吕城閘。先是，瑶需渡而閘斷，則肘下挾騾，一躍逕渡以爲常。是日，腰懸七倭首，仍掖騾欲躍，累重墜於河，倭競前殺之。

賀邦泰幼時，其父鎬建亭水中，令讀書而撤其（圮）〔圯〕，賀戲以一木支岸逕行，出入甚熟。後令莆田，率民擊倭，馬逸馳倭壘，倭逼之。前臨大河，廣踰丈，橋毁，獨一木渡，賀遂棄其騎，趨而撤之。倭驚以爲神。

崇（正）〔禎〕初，大官庖開應支物價簿，帝詰内侍，謂太浮，且曰：「炙鵝醃鮓肉酢，在某肆市之，錢半百耳。」内侍驚愕。丹陽談允謙有《述事詩》云：「潛邸曾親到市廛，民間物價每留連。西華鵝炙前門酢，一箸纔消半百錢。」

陳都諫獻策妻程氏，隨夫在京邸。獻策方會議三案於内府，薄暮未歸。有婦稱鄰嫗求謁，閽者不能禁，直入榻前，泣告曰：「妾奉聖夫人客氏也，待罪掖廷，已歷年所，亦有何罪，而議者將及焉？

妾聞卿家大人直聲奇節，知夫人亦良苦，敬以黄金百鎰爲夫人壽。願大人憐而赦之。」程謝曰：「夫人休矣。妾以鄙陋之質，櫛不設釵，袹不引帛，猶自愧非分，安用此黄金爲？且大廷國是，向兒女子嘵嘵，夫人謂殿陛中真無一男子耶？」聲色俱厲，正論侃侃，士大夫有不逮者。

張君表鳳儀，子九徵登第，貽書都門誡之曰：「入世在自立，毋經受人恩。我爲諸生三十年，未持一門生之刺。所見有王文成、高忠憲其人乎，外此無可北面矣。」人謂此不特爲氣骨語，實名言也。

華鈺以璽卿家居，有富人子殺人，祈鈺居間干當道，券千金，却之。明日，倍其券。又明日，再倍其券。鈺曰：「我豈與若較此哉？若罪故無生理，吾分亦無居間理。」郡邑試諸生，鄉大夫各爲所親先容，鈺獨無所謁。或僞署鈺牘以進，鈺廉得之，不白是非，但語署牘者毋納諸生金。人服其清介，而仍不失長者。

淮安府

王義方拜御史，嘗買宅。既數日，忽對賓朋指庭中青桐樹一雙曰：「此無酬直。」賓朋言：「樹當隨宅，無别酬例。」義方曰：「此嘉樹，非他物比。」召宅主，付之錢四千。

王義方爲魏徵所知，徵欲妻以夫人之侄，王辭不取。俄而徵薨，王乃取女。人問其故，曰：「初不附宰相，今感知己故也。」

米芾知漣水軍時，祀先聖極誠敬，上自香帛、酒醴、羹醢，下及牲牢、灌獻，靡不竭誠躬親。致齋九日，方敢涖事。祭時香烟直上不散，結成「伯牛受享」四字，群睹駭異。明崇（正）〔禎〕間，賀相國逢聖爲應城教諭，質明丁祭，親見先聖自空中携一芹而起，與此事同。

淮陽楊孝子名昊，字克彰，刑科給事理之父也。昊早喪父，哀毁甚，而每强顔以慰母心。事母能養志，母酷愛其孫，昊嘗牽率諸子，抱弄母前，枚指之曰：「某可承家，某可事生業，某當作官以顯門閭。」母聞之，大悦。其他問安視膳瑣節，不異常人，而一以至誠感動。有司旌其門，華亭張弼爲之立傳。

安東濱海人房得莘猶子妻劉氏，驅牛駕車，運薪於野。方載數束，虎忽搏劉氏，牛力抵之，虎棄去。劉登車，牛拽行十餘步，虎復追至，牛復抵之，虎又棄去。劉傷臂不能登車，牛角薪於地，空車就劉，劉匍匐上車。牛曳之行，猶再三回顧，抵家乃已，劉得不死。飼牛終身，不令服軛云。永樂十二年事。

韋彦質斌，成化時在諫垣，批鱗敢諫。然每自省曰：「假彈射以快私讎，掇細緩以沽公道，我所深恥。」後提學福建，公正不可干以私，而衡鑒精審，曰：「糊名命題，我則試人；填名揭案，人則試我矣。庸高下其手耶？」凡所奬拔，皆能速蜚。

（邱）〔丘〕志中度爲山陽邑生，館於郡守署，郡守欲因事周之，可數百金。度竟辭去，曰：「守不知（邱）〔丘〕生，（邱）〔丘〕生不患貧也。」後官太僕卿。適開府當推人，有諷之者曰：「當軸急君甚，一枉見即可得。」度笑曰：「乃有呈身都御史耶？」竟以忤權璫罷去。

岳薦當明季棄諸生，隱居勵行。嘗語人曰：「聖賢精蘊，盡於《六經》、四子，其要歸不越《大學》一書。凡人生平，其用力當在致知，其涵養當在主敬。以躬行爲實學，以隨處體認天理爲反身求己之要。」至今淮干學者，猶欽其緒言云。

桃源令蕭文蔚撰邑諺以儆座右，有云：「衙門相逼，官不能爲民主；差使過繁，民不能爲身主。」又云：「貧村瀕河，製一艇，實有易逃之路。急以刑，是使之逃，宜防於先時。破釜隔日煮三升，實無難去之家；嚴其課，是驅之去，宜防於平日。」

順治間，徽人程元昭僦居安東齊文光之舍，貰酒爲業。夜半，見所砌花臺上有光，撥土視之，則白鏹一巨缸也。急呼主人告之，曰：「奈何慢藏至此，盍收之？」齊曰：「非也，天賜汝。」遜讓再三，且勸程曰：「天與汝，而可不取乎？吾誓不須此非分之財，爾其遄歸！」程後居蘇州成巨富，歲一往來，必有所饋遺。而齊絶不受，并未嘗言及前事。嗚呼，程固君子，如齊者尤不可及矣。

孫超宗母塋，在安東城北平旺河沱溝。康熙間，中河口決，直當其衝。孫聞之奔赴，見白浪澎湃如雷，松楸根已向上，不數武即齧矣。水深不可測，而夜昏黑，泅不能至。孫痛哭呼天，跪水内徹夜籲龍神不絶。黎明，家人肩柴負木，接踵而至，下樁埽以救危急。則見塋前昨夕之深不可測者，已横起沙壟，溜水兩分，去如燕尾。見塋止塌去一角，而四週皆成平陸。

安東有朱母蘇氏節孝祠，朱以傑其裔孫也。康熙間，火災自城外延燒城内不啻千餘家，而節孝祠迫於烈焰。以傑奔救之，見祠内平地出火，焰起數寸，勢不可保。乃呼天痛哭，懷神主期以身殉。哭未已，忽反風，祠火盡滅，惟焦門外旗杆二株，廟貌一無所損。人以爲誠孝所感云。

揚州府

廣陵高爽博學多才，齊永明中舉孝廉。先是，劉蒨爲晋陵令，爽詣蒨，不相接，甚銜之。俄而，爽代蒨爲令，蒨迎贈甚厚，爽受饋答書。人問其故，答曰：「彼自餉晋陵令耳，何關爽事。」

司徒杜衍，天禧間知揚州，嘗召賓幕閒語：「我致政之後，必買一小駟八九千者，飽食訖跨之，著一粗布襴衫，入市看盤鈴傀儡足矣。」杜深志豈在傀儡，蓋居高位，欲自污退老耳。後致仕，果行前志。

海寧人王興公伯起，少年時曾一舉進士，輒嘆曰：「士不自重，與千百人旅進，坐軒廡下獻小藝，規合有司，可恥也。」遂棄去，閉門力學。嘉平間，被薦不起。

孫叔静馨，本錢塘人，隨父徙江都。微時與蔡京善，常言：「蔡子貴人，但才勝德，恐貽天下憂。」及爲屯田員外郎，京謂之曰：「我若用於天子，願助我。」馨曰：「公誠謹守祖宗之法，以正論輔人主，示節儉以先百吏，而絶口不言兵，天下幸甚！馨何爲者？」後竟以忤蔡罷。

揚州産芍藥，佳者不減姚黄魏紫。蔡京知州日，作萬花會。其後歲歲循習，人頗病之。元祐間，蘇文忠軾來知州，正遇花時，吏白舊例，軾判罷之。書報王定國，云：「花會，撿舊案用花千萬朵，吏緣爲奸，乃揚州大害，已罷之矣。雖殺風景，免造業也。」

蘇文忠軾知揚州，夢行山林間，一虎來噬，窘甚，有紫衣道士揮袖障公，叱虎使去。明旦，道士投謁曰：「夜出不至驚否？」蘇叱曰：「鼠子乃敢爾！正欲杖汝脊，汝謂我不知豎子夜來術耶？」道士惶怖而退。

蔣潁叔之奇爲江淮發運使，才智有餘，人莫能欺。嘗於所居公署前置一占風旗，使人候之。置籍焉，令諸漕綱日程，亦各記風之便逆。蓋雷、雨、雪、雹、霧、露，或有不均，而風則無頓殊者。每運至，取其日程(歷)〔曆〕以合之，責其稽緩者，綱吏畏服。

熙寧中，高麗入貢，所經州縣悉索地圖，所至皆造送，山川、道路、形勢險易，無不備載。至揚州，牒州取地圖。是時，丞相陳升之判揚州，紿使者欲備見兩浙所供圖，倣其規制造送。及圖至都，聚而焚之，具以事聞。

宋祖自平江南，詔以兵器盡納揚州，不得支動，號曰「禁庫」。方臘作亂，童貫出征，許於逐州軍選練兵仗。既開禁庫，兩將士望見所貯弓挺直，曰：「此良弓也。」因出試之，宛然如新。計開寶至宣和一百五十年，而膠漆不脱，可謂異矣。

靖康末，東南起勤王之師，帥臣翁彦國令揚州作院造神臂弓，限一月成，皆不可用。識者以爲國初之弓限一年成，而今成於旬日之間，宜乎美惡之相絶也。

張舜文汝明，徽宗時知岳州。屬邑得古編鐘，求上獻，張曰：「天子命我以千里，懼不能仰承德意，敢越職以倖賞乎？」

朱光信恕，樵薪於草堰場以養母，每從王艮齋聽講。有禮之者曰：「我以數十金貸汝，别尋生計，庶免作苦，且可日夕從吾輩遊也。」朱得金，恚曰：「子非愛我也，我自此憧憧然經營念起，斷送一生矣。」遂擲還之。學使者召之，不往，以事役之，短衣徒跣而入。

儲文懿巏，字静夫，泰州人，卒於南都。後三年，歸柩海陵，攢於墓舍。將葬，啓視棺上，生黝墨成繪畫文，具畫家皴染之法。前則奇石枯松，旁出一篠，莖葉咸備。左則梅株夭矯，稍著數花。右如左，而樹枝差短。其文深入木理，四方來觀，詫爲神異。顧尚書璘爲作《靈徵記》。

嘉靖初，揚有司訓徐覲者，於啓聖祠旁縱奴射鸛。一日，鸛銜火焚祠，有鸛數百，盤旋烈焰之上，若快心者。徐坐焚祠去官，奴亦瘖。

楊實夫果，嘉靖間官至侍郎，清介恬退。嘗語人曰：「吾生平無所長，惟不識瑾、寧、彬三人，差自慰耳。」

李文定春芳，及第臚傳前一日，在寓邸與客弈。或密以所擬甲乙報李，返坐自如，置帖棋枰下。終局，無幾微見顏色。客詰之，徐以帖示客，曰：「拙卷亦預進呈之列耳。」衆以此多其度。廷對前數日，夢紅帛纏身不得脱。及臚傳，世宗見其名，大喜曰：「桃李當春日，正芳妍之時。」以硃筆繞「春芳」二字圈之。居政府時，考官以典南闈試來別，袖出預擬試題呈正，李置篋中而已。將揭曉，夫人問兒輩知可中否？曰：「題難，焉得中？」夫人驚何以預知，因語其故。夫人問：「寄兒輩否？」曰：「人以心腹待我，故先期見示。語兒輩，非彼所望於我也。」從篋取出火之。

李碧海思誠，夫人于氏極賢明。當思誠爲宗伯加宫保時，夫人家居，有人言公行入閣者，夫人正色曰：「宰相可爲，而於閹宦得志之時，則可爲而不可爲也。」

曾銑有膽略，長於用兵。其撫邊時，當除夜，猝命諸將出塞上。時無警，諸將置酒度歲，不欲行，賂鈴卒求緩於銑妾。妾啓銑，銑斬卒以徇。諸將不得已，丙夜被甲行，果遇寇，擊敗之。翼日，入賀畢，問：「何以知有警也？」銑笑曰：「見烏鵲非時噪，以故知之。」皆大服。

盧守常倅陳州日，畜二鶴甚馴，一創死，一哀鳴不食。盧勉飼之，乃就食。一旦鳴繞盧側，盧曰：「爾欲去耶？有天可飛，有林可棲，不爾羈也。」鶴振翮雲際，數四回翔，乃去。後盧老病無子，歸休黄浦溪上。晚秋蕭瑟，曳杖林間，忽有鶴盤空，聲鳴淒斷。盧仰祝曰：「若非我陳州侶耶？果爾，當下。」鶴竟投入懷中，以喙牽衣，旋舞不釋。盧撫之泣曰：「我老無嗣，形影相弔。爾幸留此，當如孤山逋老，共此殘年。」遂引之歸。盧歿，鶴亦不食死。家人瘞之，墓在丁堰。

宗臣爲閩督學，卒於官。僚屬、生儒咸赴弔，於靈几上得遺詩三首，超脱塵壒，以故相傳尸蜕云。

劉静之永澄，萬(歷)〔曆〕間爲順天教授，北方稱爲淮南夫子。嘗曰：「謙謙自牧，由由與偕，在醜不争，臨財無苟，此居鄉之利也。耳習瑣尾之談，目習徵逐之行，以不分黑白爲渾融，以不悖時情爲忠厚，此居鄉之害也。夫惡人不可爲矣，庸人又豈可爲乎？惡人不當交矣，庸人又豈足交乎？」

南江寺僧羅得一雁，籠置窗外。秋夜聞月下有雁聲，與籠雁相鳴答，俄而撲拉檐下。僧亟起視，則二雁交頸俱斃。

又婁生以矰弋爲業，方捕隻雁入籠，而飛雁盤空，叫聲甚苦。頃即自投而下，籠中者伸脰就之，交結死。婁爲感動，瘞之叢薄間，破矰斷繳改業焉。

劉西郭清師事林東城，司訓浮梁，教嚴而氣和。或從而問著述，則曰：「帖括是尊，最誤後進。」問學術，則曰：「道寓諸庸，目前皆是。」

謝家店民家有雙燕巢於梁，既乳四燕，其雌忽爲鷙鳥所搏。俄有群燕挾一雌來，留與爲偶。閱一二日，四雛悉斃。主人怪之，啓視，喉間皆蒼耳子，蓋雌妬殺之也。此與張邦基《墨莊漫録》所載廣陵牛氏燕事正同，又皆出於揚土，亦大異事。

劉翼齋希文爲諸生時，嘗以朔望謁監司。時有某生，怙勢豪横，出訟牒理債於公庭。衆雖不與其事，然皆附和長跪，希文獨挺身離班次竦立。監司詰之，對曰：「所言公，何敢不伏謁？若結黨徇私，此滕寧輕屈耶？」監司大加器重。

東厢民陳穀死，有所愛犬常伏柩旁不去。既葬，犬時時往宿其家，數日乃一歸求食，家人殊不知也。穀子相爲諸生，以時掃墓，見犬方專冢卧，爲之加慟。

韓樂吾貞以陶瓦爲業，從朱信學，久之有得。縣令嘉之，遺米二石、金一鍰。貞受米返金，謝曰：「某窶人，無能補於左右。但與貞居者，幸無訟牒煩公府，此所以報明府也。」每遇會講，有談世事者，輒大噪曰：「光陰有幾，乃作此閒談耶？」或尋章摘句，則又噪曰：「舍却當下不理會，搬弄陳言，此豈學究講肆耶？」在座莫不警省。

咸寧人倪璜，寓居廣陵，母劉病，齋沐祈天，七夜不寐。一日方沐浴，盆水忽冰成奇花，扶疏三本，幹葉俱備，母病遂愈。人咸嗟異爲孝徵。

李維嶷長敷，宗伯公子，與侄清同舉於鄉，鄉人嘖嘖稱羨。長敷顧清慨然曰：「吾不喜而憂也。夫盛滿，道家所忌。且積德以致福，今無乃福溢於德乎？故可憂也。」

夏心尼宗孔，髫歲爲諸生，篤行嗜學。嘗銘座右曰：「五倫之外無事業，六經之外無文章。」年近百歲，高郵守三晉之賓筵云。

方立禮繼母愛己出子，遇立禮不慈，鞭撻至酷，立禮受之無怨言，江都人莫不稱其孝。其父卒，母閉之空室中，不予食者三日。有犬銜餅，自竇中入與之，得不死。母意其已斃，啓門見猶生，遂以爲神，暴亦漸已。

陳恕先以忠，江都諸生。敦實學，持身以敬爲主，每曰：「敬則寡慾，可以成仁。敬則心虚，可以益智。敬則氣聚，可以生勇。三達德皆由敬出也。」

妖人朱方旦妄言禍福，走謁者如鶩。汪蛟門懋麟爲《辨道論》闢之，謂：「國家幸太平無事，得此輩以資談諧玩弄足矣。今傅會者崇奉太過，或謂孔氏復生，或謂大禹再見，甚謂移檄玉皇則祈雨立應，不惟上侮聖人，亦且獲罪天地。一旦朝廷震怒，加以妖言惑衆之罪，吾不知朱某安所逃死。」時孝感熊賜履掌翰林，佩其言，枉顧訪之，與定交。汪後罷官歸，構十二研齋於平山堂側，吟嘯以老云。

漢高祖父太上皇，《前史》不載其名，《後漢·章帝紀》祠太上皇於萬年，注：「名煓，一名執嘉。」《高后紀》載高祖母曰「昭靈后」。

唐王智興爲徐州節度，一日諸從事會飲賦詩，智興至，從事即屏去翰墨。智興言：「適間作詩，何獨見某而罷？」復以箋陳席上。小吏置箋智興前，智興引毫立成曰：「三十年前老健兒，剛被郎官遣作詩。江南花柳從君詠，塞北烟塵獨我知。」四座驚嘆。監軍謂張祜曰：「觀兹盛事，豈得無言？」祜乃獻詩曰：「十年受命鎮方隅，孝節忠規兩有餘。誰信將壇佳政外，李陵章句右軍書。」

蕭縣劉伯龍家有清節。宋元嘉中，爲武陵太守歸，貧甚。將營什一之方，忽見一鬼在旁撫掌大笑，伯龍嘆曰：「貧窮固有命，乃復爲鬼所揶揄耶？」遂止。

晁文元迥在翰林，以文章、德行爲真宗所優異，稱爲「君子長者」。天禧初，因草詔，命坐賜茶。既退，已昏夕，上顧左右取燭與學士。中使就御前取燭，爲導出内門，傳付從史。又嘗宴宜春殿内，出牡丹百餘盤，千葉者纔十餘朵，賜親王、宰臣。上顧迥及錢文禧維演，各賜一朵。凡賜禁中名花，故事惟親王、宰臣，中使爲之插花，餘皆自戴。上獨令内侍爲迴戴花，觀者榮之。

李若谷未第時，與韓億爲友，倶貧，同試京師，每出謁，更迭爲僕。若谷先登第，授許州長社縣簿，赴官自控妻驢，億爲負箱。將至長社三十里，謂億曰：「恐縣吏來，須别。」因取箱中錢六百，以其半遺億，一氊、一席，亦割分之，相持大哭。後億亦登第，皆仕至參知政事。

天聖間，新進士謁李子淵若谷求教，若谷曰：「某自守官來，常持四字，曰勤、謹、和、緩。」一後生應聲曰：「勤、謹、和既聞命矣，緩之一字，某所未聞。」若谷正色曰：「何嘗教賢緩不及事來？」且道：「世間何事不因忙中錯了？」

黄瑞禾稟明經能詩，嘗揭於壁曰：「十分貧也還栽竹，四壁蕭然不賣琴。」其高致可挹。

王封麓國輔，丁公里人，仕爲鄢陵令，性剛正。嘗有司李欲取其公署一牀者，國輔曰：「此公家物，非有司所能私予。」

趙子雝時若，沛貢生，性仁厚。家畜一驢，聞鄰人生子，謂妻曰：「彼年三十始有兒，脱驢鳴驚之，是我過也。」遂賣之。

崔眉山字曰嵋，嘗爲聖府典籍，年六十尚無子。有妾數年不孕，妻復爲購一婢，崔惻然曰：「子之有無，命也，安用多玷以滋予罪？」擇配遣之。未幾，而前所納妾連舉二子。

徐州有義虎橋，相傳有商迷道，誤墮虎穴，謂必死。乃虎熟視不加噬，晝則出取物食之，夜歸若爲之護者。月餘，商稍諳虎性，謂之曰：「吾失道至此，幸君惠我。我久客外，家有父母、妻子，思欲一見。仗君力，能置我大道中，幸甚！」虎即伏地摇尾，商喻意，騎其背。虎躍出，置諸道旁，顧而悲跳分去。後數載，商偶經其地，見獵者縛一生虎，將獻之官，視之，乃前虎也。虎見商，回睨不捨。商亦感泣，與衆具道前事，亟出重貲贖之。衆義其所爲，釋縛縱深山中。後人於其地爲橋以表焉。

邳州有慈母樹。順治間，州民劉清源幼失生母，嫡母沈氏撫養之，食必先嘗，寢必同卧，恩踰己出。其家祖墓有樹，枯十三年矣，一夕復生，枝葉更茂前。時人以爲沈德所感，故以號樹云。

順治間，宿遷知縣金華鄭應兆，奉臺檄令以逋賦紳士名列上候處分，獨不肯具報。或謂之曰：「子寧不爲官計乎？」應兆曰：「我安忍以數百人身名，博我一官哉？」竟以此去。

諸生王來彝懷遠讀書教子，每云：「家居能教一子弟心術正，即流德無窮也。」當諸子弟會食，必諄諄以「天理」二字相戒勉。

太倉州

龔熙仲明之，以孝行節誼著於海濱。紹興間舉鄉貢，年已六十，或勸少爲詐匿以避老，龔笑曰：「吾生平不欺，豈以始進易心乎？」

嘉定王彝，自號嫗蜼子，學有淵源，文甚高潔。時楊鐵崖維（貞）〔禎〕以文雄東南，傾動一世，彝獨作《文妖》一篇詆之。

練達者，子寧從父。知嘉定縣，會族誅。部民郭元宗曾被盜誣，達廉其冤，出之。至是詣達，欲與俱亡。達以懷姙妾黄氏屬之，而與妻赴海死。郭迎黄氏處別室，生男，謹護之。念其父爲邑侯，而嘉定號練川，乃托姓侯，名之曰居練。既而詔除諸臣家屬罪，黄囑居練勿自明，以是無知者。黄守節九十三歲卒。按縣志及縣令題名并《江西通志》，俱無練達姓名，因練氏已削籍，不敢載耳。乃其家藏有宗譜，足徵世傳不誣也。

陸安甫伸未第時，州大夫請修州志，陸謝曰：「志者，一方文獻。史稱虞世南豫修書，虞荔、虞寄得佳傳，至今訾之。先子州人，予何執筆？」後登第，竟以觸璫怒死。

明初嘉定縣吏某，一鄰人以訟在縣，白吏求私直之。吏曰：「今郡縣官皆公廉奉法，吾曹革心，疇敢出入文牘？汝事直，第公理之決無枉。」鄰人如教，果獲伸，感吏，饋粟二石，吏驚却之不得，曰：「吾以鄉曲之故，爲君受一斛。」後因假歸，遂以原粟奉鄰母曰：「此若兒所寄，今以還母。」此吏殊可風也。

真如有姚生者，素險賊，嘗構怨於陸某。陸充糧長，乘馬自本都夜歸。姚偵其無備，操刀伏中途橋下。馬至橋，躑躅不進，陸鞭之纔進，遂爲姚所殺。月暗幽寂，無知者。馬逸歸，向陸妻驚嘶不已，若有所訴。妻知其夫必死非命，持燈隨馬去，至橋下，獲尸焉。妻哀哭告馬曰：「夫死，不得賊，何以雪冤？」馬即前導，至姚門，鼓足蹴不休。姚出，則直前嚙之。妻於是執以赴官，姚竟抵法。

大場鎮農家婦，舉止修整，嫣然閨中秀也。夫貧蠢，婦毀裝佐之，日與村姑里媪輩習田間，勞苦無難色。間有親戚憐其貌者，執手作慰藉語，則斂容謝曰：「兒樂此不疲，且非是無以奉我尊嫜也。」

如是者十餘年。有子矣，以竭作故，病瘵死。死前一日，忽向其夫索筆硯。夫不識一丁字者，詣鄰家假至。婦見之，嘆曰：「謝此緣久，何期今日遂成長别耶？」起題一絶云：「當年二八過君家，刺繡無心只枲麻。今日對君無别語，免教兒女衣蘆花。」語意淒婉。其生平曉義命，雅自韜晦，恥炫鬻，尤卓卓可傳云。

黄藴生淳耀，釋褐後寄弟書曰：「吾廷試傳臚時，見鼎甲先上，人皆嘖嘖稱羨。吾此時嘆息無限：夫天地間自有爲數千年一人、數百年一人者，今人必不肯爲數千百年之一人，而必欲爲三年之一人，何也？」

崇明有吴姓老人者，康熙間年九十九歲，其妻亦九十七歲。老人少壯時，嗜酒好賭博。有四子，盡鬻爲人奴，四子咸能自立，各贖身娶婦，列肆同居以養父母。四子始擬每月輪供，諸婦曰：「翁姑老矣，必三月後奉甘旨，太疏。」復擬每供各一日，諸婦又曰：「必三日後奉甘旨，亦疏。」於是每日序進一餐。越五日，則又共設於中堂，父母南向坐，諸子孫婦以男女分東西行，稱觴獻壽。又置一櫥，四子日納錢其中，隨老人所用。老人好博不已，四子常密持錢送博家，囑令佯輸。老人常勝，持錢歸，忻忻如也。長子於時年七十七，餘皆白頭，孫曾二十餘人。總兵劉兆旌其門曰：「百齡夫婦齊眉，五世兒孫繞膝。」嘉定令陸隴其記其事。

海　州

州有廟祀牛，今遺址尚在。曩有農耕於野，夜宿隴間，虎來欲啖農，牛在側護之，觸虎。農覺不知也，反鞭牛之駭躍爲驚己，又熟睡。及明，起視牛死，審之，知牛爲虎傷，力竭而死也，方悟己之活爲牛救云。故報以廟祀，爲文以祭，曰：「牛爲我役，我爲牛主。我牛幼時，親經調理。天或寒歟，置於燠地。時或饑歟，供以草具。旦摩暮撫，已去復視。頭角崢嶸，供我農事。幸爾之生，嗟爾之死。既非喘月，又無釁隙。猛虎出嵎，欲啖其主。非爾在旁，我其死矣。幸爾在旁，盡力以抵。及旦視之，虎敗爾死。嗚呼！蠢獸尚知德，可以人不如？山陰立廟堂，祭祀增欷噓。」

贛榆楊秀才妻劉氏孀居。宣和間朝廷收復中原，科增郡縣兑夫錢，劉氏以十萬緡代下户之輸，所積空矣。而旦日視之，錢復滿室，每緡首有「麻青」二字，人咸駭異。或云青州有麻十萬家，豈非神運至此耶？因於青州踪跡，果有麻氏失錢。劉請歸之，麻不受，乃悉散施之，後家益富。

通　州

紹興中，沈與求聞劉豫於京東造舟，因言：「海道當防，如通泰料角石港水勢湍急，海舟至此，必覓沙上水手，方能掉運舟航轉入。倘於此處爲備，盡拘水手，無爲賊得，則賊自不能衝突矣。」

司寇陳敬甫堯先後持憲，以疾惡聞，然嘗奏記徐文貞階曰：「天之生大賢、大不肖，僅僅耳，大抵中材爲多。惟彼中材，有志而未鍊則見欺，有才而暴施則見忌。此兩者，苟器使之近於賢，苛責之近於不肖。愚意均當姑置而觀其後乃可。」階甚善之。通人至今稱陳廉介而不失長者。

皋城東湯家灣，有佘氏族居。隆、萬間，里中貴人用青烏家言，售佘氏一善地爲墓，既售則盡發其家，旁一冢則佘之嫠婦所葬夫也。嫠有姑年老，念冢必不免。一日市牲醴，盡邀佘族，奉其姑上座而拜，且遍拜族人，進三爵。乃出匕首置几上，曰：「新婦奉姑，本欲終其天年，不謂今日禍及夫骨，何用生爲？今與姑長别，俟貴人來，以頸血濺之矣。」自是挾匕首共起居，貴人駭不敢奪。今一冢獨存。

彭大同世精《胡氏春秋》，在通推爲專門。任叙州司理時，有楊氏子修怨於仇家，乘父老病，扶至河壩而挑毆之，遂致死，訊者以仇家論抵。大同捉筆大書曰：「《春秋》無將，將則必誅。其欲甘心於仇，因以忍視其父河壩之死，誰則挾之？」坐子如律。直指署其判曰：「推官讀《春秋》，可謂見諸行事矣。」

崔聲遠鐄爲萬户長，掌鄉税。嘗以輸税金五百兩付鎔工，工以無券欺而負焉，鐄竟破産償之官。時三原王恕知揚州，廉其狀，謂鐄訟鎔工，當爲追理。鐄對曰：「鐄廢産，是已破一家矣，奈何復破一家？」恕嘆曰：「仁人之言也。」鎔工聞而慚感圖償。

邵潛自號五岳外臣，傲僻不諧，俗好嫚駡，人多惡之。及與李維楨、鄒迪光、黄汝亨、陳繼儒諸前輩遊，所著《友誼録》《循吏傳》《印史》諸書，多可傳者。年五十無子，復娶妻，妻嫌其貧老，棄去。一婢又爲勢豪所奪，遂孑身棲如皋城西門外，年八十矣。康熙間，新城王尚書士（貞）〔禛〕過皋訪之，茆屋三間，黝黑如漆。邵筋骨如鐵，白髮鬖鬖被領，雙眸炯然。具果蔌留王飲，尚能進數觴，且與修禊冒氏洗鉢池賦詩。陳檢討維崧曰：「古今文人多窮，然未有如邵先生者。」聽其言愴然，如劉孝標自序也。

江南通志卷一百九十六

雜類志

紀聞　二

安慶府

唐畢諴有舅氏爲太湖縣伍伯，諴拜相，欲罷其役，除一官，累遣人致意伍伯，皆固辭。諴特除邑令楊某，使達其旨。伍伯曰：「某下賤，豈有外甥爲宰相耶？」楊堅勉之，終不能奪其志。亦奇士也。

元祐中，舒有李亮工者，以文鳴薦紳間。與蘇、黄游，兩集中均有倡和。而李伯時擅丹青，妙絶冠世。且好古博雅，多收三代以來鼎彝之類，爲《考古圖》。又有李元中，字畫之妙，追配鍾、王。時號「龍眠三李」。同年登進士第，出處亦相若。

余闕死時，其妾名滿堂，甫生一子，棄之水濱。有僞萬户杜某者，見之，曰：「此必余參政子，忠臣種也，不可殺。」竟捐所抄掠物，而懷子以去。

懷寧朱志光，家不甚豐，而好施予。嘗拾遺金三十兩，徬徨道左，抵暮不歸。見有人踉蹌而至者，詢之，知爲失金人，還之。其人曰：「我鬻産得五十金，欲以完官。今少二十金，官事終不了。」因泣下。朱因偕其人至家，出己囊足之。閲日，有以分拾金不均訟於官者，即某甲所遺金也。甲持金還朱，却之。鄰里有問之者，朱曰：「我並無還金事。」蓋隱德云。

桐城江本深弘濟，成化間爲御史，持重有操。嘗云：「御史紀綱所繫，糾察在當人心，論諫在識大體。」

隆慶間，桐城主簿王虎奉檄同姚孜稽大雲倉米數。孜受監守重賂，虚掩欠折，罔報上官，虎但署名而已。及事敗，孜欲分過於虎，乃以橐金暫寄虎。虎墮其計，遂誣虎亦受贓。官從虎家搜得橐，虎語塞，不能辨，氣結而死。孜乃夤緣得脱。逾年，忽狂叫，若有人毆擊者，蓋虎之靈擊之也。亦竟死。

吴用先撫蜀告歸，過巫山，偶買一婢，熊姓。吴察婢似有隱情者，問之，女曰：「妾原籍麻城，大父以廣文任酆都，寄籍巫山，有子五人，俱遊膠庠。父名鎮屏，以冤繫獄，家産蕩盡。母計窮，賣妾爲婢以濟獄中。念父命未保，而身淪下賤，又遠去，以此傷心。」言未既，用先憫然曰：「無傷，我必全汝！」時巫山試童子有黄應甲者，持其試卷來謁。用先以其年與熊女相若，而其文又佳，遂厚其奩，曾以女歸之。且檄縣申鎮屏事，得雪其冤。吴撫蜀有平蠻功，而此一節可想見其宅心行事之概。歸隱皖桐，自號浮渡居士。

萬（歷）〔曆〕間，盜躪潛山，刼王立達，然膏炙之。其僕愛童，祼體持器力鬬，立達乃得逸去，而童被殺。

又潛山汪世偉者，方襁褓，父母死於賊。其老僕魏二有幼子，懼難兩全，即棄己子，懷世偉而逃。遭值凶荒，乳哺婚教靡不至。及世偉長，執役事主甚謹，絶不居其功。

又王允元，亦潛人，爲賊所執，將殺之。其僕唐二，性戆樸多力，倉皇趨救，與賊相持，允元因脱走。唐被縛，駡不絶口，賊寸磔之。

三人皆義士也。而魏二撫主成立，絶不市德，尤士君子所難。

左良玉叛兵破皖，有一婦人爲所掠，手携小兒方數歲。賊驅迫上船，兒墮水死。婦大慟，曰：

「是兒我幼主也，一家數十口盡被戮，止此兒。我之所以覥顔忍死者，正欲存幼主，以延宗祀。今死矣，我何用生？」遂駡賊赴水死。時懷寧韓簡亦被掠在舟，目擊其事，惜姓氏不傳。

潘成宇爲山皖郡高材生，子汝楨爲慈谿令。以官物爲壽，却還之，且貽書諭曰：「陶母湛夫人猶知却鮓，若視我出女子下耶！」

吴幼鍾嶽秀，歷任藩、臬，立身端介。嘗大書二語於室以自儆曰：「儼龍見於尸居，小心翼翼；聽雞鳴而早起，爲善孳孳。」

方本菴學漸受學於張甑山，嘗言：「心出於理則放，入於理則存。求放心者，常存仁義而已。」又云：「先儒謂心要在腔子裏。腔子者，仁義也。」

姚思智自虞子之蘭令海澄時，一日正校書公署，適家報至。欲啓椷，在座者將避去，之蘭曰：「我父生平無私語也。」因與衆視之。書中大抵言爲官不患不明不斷，患其太過。又言每訊獄，當爲老人布德，次第末減云云而已，略不及私。

方青林體乾，生平慈讓。嘗爲人擠於水，拂衣去，曰：「彼醉矣。」臨歿，戒其子曰：「存心惟仁與慈，入世惟忍與讓，乃爲養德。」後子爲刑官，一以仁讓爲鵠云。

方翊明可遇，孝友端方。晚年訓子孫曰：「人能美名，名不能美人。今里巷無知，動將聖賢名字作己名字，究何補於生平？徒漫辱夫聖賢。」又云：「修飾衣服，何如修飾肚腹？彼胸無墨瀋，雖綺羅，何華？腹有經笥，縱裋褐，何陋？」

齊柳峰述，才高而性淳謹。嘗曰：「爲學之道，只退步二字可以無咎，人品以此而全，學術亦以此而深。」後以歲薦不赴選，隱居桐之兔濱。

周省園徵出《家訓》云：「天下無不是底父母，此爲人子言，非爲人父言也。舜惟知此，所以爲孝。瞍惟如此，所以不慈。孔子曰：君使臣以禮，臣事君以忠，各欲自盡，所謂君君、臣臣、父父、子子也。」

潛山某某，好勝，人人規之，不受。一日，於書室後構半椽，以爲息游之所。客至，求題楹。客援筆云：「雖是退一步，却非第二層。」某悟，遂以謙退名。

望江漁人施釗，生而忠厚樸直。四十始有妻，及九十，見曾（元）〔玄〕孫矣。子孫皆習其業，朝則刺艇捕魚，暮則家人相聚治生具。士大夫就問先朝遺事，言之歷歷有徵。凡鬭訟者，杖策往解，以一二語，莫不斂手退，曰：「罪過，煩長者。」篤老猶曝背結網，曰：「毋爲徒食也。」孫輩亦讀書，僅識字則曰：「可矣。漁之子恒爲漁，變化更俟後人耳。」及百歲，好事者争以新衣易其舊襦袴，以求增壽。縣尉署其門曰：「不止百歲。」語甚俚，而意致殊妙。又數年，疾終。子孫、親友問遺言，曰：「爲善。」

楊楫汝駿坦衷曠度，與物無競，遇拂逆相加，輒曰：「彼未嘗有過，或待之未至耳。」兄弟析産，田地、奴僕取老瘠者，曰：「吾子既多且長，稍克自立。弟輩子幼，非藉先業難存也。」

徽州府

婺之丹陽鄉有還珠里。相傳有販珠商經此，擔夫途間憾商，計入邑首商漏税，而語泄。商甫至里店，即以珠密寄於逆旅翁。擔夫果訴之官。官遣（史）〔吏〕①搜商，囊無粒珠，擔夫受妄言之罪。商念倉猝寄託無左驗，況經訟有司，彼詎肯還我，遂不向索，徑去。比至五嶺，則逆旅翁已憩松下，曰：「我携若所寄還若，請驗封識。」商出望外，感甚，欲中分酬之。翁不受而去。人咸義之，旌其里

① 據《四庫》本改。

曰「還珠」。

嘉祐間，汪内翰藻之父穀爲泰興令。歲大水田淹，轉運使督秋輸不少貸，諸縣令皇恐聽命，汪獨悉蠲之。使大怒，文移如星火。事聞，詔知諫院龔鼎臣安撫淮南。至泰興，部使者皆從，龔立諸縣令庭下，數之曰：「人饑不能自存，而汝必欲得租，爲民父母，當如是耶？泰興令可尚也！」乃會部使者、郡守食堂上，泰興令與焉。且交章薦之。夫汪固循吏，而龔能容之，又薦之，爲尤難云。

汪藻少在郡齋，每獨於壚亭中避人爲文。同舍迫而觀之，乃擬草制詞也，衆竊笑。後果居翰苑，爲代言之選。

汪廷直微時，與里人女約婚。後登第，所約女喪明。女家使人來謝不敢復相當，汪不可，竟成婚焉，敬愛甚篤。劉庭式事不得專美於前云。

王公濟汝舟守南劍州，致書陳諫議瓘求教。瓘答書言：「境内有賢士吴熙、吴儀，好學有守，介而能通，善自韜晦，莫有知者。閣下好賢禮士，倘使其名自此彰徹，非惟敦獎行義，亦足以上助朝廷求士之意。政之大者，宜無以過此。」前輩相贈以言如此。王在州多善政，州人祠祀之，紹興中猶遺人來婺繪王遺像以去。

王汝舟謝政歸，以名德爲郡縣長所敬。慮人干請，榜於柱曰：「疇昔居官，惡人請託。今茲閒退，來者不可有言。」郡縣有質以政者，惟勸之寬賦役，爲國恤民。嘗語人曰：「閭里鄉黨，要在輯睦。恩多怨少，則胸中常暇。小民尤當戒以爭訟耗貲，致飢寒失身也。」聞者轉相告語，訟訐爲衰。

自睦州青溪縣界至歙州，路皆鳥道縈紆，兩道峭壁，僅通單車。方臘之亂，曾待制孝蘊出守，但於兩崖上駐兵防遏，下瞰來路，雖蚍蜉之微皆可數，故賊不敢犯境。

謝一陽復學於撫州吴澄有得，人從而問知，曰：「行。」問行，曰：「知。」人都未達。乃曰：「知至至之，知終終之，非行乎？未之能行，惟恐有聞，非知乎？知行合一，學之要也。」祁門令從而問政，曰：「辨義利，則知所以愛民厲己。」

錢仁友字德輔，明初知休寧縣。有蝴蝶大如扇，忽變怪鳥，散集鄉村，居民設禳。仁友往視，擊斃之，怪遂息。

婺源令陳金，操持清介，民間造酒其最清者輒以擬之金。偶夜行閭巷，有姑婦夜坐事女工，婦以新釀奉姑，以其清澈，笑曰：「此陳金縣主也。」金聞愕然。詰朝，遣吏召婦詢之，婦以實告。鄉人至今以爲美談。

績溪儒學，舊在縣東。正統間，知府孫遇按視之，圮而且隘，欲更焉市南。方士旭有屋基千餘步，在縣治西。嘗有相宅者曰：「居此當綿科第。」士旭即白府，願獻以建學宫。遇義之，命受價。士旭曰：「我家五世單傳，幸生四子，衣食頗饒，豈爲利獻？」遇以革税課局基易之，曰：「民以義獻，官以禮求，當勿復辭。」士旭始受命。

張貞字國興，平度人，明成化中知徽州。數進諸生談藝。於時學宫産芝大如扇，明年，科第甚盛。嘗修漁梁，鳩工伐石銅羅山中，石梠，山且裂。適報貞至，傾穴出迎。山驟崩，得不死者三百人。

歙東鄉有張翁者，家雄於貲。年近五十，無子，妻勸之置妾，乃挾白金遊蘭溪。有負貸鬻其妻者，紿翁曰：「妹也。」遂買之。舁至館，婦泣不已。翁曰：「我家頗有貲産，娶汝以圖繼嗣，苟有所育，勿慮饑寒。」婦愈悲。翁問誰鬻汝者？曰：「夫也。」且告之故。翁亟命舁還之，不取買金，且别與金以資生計。夫婦感泣。翁歸，不二年，妻連舉二子。

周子書紳，嘉靖間應試禮闈。當事者慕其才名，欲以關節羅致門下，紳力辭之，曰：「進身之始，詎容苟乎？」遂落第。授處州判，政績顯著。歸老後，惟以講學爲事。

周尼，婺源東溪胡元靖繼妻。元靖先籍德興，以兩考吏授蜀之岳池簿，署縣事。前妻子與吏相比爲奸，事覺，元靖被論罰贓下獄。周遍謁縣之有力者，合錢完贓得出獄。元靖憤子不肖，不肯歸，留岳池，與民雜處，拮据爲活。凡十餘年死，僕從俱去，周獨携兩婢扶櫬歸。擊鮮置酒，與鄰人別，鄰人憐而交助之。自蜀江下鄱湖數千里，倚櫬坐卧，每風濤作，則泣而呼天。抵家，賣一婢爲資，召前妻子，與扶櫬。葬德興訖，子與婦均無留養意。遂仍歸婺源，依曩時保媪，遂爲尼。且併埋前妻之骨。而前妻之子亦蕩敗，與婦俱死，尼又收葬之。鄉人重尼節，築庵居之。

有俞氏女，斂錢爲鑄鐘。冶人範土爲模矣，將重索價。詰旦，其模有大士象現焉。冶人恐，一鑄而就。可見誠之所感云。

萬（歷）〔曆〕間，婺源山民余屹者，老無子，撫侄爲子。一日，父子採樵入山，遇虎搏屹，傷肩項仆地。時子年十二，以所執梃擊之。相持良久，虎乃釋屹，耽視其子。子仍以梃擊虎，虎逸去，父子俱獲生全。

方子賓良曙，以應天尹歸老。嘗手自舂粲，以供堂上飯。客過而笑之，良曙曰：「我不至乏一力，欲以手舂志劬耳。」

尚寶潘雪松士藻嘗言：「爲善須要直捷發揮得出，從心中脱體做去，不必瞻前顧後。凡事無所爲而爲，到底天自有安排恰好處，所以君子修之吉。」

鄭景明燭，鄞東廓門人也，仕終河間府判。人見其衣冠質樸，謂之爲率真。鄭曰：「率真未易言，先須識所謂真者何如。」

婺源汪光翰字文卿，崇（正）〔禎〕末爲川南道景陵胡恒幕客，恒駐邛州。張獻忠陷成都，分兵徇邛，恒命光翰出調兵，未至城陷，恒與子士驊俱戰死，闔門百口皆遇害，惟士驊妻朱氏洎幼子峨生得脱匿民間。降賊武大定聞朱有殊色，劫致。朱剺面毁容以免，堅操撫孤。光翰間關夷猓中，得朱氏母子所在，事之甚謹。值大飢，斗米十金，光翰多方保護之，母子乃得全。自是或服賈，或課蒙，或爲傭，稍獲嬴餘，以供饘粥，二十餘年不倦。朱氏教子極嚴，峨生亦讀書知自奮，能文章矣。蜀平，峽路通，光翰乃躬送朱氏母子歸景陵。楚蜀之人，莫不高朱氏之節，誦光翰之義，以爲忠臣孝子之報云。

洪覺山垣所學得之湛甘泉，嘗語人曰：「心地常使有餘裕，地步常使有餘閒，則隨我所往，自然寬博有容，平鋪自在。」又曰：「大事小視之，則可以見大。變事常視之，則可以處變。若小而爲大，常而爲變，不惟來叢脞之失，而且有多事之害。」

市南汪士達，博學工詩。任山東蒲縣丞，從直指登泰山，見秦碑無字，直指以秦滅詩書疑之，對曰：「此碑外所加石套，内有李斯篆文金字。」因朗誦其文，直指驚歎。歸老後，與邑人結鄣山詩社，著有《改韻譜》《鄣山詩集》。卒，年八十有六。

戴永言思孝讀書取友，以道學自勉，謂：「吾儕居近紫陽，歷世未遠，先賢一脈相承，不忍聽其中絶也。」新安士行爲之一變。

金象源鼎鉉，束修悃愊，子自皡登科，馳書勖之，曰：「塞運初通，留不盡之藏還天地；善根勿撥，積有餘之慶貽子孫。」

唐祁父嘗貸某金，後某僞以失券告而索金，祁曰：「券雖無也，事則有也。」償之。既而，某復托一人，以前券來索，祁曰：「事雖僞也，券則真也。」復償之。人以爲笑，祁曰：「我感其初之能急吾親耳。」後舉歙鄉飲賓，子鴻舉成進士。

唐季暘正涞，樂施予，里中橋梁、道路，修治不遺力。每曰：「古人以道茀覘國。吾族聚此，而蕪穢毁廢，獨不繫家運乎？況仁心及物，亦惟力是視，不分大小也。」

黄元耀性温厚，嘗失夫己氏意，鬨其家，閉門謝之。夫己氏呼其名，曰：「以瓦石撞爾屋，不百不止也。」應曰：「唯唯。」家人憤甚，欲出鬭，弗許。擲瓦石者果滿百去。或問：「何能忍？」元耀曰：「昔人愛屋而及烏。今彼惡人而毁屋，我之爲人可知矣，我自尤之不暇，而尤人乎？」

汪簡宣大業，少從其族大父念祖者學。念祖嘗訓之曰：「文貴步虚，行宜切實。文不虚不靈，行不實不篤。」

汪維晦皓，生平省躬視履，一循乎理，不信禱卜，見人爲之者，輒曰：「此胸中無主耳，理所當行，雖凶猶吉；行悖於理，即吉亦凶也。」

康熙間，延平廖騰煃宰休邑，江潭有積竊，素爲鄉里患，廖拘至，諭以改行，各鄉遂安枕。未幾，邑人有以刲股療母舉孝子者，詢其人，即積竊也。遠近驚嘆，謂與王彥方化盜、牛人守劍一轍。

一九和尚，其父爲虎所搏，九揮拳擊中虎眼，眼珠迸出，奪父屍於虎口，負歸。翌日，獨持械往山，欲殺虎。遇虎與鬭，卒殺虎，邑令旌爲孝勇。後於石金菴爲僧，備苦行。

寧國府

諸葛恪爲丹陽太守，嘗出獵。兩山之間有物如小兒，伸手引人，恪令持去故地即死。參佐問之，恪曰：「此事在《白澤圖》，曰兩山之間有精如小兒，名曰傒囊。」

蕭琛爲宣城太守時，有北僧南渡，惟齎一瓢蘆，中有《漢書》，僧云：「三輔舊書，相傳以爲班固真本。」琛固求得之。其書多有異今者，而紙墨亦古，文字非隸非篆，琛甚秘之。

許棠久困名場。咸通末，馬戴佐大同軍幕，棠往謁之，一見如舊識，留連數月，但詩酒而已，未嘗問所欲。忽一日大會賓友，以棠家書示之。啓緘，知戴已潛遣介恤其家矣。

太平之龍門鄉有浮田，計黑壤三百餘畝，若萍鋪水上，隨水升降，踐之俱動，厚不過數寸，其下清泠莫測。旁有實土不浮，周繞之。凡田縱極膏腴，一秋稔外無別產，此則每歲麥、秋滿壤。而又有不種自生之草實，斂之日，可得斗，作食味香。夫土藉水載而不逐水流，水潤土以生而不決土以潰，可不謂異乎？

宣之東鄉有仙女橋，相傳谷麻邨有麻氏女，及笄未受聘，父母並喪，遺二幼弟，嘆曰：「我去，二孤將安托？」遂不嫁，撫之長，與納婦，相與若姑婦終其身。里人異之，稱爲仙女。嘗捐釵構橋，以便行人，遂以名之。

孫敬夫自修從朱子遊，時宣州正學衰息，自修獨卓然自命，每舉《禮·儒行》「飲食不淫，居處不溽」二語，謂：「儒者之立，立於義理而已，欲勝則義不立；不淫、不溽，所以立義也。」

徐啓東旭以訓導校河南鄉試，舟次有同事者受托，代爲輸款，旭從容拒之。其人不知止，旭乃厲聲曰：「君不畏國法，獨不畏天地鬼神乎？吾輩生平讀書，無以報國，今得盡心所事，亦可以補萬一，乃敢爾耶？」

戴儒爲荆州府同知，致仕歸，隱居宣之黄池別業，操履嚴介。歲歉乏食，鄰家有桃實垂踰垣，家人或欲取之，戒曰：「寧可餓死五品大夫，不可妄取一桃失節。」

張士儀棨，五歲授以書，即能了了。夜聞雞聲，呼其母曰：「《小學》云：事父母，雞初鳴，咸盥潄。今雞鳴矣，何不起？」母笑曰：「汝纔讀書，便知其義耶？」曰：「便當行之，豈徒知之而已。」

宣城有降乩者。一日，徐肇家乩書《節婦詞》一章，且謂：「節婦係汝所居邨西北七十里人，可問吴肅公。」徐以詢吴，乃知吴有妹苦節十餘年，長齋紡績，贖既鬻之祖墓，以葬舅姑；一女既嫁，遂斷炊積餓而死。

吴良濟霖以布衣講學，與白下焦太史竑甚契。嘗語學者曰：「吾人任舉二論中一語，皆可終身由之，莫能盡矣，何泛涉爲？」

宣城徐翁，尚書元太之父也，官浙江某縣典史，偶以言忤巡按御史，受撲責，羞憤自免歸。時元太與弟元氣皆失學，翁每流涕曰：「而兄弟皆廢學，吾無後矣。」因述受撲直指事，復流涕不已。元太兄弟乃發憤下帷，相繼登第。元太謁選，得某府推官，即直指之鄉也，私喜得報父怨。瀕行置酒，親友畢集，候翁出。翁稱疾，堅卧不起。元太入，跪問故，且言：「此行冀得報夙怨，何反不樂？」翁曰：「此我所以病也。吾爲小吏，當日誠不爲無過，但直指稍過當耳。且緣渠撲責，激而罷歸，教子以有今日，則直指乃我恩人，非仇也。汝思報怨，我所以病。汝往，當以我言開心告之，盡捐夙嫌，是我子也，否則非我子也！」元太唯唯，翁乃起。時直指久失職家居，聞元太來，甚恐，郊迎盡禮。元太首述父命，誓無芥蒂，自是情好甚洽。後翁躋大耋，三子皆成進士，兩登九列焉。

杜寅和存性，居貧不苟取，每語人曰：「弃負勿悔著，人窮勿失信。」其言雖俚而甚質。

胡夢龍令棗强，父尚洪戒以三事曰：「額外不可征也，暮夜不可受也，非法不可刑也。」後子孫俱以廉潔世其家。

瞿永賓鐵守己以正。有奴背主而來投者，獻田若干畝，却之曰：「汝今日因主弱而投我，安知他日不因我弱而他投乎？」

程良振以孝行聞寧國，令來者輒欲旌之，則曰：「孝，庸行也，以此市名，何忍焉？」

湯無我開運，以不逮事父母爲憾，年長於其庶出叔幾二十，幼課以經，長授以業，寢食同之，曰：

「學以本諸躬行者爲至。」晚歸，益粹於理學，每曰：「吾不及見我父，見諸父如父焉。」康熙初，以歲薦仕中書。

周汾頌夢鼎，生平孤介。適與邑令善，歲除有以鏹數十求居間以納仇人於獄者，夢鼎叱去，曰：「斯時而獄苟有人，我且捐金代贖使歸，以寧其家，況從而納之也？」其人慚退。

劉君徵蘭生，父爲臺諫，或誘之曰：「君以公子稍事請屬，何損生平，而甘自苦爲？」蘭生曰：「倘我父而老於諸生也，我亦將事請屬耶？」

汪繫珩象琚年幼時，家夜被火，有批其頰而奪手中物去者，固熟識也，象琚置不言。晚年子弟問及，象琚曰：「事已過矣，知其人則不復忘，不如不知之爲愈也。」

宣城施少參閏章，於康熙己未歲以博學鴻儒候試在京邸。其家所居寄雲樓下，有老梅忽於四月開花四枝，甚鮮豔，兩枝向本宅。俄而邸報至，少參爲侍講，而高檢討某則南陵，孫、茆二編修則城內。一時四詞林，果符四花之兆。

康熙丁丑年，漁人漁於南陵城北河，忽見水面深緑色乍滅乍起。以手探之，得物盈把，視之錢也。因再撈漉，見錢甚多，用魚籃受之，歸則又往。或尾其後，漫曰螺，迫視皆錢，遂争取之。錢盡見鐗，衆争不捨，遂碎。有買其碎鐗礲爲硯者，極古質，信古物也。錢俱開元文。後康熙壬寅年河干，錢復見，民争取之，立盡。

張旭原金度，康熙間以孝廉任邠州知州，有惠政。揭聯於室中曰：「富貴功名須要自然而至者，仁義道德貴在勉强而行之。」

池州府

東流與彭澤接壤，相傳淵明種菊於此，有菊所，故縣曰「菊邑」，江曰「菊江」。

威烈江將軍子五，居至德鎮。梁太清時，侯景兵自采石渡江，子五欲至歷陽邀其歸路，朱异以爲不可。及景逼臺城，又以中旨促之使戰，子五與其二兄子一、子四直砍賊壘，殺數百人。後隊不繼，賊以戈擊其兄解左體，子五呼曰：「與兄俱出，何忍獨返？」遂皆奮戰而死。

孫冕於天禧間知蘇州府，甫及期，即大書廳曰：「人生七十鬼爲鄰，已覺風光屬别人。莫待朝廷差致仕，早謀泉石養閒身。去年河北曾逢李，今日西河又見陳。寄語姑蘇孫太守，也須抖擻老精神。」乃拂衣去，隱池之九華山。

乾道中，池州竹生穗實，饑民爭食之，知州魯詧繪《瑞竹圖》以上。章服奏疏劾詧，曰：「物反常則爲妖。竹非穗實之物，是反常也。竹生實則林必枯，是妖也。以妖爲瑞，是罔上也。況饑民有食糟糠者，有食草根木皮者，食土之似粉者，豈以是爲珍於五穀哉？猶愈於死而已。詧牧民，顧使民至此，猶以爲瑞而獻之上乎？邪佞成風，漸不可長也。」詧用免官。

諸大道，嘉定間孝子。父令青陽，死即葬百丈潭。大道築廬守墓，洪武初廬猶存。開平王常遇春追趙普勝過此，題詩曰：「赤汗戰征袍，誰如隱迹高？孝子今何在，芳名百代標。」

姚鑠謹厚樂施予，族黨多貸其金者，鑠老取逋券，悉付諸火，語子孫曰：「毋遺此以累汝輩，他日或以財賄致傷戚黨式好之情，損德實多矣。」

丁惟寅旦文恪，紹軾之父，持躬勵學，嘗以二語自省曰：「纔仆即須硬掙立起，有過即須暴白不晦。」

葛財，傭工也，代人樵汲，積數十金。見西關舊河無津梁，盡出其貲，造木橋二十餘丈，從此往來如坦途。今橋址猶存。

吴穉明世燡遭賊亂，負父出走。賊欲斫父，世燡求釋，詭云：「願爲向導搜四鄰。」賊許之，遂釋其父。世燡計父去遠，乃厲聲叱賊曰：「生己之父而殺人之父，非仁。全己之孝而毁人之孝，非義。頸可斷，向導不可爲也。」賊怒殺之。

柳南池世恩，家世爲石埭匠氏，業塗墍。至世恩，習書爲縣吏，然家貧不廢故業。後授濟陽典史，查盤兖州，歷陞淇縣縣丞，俱廉潔有政績。歸老後，麥飯不給，仍以塗墍佐之，人呼爲匠而已。後有兖州舊令賴世恩得白冤者，晚年持多金訪至其家報謝，世恩力却之曰：「白冤，公也。報謝，私也。了公事，不受私謝也。」

太平府

李白死采石，有二孫女，一歸陳雲，一歸劉勸。元和中，觀察范傳正訪得之，召問所由，答曰：「父伯禽不禄，有兄一人，出遊不返，儷於農夫，救死而已。」傳正勸二女另適士族，曰：「不可。孤窮委身，仗威改節，非所願也。」范深重其言。

洪武中，當塗縣民有毆死孕婦，律當絞者，其子乞代父刑，詔大理寺詳議。鄒俊議曰：「子代父死，情固可矜。然死婦係二人之命，冤曷由申？犯人當二死之，條律何容貸？與其存犯法之父，曷若全無辜之男。」詔可。

繁昌田夫夏廷美，一日聽張甑山講學，謂：「爲學者學爲人也，爲人須學爲真人，不可爲假人。」夏憮然曰：「吾平日爲人，得毋未真耶？」從此學問有得，每曰：「天理人欲，只在迷悟間，悟則人欲即天理，迷則天理亦人欲也。」

吴純所一驥，萬(歷)〔曆〕間爲湖州府同知。適有柄臣家悍僕辱縣尉，尉不敢訴，一驥執而笞之。僚屬爲之危，一驥曰：「以天子命吏，撻宰相家奴，何懼爲？」

胡季瀛守太平日，慕蕪湖蕭尺木能畫，三訪俱辭不見，胡怒。時新修采石磯太白樓成，遂於案牘中入蕭名，攝之至，即送入樓，令曰：「畫壁圖成，當開釋。」尺木生萬(歷)〔曆〕間，至是已年七十餘，方卧病。不得已，爲畫匡廬、峨眉、泰岱、衡岳四大名山圖，凡七日而就，遂絶筆。今登斯樓者，嘆賞不置，畫與樓俱傳矣。其事與沈周絶相類。

江南初入版圖時，有裨將於蕪湖掠一婦人，義不受辱，衣服上下縫紉周密。其夫訪而贖之，不許，婦悲憤投水死。至晚泊舟，舵前窸窣有聲，則婦尸在焉，以篙逐之。次日泊舟，尸復至，乃舁而棄之岸。月餘，裨將坐船頭納涼，忽大叫曰：「婦又至矣。」翻身落水而死。

楊穀汝，順治間以中書奉差偏沅歸，垂橐蕭然，客問之，則曰：「奉母者武昌之魚，贈客者衡山之雲。」

廬州府

無爲州鐵佛因禪師，僧問：「如何是爲人消息？」師曰：「新月有圓夜，人心無滿時。」

包侍郎令儀，孝肅拯父也，嘗曰：「後世子孫仕宦有犯贓者，不得放歸本家，死不得葬大塋中。」刊石立於堂東壁。包孝肅拯子繶爲潭州通判，卒，遂無嗣。先是，孝肅有出媵生子育於外，繶婦崔素撫其母，使謹視之。及繶死，乃取之歸，名曰綖人。傳包無後，不知實有嫡嗣在也。

米元章芾知本軍，在郡時蝗不入境。鄰縣移文咎芾，謂驅蝗入彼，芾判其尾云：「蝗蟲本是天災，非干人事擠排。敝司既能遣去，貴縣何不發來？」人傳爲風流名語云。

吴横溪蓴，侍郎光義之祖也。嘗以形家言卜得生壙，族屬復有以形家言奪之者，蓴曰：「以一塊土爲争端，而薄宗族，吾何忍焉？」遂棄之。子守溪廷弼，當光義令仁和時，或言以茂宰父，何不一覽西泠之勝，廷弼曰：「吾爲子之事未畢，敢言爲父之樂乎？」以蓴猶未安窀穸耳。負土事竣，始一往視，見光義貌少瘁，正色曰：「精神用在一處，自無不足。汝我一人子，而仁和萬人父也。汝不負爲萬人父，即不愧我子矣。」

楊宗父重三，自廬渡江，從明太祖立功，授成都中衛指揮同知。宗當世官，乃讓與弟襲，偕弟至蜀爲别業以居，與賢士大夫遊。一日，子入市得金，告宗，宗曰：「汝得而喜，彼失而憂矣。」命往候失金者，驗實還之。

成化間，廬郡火灾，連焚數百餘家。至朱震所居，火忽飛越而過，仍復蔓延，震屋巋然獨存。震素孝義，太守朱鏞深爲慰奬。士大夫賀之，有「孝行格天天監德，當年飛火過鄰家」之句。

張襟海繼道，孝友篤學。萬（歷）〔曆〕間，長子克俊宦秦中，次子克佳爲青州司理，每誡之曰：「與其使人畏，不若使人愛。」又曰：「莫信喜時情，莫縱怒時刑。」臨終賦詩，有「温飽原非今日計，溺饑獨抱古人憂」之句，無爲人至今誦之。

翟道人，從吴少司馬光義自陜西來無爲，寓西城外謝家莊者二年。司馬嘗語道人：「汝當何時死？」曰：「欲死則死，早晚隨意耳。」崇(正)〔禎〕時，遊燕西山，司馬在朝，遣使迎之，答曰：「我不來，當即有書來。」越旬日，司馬騶從出正陽門，忽小僮投一札，自輿中開緘視之，惟「知足不辱」四字，司馬乃挂冠歸。

姥山在焦湖中，一峰卓立，萬頃茫然。崇(正)〔禎〕時，郡守嚴爾珪建浮圖於其上，所費不貲，惑於諺所云「姥山尖一尖，廬州出狀元」也。方成四級而嚴去。有一老儒過其下，語人曰：「此爲廬之劫殺。方浮圖如植劍槊，自此將刀兵四起。」未幾，流寇突江北，和、含、廬江、舒、巢俱陷，郡幾不保，老儒之言驗矣。

李先蓁，廬之諸生也。崇(正)〔禎〕時，寇逼郡城，時合肥令爲西江熊文舉，誓與城爲存亡。先蓁進曰：「公無慮寇，寇不足下也。」文舉曰：「生即能策戰守，顧餉安在？無以給之，且憂内亂。」先蓁曰：「某家有粟千鍾，可支旬日。」於是晝計，分門固守。廬之險在東、西門，文舉自守西，以東城委先蓁。蓁至，申明約束，時出酒食以餉守者，士益感激。賊往來窺瞰，知西門不可撼，則轉而之東，盡日夜攻擊。先蓁率死士衝之，斬殺無算。賊憤以火攻，烈焰漲天，文舉按劍東望，益憂懼。而先蓁從容談笑，令取土一筐者賞錢百，土壓火息，城守如故，賊稍稍引去。先蓁潛出尾其後，斬級無算。文舉額手曰：「天乎，微李生，闔邑無遺類矣！」賊退，上功幕府，於是先蓁之名震江南北。卒以諸生不及格，奬慰而已。未幾，文舉去，賊復至，先蓁守東城如曩。時有幕府兵從南來者，散漫無紀律，南城邏者疑爲賊，殲之。郡邑懼幕府詰之也，遂以先蓁擅殺聞，下獄論斬。會城陷乃免，不知所終。

孫日龍爲里老，有鄰婦以貧鬻身外郡，幾誤墮平康矣。日龍白於官，捐金贖歸，爲之擇配。又年祲，貸官糧四百石，以賑空乏，人稱善士。

吴光義筮仕浙之仁和令，累官至兵部右侍郎。有叩其概者，輒撫心稱負國恩，終無所述。始爲令時，肆應立斷，與吴江令劉夢胥、秀水令朱上愚稱「東南三令」。尋轉主事，理山海關。故事，出關者必受繻於關，以防間諜，杜奸謀，法至重也。然或流離轉徙，致亡其繻。及久客貧，質其繻者子錢家常簁萬。繻偶不測，則質者畢生無復首(邱)〔丘〕矣。光義曰：「夫獨無父母、妻子、墳墓乎？吾違我母幾何日，起居時聞，而不勝《北山》之感，何忍見此繻？即不可問，年貌籍里之在册者可考，惟精心核之耳。」因以意榜示二十八衛，遠者自海上諸島，與爲之期，至期躬涖其事。凡一月，得生還者數萬人。沿途皆爲位而祠之，至今關門頌其事。後巡撫河南解任歸，流賊犯濡須，人心洶亂，皆謀跳而保他所，城且空矣。家人以告，徐謂之曰：「毋以汝累我，亦無以我累汝，各爲所爲可也。」夜秉燭坐堂上，儼然若神。家人又以告，則熟視，叱之曰：「吾已與汝曹決，何復溷乃公？」於是捐貲募士，以倡城守。賊探知有備，且内應不通，遂去。

鄉民李善事繼母丁極孝，樵採易米，竭力以供膳。母癱三次，割股以療之。及殁，哀毁盡禮。人以孝事繼母爲尤難也。

趙觀乙，肥邑推爲博學。嘗榜其齋柱云：「立心行善非求福，教子知書不爲名。」

崇(正)〔禎〕末，寇集柘皋，廪生丁遵道父被執。將殺，遵道號呼震地，解衣求以身代。賊憫其孝，父子俱免。時有儒童王伯和，亦將被殺，呼「先生救我！」賊詢先生爲誰，曰：「即適所蒙放丁先生也。」賊釋之。

舒城史家岡史姓，聚族居焉。有史氏女，歸胡福，年二十三，福死，夫黨欲奪其志。史服男子服，徒步三十里歸母家，産遺腹子仕祥。後仕祥事母孝，冬夜卧必先温母被，有司旌之。當仕祥少時，有老人過門索茶，因備雞黍食之，且留宿。明日，老人去，謂仕祥曰：「汝母奇節，汝又孝，汝母百年後當以我席下地葬之。」又曰：「汝母勤織紝，所積金藏之笥中，勿輕發，葬時須用也。」言畢，不知所之。未幾，史族構訟，更回禄，廬舍爲榛莽。史年九十七卒，仕祥謀葬母老人所指席下地，而史族子姓不從。仕祥憶老人言，以笥中所藏金與之，遂得窆。自後家日起，四傳至守恒，崇（正）〔禎〕戊辰進士，以編修殉國難，謚文節。守恒子永亨，康熙庚戌進士，雷廉巡道。其餘子弟多顯者。舒人每樂道其事，爲節孝之報，以史家岡爲胡氏發祥之地云。

吴開（允）〔胤〕以順治六年知福建建寧府。下車時，賊初平。有前明都憲張養素，富累巨萬，有司利其財，誣爲通賊。總戎發兵，繫其男女百餘口，狼籍道路，制府陳錦、撫軍張學聖檄開（允）〔胤〕訊其獄。開（印）〔胤〕①即詣總戎索囚，軍中有譁聲，開（允）〔胤〕厲色曰：「兩臺檄本府訊獄，爰書未定，張氏男女可留軍中乎？如不盡發，某即以印檄繳總戎，馳白制撫耳。」總戎聳然付之。既至，置諸府儀門外廡，立取民間保媪諭守之。雞鳴，會三廳二縣，焚誓告神，質於城隍廟。有司仍附耳以利動，謂加極刑於其嬌穉，則誣服矣。笑而應之，就神前立白其冤。馳牘上制撫，日尚未晡也，悉縱遣之。制撫咸曰：「治獄如建寧守，七閩不難治也。」開（允）〔胤〕樸質寡言笑，重然諾，飲啖兼數人，望而知其爲長者。

傅堯黎時雍，謹言行，篤氣誼。一友人病垂亡，酷暑急謀喪具，時雍即呼匠到家，代爲治之。其

① 「印」，《四庫》本作「允」。

妻曰：「今日爲兒製學中吉服，而雜以凶器，恐不祥。」時雍笑曰：「吉凶數也，何害？」

土橋鎮丐者，不知何許人。時曳竹持筐丐於市，叩其姓名，笑不答。有客寄囊金於市儈，儈受而潛置卧内，其妻曝所藉草，不知有金也。久之，客索所寄囊，儈索諸婦，婦覓不得，窘且投河，一市皆閧。丐聞趨至，曰：「我於路上草中得之者，奈何苦而婦也？」取囊付儈，封識如初。客願分半與之，丐銖兩不受。後不知所終。

鳳陽府

連庶爲壽春令。縣有淮南王舊壘在山間，州守議取其甓爲城，庶曰：「弓矢舞衣，傳之百世，藏之王府，非必可用。蓋以古之物傳於今，尚有典型也。」壘因是得存。

吕夷簡四子：公弼、公著、公爽、公孺，皆穎異。夷簡與夫人語：「四兒他日皆顯重，但不知誰作宰相，吾將驗之。」他日，四子居外，夫人使小鬟擎四寶器貯茶而往，教令至門，故跌而碎之。三子皆失聲，獨公著凝然不動。夷簡謂夫人曰：「此兒必作相。」元祐中，果大拜。

吕公著，當父夷簡秉政時，自書鋪中投應舉家狀，弊衣蹇驢，謙退如寒素。見者雖愛其容止，亦不甚異。既去，問書鋪，知是呂廷評，乃始驚嘆。

明高帝自金陵幸濠州，父老經濟等來見，帝與之宴，謂濟曰：「我與諸父老不相見久矣。今還故鄉，念鄉人遭罹兵難以來，未遂生息，吾甚憫焉。」濟對曰：「久苦兵争，莫或寧宇。今賴主上威德，各得安寧，勞主上垂念。」帝曰：「濠，吾故鄉，父母墳墓所在，豈得忘之？然吾不得久留此，父老宜教導子孫，爲善立身，孝弟勤儉養生。鄉有善人，由家有賢父兄也。」濟等頓首謝，皆歡醉而去。翌日，帝謁陵還邸舍，謂博士許存仁曰：「吾昔微時，自謂終身田畝耳。又遭兵亂，措身行伍，亦不過爲保身之計。不意今日成此大業。自我去鄉里十餘年，今乃得歸省陵墓，復與諸父老子弟相見，追思向時，良可感也！」越日，將還金陵，謁辭陵，召汪文、劉英謂曰：「鄉里親故，愛厚者惟足下二人。先世陵墓所在，公等善爲守視。」仍賜英、文綺帛米粟，又蠲鄉縣租賦。父老皆歡悦，再拜曰：「感主上恩德，無以報也。」

洪武十六年八月，遣中官張林取鳳陽親鄰二十家赴京。既至，衣服藍縷，不能朝見，命尚衣監每人與衣帶靴帽。次日早朝罷，張林引入謹身殿朝見。帝謂曰：「朕與諸父老别久，不得叙布衣故舊之情矣。」命於奉天殿左廡下筵宴。光禄寺奏二十家筵宴訖，桌席無處收。上命禮部，每人與黄龍袱包去，免謝恩，送會同館安歇。次日朝罷，又召二十家入見，携覽宫殿，朝見皇后。后命每人與蘇木、胡椒各一斤，路費鈔五十貫。帝賜宴，亦人給鈔五十貫。謝恩畢，帝親送出西長安門，叩辭馳驛還。嗣給事中徐日新傳旨：「鳳陽親鄰老者，道途遥遠，江河雨雪，往返爲艱，今後不必來。在家每逢時節，炷香祝天地，教子孫讀書，遵奉鄉飲酒禮。東魯山、西魯山、馬鞍山、萬歲山，聽其鞍馬出入，行鷹、放犬、採獵、打圍可也。」

黄仲玉璲景泰間訓導昌邑，邑濱海樸陋，璲加意作新，士風聿變。有昏惰欲求退者，璲曰：「人才豈專於地産，學業豈限於天資？少保忠宣黄公，爾地人也，乃當代名臣。爾何不以鄉先哲爲標準，而甘自棄耶？」璲本上海人，而徙定遠，兩地稱之曰「我黄先生」云。

隗士騏明季遊京師，一日偶與大璫弈，璫忽忖曰：「昨有朝士訴子，予思暗擊之。」隗不應。方對弈間，璫又曰：「予以炮暗擊汝士，汝將若何？」隗曰：「公躬近至尊，彰癉爲天下懲勸。所擊士可擊則擊之，何以暗爲？」璫笑而解。炮與士，皆象戲子也。後朝士聞爲壽春隗生也，以百金謝，固辭云。

臨淮諸生宋吉士喪妻，人勸其再娶，則曰：「予聞之《曾子》，高宗以後妻而殺孝己，吉甫以後妻而放伯奇。吾上不及高宗，下不及吉甫，故不更娶也。」

何大敬欽世業醫，至欽益邃其術，遠邇求胗視者不可勝計。學者請教，則曰：「醫在通經學古而已。汝欲究吾術，盍先讀《易》以察時變，讀《禹貢》以識九州山川風氣，然後博極方書，歸約於《内經》可耳。」

明末，鳳陽司李南昌萬仲實丁母憂，將去，臥疾未行，而流寇突至。鳳故無城，逼署索理官甚急。仲實子元亨遽衣父衣出，大呼曰：「我，官也。」大罵賊。賊怒，斫數十刃死，賊乃去，仲實得免。陳弘緒爲著《萬孝子傳》。

劉吏部公戭體仁，在鳳陽與其友蘇銘孝廉往龍興寺，與某禪師叩擊，竟日晚歸，遂化去。是夜，銘夢體仁來，微笑吟曰：「六十年來一夢醒，飄然四大御風輕。與君昨日龍興寺，猶是拖泥帶水行。」

潁州府

宋韓億，字宗魏，仁宗朝以參知政事知亳州。子綜，爲西京倅，來省。億問西京疑獄，綜方思之，未對，億大詬曰：「女食朝廷厚禄，倅貳一府，事無巨細，皆當究心。大辟奏案尚不能記憶，細務不舉可知！」欲杖之，賓客力解乃已。

王淡父尚循遊南雍，折節讀書，題其楹曰：「過也如日月之食，復其見天地之心。」

李琮極孝，母死，葬潁城東清河北渚。嘗夏水泛漲，李憂塋之蕩於水也，没水插竹識之。比水落，隨竹漩成窩勢，堪輿家謂金盆荷葉形也。環塋皆李指揮地，指揮思破其龍脈，捨地爲漏澤園，以埋諸無主之骨。堪輿家又謂，衆星拱月形也。其後子孫科第相繼，葵登成化丁未榜，增登嘉靖乙未榜，貞登隆慶辛未榜。人咸以爲李氏世孝所致云。

王道增登萬(歷)〔曆〕庚辰第，選西安推官。方巡查漢中，丁母喪，即索馬夜行。有五虎阻於道，道增大哭，虎遁去。宿許州西店，盜以爲商也，匿店中伺便行劫。心動，搜獲置之法。後入臺，陞寧夏河東道，多著邊功。楊應龍反，詔李化龍統兵平之。時道增爲方伯主兵餉，餘丁十萬，有欲以之充别項者，道增不肯私，時論重之。先是，道增在臺，以劾大璫得罪，出爲楚參藩。時適李卓吾贄爲僧，於龍潭横口詆訶，簧鼓末學，從遊甚衆。道增爲文聲其罪而逐之，侃侃正論，深中流弊，贄不能難。

州之明清里老儒丁廣，任保州教授。郡將武人，而通判者戚里子，悉多姬侍，耽酒色。會有道人過郡，自言數百歲，能煉大丹，服之可以飽嗜慾而康强無疾，然後飛昇度世。守貳館之以先生之禮，選日創丹竈，依法煉四十九日乃成。成時神光屬天，置酒大合樂相慶，然後敢嘗。廣聞之，裁書以獻，願乞刀圭養病身。道人以其骨凡，不肯與。守貳憐之，爲請，僅與半粒，廣欣感服之。不數日，守貳皆疽發於背，相繼殂，道人宵遁。廣腰間亦生毒，皇急取地漿飲之，得愈。明年，考滿改秩，歸汝潁，疾復作，又治如前，稍痊。偶覺熱躁，澡身水入創口，遂致不起。金石之毒有如此。

張實素講性命之學，有羽客嚴碧虛來與之遊，博洽變幻，謂實曰：「吾有黄白術，非人莫授，願以授公。」實辭以儒者無事於此。碧虛臨去，留一方，藥一粒，棄笥中十年。一日，有友劉訪曰：「嚴藥曾試否？」實曰：「黄冠多誤妄，何試爲？」劉請辨藥，具試之。每藥一分，鎔銅十兩，須臾成良金。劉鼓掌大噱，深爲嘆異，而實絶口未嘗及也。生平孝友，文行遠近無間言。後以明經授遼陽斷事。

卜宣博學有大志。需次貢北雍，憫副薦者謝節貧邁，願讓焉。督學不可，宣固請曰：「謝生家貧親老，及時引養，殆不可緩。」督學乃許之，仍給宣貢例銀兩。宣曰：「願以佐謝甘旨也。」督學益嘉其品。後仕南部令，以除巨寇忤上官意，挂冠歸隱。

任翼宸父偉遇寇，矢中腰，甚危。翼宸每當父敷藥，必口呷患處。旬餘，創始愈，人咸目爲孝子。

王敷政性至孝，遭喪廬墓三年，足不踰閾。服闋將歸，遍謝墓鄰。飯於高姓家，而雷雨大作，繞户震霆。敷政方敬懼避席，而雷從其座下穿屋穴出。數里之間，村舍盡毁，惟高氏家獨全，潁人盛傳雷避孝子。

邑生康衢，貧介有志節，闢室宅後讀書。有鄰女薄暮投康，康叱之曰：「汝何等人家，乃忽至此？不速去，我將大呼。」女慚而退，自是不處斯室。又金姓者，臨殁以八百金付康，康力辭：「某貧，無復須此，恐爲鄉閭所議。」竟却之。

流賊掠趙天錫家，有僕趙勤者，匿主於柴垜中，而身撼賊。賊榜掠無所不至，且以鎗刺勤腹，詰以主所在，勤至死不吐露。賊去，主獲免，勤亦甦活，衆旌其義焉。

潁州鎮撫舍人鹿剛生子鸚，雄健多力，運刃重六十斤，怒激氣發，筋露髮豎，骨節有聲。身長，目微斜，左手最捷，與人撲多以左勝。嘗擲都司門前石獅子於井，數十人取之不起，鸚雙手引出之。與劉鳳爲友，鳳謹厚韜晦，不以力加人。鸚毆人，鳳每解之。一日毆人，鳳諭不應，鳳掣其肘。及歸，覘肘上五指印皆青色，鳳之力更異甚也。鸚後以殺流賊功，朝議授錦衣百户世襲。而適鸚踢死邨媪，官司求之急。其兄恐禍及族也，醉而溺諸河，遂死。命下，莫敢應，事遂寢。鸚後顯靈山中。今土人所祀鹿將軍廟猶赫云。

徐惟適揆方，讀書强記，人有遺忘者質之，即指曰在某書某册某頁中，百無一爽。書桃符於門云：「上天特命爲寒士，小子惟思學古人。」潁守見而奇之，停驂造訪，徐逾垣而逃。

王夢瑾質自永樂間登朝，出爲外藩，入居内輔，勞勩四朝，無纖毫過失。自奉不異布衣時，每食蔬菜，終身不厭。時號爲「青菜王」。

薛考功蕙嘗曰：「上帝固曰天，吾心亦天也。鬼神固曰神，吾心亦神也。小人妄意神道爲茫昧，故肆其惡而無忌憚。謂天爲弗知，而吾心已知矣；謂神爲可欺，而吾心已不可欺矣。《書》曰：天聰明，自我民聰明。民之聰明，即天之聰明也。不然，億兆至衆，天將竭聰明以伺之，不亦勞乎？」

嘉靖間，魏閹肆横，郡縣悉爲建生祠，往往由膠庠中具請後行。亳一二宵人議及此，高第生周迓衡太和執不可，曰：「士獻一日之媚，即犯千秋之議，奈何而不慎？」事遂已，故亳獨無魏祠。

皇極教倡自河南，亳民惑之者甚衆。順治十四年，知縣陳大綸及生員范文炯、王邦翰等設法擒剿，始除。

甯獻賢掄子世簪，康熙間授翰林編修，每訓之曰：「違心之事一件不可行，傷心之言一句不可説。」

康熙間，亳州有女子，本北人，幼隨父母避仇來亳，賣腐十餘年，積貲二百金。女長有色，鄰里欲聘之，父母計親戚墳墓咸在北，且日久仇盡，盍北歸嫁女，乃戕裝，雇二驢與母女乘，而父徒行以從。纔二十里，見弓刀兩騎來，突挾女上馬，疾馳不顧。父母追奔數里，哀號乞女，騎弗許。父母曰：「吾有五十金，願貢贖女。」又弗許。三請，罄其二百金，騎取金，仍挾女去。父母號呼不捨，騎拔刀並殺之。復行數十里，女見道旁有井，佯言口渴索水，騎以孱弱女子也，許之。下馬取水，不得汲器，女指曰：「前高樓中無汲器耶？」遂一人守女，一人往取汲器。女伺守者少怠，躍入井中，守者猝無計。取汲器者至，乃以汲繩縋一人入井，以繩縛女引之出，復縋繩引救女之人。井上者方鞠躬下視，垂首力引，女乘勢極力推之，遂并墜井。女乃跨其馬奔高樓家，訴其故，邨人齊赴。視井，果有二人，其一折頸死矣，衆引其一出。女拔刀斷其首，橐金咸在。報之州守，守爲驗實，大奇之，曰：「汝父母盡歿，隻身歸北，誰與汝主者，吾嫁汝可乎？」女頓首泣謝，乃迎入署，擇所拔諸生某，厚奩以嫁之。

亳州女子王四姐，幼許字李範同之子殿機。範同爲叛案牽連，母張給配象房校尉王福殿。機甫三歲，因冒王姓，後充校尉。革退，賣身鑲紅旗厄爾庫爲奴，與王氏家久不相聞問。王氏叔與兄逼爲改嫁，王知夫尚存之，死不從。康熙二十八年，年三十四，匍匐至京，流離顛沛，瀕死者數矣。乃遇殿機於厄爾庫家，已配婦蕭。厄爾庫重王節義，願不取身價，許斷出殿機，并蕭氏與四姐同歸。經巡城御史阿爾賽題請，下部議，聽與王氏完聚。

司玥居苗家集，雍正十年已一百四歲，筋力强健，間或荷鉏秉耒。子文衡七十四，孫連勳四十七，曾孫林三十，(元)〔玄〕孫成十歲，五世一堂。洵聖朝人瑞也。

滁州

羅畸元祐間爲滁州法曹，或曰：「滁貧陋，如之何？」畸曰：「此歐陽修醉鄉也。香泉萬斛，以爲供給，白雲千頃，以爲職田，何謂貧陋耶？」

趙相本衛所百户，以鄉薦除寶慶府推官，清介不名一錢，凡有所魄，輒謝却曰：「餘以遺之可也。」問何遺，曰：「吾以其餘遺我子孫耳。」

潘熙仲運皥，五歲甫讀書，父問：「兒何志？」對曰：「立身行道，揚名於後世。」康熙間授舍人，有文名。

和　州

胡景濂澄，天順間歷縣令、州倅。生平清慎好學，嘗訓諸子曰：「吾爲吏十三載，不敢有毫末私，懼不類於先人也，汝輩其體之！」有書數櫃，作《藏書記》以授子，曰：「是足以遺汝矣，令世世業此者守之。」

張叔宣，内江人，嘉靖間任和州守。存心撫字，民有訟於庭者，每和顔諭之曰：「吾見人多爲訟破蕩家産，爾等姑自忍，可亟歸各務生理也。」嘗單車出，見邨婦夥行拾田間菜，下車慰問，持一束歸作羹，召諸僚飲之，命庖過客亦不得重肉，曰：「吾不忍剥民以悦人。」

張不二秉純，爲含山諸生，有才氣。李自成陷京都，秉純衣冠北向，號泣拜，遂絶粒。或勸之曰：「分在草莽，死無益也。」秉純笑曰：「自古忠臣義士捐軀殉國，有益者曾幾人？不過自盡其心耳。」遂餓以死。

崇(正)〔禎〕時，流賊破和州，州人死於賊者無算，而魯氏族姓爲鉅，駢死最烈。魯孺發作《魯氏義烈傳》，劉城《書〈魯氏義烈傳〉後》云：

崇（正）〔禎〕乙亥，和人一夕而死於賊者二十萬。吾友魯子孺發之族姓蓋數百人焉，孺發述其尤者爲《魯氏義烈傳》，予讀而傷之。若國俊、一璠、一惠及一惠子可爲者，孺發之所怵於心而不忍忘者也。國俊嘗授上海訓導，時年七十餘，事繼母劉氏九十餘，以孝稱。賊警至，泣拜牀下，請負母以逃。母曰：「吾耄矣，何逃也？汝年餘七十，且嘗爲儒官，宜與城俱存亡也。」國俊整襟侍母，不離左右。城陷，母子皆遇害，白髮殘骸抱挈不可復解。一璠爲崇（正）〔禎〕初拔貢士，居恒吟諷自適。城陷時，猶誦康節《擊壤集》，從容率其子若女及孀嫂、妾媵輩二十餘人赴水死。其遺孤人駒十歲，孺發先携之白下，僅免。賊退，出其尸，勃勃如生。

一惠當城陷，角巾儒服，趨立城東池水中。賊見之，曰：「官也。」一惠怒，曰：「官可賊犯耶？」賊曰：「倔强老子也。」投以巨石，一惠即没水不起。子可爲，守陴被執，終不肯發一聲而死。嗚呼！此其孝烈，豈非經明行修，殺身成仁，而志不可奪者哉！

諸子於孺發爲諸父兄行，不可不使聞於當代。以孺發之才行，將有以自見也，孺發其勉諸！

蔣銘，性耿介孝弟。其子已與賓興，遂以世業百畝盡讓與弟，謂子曰：「汝進用有日矣，務竭忠以報國，可勿爲①囊橐計也。」

① 「爲」，《四庫》本作「謂」。

和州戴本孝①，詩畫皆超絶。康熙間在京師，偶與友人談華山之勝，晨起即襆被往遊，其高曠如此。弟遂孝，四十不娶，亦有詩名。皆老於布衣。②

廣德州

李于來徵儀，萬（歷）〔曆〕間爲御史。適中貴傳旨經營臺榭，煩費不貲，徵儀抗顔曰：「今上富有四海，即以中民十家産奉清宴歡，亦何不可？然以一家計之，必先飭治所居，爲子納婦，然後以其餘及耳目玩。今所急，應不在是。」中貴諸人舌撟不下，徵儀曰：「但奏御史李某云云可也。」語傳禁中，遂報罷。時三殿未建，諸王未婚，故語及之。

夏節之元和以通判榷關臨清，嘗榜廳事後云：「摘蔬尋别味，種竹映虚心。」竟以潔己盡瘁卒官。

六安州

何叔度子尚之，義熙末選吏部郎，告休定省，傾朝送别於治渚。及至叔度所，叔度問曰：「聞汝

① 此條録修本删。
② 「弟」句《四庫》本作：「弟浪重，四十不娶，亦有詩名。」删「皆老於布衣」五字。

來此，傾朝相送，可有幾客？」答曰：「殆數百人。」叔度笑曰：「此是送吏部郎耳，非關何彥德也。」昔殷浩亦嘗作豫章，定省送別者甚衆。及廢徙東陽，船泊征虜亭，親舊無復相窺者矣。」時服其言之明達。

焦焕，建炎間赴試京師，旅中主舍婦失一金鐶，爲其僕所獲。既行數日，方告焕，焕遽返而還之。或以試迫告，焕曰：「此婦失物，必疑其左右，捶楚急則赴水投繯，勢必有之。吾忍以一第誤一命哉？」既還入京，已過試期，而以場屋災仍得入試，舉第一。諺曰：「不因場屋火，怎得狀元焦。」亦奇矣。或作焦竑，事同。

元至元間，知州王大有當春時詣宣聖廟，聞群蛙鼓沸，意謂清廟不宜有此。或曰：以某草灰布之，中毒自斃，或又謂網罟可殲。大有曰：「獨何忍傷其生乎？」使學正視於土神。翌日寂然，從此遂無蛙。

郭濟川淵，汾陽裔也。明初，天下乍定，民以占民籍輒爲吏撓，有爲丞相奴者，則吏不敢侮，因欲相率爲丞相奴。淵阻之曰：「民雖賤，王民也。奴雖貴，人奴也。使世世爲人奴，與王民孰愈？」民愧而止。後官樹良吏，吏務休息民，而奴困絀，民因偕來謝曰：「微君，幾不免矣。」

金理源天爵，嗜學孝友，愛兄子逾己子，而督率甚嚴。每曰：「侄也孤，愛之不當，僅若己子。然使姑息不令有成，即愛侄反不若愛子矣。」

崇(正)〔禎〕末，張獻忠攻陷六安，屠民墮城去。時總兵王憲頓兵安豐塘下，三日不進，萬命以傾。明年，憲道經安豐頓兵處，暴雷震死。

鄧夫人，總戎黄鼎妻，賢而有才略。流寇躪六安，鄧禦之於白湖灣，殲其帥。閣部史可法旌之曰「翟茀龍韜」。

泗州

後漢桓礹，沛國龍亢人，避亂揚州。居從事屋中，庭橘樹一株，遇實熟，乃以竹藩樹四面。風吹落兩實，以繩繫著樹枝。

歐陽觀，修父也，咸平間爲泗推官，讞死獄，每傍徨求其生。夫人詰之，則曰：「吾求其生而不得，則死者與我皆無憾也。夫常求其生，猶失之死，而況常求其死乎？」

吴師禮，錢塘人。曾知天長縣，後擢司諫。工翰墨。徽宗嘗訪以字學，對曰：「陛下御極之初，當志其大者，臣不敢以末伎對。」

戚翰川杰，少聘花氏女，未婚而瞽。戚年十八登進士，擢吏部主事。婦家請易婚，戚曰：「夫婦倫也，病廢命也，吾若不娶，彼將安歸？」遂執不易。

盱眙馮慕岡應京，官楚僉事，時楚民困鑛稅，馮下車即約束縣令於學宫，曰：「邑故無鑛，而每邑歲輸金四千餘，吾以三尺從事矣。」於是令以無鑛報，而民少蘇。

徐中白文炯，知沁水縣歸，訓子弟力學，署堂聯云：「世間有幾許名門，皆因積德；天下第一等好事，還是讀書。」

崇仁也成己，讀書好施，家遂匱。有田一區，傍湖干。適大旱，湖竭，惟成己之田有塘，瀦水猶没肩，令遠近汲取弗禁。佃請曰：「君行義，如吾農何？」成己曰：「稿我之苗，與戕人之命，孰急哉？」又推己食以贍農。

江南通志卷一百九十七

雜類志

禨祥

古之聖人，不誇神竈、鳴鳳。而洚水其咨、桑林自責，其保極錫福之意深矣。夫《春秋》不言事應，而時地必有所徵。至漢，五行家則舉天人相與之際明著於篇，尤爲深切。然考之《書》，「王省惟歲，卿士惟月，師尹惟日」，則休徵、咎徵，亦感召各有分際也。

我聖朝太和在宇宙間，民物阜安，嘉祥重疊。而一方之志乘，亦必録舊事而類增之，俾司土者得詳覽焉。修德、修政，修救、修禳，轉移甚微，當不使虎渡河、蝗出境專美於前矣。列庶徵。

周

孝王十三年，大雹，江凍。

秦

始皇時，長水縣有童謡曰：「城門當有血，城陷没爲湖。」一老媪旦旦往窺門，門侍問知其故，因塗犬血以紿媪，媪見疾走。忽水大至，淪陷爲谷，曰「谷水」。

漢

惠帝五年，大旱，江水少，谿谷絶，太湖涸。

吕后三年夏，江水溢，流民千餘家。

八年，江水溢，流萬餘家。

文帝十二年，吴都有馬生角，角在耳前，上嚮，右角長三寸，左角長二寸。

景帝三年，楚國吕縣有白頸烏與黑烏群鬭，白頸不勝，墮泗水，死者數千。

五年，江都暴風從西方來，壞城十二丈。

元光三年，河徙自頓（邱）〔丘〕，經瓠子，通於淮、泗。

元封五年，帝往南嶽，祭潛霍山。上無水，廟有四鑊，可容四十斛，祭時水輒自滿，事畢即空，每歲四祭。後但一祭，一鑊自敗。

始元三年，鳳凰集於東海。

元康元年，鳳凰下彭城山。

河平二年，楚國雨雹，大如斧。

沛郡鐵官冶鐵，鐵不下，隆隆如雷聲，工者驚走。聲止，地陷數尺，爐中銷鐵散如流星。

後　漢

建武二十四年，睢水逆流一晝夜。

永平二年，王雒山獲寶鼎。

元和三年，白虎見彭城。

永元元年，淮水變赤成血。

延光二年，丹陽山崩四十七所。

三年，沛國言甘露降豐縣。

建和元年，黄龍見譙。

永興二年，彭城泗水增長逆流。

朐山崩。

建安元年，江淮饑，人相食。

三國　吴

黄武二年，京口鎮甘露降。

江東地震。

江東野蠶成繭，大如卵。

嘉禾六年，江東地震。

白麟見建業。

有赤烏群集前殿，遂改明年元。

赤烏元年，白虎見。

二年，江東地再震。

十一年，黄龍見於雲陽。

十三年，丹陽、句容及故鄣、寧國諸山崩。

太元元年八月，大風，江海湧溢，平地水深八尺，吴高陵松柏皆拔，郡城兩門飛落。

建興元年九月，桃李花。

五鳳二年，陽羡離墨山大石自立。

永安六年，石頭城火，燒西南百八十丈。

寶鼎二年，丹陽民宣騫母年八十，偶浴，化爲黿。諸子閉户守之，掘堂上作大坎，實水其中。黿入坎，游戲一二日，延頸外望，伺户小開，躍入遠潭不還。

建衡三年，西苑言鳳凰集，遂改明年元。

天册元年，建業城中掘得銀尺，長一尺，廣三分，上刻有年月字。

晋

咸寧元年，白雉見安豐。

太康二年，淮南、丹陽地震。

白兔見彭城。

元康元年，尉氏雨血。

四年，壽春山崩，地陷三十丈。

六年，安豐有女化爲男。

吴郡民間聞地有犬聲，掘視得犬，雌雄各一。

永寧元年，繁昌縣小兒八歲，髮白，能卜。

太安元年，丹陽當塗縣夏架湖有大石，浮二百步而登岸，民驚譟相告曰：「石來尋石，冰入建業。」

永興元年，丹陽内史朱達家犬生三子，皆無頭。

永嘉元年，吴縣萬祥婢生子，鳥頭，兩足馬蹄，一手無，毛黄色，大如枕。

三年，江水竭，可涉。

壽春有豕，生兩頭。

六年，無錫倏生茱萸四株，交枝若連理。

建興二年，毗陵田中得銅鐸五枚。

四年，江寧民墾田得白麒麟璽一，紐文曰「長壽萬年」。

東 晋

建武元年，晋陵牛生犢兩頭。

有豕生八足。

大興元年，日夜出於南斗中，高三丈。

二年，吴郡米廩無故自壞。

丹陽馬生駒兩頭。

三年，白鹿見丹徒。

永昌元年，晝夜雷雷震五十餘日。

咸和元年，宣城春穀縣山岸崩，獲石鼎，重二斤，受斛餘。

四年，吴郡會稽十一月震電。

咸康元年，揚州諸郡饑，地生毛。

八年，甘露降襄安縣。

廬江民留珪夜見門内火光，掘之得玉鼎，圍四寸。

永和七年七月甲辰夜，江濤入石頭，死者數百人。

九年十二月，桃李花。

升平二年，晋陵等五郡大水。

五年，天裂有聲。

興寧元年，揚州地震，湖溢。

寧康三年，神獸門災。

太元六年，謝安出鎮廣陵，始發石頭，金鼓無故自破。

九年，陽穀獻白兔。

十三年，大風，揚州晝晦。

冬，濤水入於石頭，毀大桁殺人。

十四年，彭城民家雞三足。

十五年，江表地震。

十七年，地復震。

六月甲寅，江濤水入石頭，（城）〔毀〕①大桁，漂船舫，有死者。京口西浦亦濤入殺人。

元興二年，丹徒甘露降。

義熙四年，丹陽、淮南地生毛。

十一年，霍山崩，獲銅鐘六枚。

元熙元年，亭林地裂數尺，中有波濤聲，探之火起。

南北朝　宋

永初二年，白烏見吴郡婁縣。

元嘉三年，三吴大水。

八年，繁昌獻白兔。

① 據《宋書》卷三十二改。

十八年五月，江水溢，没居民，害田稼。

廣陵澗中出石鐘九口。

甘露降於廣陵。

白燕産於丹徒。

二十年，歙縣獻白熊。

二十三年，當塗木生連理。

二十七年，甘露降於東海、丹徒。

白燕産於京口。

二十八年，嘉禾生於廣陵。

孝建元年，鳳凰見丹徒憩賢亭。

二年，白兔見淮南。

三年，流星大如斗，尾長十餘丈，墮廣陵城西。

大明二年，白鹿見丹陽。

白雉雌、雄各一見海陵。

三年，白鹿見廣陵新市。

宣城甘露降。

白黿見宛陵石亭山，野蠶生三百餘里。
四年，龍見於彭山。
五年，松木連理。
泰始二年，赭圻獲石柏，長三尺二寸，廣三尺五寸。
嘉瓜生南豫州。
赭圻城南得紫玉一段，圍三尺二寸，長一尺，厚七寸，攻爲二爵。
三年，白獐見東海、丹徒。
異獸見於彭山，羊頭，一角，龍翼，四足。
昇明二年，甘露降建康。
豫州萬歲澗兩樹，隔澗騰枝，跨水爲一榦。
三年，白虎見歷陽。

齊

建元元年，朱雀桁華表生枝葉。
秣陵獲白雀。
甘露降淮南。

永明元年，丹陽大水。

四年，丹陽獲白兔。

六年，石子岡柏木化爲石。

九年，南徐民黄慶有園，園東廣袤四丈許，菜茹採拔隨復①更生，夜常有白光，皎質燭天。掘之，得玉②印一，文曰「長承萬福」。

十年，蘭陵民③齊伯生於六合山獲金紐璽一，文曰「年予主」④。

中興二年，甘露降茅山，瀰漫數里。

江東旱。

永元元年，建康大風，十圍樹及官舍、民居皆偃拔。

江水入石頭，漂殺沿江居民。

淮水變赤成血。

---

① 「復」，《四庫》本作「後」。
② 「玉」，《四庫》本作「王」。
③ 「民」，《四庫》本作「氏」。
④ 「年予主」，《四庫》本作「年子主」。

梁①

天監元年，鳳凰集南蘭陵。

吴郡陽山生白龍。

四年，建康生嘉禾。

六年，吴縣獲四目龜。

八月，建康大水，濤上御道七尺。

七年，廬江灊縣獲銅鐘二枚。

普通元年七月，江、海並溢。

六年，龍鬬於曲阿。

大同三年，朱雀門災。

九年，地震生毛。

中大同元年，竟天有聲，如風雷相擊。

① 《四庫》本無「梁」字。

十年，龍墮延陵井中，大如驢。以戈刺之，俄見庭室中有大蛇，如數百斛①船。

太清元年，丹陽民婦生男，眼在頂上，自是旱疫三年。

承聖元年，淮南有野象數百，壞人廬舍。

太平元年，甘露降京口。

陳②

永定元年，甘露降鍾山。

大建十二年，丹陽等處大旱。

十四年，江水赤如血。

貞明二年，有群鼠自蔡州岸入石頭，渡淮至青塘兩岸，數日死。

東冶鑄鐵，有物赤色大如甕，自天墮鎔所，有聲如雷，鐵飛出墻外燒民居。

蔣山有衆鳥鼓翼而鳴曰：「奈何帝。」

① 「斛」，《四庫》本作「解」。
② 「陳」，《四庫》本無此字。

隋①

開皇十二年，繁昌見雲中有物如羝羊，黄色，闘墮。獲其一，數日失所在。

二十年，廣陵地震。

煬帝十三年，大旱，自淮及江東，絶水無魚。

江都宫城諸殿屋鴟尾上鐵索，爲烏鳥銜拔。

有石自江浮，入於揚子津。

大星墜於江都，未及地而南，磨拂竹木皆有光②，飛至吴郡，遂墜地。

江都五日並見。

唐

武德四年，濠州老子祠枯樹復生枝葉。

貞觀二年，當塗崔姓有駢竹之異。觀察使以聞，改宅爲寺，賜名瑞竹。

① 「隋」，《四庫》本無此字。
② 「光」，《隋書・楊玄感傳》作「聲」。

三年，譙、泗、徐、濠、蘇等處大水。

八年，江淮大水。

十二年，滁、濠二州野蠶成繭。

十三年，雲陽石燃方丈，晝則如灰，夜則有光，投草木則焚，歷年乃止。

滁州野蠶成繭。

十五年，有黑、白二龍鬭於虞山東北。

十九年，徐州言騶虞見。

永徽元年，宣、歙等州大雨水。

顯慶元年，宣州涇縣山水暴出，平地深四丈。

乾封二年，宜興木連理。

總章元年，江淮大旱、饑。

垂拱元年，淮南地生毛，或白或蒼，長者尺餘，焚之臭如燎毛。

廬州産嘉禾。

巢縣産嘉禾，一本五六穗。

延載二年，常州地震。

大足元年，揚、楚、常、潤、蘇五州地震。

開元三年，有熊晝入揚州城。
七年，揚州奏一角獸見。
九年，揚州、潤州暴風雨，發屋拔木。
十四年，潤州大風自東北，海濤没瓜步。
十九年，揚州穭稻生二百一十五頃，再熟稻一千八百頃。
舒州白鹿見。
二十二年，泰州地震，西北隱隱有聲，拆而復合，經時不止。壞廬舍殆盡，壓死四千餘人。
二十九年，亳州老子祠九井(渴)〔涸〕①復湧。
天寶七年，歙州牛與蛟鬬。數日，牛出，潭水色赤。
上元二年，楚州獻寶玉十三，寘之日中，白氣連天。
江淮大饑，人相食。
有鼉出於揚州城門上。
大(歷)〔曆〕二年，甘露降於常州，前後二十七度。
淮南水災。

① 據《新唐書·五行志》三改。

建中二年，霍山崩。

貞元三年，魚鱉蔽江而下，皆無首。

五月，揚州江溢。

四年，淮南地生毛。

宣州大雨震雹，有物墜地如豬，手足各兩指，執紅班蛇食之。頃，雲合不見。

八年，淮水溢，平地七尺，没泗州城。

十三年，淮水溢於亳州。

十四年，潤州有黑氣如堤，自海門山横亘江中，與北固山相峙。又有白氣如虹，自金山出，與黑氣交，將旦而没。

十八年，徐州獻嘉瓜、白兔。

元和元年，常州鵲巢於平地。

三年，江南旱。

七年，揚、潤等州旱。

九年，淮南、宣州等處大水。

長慶元年，海州海水冰，南北二百里，東望無際。

二年，江淮饑。

三年，宣、歙等處旱。
四年秋，太湖決，大水。
太和二年，淮南李樹生橘。
揚州海陵火。
江水溢，没舒州太湖、宿松、望江三縣田數百頃。
六年，蘇州地震，生白毛。
徐州大雨，壞民居九百餘家。
七年，揚、楚、舒、廬、壽、滁、和、宣等州大水害稼。
八年，春穀，獻白兔。
開成元年，揚州民家馬生角。
二年，有大魚長六丈，自海入淮，至濠州。
揚州旱，運河竭。
六年，淮南饑。
會昌元年，江南大水。
大中六年，淮南饑。
海陵、高郵民於官河中漉得異米，號曰「聖米」。

十年，舒州吴塘堰衆鳥成巢，高一丈，闊七尺，中有大鳥，人面，緑身，紺爪、喙，呼聲曰「甘」。
咸通六年，徐州民家雞生角。
七年，江淮大水。
蕭縣民家豕出圂舞。又牡豕多將鄰里群豕而行，復自相噬齧。
八年，吴越有異鳥極大，四目三足，鳴山林，其聲曰「羅平」。
泗州、下邳雨湯，殺鳥雀，水沸於火，可以傷物。
乾符四年，廬江縣鵲巢平地。
六年，泰州管内四縣生聖米，大如芡實。
中和二年，蘇州馬生角。
三年，蘇州空中有聲如轉磨，無雲而雨。
汴水入於淮水鬬，壞民船數十艘。
四年，江南大饑，人相食。
臨淮鷹化爲鵝。
光啓元年，潤州江水赤數日。
二年，淮南蝗自西來，行而不飛，浮水緣城入揚州府署，竹樹幢節，一夕如剪，幡幟畫象，皆齧去其首，撲不能止。旬日，自相食盡。

揚州雨魚。
有大星隕於揚州府署，聲如雷，光燭地。
天復二年，蘇州大雪，平地三尺，其氣如烟，其味苦。
三年，宣州有鳥如雉，而大尾有火光如散星，集於戟門。明日大火，曹局皆燼，惟兵械存。

南唐

昇元六年，溧水縣桑樹生木人。
保大十一年，大旱。

宋

建隆初，溵湖三姑廟後一山湧出波浪中，初與水平，久之寖大。
乾德二年四月，廣陵揚子縣潮水害民田。
五年，五星聚奎。
開寶元年六月，大雨水，江河泛溢，壞民田廬舍。
六年，淮水溢。
七年，淮水暴漲，入泗州城，壞民居五百餘家。

太平興國二年，舒州麥秀兩歧。

三年，甘露降於壽州官舍。

五年，徐州白溝河溢入州域，壞民舍，堤塘皆壞①。

潁州貢白獐、白雉。

八年，徐州清河漲丈七尺，溢出堤，塞州三面門以禦之。

雍熙元年，鎮星犯斗宿建星。

二年，江水冰。

淳化三年，舒州甘露降。

至道元年，濠州獻瑞穀圖。

泗州獻瑞麥。

二年，甘露降於平江瑞光禪院。

咸平二年，常州地震。

徐州禾一莖五穗。

① 此條前一「壞」字下《四庫》本注「闕」。檢《宋史·五行志一》，此段作「五年五月，潁州潁水溢，壞堤及民舍。徐州白溝河溢入州城。七月，復州江水漲，毀民舍，堤塘皆壞。」

宣、池、歙州竹生米如稻。
甘露降於太平府。
亳州貢白兔。
亳州太清宫鐘自鳴。
景德四年，廬、宿、泗等州麥自生。
大中祥符元年，泰州海陵等處草中生聖米，可濟民饑。
四年，知亳州徐泌獻芝草。
五年，常州芝草生。
七年，泗州水害民田。
甘露降亳州太清宫。
太清宫枯檜復生枝。
天禧元年，江淮大風，多吹蝗入江海，或抱草木僵死。
和州蝗生卵。
甘露降廬州通判廳及后土祠。
三年，潁州石隕出泉，飲之愈疾。
乾興元年，蘇、秀二州湖田生聖米。

天聖四年，江淮南大水。

六年七月壬子，江寧、揚、真、潤州江水溢，壞官民廬舍。

慶(歷)〔曆〕八年，江寧府火，宮室焚毁殆盡，惟南唐玉燭殿僅存。

廬州合肥縣稻再實。

皇祐三年，無爲軍土岡産芝三百五十本，賜名紫芝山。

泰州獲白兔。

嘉祐元年，江溢。

二年，淮水溢。

七年，徐州彭城、濠州鍾離地生麫十餘頃，民皆取食。

熙寧四年，徐州麥一本百七十二穗。

六年，大旱，震澤涸，見其下有(邱)〔丘〕墓街井。

元豐元年，平江大風雨，水高二丈，漂没塘岸，吴、長洲、吴江、常熟同昆山漂没六百餘户。

梁縣嘉禾生。

元祐七年，滁州産芝二百餘本。

紹聖元年，淮南軍禾一本九穗。

三年，平江府地震。

江東大旱，溪河竭。
建中靖國元年，江淮旱。
崇寧五年，泰州禾生穭。
大觀元年，甘露降於建平縣，凡十有二日。
廬州雨豆。
二年，徐州彭城縣柏開花。
政和五年，泰州軍獲白兔。
重和元年，江淮水。
宣和二年，歙州牛生麟。
六年，楚州民婦年四十，忽生髭，長可六七寸。
建炎二年，鎮江府民家兒生四歲，暴得腹脹疾，經數月，臍裂，有兒從裂中出，眉、目、口、鼻皆人形，但頭以下手足不分，莫辨男女。又出白汁斗餘。三日，二兒俱死。
三年，帝在揚州早朝，有禽翠羽飛鳴，三匝行殿，一再止於宰相汪伯彦朝冠。
四年，婺源朱氏井紫氣若層雲，是時朱熹生於閩。
紹興元年，武進縣枯秸生穗。
二年，宣州天雨錢。

三年，建康婦生子，肉角有齒。是歲，人産多麟毛。
四年，華亭縣雨雹，大如荔實。
淮水溢，中有赤氣如凝血。
十三年，楚州鹽城縣海水清。
十八年，徽州慶雲見。
十九年，建康府甘露降。
二十一年，建德縣桑生李實，栗生桃實。
二十六年，天雨水銀。
二十九年，有星隕蕪湖，化爲石，高二尺，色黑如鐵。
興隆二年，建康、蘇州、寧國、太平俱水浸城郭，舟行廛市，人多溺死。
乾道元年，池州竹生穗，實如米，民採以食。
泰州火，燔民舍幾盡。
三年，當塗産瑞麥，一莖六穗。
四年，舒州雨黑米。
淳熙元年，穹窿山石自移。
十年，大風，有二龍鬭於澱湖，殿宇、浮屠爲之飛動。頃，一龍蟠護其上，遠近皆見之。

十二年，太平州産異麻，合數幹爲一，狀如芝。
十五年，淮甸大雨，淮水溢，廬、濠、楚、安豐、高郵軍廬室皆壞。
十六年，武進縣木理成文，曰「紹熙五年」。
揚州桑生瓜，櫻桃生茄。
隕石於寶應縣，散如火，其臭腥。
紹熙三年七月，鎮江府三縣大水。
慶元二年，吳縣銅錢百萬自飛。
三年，雄雞伏子，中一雛三足。
婺源雌雞化爲雄。
嘉定元年，鎮江後軍妻生子，一身二首四臂。
四年，休寧産異粟，形如龍鳳。
寶慶二年，休寧縣山裂。
紹定元年，廣德産瑞麥，一莖四穗。
四年，揚州招賢鄉鳳凰至。
嘉熙四年，平江大饑，市人肉，日未晡，路無行人。
淳祐二年，常、潤、建康大水。

咸淳七年，松江海潮湧，一魚在横瀝塘口，人捕之，長丈餘，無鱗而瑩白，頭目口鼻全類象形。

九年，虎出揚州市。

元

至元十五年，寧國路敬亭、麻姑、華陽諸山崩。

十九年，寧國太平縣饑，民採竹實爲糧，活者三百餘户。

二十四年九月，江水溢。

二十六年，貴池民獻紫芝。

元貞元年，太平州民上榆木一本，析之有文，曰「天下太平」。

二年，常州路水害稼。

大德元年六月，和州歷陽縣江漲，漂没廬舍萬八千五百餘家。

徐、邳、蕭河水大溢。

廬州路無爲州江漲，漂没廬舍。

五年，江水暴風大溢，高四五丈，崇明、通、泰、真州之地漂没被災者四千八百餘户。

松江大風，屋瓦樓楯掣入空中。　繼而海溢，傷人民，壞廬舍。

平江路颶風湧太湖水入城，官民廬舍捲入空中，死者萬計。

延祐五年，黄姚鹽場色變紫。
七年，松江大旱。
泰定元年，黄河南入於淮。
揚、楚、常、潤地震。
至順元年閏七月，松江府大水冒村郭，殍殣相藉。
潜大水。
三年八月，江水溢。
四年，句容縣大水，五棋山崩。
元統二年，松江雨雹，大小不一，皆有一眼，若琱琢然。
至元元年，安慶及潜山、太湖、宿松地震。
二年，靈芝産於江都縣，一本九莖。
三年，睢水溢。
五年，宜興州山水高一丈，壞民居。
至正二年，揚子江一夕忽竭，舟楫皆閣於塗中，露錢貨無數。
揚州路崇明、通、泰等州海溢。
桐城花崖、龍眠山崩。

潛霍山崩。

五年，鎮江雨紅露，草木葉及行人衣皆濡成紅色。

九年，白茅河東注，沛縣遂成巨浸，黄河入沛始此。

泰興縣張村麒麟出。

十二年，平江路空中聞兵戈聲自東南來，雲中有鐵騎象，火光萬炬。嗣後，大雨崩壞城郭。

江淮蘆荻多成旗槍人物狀，節間有紅暈，成「天下太平」字。

池州雨物若果核。

寧國路無雲而雷。

十五年，江淮間群鼠叢擁如山，過江東去。

十七年，上元産瑞麥，一莖二穗者二。

二十四年，松江西清菴廊柱有聲，以手按之，則震掉而起。一十九間皆然，經時乃止。

二十六年，上海有流光隕化爲魚。

明

洪武元年，池州青溪江口生洲。

二年，甘露降於鍾山。

宣城産瑞麥。
三年，溧水縣久雨，江溢。
二十一年，五色雲見。
天鳴。
二十二年，海風自東北來，拔木揚沙，漂没三洲。
三十年，安東郊外日中鬼遊，千百有聲。帝製文祭之，乃止。
永樂二年，應天地震。
獲神龜於幕府山。
臨淮大水，徙縣治於曲陽門外。
三年六月，松江霪雨連十餘日，高原水數尺，窪下丈餘。
九年六月，通州泰興、江都、儀(徵)〔真〕、海門等縣大風雨，江漲，壞人畜廬舍。
十三年，嘉定縣東北白氣一道，有聲如雷，墮於寶山之南，獲一黑石。
宣德元年五月，蕪湖久雨，江溢，渰民田一百五十八頃有奇。
江都縣獲白兔。
三年，邳州民高浩家晝落一星，不逾月，選其女入侍御。
八年，太倉獲白雁二，又獲白鶻一，獻於朝。

九年，大旱，江潮涸竭，麥禾不收，道殣相望。

常熟見黑眚。

正統元年，淮河清一月。

二年，嘉定寶山虎成群噬人。

九年，蘇州府風雨暴至，平地水溢數尺，太湖水高一二丈，沿湖人畜廬舍無存，漁舟漂没幾盡。

松江大風雨，湖、海漲湧，濱海居民有全村漂没者。

宜興大風拔木，水溢，漂没千餘家。

十四年，太湖中大貢、小貢二山鬭，開闔數次，共沉於水，起復鬭，逾時乃止。

徽州府學産紫芝。

池州府學産紫芝。

景泰元年，南京風雨，江水泛漲，壞城垣廨舍，拔神營監樹木二十餘株。

二年，江南地震。

五年，揚州大雪，冰三尺，海水亦凍。

天順五年，海濱風雨大作，潮湧尋丈，漂没廬舍。

成化六年，淮安有二鐘溯淮而上，相蕩水中，聲如鼉吼。

十月，江水溢，毁上新河口，兩岸廬舍被水。

七年，揚州大旱，運河竭。

十年，武進縣疾風雷電。有物起自滆湖，入太湖，至馬蹟山，壞民居百餘區。屋柱倒植，瓦甓不毁，巨舟攝於山麓，大木盡拔。

十一年，徽州、松江地震，生白毛。

十四年，吴縣境諸山有虎。

十七年，睢寧産瑞麥，一莖三穗。

十九年，昆山木介萬樹，盡如纓絡葆幢。

弘治元年，虞山鳴。

二年，蘇州有星自西北至東南，大如車輪，光焰如晝。墜地，響震三百里，雞犬皆鳴吠。

河決武原。

吴縣民家雌雞化爲雄。

三年，蘇州閶門民夜汲井，其水香味同酒，紅黄色，歷五日如常。

五年，華亭有芥生聚奎亭，蔭地丈餘，葉如芭蕉，花出墻上二尺許。

廬州甘露降。

七年，蘇州衛印忽熱如火不可近，四日乃止。

嘉定大場鎮雞雛生三足。

池州雨黑豆。

七月，江潮溢，沿江地水高一丈，民多溺死。

廬州大雪，色微紅。又雨豆，茶、黑、褐三色。

十一年，蘇州各縣河渠池沼及泉悉震蕩，高湧數尺，良久乃定。

十二年，松江地震，屋宇摇動。

十五年九月，蘇州大雷雹、雨雪，嚴寒。

十六年，江潮入望京門，浦口城圮。

七月，大風雨，江潮入南京，江東門内五尺有餘，没廬舍男女，新江口中、下二新河諸處船漂人溺。

十七年，松江五色雲見。

江都縣産瑞麥。

十八年，蘇州雨粉。

松江地震，有聲如雷。

崇明縣雞生方卵，碎之，中有猕猴，大如棗。

正德元年正月朔，揚州河冰，結成樹木花草之狀。

三年，淮安清河以上至宿遷冰，紋如花樹、樓臺、圖畫之狀。高郵州亦然。

四年，應天空中有聲自西北來，如數萬甲兵，民皆震恐。踰月乃止。
蘇州於正月望日，見日初出時如日者十數，至清明日乃止。
五年，蘇州大風決水，田廬漭没，浮尸蔽川。
七年，蘇州地震有聲，生白毛。
八年，黄河自河口至劉伶臺約六十餘里，徹底澄清，凡五日。
十年，洞庭東山甘露降。
嘉定大場鎮有黑鵰，立如人形，翅廣丈餘。
十三年，常熟縣雷電，白龍一、黑龍二壞民居，吸舟二十餘艘。
松江大水，有九龍鬬於海。
十四年，揚州大風，江、海溢數丈，淹没廬舍人民。
嘉靖元年，太平縣大饑，黄山竹生米，人争採食。
七月己巳，南京暴風雨，江水溢，郊社、陵寢、宫闕、城垣吻脊欄楯皆壞，拔樹至萬餘株，大江船艘漂没甚衆。
二年，太湖龍與蚌鬬，聲震各山，四晝夜乃息。
五年，黄水陷豐縣城，遷縣治。
八年，舒城石自徙二丈許。

十三年，蘇州星隕如雨。

十四年，睢河竭。

滁州州西諸山夜鳴如雷。

十五年，揚州海潮溢，高二丈餘，溺死民竈男婦二萬九千餘人。

二十一年，江都縣産靈芝九莖。

二十六年，蘇州花浦口獲大魚，馬首，有足，重二千斤。

三十一年，嘉定雌雞化爲雄。

淮河大溢。

松江婦人生髭鬚。

常州雨黑豆。

三十四年，嘉定黄家港水赤如血，逾月始復。

三十六年，蘇州洞庭兩山間大風從西南來，太湖爲所約，壁立如峻崖，東偏乾涸，群趨得金珠器物及古錢。至三日，有聲如雷，水返，人盡歿。

淮安紫雲自西來，空中若兵馬之聲，大風雨雹。

天鼓鳴。

儀（徵）〔真〕産白芝。

三十七年，江都黑、白二龍鬭，大風，晝晦見星，所過折木壞屋。
三十九年，江水漲至三山門，秦淮民居水深數尺。
石隕於華亭五舍鎮。越數月，其石自動。一夕風雨，失去。
四十三年，通州民家牛生三首。
四十四年，崇明童子暴長，頷生鬚，遍體皆毛。
隆慶元年，泰州大稔。
泰興縣麥秀三岐。
六年，黃河驟漲，自徐、碭至淮、揚，下流悉成巨浸。
萬(歷)〔曆〕二年，昆山有異鳥，色如墨，大如鸛。人捍之，以翼擊人。少頃，風雨雷電交至，屋瓦盡飛，場圃稻束皆失。
海大嘯，河、淮並溢。
通、泰等州縣江潮，漂没人民無數。
四年，河決徐州。
五年六月，松江陰寒如冬，霪雨，田成巨浸。
六年，澱湖湧水成山，高數丈，長二里許。
休寧冰花俱成人物、車馬、草木狀。

九年，鎮江大風，甘露寺鐵塔折。
十年，颶風，海溢，松江屬邑漂没甚慘。
十一年，松江地震，器相軋有聲。
十三年，休寧白雉見。
十四年，宿松大水害稼。
滁州白鵲來巢。
十五年，松江生八足豕。
十七年，江水泛溢，應天、太平等府平地水深丈餘，田廬没爲巨浸。
七月，颶風大作，數百里地一望成湖。
松江雨木冰如箸，民大饑。
十九年，三山民家牛産一黄犢，七足，腹下四足，脊上三足，皆軟，前後竅各二。
二十年，淮浦禾雙穗。
鹽城麥三岐。
二十一年，丹徒民家牛産麟。
二十二年，上海有鹿高丈餘，重五百餘斤。
丹徒民家牛復産麟。

金壇産禾，一莖九穗，既刈復生。
淮水清一百六十里。
三十六年，江南大水，自南京及蘇、松、常、鎮諸府被滰，麥禾皆無，民大饑。
白龍見於黄浦，一神人立其首。
四十二年，池州有鼠數百萬，銜尾渡江，爲田患。尋有鳥如鸛鶁食鼠，遂絶，鳥亦不見。
四十四年秋，淮、徐地震。
四十五年，徐州河決。
吕梁洪水乾。
天啓元年，揚州烏巢生白鴉，喙、距皆赤。
三年，淮安地震，淮湖水翻，房屋俱動。
四年，鎮江六月初五日大寒，夜微雪。十一月初八日，大暑，人裸體三日。
奎山隄決，水陷徐州城。
霍山崩。
五年，桐城馬氏婦年七十變爲男。

七年，太湖水湧，没吴江千〔餘家〕①。

蕭縣麥秀雙岐，竟畝如一。

崇（正）〔禎〕元年，太湖縣雲成五色，有樓閣狀。

四年，華亭婦人李氏化爲男。

徐州有鳥群飛自西北來，狀如鳩，色如鼠，趾不樹棲，人謂之反鳥。

七年，江水溢，儀（徵）〔真〕溺死老幼無算。

蘇州城外野火四起，始一二炬，倏變數百，隱隱人馬戈甲狀入民舍中，粟米一空，民操械鳴金禦之。

蘇州府地震，有聲如雷。

蕭縣山鳴。

九年，蕭縣城北門鎖無故自開，閽者聞於官，鎖而復開者三。

鳳陽鼓樓鐘自鳴。

十年，泗州學宫古檜吐烟若篆，有異香。

十一年，長洲縣河底起一碑，勒字云：「卧龍驚不起，常霧澤邊尋。」

徐州西山鳴者三聲，隱隱如鼙鼓，又如虚甕迎風，自子至辰。

① 據道光《蘇州府志》卷一百四十四、乾隆《震澤縣志》卷二十七補。

十二年，蘇州産怪馬，一目當頭，豕蹄扇尾，出胎即馳驟，蹄齧，旋死。
松江海潮日三至。
歙縣許村石自鳴。
松江有二大魚，長數十丈，目中可容三人，無睛。
十三年七月，江水溢安慶府，田廬多没。
十四年，蘇州大旱，蝗、疫。

國　朝

順治元年，懷遠縣産瑞麥，一莖雙穗。
二年，甘露降於通州。
甘露降於蕭縣。
三年，和州文廟産芝三十六莖。
五年，蕭縣産靈芝三本。
蕭縣山鳴，若濤聲。
七年，蕭縣星隕，大如輪，光數丈。
八年，蘇州大水，民饑。

丹陽縣麥秀雙岐。

淮安旱荒。

十一年，揚州有龍亘天，鱗甲皆現。

含山産嘉禾，一莖五穗。

建平麥秀雙岐。

十四年，蕭縣大旱，湖、井皆涸。

十五年，潁州水。

地震地聲。

十八年，鹽城、安東旱。

定遠民家牛産麒麟。

康熙元年，建德儒學枯樹復生。

泗州民妻一産三男。

二年，和、含大水。

四年，溧水崇賢鄉民掘地得玉璽一方，高二寸許，圍一尺六寸，上鎸「人心惟危，道心惟微，惟精惟一，允執厥中」。

五年，常州冰紋成花木狀。

懷遠縣雨粟。
六年，臨淮、懷遠、泗州、潁州、霍（邱）〔丘〕蝗蝻爲災。
七年，水決高郵清水潭，環城水高二丈，人民漂溺者甚衆。六月十七日，江南同時地震。
太和縣雨蕎麥。
八年，歙縣民妻一産四男。
九年，太湖水溢，蘇州城内外水高五六尺，廬舍漂没，流移載道。
沿海潮溢，民多溺死。
十年，淮水大漲，高郵州田盡没。
廬州慶雲見。
十一年，臨淮縣麥秀兩岐，蝗不爲災。
靈璧麥秀兩岐。
十二年，鎮江吕城有大鳥，毛羽五色如鳳，群鳥千百從之。
十九年，盱眙産瑞麥。
二十年，蒙城麥秀五岐，並三岐者數十本。
二十一年，當塗麥秀雙岐。
二十二年，崇明縣正、二、三月連雨，鹽價每斤六分。

武進縣迎春鄉雌雞變爲雄。
冬，太湖冰。
清河縣人甲夜見有白氣數道，如虹而鋭，從月射出。
睢寧縣疊雨黄黑丹霜。
徐州天鼓鳴。
貴池縣笴竹實如麥。
二十三年，吴縣陰雨腐禾。
崇明縣一日三潮。是日，提督劉兆麒戰獲海賊周雲龍。
鎮江府正月震電雷、雨雪，夏田鼠結巢於麻黍之上。
揚州府大水。
含山縣正月大雷電、雨雹。
宣城縣硤石山蛟發二十餘處，汪家圩蛟自平疇起，破圩而出。
池州府水。
當塗縣大水壞圩岸，田禾渰没。
儀(徵)〔真〕四月隕霜。
巢縣天鼓鳴。

二十四年，武進縣有妖僧，每尾孤行人，呼其姓氏，應之則魂爲所攝而仆。於是途人雖至親，相喚亦莫敢應，人心皇皇。後捕得僧抵法。

睢寧縣霪澇歲饑，民插草鬻子女。

高郵州自七月十八日至二十一日，大風雨，水日長六七寸。迤南二十里鋪、三十里鋪河堤盡決，北門外水深數尺。二十七日，復大風雨，東門外溺死人無算，上下河田盡渰。

寶應縣大水，田廬渰没。

豐縣七月大風苦雨，三日夜不休，秫實盡摇落，伐屋拔木，平地水深尺許，晚田漂没。

泰州水。

二十五年，吴縣雨黄沙，麥枯死，秋禾少收。

安東縣蝗蝻。

沛縣饑。

泗州旱、蝗，秋大水。

二十六年，吴縣大水傷禾。

吴江縣大水。

武進縣烈風拔禾發屋，北湖水涸。

安東縣地震。

當塗縣螟。

安慶府大雷電、風雨，拔木飛瓦，公廨、民舍傾頹無數。

望江縣大風，破樹轉石，數雨黑豆。

二十七年，吴縣禾稻生蟲。

武進縣三冬無雨，河、井俱涸，大饑。

中河決，渰没清河縣糧田數千頃，漂没人畜不可數計。

安東縣蝗蝻。

徐州秋雨無禾。

二十八年，吴縣日生兩環，一紅、一白，日居紅中，白在紅之北，兩環相連貫。

吴縣彗星見。

豐縣雨傷禾。

睢寧縣夏秋霪雨，平地水深二三尺，歲饑。

二十九年，江浦縣大雪，積陰五十日。

吴縣嚴寒①大雪，河道冰斷，人畜樹木凍死。

① 「寒」，《四庫》本作「冬」。

無錫縣有妖火，或變爲人形及猢猻傷人，所在秉炬鳴金，持梃而譁。
安東縣黄河冰凍四十日，騾馬通行，如大道。
寶應縣旱、蝗，不爲災。
婺源縣祁寒，大木盡槁。
舒城縣旱災，冬嚴寒，河冰數尺。
六安州五月夜風暴起，屋瓦皆飛雲際，大石坊倒地，大樹多拔。
宿州秋蝗，大饑。
三十年，江浦縣大風，屋瓦皆墮，黄埃四塞。
武進縣正月朔至人日，樹木皆作冰花，或云即木介也。
是歲，飛蝗蔽江而來，旋繞江岸不入境。會大雨，斃蝗若（邱）〔丘〕積，歲有秋。
婺源縣霪雨，漂没田廬。
徽州府旱。
當塗縣民或見如燐者，或黑物如犬附地去者，四鄉置兵守望，數月乃息。
三十一年，儀（徵）〔真〕縣元日木冰。
休寧縣富瑯塔無火自焚，其頂錫匣藏血書《金剛經》，自頂墮現。
宿州蝗。

三十二年，吴江縣大旱。

泰州水。

豐縣正月朔，氛氣霾日，晝爲之晦。

合肥縣麒麟産於三河鎮民家。

三十三年，江浦縣大雨雹傷禾。

清河縣淮水溢，中河、黄河亦溢，渰田無算。

高郵州大水。

三十四年，吴江縣大水，一望如平湖。

武進縣延政鄉四月雨雹大如卵。

豐縣地震。

十二月，徽州府六邑大雨四十日。

三十五年七月二十三日，吴江縣狂風陡發，雨如懸瀑，平地水湧驟至數尺。夜半，反風而南，勢更狂猛，篝燈密室無不盡滅，屋瓦交飛，頽垣覆屋者十家而九，所在喬木倒折。

崇明縣張網港獲海魚，頭戴一角，遍身鐵色，有鱗如穿山甲狀，約長四五尺。越月，海潮泛溢，淹死人民，漂没房舍無算。

上海縣南匯所颶風至，排墻飛瓦。寶山海嘯，渰没田廬。

高郵州七月颶風霪雨，水暴至，三日内長二丈餘，全城在巨浪中。南水關報決，居民從城頭貫絙而出。北城外街市衝斷，上下河相連，舟子操舟於市，渡一人率千錢。以巨纜牽舟，稍不戒則覆溺。

徽州府六邑大水浸城，不没者數版。

三十七年，崇明縣蝗。

宿州麥秀二岐。

三十八年，江都縣邵伯堤決。

石埭縣學宫古檜結毬，大逾斗。

三十九年，武進縣有黑鵰立於北壇，如人形，展翅廣丈餘。

睢寧縣有五龍汲水於河。

四十一年，江浦縣有星隕如箕，赤光燭天，天鼓鳴。

四十二年，豐縣雨雹如卵、如棗，大者如杵，麥、禾傷損。

石埭縣民章丹桂妻沈氏一産三男。

宿州民徐文江妻王氏一産三男，郭梅妻孫氏一産三男。

四十四年，六合縣(元)〔玄〕正觀、靈巖山二處古松結毬大如斗，團圞玲瓏，經數年不壞。

高郵州二月十七日，湖内現山巒、樹木、屋宇如畫。二十五日，天霽。巳刻，忽聲響如雷，墻壁俱震，有白光如圓毬，下墜東北方。

望江縣十二月晦夜，茗山鳴如雷。

四十五年，寧國縣大旱。

豐縣五月雨雹。

建德縣民陳霈妻一產三男。

當塗縣産瑞麥，一莖雙岐。

四十六年，吴江縣湖蕩池沼之水無故自相衝激，波浪洶湧，忽高三四尺，踰時復故。

崇明縣天鳴如鼓，異光照地。

上海縣大旱。

安東縣元旦，人見三日如連環。

池州府城雨豆五色。

當塗縣連年麥秀雙岐。

四十七年，江浦縣有虎患。

寧國縣大疫。

徐州大稔。

高郵州黄霧四塞。

池州府大水出蛟。

建德縣民汪璧生妻何氏一産三男。
四十八年，江浦縣大雨雹。
安東縣星隕如雹，百里俱震動，墜於西南鄰界羅家荒化爲石，深入地二尺，重十三斤。
儀(徵)〔真〕縣群鼠銜尾横江南渡。
宿州大饑。
潁州水。
四十九年，安東縣西北鄉六月雪蓋地。
石埭縣民舒作臣妻胡氏一産三男。
舒城縣蛟水泛漲，平地深數丈。
五十年，安東縣旱、蝗。
寧國縣文脊山鳴，聽之如大風，又如洪水奔豗，六日方止。是年，麥大熟，兩岐八穗。
六安州大旱，飛蝗蔽天。
霍山縣蛟水暴發。
五十一年秋，江浦縣地震，冬大震，越宿又震。
儀(徵)〔真〕縣地震二十餘次。
宿州大旱，樹頭生火，風霾障天，白晝如晦。

五十二年，丹陽縣柳茹村産雙岐瑞麥。

五十三年，江浦縣十二月大雷電，龍見於江。

崇明縣十二月雷電大雨。

儀(徵)〔真〕縣大冰。

徐州麥秀雙岐，有四五岐者，自是連歲皆稔。

五十四年，江浦縣大雨雹，雷電交作，雹大如升。

五十五年，蝗發邳州竹林社，睢寧縣黄山社與竹林社犬牙相錯，而蝗不入境。

徐州鄰縣蝗入州界，不食禾，皆抱草自①死。

五十六年，江浦縣有星如斗，自斗東南至西北而隕，光黄而赤，天鼓鳴踰刻。

儀(徵)〔真〕縣火災甚烈。

高郵州正月初四日，湖中現城郭、樓臺、人民、廛市，歷歷如畫。四月十六日昏，有火毬如斗下墜。

懷遠縣彩雲見於中天，瀰漫經時未散。

五十七年，江浦縣蝗不爲災。

高郵州十一月初一日昏，紅光如電，有聲，旋大雷雨。

① 「自」，《四庫》本作「而」。

安慶府冬雷電。

舒城縣大雪，深丈餘，塞户填門。

鳳陽府民徐步蟾妻(邱)〔丘〕氏一産三男。

五十八年，涇縣竹生實，民争採食。

五十九年，安東縣立春二十餘日後，黄河復凍，比臘月尤甚。

五月，地震。

泰州生員王晋原家産紫芝一本。　晋原於雍正元年本省領解。

六十年，沛縣春暮大寒，井冰結不可汲。

六十一年七月，崇明縣人見白光迸裂，自東至西，轟然作聲，逾時而滅。

雍正元年，武進縣人於上元夜見天門開，有聲如濤，後如雷震，碧練光明，廣如百斛船。

安東縣麥秀雙岐。

泰州大稔。

涇縣民章天安妻衛氏一産三男。

舒城縣八月飛蝗蔽天，落地厚數尺，忽一夕出境。

二年，崇明縣高橋洪漁船獲一介物，身似黿，人眼鴨足，約重二百餘斤。放入海，噴水數尺，作回頭狀。　嗣有海嘯奇災。

上海縣南匯所海潮溢，没田廬、鹽場、人畜。

南陵縣民毛起美妻鄧氏一産三男。

舒城縣蝗蝻徧野，溝壑皆平，壓樹墜如毬，忽一日自去。

三年，崇明縣麥秀雙岐者甚多。

武進縣産嘉禾。

安東縣界黄河清。

是年，日月合璧，五星聯珠。

四年，桃源、邳、睢寧、清河黄河清八日，總河齊蘇勒奉旨在清邑張家莊堤頭建立碑亭以紀之。

御製《黄河澄清》碑文。　恭紀首卷。

五年，淮安府桃源縣，邳州、宿遷、睢寧，徐州黄河清二千餘里二十餘日。

安東縣九月桃李花開。

崇明縣楊家河南近海居民遥望海中，舸艦迷離倏忽，城市、樓臺若隱若現。

六安州西南諸山蛟發，水高數丈。

六年，江陰縣申港鎮蔡元臣妻於氏一産三男。

冬，松江府降甘露。

七年，常州府有紅鴉二隻，鳴於府學明倫堂銀杏樹上。　是科，南北闈中式者倍於往時。

丹陽縣謝家村產雙岐瑞麥。

江都縣草龍港忽集蝗蝻無數，旋皆自投於江。

含山縣近運鎮有棠栗樹爲祟，以羊豕祈者無虚日，居人至列茶酒肆以沽報賽者。邑宰命伐之，掘地見蟻數斗，妖遂息。

八年冬，蘇州、松江地震。

常州府西郊石佛庵十二月牡丹花開，經旬不落。

九年，蘇州府古清真觀吕祖師座下枯木生枝，枝至今滋長。

舒城縣孝子賈右彪墓田出稻，較常粒四倍盈尺，田内約計升餘。收付先農壇，種以供粢盛。

十年七月，颶風海嘯，崇明屋瓦飛揚。崇明、上海、南匯、江陰、通州沿海等處，潮水衝没人畜、田廬無算。

十二年，績溪縣民張廷應妻周氏一産三男。

潛山縣民汪祝三妻孟氏一産三男。

十三年，南陵縣民徐坤妻汪氏一産三男。

虹縣民尹宗廣妻衡氏一産三男。

江南通志卷一百九十八

雜類志

摭史紀事 〔一〕①

江南在古爲徐、揚之境。商、周而降，列於荆蠻。至德端委，而文明乃啓矣。然漢起豐、沛，自孫吳、六代，下及元、明，搶攘代有。蓋濠泗、彭城，南北咽喉； 金陵都會，廣陵阻江。昔人所謂財賦之饒，無事資其利，有事啓其争者也。

聖神御宇，車書大同，鼍鼓鯨雷，萬里恬息，敢忘所自乎？ 志摭史紀事。

① 據下卷記述體例補。

唐　虞

禹平水土，徐州淮、沂其乂，揚州三江既入，震澤底定。

夏

禹會諸侯於塗山，執玉帛者萬國。塗山在今鳳陽府懷遠縣，見《山川》。

商

泰伯奔荆蠻，自號勾吴。在今金匱縣梅李鄉。　荆蠻義之，從而歸之千餘家，立爲吴泰伯。泰伯卒，無子，弟仲雍立。仲雍卒，子季簡立。季簡卒，子叔達立。叔達卒，子周章立。是時，周武王克商，求泰伯、仲雍之後，得周章，周章已君吴，因而封之。周章傳十三世至壽夢，而吴始益大稱王。

周

吴楚構兵

簡王十二年，魯成公十七年。吴人圍巢，伐駕，圍釐、虺。杜註：巢、駕、釐、虺，楚四邑。按：巢即居鄛，故城在巢縣東北五里。駕、釐皆在無爲州境，𤟹在沛縣南六十里。

靈王二年，魯襄公三年。楚子重伐吴，克鳩兹，至於衡山。按：鳩兹，在蕪湖縣東三十里。衡山，在今當塗縣，俗名横山，去鳩兹不遠。

靈王十二年，魯襄公十三年。吴侵楚，戰於庸浦。《地名考》：庸浦，今無爲州江浦。

靈王十三年，楚子囊師於棠以伐吴。吴人自臯舟之隘要而擊之，獲楚公子宜穀。棠，今六合縣。臯舟，吴險阨之道。

靈王二十三年，楚子爲舟師以伐吴，無功而還。

靈王二十四年，吴子諸樊伐楚，門於巢。

靈王二十五年，楚侵吴，及雩婁，聞吴有備而還。杜註：雩婁，今屬安豐郡。按：今在霍(邱)〔丘〕縣西南。

景王七年，魯昭公四年。楚使屈申圍朱方，克之。

吴伐楚，入棘、櫟、麻。

楚箴尹宜咎城鍾離，薳啓彊城巢，然丹城州來以備吴。

《通典》：朱方，今丹徒。杜註：棘、櫟、麻，皆楚東鄙邑。《地名考》：鍾離，南北朝屬徐州治，明爲鳳陽縣地。巢見上。州來，下蔡縣。按：今在壽州北四十里。

景王八年，楚伐吴，越師會楚子　靈王。　于瑣。吴人敗諸鵲岸，楚子遂觀兵於坻箕之山。杜

註：瑣，楚地，在今霍(邱)〔丘〕縣東。鵲岸，廬江舒縣有鵲尾渚。坻箕之山，在巢縣南三十里。

景王九年，楚伐徐，吴救之。楚令尹子蕩帥師伐吴，師於豫章，而次於乾溪，吴人敗其師於房鍾。杜註：乾溪，在譙國城父縣南。按：城父舊城在亳州南三十里，房鍾在壽州蒙城。今屬潁州府。

景王二十年，楚人及吴戰於長岸。《地名考》：今太平府西南五十里東梁山，與和州南七十里之西梁山，夾江相對如門，亦曰天門山，爲楚獲餘皇處。

敬王元年，魯昭公二十二年。吴、楚戰於鷄父。杜註：鷄父，楚地，安豐縣南有鷄備亭。按：在壽州西南六十里。

敬王二年，楚子爲舟師，以略吴疆。師還，吴踵楚，遂滅巢及鍾離。

敬王五年，吴子因楚喪，使公子掩餘、公子燭庸伐楚，圍潛，楚莠尹然、工尹麇帥師救潛。杜註：潛，楚邑，在廬江六縣西南。按：潛即今灊山，在霍山縣南。

敬王九年，吴侵楚，伐夷，侵潛、六，楚救潛。吴師還，楚師遷潛於南岡而還。注：南岡，即漢灊縣處。

敬王十二年，魯定公二年。吴使舒鳩人誘楚以伐桐，敗楚師於豫章。遂圍巢，克之。杜註：桐，小國，廬江舒縣。按：今桐城也。

敬王三十一年，魯哀公六年。吴伐陳。楚救陳，師於城父。按：城父，在亳州南，已見前。

敬王四十年，楚子西、子期伐吴，及桐汭。杜註：宣城廣德縣西南有桐水出白石山，西北入丹陽湖。按：廣德，今州名。

敬王四十一年，吴人伐慎，白公敗之。杜註：慎，汝陰慎縣。按：今潁上縣西北有慎城。

闔廬遷都姑蘇

壽夢有子四人，長曰諸樊，次曰餘祭，次曰餘昧，次曰季札。季札賢，而壽夢欲立之，季札讓，不可，於是乃立長子諸樊攝行事。諸樊除喪，讓位季札，季札謝之，不可，棄其室而耕，乃舍之。十三年，王諸樊卒，有命授弟餘祭，欲傳以次必致國於季札。封季札於延陵，號曰「延陵季子」。十七年，王餘祭卒，弟餘昧立。王餘昧四年卒，欲授季札，季札讓，逃去，乃立餘昧之子僚爲王。

公子光者，諸樊之子也。常以爲吾父兄弟四人，當傳至季子；季子即不受國，光父先立，光當立。陰納勇士專諸，欲以襲王僚。十三年，吴因楚喪伐之，爲楚兵絶後，而不得還。光因伏甲士於窟室，而謁王僚飲，使專諸刺王僚，殺之。公子光竟代立爲王，是爲吴王闔廬。遷都姑蘇。今蘇州府之長洲縣。

越入吴

王闔廬五年，伐越，敗之。十九年夏，吴伐越，越王勾踐迎擊之檇李，敗之姑蘇，傷吴王闔廬指。傷而死，立太子夫差。二年，悉精兵伐越，敗之夫椒，報姑蘇也。越王勾踐以甲兵五千人，棲於會稽，使大夫文種因吴太宰嚭而行成。伍子胥諫，不聽，卒許越平，與盟而罷兵。

七年，北伐齊，敗齊師於艾陵。

十一年，復北伐齊。越王勾踐率其衆以朝吴，厚獻遺之。

十四年春，吴王北會諸侯於黄池，欲霸中國。六月戊子，越王勾踐伐吴。乙酉，越以五千人與吴戰，虜太子友。丁亥，入吴。吴人告敗於王，夫差乃引兵歸國，與越平。

二十年，越王勾踐復伐吴。

二十一年，越圍吴。

二十三年十一月，越滅吴。

春秋兵争

平王五十年，魯隱公二年。莒人入向。杜註：向，小國也，譙國龍亢縣東南有向城。今其故城在懷遠縣西北。

惠王二十年，魯僖公三年。徐人取舒。杜註：舒國，今廬江舒縣，其故城在廬江縣東一百二十里。按：舒，皋陶之後。族衆，故曰「群舒」。群者，舒庸、舒蓼、舒鳩、舒鮑、舒龔也。孔疏曰：蓼在安豐，群舒在廬江。漢時舒爲廬江郡治。

襄王七年，魯僖公十五年。楚人伐徐，敗徐於婁林。杜註：徐國，今下邳僮縣。按：泗州北八十里有古城，相傳徐偃王築，即此。婁林，徐地。下邳僮縣東南有婁亭。

襄王九年，齊人、徐人伐英氏。杜註：廬江郡六縣西有英氏城。按：六縣，今之六安州也。

襄王十五年，楚伐陳，取焦、夷，城頓而還。杜註：焦，今譙縣。夷，一名城父。頓，國名，今汝陰南頓縣。

襄王三十年，魯文公五年。楚人滅六、滅蓼。

頃王四年，魯文公十二年。楚人圍巢。昭王①二十四年，吴滅巢。

定王六年，魯宣公八年。楚人滅舒、蓼。

定王十年，楚子滅蕭。杜註：蕭，宋附庸國。

簡王十二年，魯成公十七年。楚人滅舒、庸。

簡王十三年，楚子、鄭伯伐宋，宋魚石復入於彭城。

簡王十四年，魯襄公元年。諸侯圍宋彭城，且伐鄭。楚子辛救鄭，侵宋吕、留。杜註：吕、留二縣屬彭城郡。按：吕，即吕梁城，在徐州北五十里。留爲張良遇漢高處。

靈王二十四年，魯襄公二十五年。楚屈建帥師滅舒鳩。

景王十八年，魯昭公十六年。齊師伐徐，至於蒲隧，徐人行成。杜註：下邳取慮縣有蒲如陂，今

① 「昭王」疑爲「昭公」之誤。《左傳》昭公二十四年：「冬，吴滅巢。」

虹縣北。

景王二十一年，莒子奔紀鄣。杜註：紀鄣，莒邑也，東海贑榆縣東北有紀城。

敬王二年，魯昭公二十五年。楚子使薳射城州屈，復茄人焉；使熊相禖郭巢。爲巢築郭。《地名考》：州屈，在鳳陽縣西。茄，其近淮小邑也。

敬王五年，吳公子掩餘奔徐，公子燭庸奔鍾吾。應劭曰：古鍾吾國也，後漢屬下邳。按：今邳州宿遷縣西北司吾鄉，即其地。

敬王七年，吳子使徐人執掩餘，使鍾吾人執燭庸，二公子奔楚。吳子怒，滅徐。徐子章禹奔楚，楚城夷而處之。註：夷，今泗州。

敬王九年，吳伐夷。

敬王二十五年，魯定公十五年。楚滅胡。杜註：汝陰西北有胡城。

會盟諸所

桓王二十三年，魯桓公十五年。公會宋公、衛侯、陳侯于袲。杜註：桐縣西南有袲亭。

簡王十年，魯成公十五年。叔孫僑如及諸侯之大夫會吳於鍾離。

景王十一年，魯昭公八年。大蒐於紅。註：蕭縣西有紅亭。

敬王三十七年，魯哀公十二年。公會吳於槖皋，衛侯會吳於鄖。註：槖皋，今巢縣。鄖，今如皋縣。

顯王四十六年，秦張儀及齊、楚相會於齧桑。註：齧桑，今沛縣。

楚滅越

顯王四十六年，楚威王興兵伐越，大敗之，殺越王無疆，盡取吴故地。越以此散，諸族子争立，或爲王，或爲君，濱於江南海上。

秦

漢楚並起

秦二世元年，九月，沛父老率子弟共殺沛令，迎劉季，立爲沛公。

二年，冬十月，秦泗川監平將兵圍豐，沛公與戰，破之，令雍齒守豐。十二月，魏人周市略地，使人招雍齒，齒即反，爲魏守豐。沛公攻豐，不能取。時章邯别將司馬尼北定楚地，屠相至碭，沛公與戰蕭西，不利。收兵攻碭，取之，還軍豐。聞項梁在薛，從騎百餘往見之。梁與之卒五千人、五大夫將十人，還攻豐，拔之。

二世元年，七月，陳涉等起大澤中。在沛郡蘄縣。

其九月，楚將項燕子項梁，同兄子籍起兵於吴中，使人收下縣，得精兵八千人。渡江而西，東陽長陳嬰以兵屬項梁。梁渡淮，黥布、蒲將軍亦以兵屬焉。凡六七萬人，軍下邳。

當是時，秦嘉立景駒爲楚王，軍彭城東。梁謂軍吏曰：「陳王先首事，今秦嘉倍陳王而立景駒，逆無道。」乃進擊秦嘉，并其軍，將引軍而西，召諸將會薛計事。此時沛公亦起沛，往焉。

居鄛人范增，説項梁立楚懷王孫心爲楚懷王。梁自號武信君，再破秦軍，有驕色，爲秦將章邯所破，死。項羽、沛公乃與將軍呂臣引兵而東，徙懷王自盱眙都彭城。呂臣軍彭城東，項羽軍彭城西，沛公軍碭。

漢元年十月，沛公兵遂先諸侯破秦，降秦王子嬰。正月，項羽欲自王，先王諸將相，立沛公爲漢王。自立爲西楚霸王，王九郡，都彭城。

漢

平西楚

漢王二年春，漢王部五諸侯兵，常山、河南、韓、魏、殷。凡五十六萬人，東伐楚，入彭城。項王以精兵三萬人，南從魯出胡陵。至蕭，晨擊漢軍而東，至彭城，日中，大破漢軍。追擊至靈壁東睢水上，圍漢王三匝。於是大風從西北起，折木發屋，揚沙石，窈冥晝晦，逢迎楚軍，大亂。漢王乃得與數十騎遁去。

五年，冬十月，高祖與諸侯兵共擊楚軍，與項羽決勝垓下。淮陰先合，不利，卻。孔將軍、蓼侯孔熙。費將軍費侯陳賀。縱，楚兵不利，淮陰侯復乘之，大敗垓下。使騎將灌嬰追殺項羽東城，遂略定楚地。以魯公禮葬項羽。

平淮南

高帝十一年，七月，淮南王黥布反，東并荆王劉賈地，北渡淮。高帝自往擊之。十二年，十月，高祖已擊布軍蘄西會甀，蘄之鄉名。布走，令別將追之。擊布軍洮水在江、淮間。南北，皆大破之。布與番君婚，以故長沙成王臣使人誘殺布玆鄉民田舍。

平吴楚七國

景帝元年，鼂錯爲御史大夫，請諸侯之罪過，削其地。削楚之東海郡，削吴之豫章郡、會稽郡，趙之常山郡，膠西之六縣。漢廷臣方議削吴，吴王濞恐削地無已，因以此發謀，説膠西、膠東、菑川、濟南、趙、楚同反。天子乃遣太尉條侯周亞夫將三十六將軍，往擊吴、楚。亞夫使弓高侯等將輕騎兵出淮泗口，絶吴、楚兵後食道。吴兵饑，數欲挑戰，終不出。後吴奔壁東南陬，太尉使備西北。已而，其精兵果奔西北，不得入。吴兵既餓，引而去，太尉追擊，大破之。吴王濞棄其軍，與壯士數千人亡走，保於江南丹徒。漢兵乘勝，遂盡虜之，降其縣，購吴王千金。月餘，越人斬吴王頭以告。凡相守攻三月，而吴、楚破平。

後　漢

平江淮

更始二年，冬十月，梁王劉永據國今碭山縣。起兵，攻下濟陰、山陽、沛、楚、淮陽、汝南，凡得二十八城。

光武建武元年，十一月，劉永稱帝，更始琅琊太守王閎定贛榆等六縣。

二年，秋八月，蓋延克永睢陽，永奔譙。延與戰於沛西，大破之，永走保湖陵，今沛縣西北。延遂定沛、楚、臨淮。

三年，二月，劉永立董憲爲海西王。夏四月，劉永將蘇茂爲吴漢所破，走還湖陵。虎牙大將軍蓋延圍劉永於睢陽。七月，蓋延拔睢陽，獲劉永。

五年三月，平敵將軍龐萌反，與憲連和攻破彭城。今徐州東南。六月，帝幸蒙。七月，帝幸沛，進幸湖陵，大破憲。八月，徇彭城、下邳。今邳州。吴漢進圍朐。今海州。

六年，拔之，斬董憲、龐萌。

八年，夏四月，張步奔臨淮，謀亡入海，陳俊擊斬之。

平揚徐盜賊

順帝漢安元年九月，廣陵盜賊張嬰等寇郡縣，二千石不能制，以張綱爲廣陵太守。綱單車之職，徑詣嬰壘門，嬰大驚。綱以書喻嬰，請相見，嬰乃出拜謁，綱好語之。明日，將所部萬餘人，與妻、子面縛歸降。

二年十二月，揚、徐盜賊攻燒城寺，殺略吏民。

建康元年八月，揚、徐盜賊范容、周生等寇掠城邑，屯據歷陽，按：今爲和州。爲江淮巨患。遣御史中丞馮緄討之。九月，揚州刺史尹耀、九江太守鄧顯討賊范容於歷陽，敗歿。十一月，九江盜賊徐鳳、馬勉等攻燒城邑，築營於當塗山中。十二月，九江黄虎等攻合肥。

冲帝永嘉元年，春正月，廣陵賊張嬰等復反，攻殺堂邑、江都長。九江賊徐鳳等攻殺曲陽、東城長。三月，九江都尉滕撫討馬勉、范容、周生，大破斬之。

四月，丹陽太守江漢擊破賊陸宫等。

秋七月，廬江盜賊攻盱眙，滕撫遣司馬王章擊破之。

冬十一月，中郎將滕撫擊廣陵賊張嬰，破之。歷陽賊華孟攻殺九江太守楊岑，滕撫率諸將破斬之。揚、徐平。

曹操謀誅董卓起兵

初，董卓表操驍騎校尉，操易姓名東歸。至陳留，散家財合義兵誅卓。靈帝中平六年，冬十二月，操起兵己吾，不利於滎陽。還家募兵，揚州刺史陳温、丹陽太守周昕與兵四千餘人。還到龍亢，士卒多叛去。至銍、建平，復收兵得千餘人，進屯河内。

曹操擊陶謙

初，曹操父嵩爲徐州刺史陶謙别將張闓所殺。獻帝初平四年秋，操擊謙，攻拔十餘城。至彭城，大戰，謙敗走郯，操坑殺男女數十萬口於泗水，水爲不流。遂攻取慮、故城在今邳州西南。睢陵、邳州東南。夏（邱）〔丘〕，今虹縣。皆屠之。興平元年，夏四月，操復攻陶謙，拔五城，遂略地至東海。還，爲劉備所要，操擊破之，遂攻拔襄賁。所過多所殺戮。

曹操擊吕布

初，操領兖州牧。獻帝興平元年，兖州叛迎吕布。二年春，操攻拔定陶。時劉備領徐州刺史，屯小沛，布奔之。建安元年，布襲備，取下邳，備奔操。三年，操東擊布。冬十月，屠彭城，進至下邳，大破布。布聽陳宫固守，操決泗、沂水灌城，遂擒布、宫，皆殺之。

曹劉攻袁術

初，術爲曹操所破，奔九江，殺揚州刺史陳温，領其州。獻帝初平四年，進兵封（邱）〔丘〕，復爲操所破，走壽春。建安元年，與劉備争徐州，戰於盱眙。會備爲吕布所襲，還去。二年，術遂稱帝。夏五月，吕布擊破之。秋九月，曹操擊術，術棄軍走，留其將橋蕤等拒操，操擊斬之。術走渡淮，遂衰。四年六月，遣使歸帝號於袁譚。譚迎術，欲從下邳北過，劉備要之。復走壽春，嘔血死。

孫策兄弟據江東

初，長沙太守孫堅以討賊功封烏程侯。

獻帝初平元年，與後將軍袁術合兵討董卓。

二年，堅破董卓軍，又破吕布軍於洛陽。冬十月，術使堅擊劉表，爲其將黄祖射死。四子：策、權、翊、匡。策年十七，見袁術，術奇之，以堅餘兵還策。令攻廬江太守陸康，拔之。

興平二年，揚州刺史劉繇遣將屯横江當利今和州。以拒術。策請擊繇，術許之，表策折衝校尉。策渡江轉鬬，所向皆剋，遂破秣陵。攻劉繇於曲阿，繇走豫章。策威震江東，術表策行殄寇將軍。

建安元年，袁術僭號於壽春。策沮之，不從，遂與絶。

二年，夏五月，司空曹操拜策騎都尉，襲爵烏程侯，使與吕布討袁術。

三年，定丹陽郡之涇西六縣，降劉繇將太史慈及祖郎。

四年，襲皖城，克廬江，其守劉勳奔曹操。　擊黄祖，徇豫章，下之。

初，策殺吴郡太守許貢，貢奴客潛民間，欲爲報讎。　五年夏四月，策出獵，奴客伏而射之，中頰創甚。

呼弟權，佩以印綬，命張昭等輔之。

十三年，權討丹陽黟賊陳僕等，平之，以其地爲新都郡。

十六年，權自京徙治秣陵。　明年，改名建業。　作濡須塢。

二十二年，權遣陸遜討丹陽山越，平之。

二十五年，權遷都鄂，改名武昌。

黄龍元年，九月，還都建業，使陸遜輔太子登守武昌。

甘露元年，遷都武昌。　明年，仍還建康。

三　國

魏吴構兵

初，孫策死，操欲乘喪伐之，聽張紘言，表權討虜將軍、會稽太守。

獻帝建安七年，秋，責權任子，權不受命。

十三年，冬，曹操自江陵東下。權遣周瑜、魯肅等，與劉備逆擊於赤壁，大破之。操引還。十二月，孫權圍合肥。

十四年，秋七月，曹操軍合肥，開芍陂屯田。

十八年，春正月，曹操擊權，進軍濡須口，號四十萬。權與操牋，言：「春水方生，公宜速去。」操引軍還。

十九年，夏閏五月，權親攻皖城，拔之。還屯尋陽。秋七月，曹操擊權。八月，權攻魏合肥。

二十二年，春正月，曹操擊孫權軍。三月，權降。

二十四年，以孫權爲驃騎將軍，假節，領荆州牧。

黄初二年①，八月，權遣使稱臣於魏，送于禁等還。魏封權爲吴王，加九錫，吴遣都督趙咨謝魏。明年，魏徵吴太子登入朝，不至，遣將軍曹休等出洞口、在歷陽，今和州。曹仁出濡須伐之。吴卑辭上書，求自改厲。魏答書：「登朝到，夕罷兵。」吴乃建元，臨江拒守。

吴黄武二年，春，魏將曹仁以步騎數萬攻濡須，吴將朱桓以兵五千禦之，斬其别將常雕，虜王雙。

三年，魏主丕御龍舟，循蔡、潁，浮淮如壽春，至廣陵。吴將軍徐盛列舟艦於江，而植木衣葦，爲疑城假樓，自石頭至江乘，聯綿數十里。丕臨望，歎曰：「彼有人焉，未可圖也。」乃還。

① 「二年」，《四庫》本作「三年」。

四年，秋八月，魏主復以舟師自譙循渦，入淮來伐。冬十月，如廣陵，臨江觀兵，吴嚴兵固守。時天寒，冰，舟不得渡。丕見江濤洶湧，歎曰：「天所以限南北也。」遂還。吴遣將高壽率死士，於徑路夜要之，獲其副車羽蓋。

五年，吴令諸將屯田。

七年，夏五月，吴使鄱陽太守周魴，詐以郡降於魏，魏揚州牧曹休率步騎十萬應之。秋八月，吴主至皖口，使將軍陸遜督諸將，大破休於石亭。追至夾石，斬獲萬餘。

吴黄龍元年，十二月，攻魏合肥，不克而還。

三年，冬十月，吴主使中郎將孫布詐降，誘揚州刺史王凌，吴主伏兵阜陵在今和州。以俟之。凌遣督將步騎七百人迎布，布夜掩襲，死傷過半。

吴嘉禾元年，遣將陸遜擊魏廬江，魏守將滿寵整軍趨揚宜口禦之，遜遁。

二年，吴主自將攻魏合肥新城，遣將軍全琮征六安，皆不克，還。

三年五月，吴主入居巢湖口，向合肥新城，衆號十萬。又遣陸遜、諸葛瑾將萬餘人向襄陽，將軍孫韶、張承入淮，向廣陵、淮陰。秋七月，魏主自將伐吴，吴兵遂遁。滿寵募壯士焚吴攻具，射殺吴王之弟子泰。

吴赤烏四年，夏四月，吴將全琮略淮南，決芍陂，諸葛恪攻六安。琮敗於芍陂。

六年，春正月，吴諸葛恪襲六安，掩其人民而去。

十三年，吴主遣軍十萬，作堂邑涂塘，以淹北道。堂邑，今六合縣。

吴建興元年，冬十月，諸葛恪修東興堤。初，魏欲廣田蓄穀於揚、豫之間，用鄧艾策，開廣漕渠。吴大帝亦於淮南築東興堤，以遏巢湖，後廢不治。至是，恪更作大堤，左右結山俠築兩城。十一月，魏將胡遵、諸葛誕率衆十萬來攻，恪將兵四萬救之。遵等作浮橋以渡，分兵攻兩城，恪遣留贊、丁奉爲前部。時天寒雪，魏諸將會飲，見贊等兵少，不即嚴。吴兵得上，便鼓譟，亂斫。魏軍驚擾，争渡浮橋，橋壞，軍士没水，死者數萬。

二年，春三月，諸葛恪大發州郡二十萬衆伐魏，圍新城九十餘日，不克。會大暑，士卒多病，恪引兵還。怨讟盈積，孫峻因而構恪殺之。

吴建衡二年，吴丁奉入渦口，晋揚州刺史擊走之。

亮休廢立

孫峻既殺恪，恣淫暴，國人側目。孫英等謀討不克，俱死。使將軍吕據等入淮、泗，餞之石頭，遇疾，以後事付從父弟孫綝。綝秉政，召據殺之，并族誅大司馬滕（印）〔胤〕、將軍王惇。吴主亮親政事，綝表奏多所難問。綝稱疾不朝，吴主亮陰與全尚、劉承謀誅之。尚，綝妻父也。尚妻泄語綝，綝夜殺承。比明，圍宫，吴主不得出。綝告太廟，廢亮爲會稽王，迎琅邪王休於會稽。十月，休至，群臣奉上璽符，三讓乃受。綝稱草莽臣，上印綬節鉞，求避賢路。吴王休慰諭之，以爲丞相、荆州牧。十二月，臘會，縛綝斬之，夷其族。發孫峻棺，斲而埋之，改葬諸葛恪等。

晉

滅吳

吳建衡三年，吳主皓大舉兵出華里，建業西。載太后、皇后及後宮數千人，從牛渚今當塗。西上。遇大雪，途壞，士卒多怨，引還。

天紀二年，吳人大佃皖城，圖北伐。魏都督王渾遣揚州刺史應綽攻破之，斬首五千級，焚積穀百八十餘萬斛，踐稻田四千餘頃，毀船六百餘艘。

三年，冬十一月，晉大舉兵，分道伐吳。王伷出涂中，今六合。王渾出江西，今和州，出横江渡路。王戎出武昌，胡奮出夏口，杜預出江陵，王濬、唐彬下巴蜀，東西凡二十餘萬。

四年，春正月，杜預等諸軍並進，所向皆克。吳主聞王渾南下，使丞相張悌督丹陽太守沈瑩等衆三萬，渡江逆戰。三月，悌圍渾部將張喬於楊荷，在和州東南二十里。喬降。悌進，與晉揚州刺史周浚陳於板橋。吳鋭卒衝晉兵，不動。衆亂，晉兵乘之，喬自後擊之，大敗，悌死之，吳人大震。王濬既破武昌，順流徑趣建業，吳主遣遊擊將軍張象帥舟師禦之。象衆降濬，遂鼓譟入石頭。吳主皓降，濬收其圖籍，克州四、郡四十二、户五十二萬三千、兵二十三萬。

平揚徐盜

惠帝太安二年，義陽蠻張昌叛，據江夏。其黨石冰寇揚州，敗刺史陳徽，諸郡盡没。臨淮人封雲起兵寇徐州以應冰，於是荆、江、揚、豫、徐五州之境多爲昌所據，更置牧守，而冰據臨淮。

冬十二月，議郎周玘等起兵江東討石冰，斬其將羌毒。冰自臨淮趨壽春，守將劉準不能拒。廣陵度支陳敏請兵擊之，所向皆捷，遂與周玘合攻冰於建康。

永興元年，三月，冰北走投封雲，雲司馬張統斬冰及雲以降。

元帝中興都建鄴

琅琊王名睿，字景文，宣帝曾孫琅琊王覲之子也，年十五嗣王位。懷帝永嘉初，用王導計，始鎮建鄴。賓禮名賢，存問風俗，江東歸心焉。愍帝即位，進位丞相、大都督中外諸軍事，遣諸將分定江東。及西都不守，出師露次，移檄四方，徵天下兵，尅日進討。

二月，平東將軍宋哲至，宣愍帝詔，使攝萬幾，王未敢當。群臣請依魏晋故事，爲晋王。大興元年春三月，愍帝音問至，王即皇帝位。

淮南用兵

元帝大興元年十二月，彭城内史周撫叛降石勒，詔下邳内史劉遐、泰山太守徐龕討之。二年，遐、龕擊斬撫。

永昌元年，冬十月，後趙寇譙，祖約退屯壽春。

明帝太寧元年，春三月，後趙寇彭城、下邳，徐州刺史卞敦退保盱眙。

成帝咸和元年十一月，後趙將石聰攻壽陽，不克，遂侵逡遒、阜陵，殺掠五千餘人，建康大震。歷陽内史蘇峻遣將韓晃擊聰，走之。

十二月，濟岷太守劉闓殺下邳内史夏侯嘉，叛降石勒。

八年，秋七月，後趙將石聰以譙來降。

九年十一月，蘭陵人朱縱斬後趙將郭祥，以彭城來降。

咸康元年，夏四月，趙王虎南遊，其將石季龍寇歷陽，分命諸將救歷陽，及戍慈湖、牛渚，俱在太平府。帝親勒兵戒嚴。

穆帝永和元年，石季龍將路永屯壽春。

五年，夏六月，趙揚州刺史王浹舉壽春降，西郎將陳逵進據壽春。

秋七月，征北大將軍褚裒請伐趙，徑赴彭城，與趙將李農戰，不利。八月，退屯廣陵。陳逵聞之，焚壽春積聚，毀城遁還。詔命袁還鎮京口。

六年，夏五月，廬江太守袁真攻合肥，克之。

七年，姚弋仲遣使來降。

八年三月，姚弋仲死，其子襄爲秦兵所敗，帥衆來歸，送其五弟爲質，詔襄屯譙城。襄單騎濟淮，見謝尚於壽春，尚去仗衛，幅巾待之。

九年，秋，姚襄屯歷陽，和州。夾淮廣興屯田，訓厲將士。

冬十月，殷浩自壽春北伐，以姚襄爲前驅。襄詐令部衆夜遁，陰伏甲以徼之。浩追至山桑，蒙城縣北。襄縱兵擊之，浩敗走。十二月，姚襄徙屯盱眙。詔以謝尚都督江西、淮南，鎮歷陽。

十年，姚襄叛降燕。五月，江西流民叛降襄，詔屯兵中堂。

十一年，冬十月，以謝尚鎮壽春。時晉僑立青、冀、并、幽四州於江北，豫州刺史自江左以後，守江則屯歷陽、蕪湖，進取則屯壽春。

十二年，命桓温督諸軍討姚襄。

孝武太元三年，秦王堅使將軍俱難寇淮陽、盱眙，彭超攻彭城，詔右將軍毛虎生鎮姑孰以禦之。

四年，春二月，秦陷彭城、淮陰。五月，秦拔盱眙，進圍三阿，在揚州府高郵州。謝〔元〕〔玄〕自廣陵來救。超敗，退保盱眙。六月，〔元〕〔玄〕進攻之。又敗，退屯淮陰。〔元〕〔玄〕遣何謙帥舟師乘潮而上，夜焚淮陽，難、超退屯淮北。〔元〕〔玄〕又進戰於君川，復大破之，難、超北走。

八年，秋八月，秦王堅大舉兵入寇，戎卒六十餘萬，騎二十七萬。前鋒至潁口，詔謝石、謝（元）〔玄〕督衆八萬禦之。冬十月，秦攻壽陽，克之，將軍梁成等屯洛澗。在懷遠縣。十一月，（元）〔玄〕遣劉牢之帥精兵五千，渡水擊成，大破斬之。分兵斷其歸津，秦步騎奔潰，爭赴淮水死。石等水陸繼進，秦王堅與融等登壽陽城，望見八公山在壽州西北。草木，皆以爲晉兵。秦兵逼淝水而陳。

既而，移陳少郤，欲令晉兵半渡而蹙之，乃麾兵使郤。兵退，不可止，（元）〔玄〕等引兵渡水擊之。融馳騎略陳，欲以帥退者，馬倒，爲晉兵所殺，秦兵遂潰。（元）〔玄〕等乘勝追擊。至青岡，秦兵大敗，自相蹈籍而死者，蔽野塞川。其走者聞風聲鶴唳，皆以爲晉兵且至，晝夜不敢息。重以飢凍，死者什七八。朱序、張天錫來奔，復取壽春。

九年，春正月，遣將軍劉牢之伐秦，拔譙城。

平王敦

元帝永昌元年，春正月，王敦舉兵於武昌，以誅劉隗爲名，沈充帥衆應之。四月，敦前鋒攻石頭，周札開城門應之。敦據石頭，尚書令刁協、驃騎將軍（載）〔戴〕①淵、尚書僕射周顗皆爲所害。

明帝太寧元年，夏四月，王敦移屯姑孰，自領揚州牧。

① 據《四庫》本改。

二年六月，敦復反。七月，至江寧。帝躬率六軍，出次南皇堂。夜募壯士，渡水掩其未備。平旦，戰於越城，大破之，斬其將何康，敦憤惋死。周騫、祖約各逐敦所署太守賊黨。沈充至宣陽門，劉遐、蘇峻等自南塘横擊，大破之。遐又破沈充於青溪，賊燒營宵遁。丁酉，帝還宫，分遣諸將追其黨與，悉平之。

平蘇峻

成帝咸和二年，十一月，蘇峻舉兵歷陽，豫州刺史祖約以兵會峻。十二月，峻陷姑孰，今太平府。詔左將軍司馬流據慈湖以拒之。桓彝進屯蕪湖，今太平府蕪湖縣。峻將韓晃擊破彝。因攻宣城，彝退保廣德。

三年，春正月，韓晃襲司馬流於慈湖，流兵敗，死之。峻濟自横江，登牛渚。

二月庚戌，峻至蔣山，自小丹陽入，詔以卞壼督軍討之。峻攻青溪栅，今上元縣有青溪栅。壼拒擊之。峻因風縱火，燒臺省，諸營寺署一時蕩盡。峻兵入臺城，侍中褚翜抱帝登太極前殿。峻兵入，翜呵之曰：「蘇冠軍來覲至尊，軍人豈得侵逼！」峻兵不敢上殿，突入後宫，掠奪府藏一空。

既而，郗鑒自廣陵入赴國難，陶侃自荆州趨建康。峻自姑孰還，遷帝於石頭。

太后詔諭三吴，使起義兵。會稽内史王舒，以庾冰行奮武將軍，將兵一萬，西渡浙江。於是吴興太守虞潭、吴興，今浙江湖州府。吴國内史蔡謨、義興太守顧衆等，義興，今宜興縣。皆舉兵應之。

陶侃、温嶠軍於茄子浦，王舒、郗鑒率衆與侃等會舟師，指石頭。侃令鑒還據京口，立大業、曲阿、庱亭三壘，俱在今丹陽縣東。以分峻勢。桓彝進屯涇縣，遣將軍俞縱守蘭石。在今旌德縣北。韓晃攻之，縱戰死。晃陷宣城，彝力戰死之。廬江太守毛寶攻拔合肥戍。

祖約諸將陰與後趙通，趙攻壽春。秋七月，約衆潰，奔歷陽。九月，毛寶燒峻句容、縣名。湖孰屬江寧縣。積聚，峻軍乏食。侃督水軍向石頭，嶠率步兵從白石南上。峻逆戰，馬蹶，斬之，餘衆大潰。峻司馬任讓等，共立峻弟逸城守。四年，春正月，冠軍將軍趙(印)〔胤〕拔歷陽，祖約奔後趙。蘇逸、蘇碩、韓晃并力攻臺城，焚太極東堂及秘閣。建威長史滕含攻破石頭，獲逸及晃，斬之。

平袁真袁瑾

帝奕太和四年，桓温兵敗枋頭，地名，在大名府濬縣。歸罪於豫州刺史袁真，真以壽陽叛降燕。十二月，温發徐、兖民築廣陵城，徙鎮之。五年二月，袁真死，子瑾代領其衆。夏四月，桓温擊破之。八月，桓温圍壽陽。

簡文帝咸安元年，春正月，拔之，斬袁瑾。

奕昱廢立

桓温陰蓄不臣之志。太和五年十一月，以入朝爲名，諧闕作令草呈褚太后，廢帝，而立會稽王昱。帝乘犢車，出神虎門。十二月，降封海西縣公。

平桓(元)〔玄〕

安帝隆安元年，四月，兖州刺史王恭舉兵京口，以討尚書左僕射王國寶、建威將軍王緒爲名。甲申，殺國寶及緒，以説於恭，恭乃罷兵。殷仲堪舉兵會稽，王道子以書止之。前司徒長史王廞以吴郡反，王恭遣司馬劉牢之擊斬其子泰。復與王廞戰於曲阿，金壇①縣地。廞衆潰，單騎走。

二年，秋七月，兖州刺史王恭、豫州刺史庾楷、荆州刺史殷仲堪、廣州刺史桓(元)〔玄〕、南蠻校尉楊佺期等舉兵反。九月，詔會稽王道子等討之。己亥，譙王尚之破庾楷於牛渚。楷奔桓(元)〔玄〕，大破官軍於白石，與佺期進至横江。道子屯中堂，元顯守石頭，王珣守北郊，謝琰備宣陽門。

恭仗劉牢之爲爪牙，而遇之以部曲，牢之以爲恨。元顯知之，説牢之，使叛恭。牢之使子敬宣擊敗恭，恭奔曲阿，獲斬之。於是遣太常殷茂諭仲堪回軍，仲堪歸，(元)〔玄〕等亦西還。

① 「金壇」，《四庫》本作「金匱」。

十二月，前新安太守杜炯反京口，會稽王世子元顯討斬之。

三年十二月，桓（元）〔玄〕舉兵攻江陵，殺楊佺期，傳首建康。又殺殷仲堪。

元興元年，正月，桓（元）〔玄〕抗表傳檄，罪狀會稽王世子元顯爲名，舉兵反。二月丁卯，（元）〔玄〕至姑孰，使其將馮該等攻歷陽。（元）〔玄〕軍斷洞浦，在和州西南臨江，亦曰洞口。焚舟艦。譙王尚之陳浦上，衆潰逃，於涂中爲（元）（玄）所獲。司馬休之戰敗，棄城而走。

三月，劉牢之叛降於桓（元）〔玄〕，王師敗績於新亭，元顯及東海王彦璋、譙王尚之、庾楷、張法順等並遇害。徙道子於安成郡，尋酖殺之。流王誕於嶺南。（元）〔玄〕爲丞相、録尚書事。（元）〔玄〕以劉牢之爲會稽内史，奪其兵。牢之欲北就高雅之，於廣陵帥部曲北走，至新洲縊死。

二年九月，（元）〔玄〕自爲相國，封楚王，加九錫。冬十一月，（元）〔玄〕僭位，帝蒙塵於尋陽。

三年，春二月，劉裕與劉毅、何無忌、裕弟道規、太原王元德、仲德合謀起兵。丙辰，裕斬桓修於京口，使孟昶斬桓弘於廣陵，因收衆濟江。丁巳，裕帥二州之衆千七百人，軍於竹里，在句容縣。帥部曲保據石頭，使諸葛長民據歷陽。（元）〔玄〕遣桓謙屯覆舟山禦之，以吴甫之、皇甫敷繼之。三月戊午朔，裕軍與甫之遇江乘，在江寧城。裕手斬之。（元）〔玄〕使謙及何澹之屯東陵，卞範之屯覆舟山西，在江寧府城西。衆合二萬。

己未，裕與劉毅等進突謙陳，將士皆殊死戰，無不一當百，呼聲動天地。時東北風急，因縱火焚之，烟炎熛天，謙軍大潰。（元）〔玄〕趨石頭，浮江南走。裕入建康，據東府。城在江寧府。

庚申，裕屯石頭城，立留臺，百官奉迎乘輿。諸葛長民爲刁逵所執，檻送桓〔元〕〔玄〕。至當利，在和州東南。而〔元〕〔玄〕敗，送人共破檻出長民，還趣歷陽。逵棄城走，爲其下所執，斬於石頭。桓〔元〕〔玄〕兄子歆引氐帥楊秋寇歷陽，魏詠之爲豫州刺史，鎮歷陽，帥諸葛長民等共擊破之，斬楊秋於練固。今含山縣。

劉敬宣、司馬休之等初奔南燕，至是聞桓〔元〕〔玄〕敗，遂來歸。

五月，何無忌等敗〔元〕〔玄〕於峥嶸洲，〔元〕〔玄〕挾帝單舸西走。益州督護馮遷斬〔元〕〔玄〕，傳首梟於大桁。在江寧府城内。殷仲文叛〔元〕〔玄〕，奉二后還。〔元〕〔玄〕使何澹之等守湓口，何無忌敗之於桑落州，得太廟神主送建康。

次年，改元義熙。二月，帝至自江陵。

平孫恩

安帝隆安四年，詔劉牢之討孫恩。恩前年冬十月寇陷會稽，殺内史王凝之。是年五月，復寇會稽，太守謝琰敗死，轉寇臨海，故有是詔。恩走入海。

五年二月，寇句章。三月，攻海鹽，皆爲劉牢之、劉裕所敗。五月，陷滬瀆，在今蘇州府。殺吴國内史袁崧。六月，寇丹徒，劉裕擊破之。恩北走，陷廣陵。八月，以劉裕爲下邳太守，討孫恩於郁洲，大破之。十一月，劉裕追擊恩，又破之。明年三月，恩寇臨海，臨海太守辛景擊破之，赴海死。

平盧循

盧循，孫恩妹夫也。恩死，餘衆推循爲主。安帝元興元年，夏五月，自臨海入東陽，劉裕將兵擊敗之。明年，春正月，復擊敗其司馬徐道覆於東陽。

義熙六年，夏五月，盧循進逼建康。循以二月寇長沙、南康、廬陵，陷之，至是徐道覆順流而下，朝廷急徵裕。裕時拔廣固，執南燕主超，送之京師。方議鎮下邳，經營司、雍，會得詔，引兵還。時何無忌戰死尋陽，劉毅兵敗姑孰，人心震駭。乙丑，盧循至淮口，秦淮入江之處。劉裕屯石頭，伐樹栅石頭淮口，築查浦、藥園、廷尉三壘守之。七月，循退還尋陽。

十一月，循、道覆復至，劉裕軍雷池。安慶府望江縣東三十里。十二月己卯，進軍大雷。亦在望江。庚辰，盧循、徐道覆帥衆數萬，塞江而下。裕分部騎屯西岸，自以勁弩射循軍。循軍悉泊西岸，岸上軍投火焚之，烟焰漲天，循兵大敗，走還尋陽。又敗番禺，奔交州，刺史杜慧度敗之。循知不免，先鴆妻、子，殺妓妾，自投於水。慧度斬其尸，傳首京師。

宋

宋受晉禪

劉裕，字德輿，彭城人，漢楚元王交之二十一世孫。晉東遷，劉氏移居丹徒，遂爲丹徒京口里人。晉隆安三年，從謝琰、劉牢之討孫恩有功，爲下邳太守。元興元年，破盧循。二年，斬桓弘、桓(元)〔玄〕。義熙元年，迎帝復蹕。五年，北討南燕。六年，獲慕容超，斬於建康市。盧循逼建康，急徵裕入衛，敗之大雷，授太尉、中書監，假黄鉞。八年，襲殺劉毅於江陵。九年二月，殺諸葛長民。十一年，殺司馬休之，平江陵。十二年正月，加領平北將軍、兖州刺史，增督南秦凡二十二州。四月，表伐關洛。十月，至洛，取金墉，修復晉五陵。十二月，加相國，封十郡，爲宋公。十三年七月，至陜，禽姚泓，平關中。十月，進爵爲王，加十郡益宋國，並前爲二十郡。

永初元年即晉恭帝元熙元年。夏六月丁卯，晉帝禪位於宋，宋王即皇帝位，奉晉帝爲零陵王。

營陽宜都廢立

宋主義符以永初三年五月即位，居喪無禮，游戲無度。元嘉元年，徐羨之、傅亮、謝晦謀廢立。乃召南兖州刺史南兖州鎮廣陵，今揚州府。檀道濟，及江州刺史王弘入朝。五月，皆至建康。乙酉詰旦，道濟以皇太后令，廢爲營陽王，遷於吴。六月癸丑，使邢安泰就弑之。遣使者殺前廬陵王義真於新安，迎宜都王義隆於江陵，立之。八月丁酉，即帝位，改元元嘉。

三年，下詔暴徐羨之、傅亮、謝晦殺二王之罪，羨之走至新林，在江寧府西南。自經死。亮被執伏誅，謝晦舉兵反江陵。閏月，帝自將討晦，發建康。到彦之、檀道濟大破晦於隱磯，擒晦，檻送建康，誅之。

伐魏

文帝元嘉七年，春二月，詔右將軍到彦之統諸將伐魏，長沙王義欣出鎮彭城爲聲援，游擊將軍胡藩戍廣陵。夏六月，到彦之自淮入泗。

二十三年，宋築北堤，立(元)〔玄〕武湖，起景陽山於華林園。

二十七年，秋七月，宋悉發青、冀、徐、豫、二兖南兖、北兖。六州三五民丁，三丁發一，五丁發二。緣江五郡南東海、南蘭陵、南琅琊、南東莞、晋陵也。集(慶)〔廣〕①陵，緣淮三郡淮陵、臨淮、下邳。集盱眙。揚、兖、南徐、江四州富民家資滿五十萬，僧尼滿二十萬，並四分借一，大舉伐魏。兵敗於尉武，劉康祖死之，衆潰，南平參軍王羅漢被擒，亡奔盱眙。魏軍蕭城，在徐州府蕭縣治北。去彭城十

① 據《文獻通考》卷一五一改。

餘里。時江夏王義恭守彭城，魏兵不圍彭城，而引兵南下，所過無不殘滅。至瓜步，山在六合縣。壞民廬舍，伐葦爲筏，聲言欲渡江，建康震懼。

二十八年，正月，緣江舉火，大掠居民，焚廬舍而去。盡鋭攻盱眙城，太守沈璞堅守，三旬不拔。

誅元兇劭

二十九年，劭與始興王濬用女巫嚴道育、東陽公主婢王鸚鵡、奴陳天與等，共爲巫蠱事發。上不忍罪，使侍中王僧綽尋漢魏以來廢太子諸王典故，與徐湛之及江湛議易立太子，久不決。

三十年，正月甲子，劭入雲龍門作亂，弑帝齋閣，並殺潘淑妃及徐湛之、江湛等。武陵王駿委沈慶之起兵討逆，宣城太守王僧達、諮議參軍柳元景皆應之，壘於新亭。在江寧府江濱。劭使蕭斌等分統水、陸精兵，攻新亭壘。

劭自登朱雀門督戰，兵垂克，魯秀擊退鼓，劭衆遽止。元景鼓譟乘之，劭衆大潰，僅以身免。武陵王駿至新亭，王公大臣上表勸進，遂即帝位。

五月，臧質及劉遵考隨王誕軍各引兵集建康。劭遣兵拒之，大敗，緣淮諸柵皆潰，文武將吏爭踰城出降。諸軍入城，執劭、濬及其子，斬於牙下，梟於大航，污瀦劭所居齋。

平義宣臧質

孝武帝孝建元年，江州刺史臧質勸南郡王義宣舉兵。義宣結豫州刺史魯爽豫州，徙治壽陽。及兖州刺史徐遺寶，兖州，時治廣陵。期秋間舉兵。使者至壽陽，爽方飲醉，即日舉兵，自號建平元年。遺寶亦勒兵向彭城。二月，義宣亦起兵，威振遠近。帝以柳元景爲撫軍將軍，王(元)〔玄〕謨爲豫州刺史，統諸將討之，軍梁山。東、西二梁山，在太平府西南，東曰博望，西曰天門。

冀州刺史垣護之妻，徐遺寶姊也，遺寶檄之同反。不從，擊遺寶，遺寶奔壽陽。四月，遣沈慶之討爽，爽引兵退。將軍薛安都追擊斬之，爽衆奔散，遂克壽陽。徐遺寶奔東海，在淮安府海州北。東海人殺之。義宣至鵲頭，慶之送爽首并書示之。

五月，義宣至蕪湖，今太平府。急攻西壘，天門山壘。陷之。又遣兵趣南浦，今太平府西南二十五里大信港。爲垣護之所破。義宣頓兵西岸，質攻東城。(元)〔玄〕謨督諸軍大戰，薛安都突陳，斬其將劉諶之，質敗。垣護之燒江中舟艦，延及西岸營壘殆盡。諸軍乘勝攻之，質逃南湖，自沈於水。追兵至，出而斬之，送建康。義宣走向江陵，荆州刺史朱修之殺之，并誅其子。

平廣陵

竟陵王誕鎮廣陵，因魏人入寇，修城浚隍，聚糧治仗。道路皆云誕反，有司奏貶爲侯，遣之國。

大明三年，七月，帝以羽林禁兵配兖州刺史桓閬，與給事中戴明寶使襲誕。誕知之，擊閬，殺之。上使沈慶之將兵討誕，誕奉表投城外，語不遜。乙巳，攻克之。誕趨後園墜水中，引出斬之，母、妻皆自殺。

湘東王彧之立

廢帝子業，以武帝大明八年閏五月庚申即位，素悁①暴。八月，王太后殂，益無忌憚。泰始元年，湘東王主衣阮佃夫及子業主衣壽寂之、細鎧將王敬則等，協謀作亂。其夕，帝悉屏侍衛，與群巫及綵女數百人，射鬼竹林堂。寂之等直入，弑之，宣太皇太后令數子業即廢帝。罪惡，命彧纂承皇極。

先是，廢帝忌子勛，賜以藥，不受命。以陶亮總統軍事，移檄遠近，出頓大雷。至是，子勛建牙桑尾。即桑落州下尾，在安慶府宿松縣南。以子勛爲車騎將軍、開府儀同三司，子勛仍不受命，傳檄建康。荆州刺史臨海王子頊、郢州刺史安陸王子綏、會稽太守尋陽王子房，舉兵同逆。

二年，正月，以建安王休仁、江州刺史王(元)〔玄〕謨將兵討子勛。子勛稱帝，改元。徐州刺史薛安都進安北將軍，安都不受召。尋陽長史孔顗爲太子詹事，顗亦不受，發兵，馳檄奉尋陽。吴郡太守

① 「悁」，《資治通鑑·宋紀》十二作「狷」。

顧琛、吴興太守王曇生、義興太守劉延熙、晋陵太守袁標，皆據郡應之。丙申，以征虜司馬申令孫爲徐州刺史，義陽内史龐孟虯爲司州刺史。申令孫、孟虯及豫州刺史殷琰、青州刺史沈文秀、冀州刺史崔道固、湘州行事何慧文、廣州刺史袁曇遠、益州刺史蕭惠開、梁州刺史柳元怙，並同叛逆。兖州刺史殷孝祖帥兵赴建康，帝親率兵出中堂。以山陽王休祐督軍討琰，巴陵王休若督軍討顗。

壬子，軍主任農夫、劉懷珍平定義興。二月己丑，曲赦吴、吴興、義興、晋陵四郡。吴興太守張永、右軍將軍蕭道成東討，平晋陵。休若同建武將軍吴嘉公，率諸軍破賊於吴、吴興、會稽，平定三郡，同逆皆伏誅。輔國將軍蕭道成北討，劉勔南討，尋陽王子房被執，送建康，貶松滋侯。

劉胡衆四萬據赭圻，在太平府蕪湖縣西南。袁顗頓鵲尾，聯營至濃湖，衆十餘萬。

秋七月，龍驤將軍劉道符平山陽。八月己卯，建安王休仁率衆軍大破賊，斬僞僕射袁顗。進討江、郢等五郡，皆平之。子勛、子綏、子頊、子元並賜死，同黨皆伏誅。十月乙卯，永嘉王子仁、始安王子真、淮南王子孟、南平王子産、廬陵王子輿、松滋侯子房皆賜死。

十二月，劉勔克壽陽，豫州平。徐州刺史薛安都等乞降，帝命鎮軍將軍張永、中領軍沈攸之，將甲士十五萬迎安都，安都懼，降魏。張永攻之，不克，魏將尉元絶永糧道。

三年，正月，張永等棄城遁。會天大雪，尉元徼其前，安都乘其後，大破永等於吕梁之東，吕梁，在徐州南。遂失淮北四州青、冀、徐、兖也。及豫州淮西之地。

平江陵南徐

蒼梧王元徽二年五月壬子，江州刺史桂陽王休範舉兵反。中領軍劉勔、右衛將軍蕭道成南討，出屯新亭，征北將軍張永屯白下，前南兖州刺史沈懷明戍石頭。壬辰，賊奄至，攻新亭壘，道成拒擊，大破之。越騎校尉張敬兒僞降休範，信之，置於左右，斬休範首歸。道成遣送詣臺，道逢南軍，棄首於水。休範將杜黑驢攻新亭甚急。會丁文豪破臺軍，至朱雀桁，在江寧秦淮上。黑驢捨新亭北趨之，劉勔戰死，王道隆遇害，張永潰於白下，沈懷明自石頭奔散。

戊午，撫軍長史褚澄開東府門納賊軍。賊入屯中堂，羽林監陳顯達擊大破之，宫省恇擾。俄而，丁文豪之衆知休範已死，稍退散。顯達大破黑驢、文豪，皆斬之。進克東府，餘黨悉平。

四年七月戊子，南徐州刺史建平王景素宏子，文帝孫。據京城反。遣驍騎將軍任農夫、領軍將軍黄回等討之，蕭道成總統衆軍。甲午，左軍將軍張保敗死。回等至京城戰破之。乙未，克京城，斬景素，同逆皆伏誅。

昱準廢立

昱喜怒乖節，及嗣位，好出游行。天性好殺，一日不殺，則慘慘不樂。嘗直入領軍府，道成晝卧，裸袒。昱令起立，畫腹爲的，引滿，將射之。道成斂版曰：「老臣無罪。」乃更以骲箭，骨簇箭也，袍、薄二音。射中其臍。道成憂懼，乃命王敬則陰結昱左右楊玉夫等，使伺機便。

秋七月，戊子夜，帝寢熟，玉夫弑之。道成以太后令安成王準即位，追廢昱爲蒼梧王。中書監袁粲、尚書令劉秉謀誅道成，道成遣戴僧静等攻粲於石頭。粲父子俱死，秉踰城走，亦爲追者所殺。沈攸之舉兵江陵討道成，道成假黄鉞出頓新亭。

二年，春正月丁卯，沈攸之敗。己巳，華容縣人斬攸之首送建康。

齊

齊受宋禪

蕭道成，字紹伯。其先本東海蘭陵人。晋中朝喪亂，皇高祖整過江，居晋陵武進縣之東城里。寓居江左者，皆僑置本土，加以「南」名，更爲南蘭陵人。

帝年十三，受《禮》及《左氏春秋》。十九年，領偏軍，討沔北蠻有功。二十二年，隨蕭思話襄陽。二十九年，領偏軍，破仇池二壘，遂從谷口入關，攻拔談提城。後襲皇考爵晋興縣五等男，爲建康令，有能名。

宋明帝即位，爲右軍將軍。時四方叛，帝一日破晋陵賊十二壘，分軍定諸縣。及薛安都據彭城，索兒攻淮陰，帝討破之。晋安王子勛遣將入三吴，明帝遣帝討之，賊望見走。及張永等敗彭城，帝鎮淮陰，遷南兖州刺史，加督五州。

泰始七年，徵還都，部下勸勿就徵，帝曰：「主上除諸弟，作萬歲後計，何關他族？禍難將興，方與卿等戮力耳。」至，拜散騎常侍。明帝崩，遺詔領衛尉，掌機事，尋加侍中。

元徽五年，休範舉兵尋陽，帝分遣衆軍擊平之。

人望久屬。及蒼梧見弒，迎立順帝，卒乃受禪。

建元元年，宋昇明三年。夏四月甲午，齊王即皇帝位。

鬱林海陵宣城繼立

武帝永明十一年，七月戊寅，太孫昭業即帝位。明年，春正月丁未，改元隆昌。昭業即位，多失道，西昌侯鸞諫，不聽，與中書令何允謀誅鸞。秋七月癸巳，鸞使蕭坦之、諶等率兵入宫弒之。皇太后令廢爲鬱林王，奉新安王昭文入纂皇統。是月丁酉即帝位，九月改元延興。

諸王咸圖討鸞，鸞以次殺之。九月，殺鄱陽王鏘、隨王子隆、安陸王子敬、晋安王子懋，及南平王鋭、晋熙王銶、宜都王鏗、桂陽王鑠。十月，殺衡陽王鈞，江夏王鋒、建安王子貞、巴陵王子倫皆被殺。十月辛亥，皇太后令廢帝爲海陵王，使宣城王鸞入纂大統，改元建武。

齊魏交兵

高帝建元二年，春二月丁卯，魏軍攻壽陽，豫州刺史垣崇祖決肥水破之。癸巳，遣使巡慰淮、肥、徐、豫邊人尤貧遘難者。

三年，正月，魏人侵齊淮陽，在鳳陽府泗州東北。軍主成買戰死。齊遣將軍周盤龍等救之，《齊書》作李安民。魏師敗退。

明帝建武二年，春二月，魏主伐齊至壽陽，衆號三十萬。循淮而東，遂至鍾離。今鳳陽府東有鍾離城。齊遣徐州刺史蕭惠休援之，豫州刺史裴叔業破之於淮北。

平王敬則

明帝永泰元年，夏四月丁丑，大司馬、會稽太守王敬則自以高武舊將，心不自安。上亦猜伺之，以張瓌爲平東將軍、吴郡太守。敬則曰：「東今有誰？只欲平我耳！」遂反。至武進陵口，今常州府。慟哭而過。曲阿令(邱)〔丘〕仲孚收船艦，鑿長岡埭，瀉瀆水阻其軍，不得進。五月，帝詔左興盛、胡松等築壘於曲阿長岡。在鎮江府丹陽縣。敬則急攻之，松引騎兵突其後，敬則軍敗，斬之。

東昏紀事

永元元年，秋八月，揚州刺史、始安王遥光據東府反，詔曲赦京邑，中外戒嚴。尚書令徐孝嗣以下屯衛宫城。遣領軍將軍蕭坦之率六軍討之。戊午，斬遥光，傳首。十一月丙辰，太尉、江州刺史陳顯達舉兵尋陽。甲申，至京師，宫城嚴警，六軍固守。乙酉，斬陳顯達，傳首。

二年，春正月庚午，詔討豫州刺史裴叔業。丙戌，以衛尉蕭懿爲豫州刺史，征壽春。己丑，叔業病死，兄子植以壽春降魏，魏遣司徒、彭城王勰鎮之。三月乙卯，遣將軍崔慧景將兵討壽陽。夏四月，慧景於廣陵舉兵襲京師。右衛將軍左興盛督京邑水部衆軍。南徐州刺史、江夏王寶(元)〔玄〕以京城納慧景。乙卯，遣中領軍王瑩屯北籬門。壬戌，慧景至，瑩等敗績。甲子，慧景入京師，宫内據城拒守，豫州刺史蕭懿起義救援。癸酉，慧景棄衆走，斬首。

八月，齊攻魏壽陽，魏擊敗之，遂取淮南地。十月己卯，害尚書令蕭懿。十一月，齊雍州刺史蕭衍起兵襄陽。西中郎將蕭穎胄以南康王寶融起兵荆州，稱奉宣德皇太后令，立南康王寶融。

中興元年，春正月，廢帝爲涪陵王。六月，蕭穎孚起兵廬陵。八月辛卯，以太子左率李居士總督西討諸軍事，屯新亭。九月甲辰，蕭衍至南豫州，輔國將軍、監南豫州事申胄軍二萬人於姑孰奔歸。丙辰，李居士與衍軍戰於新亭，敗績。冬十月甲戌，王珍國又戰敗於朱雀航。戊寅，寧朔將軍徐元瑜以東府城降。青、冀二州刺史桓和入衛屯東宫，尋亦降衍，於是閉宫城門自守。十二月丙寅，新除雍州刺史王珍國、侍中張稷率兵入殿弑帝。十二月，以太后令，廢帝爲東昏侯，南康王寶融宜纂承皇祚。

二年，春正月甲寅，加大司馬蕭衍位相國、梁公。二月丙戌，進梁公蕭衍爵爲王。三月庚戌，車駕東歸，至姑孰。丙辰，遜位於梁。

梁

梁受齊禪

蕭衍，字叔達，南蘭陵中都里人。與齊同承淮陰令整。皇考順之，參預齊高佐命。其薨也，不得志。至鬱林失德，帝助齊明傾齊武之嗣，以雪心恥。齊明崩，刺雍州，行仁義，以結衆心。尋而大臣相次誅戮。

永元二年冬，舉事竟陵。明年三月，南康王即帝位於江陵，請以帝都督征討諸軍，假黄鉞，殺湘東王寶晊及邵陵王寶攸、晋熙王寶正三人，鄱陽王寶寅出奔魏。

天監元年，即齊中興二年。四月丙寅，梁王衍即皇帝位。

梁魏交兵

武帝天監三年，春二月，魏陷梁州。

四年，二月，遣衛尉卿楊公則率宿衛兵塞洛口。在定遠縣西北口。冬十月丙午，北伐，以揚州刺史、臨川王宏都督北討諸軍事，柳琰爲副。

五年，三月丁亥，陳伯之自壽陽率衆來降。五月辛未，太子左衛率張惠紹克魏宿預城。今淮安府宿遷縣。乙亥，臨川王宏前軍克梁城。在壽州東北，鍾離西南。辛巳，豫州刺史韋叡克合肥城。丁亥，廬江太守裴邃克羊石城。庚寅，又克霍(邱)〔丘〕城。六月庚子，青、冀二州刺史桓和前軍克朐山城。秋九月，將軍藍懷恭與魏邢巒戰於睢口，在邳州下相城西南。敗績，巒進圍宿預。懷恭復於清南築城，巒攻拔之，斬懷恭，殺獲萬計。張惠紹棄宿預遁還。魏詔邢巒引兵渡淮，與中山王英合攻梁城，梁臨川王宏遁還，將士死者五萬人。十一月，魏寇鍾離，遣右衛將軍曹景宗率衆赴援。

六年，夏四月癸巳，曹景宗、韋叡等破魏軍於邵陽州，在鳳陽舊城東北淮水中。斬獲萬計。

七年，冬十月丙子，詔大舉北伐。以始興王憺爲平北將軍，率衆入清口，車騎將軍王茂率衆向宿預。

八年，春正月壬辰，魏鎮軍參軍成景儁斬宿預城主嚴仲賓，《通鑑》作嚴仲賢。以城内屬。按：此條《通鑑》作七年七月事。

九年，梁作緣淮塘。北岸起石頭，迄東冶；南岸起後渚籬門，迄三橋。

十年，三月辛丑，盜殺東莞、琅琊二郡太守鄧晰，以朐山引魏軍，遣振遠將軍馬仙琕討之。是月，魏徐州刺史盧昶帥衆赴朐山。冬十二月庚辰，馬仙琕大破魏軍，斬馘十餘萬，克復朐山城。

十二年，鬱洲民徐道角等夜襲州城，降魏，梁北兖州刺史治淮陰，今淮安府。康絢討平之。

十三年，梁作浮山堰壽州西北二十五里有硤石山，山上二城，在西岸者爲西硤山。逼壽陽，魏遣崔亮攻之。蕭寶寅決淮、泗。按：此條見《通鑑》。

十五年，二月，魏鎮東將軍蕭寶寅大破梁將於淮北。魏崔亮、李平等克硤石，斬梁豫州刺史趙祖悦。此條《南史》不載，見《北史》。九月，梁淮堰壞，聲聞三百里，緣淮城戍、村落十萬餘口皆漂入海。《南史》作十四年十月，《梁書》不載。

普通五年，六月庚子，以元樹爲平北將軍，率衆北伐。《通鑑》作裴邃。八月庚寅，徐州刺史成景儁克魏童棧。童棧，《鑑》①作僮城，今鳳陽府虹縣東北。九月戊申，又克睢陵城。在邳州東南。戊午，北兖州刺史趙景悦圍荆山。在鳳陽府西。壬戌，宣毅將軍裴邃襲壽陽，今壽州。入羅城，弗克。冬十月戊寅，裴邃、元樹攻魏建陵城，在沭陽縣西北。破之。辛巳，又破曲木。掃虜將軍彭寶孫克琅邪。甲申，又克檀(邱)〔丘〕城。《通鑑》作亶(邱)〔丘〕。辛卯，裴邃破狄城。丙申，又克甓城，諸

---

① 「鑑」上疑脱「通」字。

城俱在淮南。遂進屯黎將。亭在壽州。壬寅，魏東海太守韋敬欣以司吾城降，在宿遷縣西。定遠將軍曹世宗破魏曲陽城。在定遠縣西北。甲辰，又克秦墟，魏守將多棄城走。十一月壬戌，裴邃攻壽陽之安城，克之。丙寅，魏馬頭、安城並來降。十二月戊寅，魏荆山城降。

六年，春正月庚申，魏鎮東將軍、徐州刺史元法僧以彭城内附。癸酉，克魏鄭城。在鳳陽府潁上縣東南。二月乙未，趙景悅下魏龍亢城。此條《通鑑》不載，見《梁書》。夏五月己酉，築宿預堰。壬子，遣中護軍夏侯亶督壽陽諸軍事北伐。六月，豫章王綜奔於魏，魏復據彭城。

七年，十一月辛巳，夏侯亶等衆軍克壽陽城，魏新野太守以郡降。

大通元年，冬十月庚戌，魏東豫州刺史元慶和以渦陽内屬。十一月丁卯，以中護軍蕭深藻爲都督侵魏，鎮於渦陽。

中大通元年，夏四月癸巳，陳慶之攻拔魏梁城。

四年，春正月癸未，魏南兖州刺史劉世明以城降。

五年，六月己卯，魏建義城主蘭保殺東徐州刺史崔祥，以下邳降。

平侯景

武帝太清元年，二月庚辰，魏司徒侯景求以豫章、廣、潁等十三州内屬。壬午，梁以景爲大將軍，封河南王。

二年八月戊戌，侯景舉兵反，攻馬頭、木柵、荆山等戍。甲辰，以安前將軍、邵陵王綸都督衆軍討景。冬十月，侯景襲譙州，進攻陷歷陽。戊申，以臨賀王正德爲平北將軍，都督諸軍，屯丹陽郡。己酉，景自横江濟采石。辛亥，至建鄴，臨賀王正德率衆附賊。十一月己未，景立正德爲天子於南闕前。辛酉，賊攻陷東府城。

庚辰，邵陵王綸帥武州刺史蕭弄璋、前譙州刺史趙伯超等入援。乙酉，綸進軍湖頭，與賊戰敗績。丙戌，安北將軍、鄱陽王範遣世子嗣、雄信將軍裴之高等率衆入援，次張公洲。十二月丙辰，司州刺史柳仲禮、前衡州刺史韋粲、高州刺史李遷仕、前司州刺史羊鴉仁等率衆軍入援。

三年，春正月丁巳，大都督柳仲禮率衆軍分據南岸。賊濟軍於青塘，襲殺韋粲。庚申，邵陵王綸、臨城公大連等率兵集南岸。李遷仕及天門太守樊文皎進軍青溪東，爲賊所破，文皎死之。二月，侯景遣使求和，皇太子因請帝許之，盟於西華門下。景既運東城米歸於石頭，亦不解圍，啓求遣諸軍退。丁未，皇太子又命南兗州刺史、南康王會理，前青、冀二州刺史湘潭侯退，率江北之衆，頓於蘭亭苑。甲子，侯景表陳帝失，復舉兵向闕。三月戊午，前司州刺史羊鴉仁等進軍東府北，與賊戰，大敗。時四方征鎮入援者三十餘萬，莫有鬭志，自相抄奪而已。

丁卯，賊攻陷宫城，縱兵大掠。己巳，賊矯詔遣石城公大款解外援軍。庚午，侯景自爲都督中外諸軍事、大丞相、録尚書〔事〕①。辛未，援軍各退散。己酉，帝以所求不供，憂憤寢疾。是月，青、冀二州刺史明少遐、東徐州刺史湛海珍、北青州刺史王奉伯各舉州附東魏。

五月丙辰，帝崩，時年八十六。秋七月甲寅，廣州刺史元景仲謀應侯景，西江督護陳霸先攻之，景仲自殺。

簡文帝大寶元年癸酉，前江都令祖皓起義兵於廣陵。二月癸未，侯景攻下廣陵，皓見害。丙午，侯景逼帝幸西州。

二年，秋七月，景還至建鄴。八月戊午，廢帝爲晋安王，害王太子及諸王。

元帝承聖元年，三月，王僧辨等平侯景。按：是年九月，改元承聖。

敬帝之立

承聖三年，十一月，太尉王僧辨、司空陳霸先定議，以晋安王方智爲太宰、承制，自江州迎還建鄴。

四年，二月癸丑，至自尋陽，入居朝堂。三月，齊遣其上黨王高涣送貞陽侯蕭深明《南史》作蕭明，《通鑑》作淵明。來主梁嗣，至東關。遣吴興太守裴之横與戰，敗績，死之。太尉王僧辨率衆出屯

① 據《南史·梁本紀中》補。

姑孰。七月辛丑，王僧辨納貞陽侯蕭深明，自采石濟江。甲辰，入於京師，以方智爲太子。九月甲辰，司空陳霸先舉義，襲殺王僧辨，黜蕭深明。丙午，奉晋安王方智即皇帝位。冬十月己巳，改元紹泰。

平義興吳郡及南豫州譙秦二州

敬帝紹泰元年，十月，震州刺史今湖州府。杜龕舉兵，攻信武將軍陳蒨於長城，義興今宜興。太守韋載據郡以應之。辛未，詔司空陳霸先討載。丙子，南豫州治蕪湖縣。刺史任約，鎮北將軍、譙治滁州來安縣。秦治江寧府六合縣。二州刺史徐嗣徽舉兵反，乘京師無備，竊據石頭。丁丑，韋載降，義興平。遣晋陵太（平）〔守〕①今常州府。周文育率軍援長城。十一月庚辰，齊安州刺史翟子崇、楚州刺史劉仕榮、淮州刺史柳達摩，率衆赴任約，入於石頭。庚寅，司空陳霸先旋於京師。十二月庚戌，徐嗣徽、任約至采石，迎齊援。丙辰，遣猛烈將軍侯安都於江寧邀之，賊衆大潰，嗣徽、約等奔於江西。庚申，翟子崇等請降，並放還北。

① 據《梁書》卷六改。

梁敗北齊

太平元年，二月癸亥，賊徐嗣徽、任約襲采石戍，執戍主。明州刺史張懷鈞入於齊。三月戊戌，齊大將蕭軌出柵口，向梁山。司空陳霸先軍主黄叢逆擊，大破之。軌退保蕪湖，遣周文育、侯安都軍梁山拒之。在太平府當塗縣西南。夏四月丁巳，陳霸先表詣梁山撫巡將帥。壬（午）〔申〕①，侯安都輕兵襲齊行臺司馬恭於歷陽，大破之，俘獲萬計。五月庚寅，齊軍水步入丹陽縣。丙申，至秣陵故治。敕周文育還頓方（邱）〔丘〕，徐度頓馬牧，杜稜頓大桁。癸卯，齊軍進據兒塘，輿駕出頓趙建故籬門。六月甲辰，齊潛軍至蔣山龍尾，斜趨幕府山北，至（元）〔玄〕武廟西北。乙卯，司空陳霸先授衆軍節度，與齊軍交戰，大破之。

陳

陳受梁禪

永定元年，梁太平二年。十月辛未，陳王霸先即皇帝位於南郊。

---

① 據《梁書》卷六改。

齊兵既破，霸先威權日重。九月，位相國，總百揆，封陳公。冬十月戊辰，進爵爲王。至是，遂下詔禪於陳。陳王即位，奉梁主爲江陰王。

王琳蕭莊奔齊

梁太平元年，十一月，梁徵王琳爲司空，不至。陳永定元年十月，琳敗，陳兵獲其將周文育、侯安都等。

二年三月，立梁永嘉王莊即位於郢州。《通鑑》作「鄴」。六月乙巳，陳詔司空侯瑱、領軍將軍徐度討之。

三年六月，琳奉永嘉王莊出屯濡須口。此條《南史》《齊書》俱不載。十一月，琳攻大雷，齊師爲之聲援，陳遣侯瑱、侯安都、徐度禦之。

天嘉元年，二月丙申，太尉侯瑱敗王琳於梁山，敗齊兵於博望，擒齊將劉伯球，王琳及其主蕭莊奔齊。

臨海安成廢立

永定三年，八月庚戌，立臨川王伯宗爲皇太子。

天康元年，四月癸酉，即皇帝位。

二年十一月甲寅，安成王頊以慈訓太后令，廢爲臨海王，詔安成王頊入纂皇統。

伐齊

宣帝太建五年，三月壬午，以開府儀同三司吴明徹都督征討諸軍事，略地北邊。冬十月乙巳，吴明徹克壽陽城，斬王琳，傳首建鄴。七年，閏九月壬辰，吴明徹大破齊軍於吕梁。

陳周交兵

宣帝太建九年，冬十月戊午，司空吴明徹破周將梁士彦於吕梁。

十年，春二月甲子，周軍救梁士彦，大敗吴明徹於吕梁。

十一年十一月戊戌，周將梁士彦圍壽陽，克之。辛亥，又克霍州。癸丑，以揚州刺史始興王叔陵總督水步衆軍。十二月乙丑，南北兗、晋三州，及盱眙、山陽、陽平、馬頭、秦、歷陽、沛、北譙、南梁等九郡民並自拔向建鄴。周又克譙、北徐二州。

十二年，八月庚申，遣南豫州刺史任忠率衆赴歷陽，超武將軍陳慧紀趨南兗州。九月丁亥，周將王延貴率衆援歷陽，任忠擊破之，禽延貴等。己酉，周廣陵義軍主曹藥率衆來降。

後主叔寶之立

太建十四年，正月甲寅，宣帝殂，太子哀號俯伏，始興王叔陵抽藥刀斫之，復斫柳后。長沙王叔堅搤叔陵，叔陵出走，右衛將軍蕭摩訶討斬之。太子叔寶即位。

隋

滅陳

初，隋文帝受周禪，甚敦鄰好，陳宣帝不禁侵掠。太建末，隋兵大舉。聞宣帝崩，乃命班師，遣使赴弔，修敵國禮，書稱姓名頓首。而後主驕，答書失禮，隋文帝不悦。及納蕭瓛、蕭巖，隋文帝愈忿。開皇八年，即陳後主二年。十一月，以晉王廣爲元帥，督九十總管討陳。

九年，春正月乙丑，隋將賀若弼自北道廣陵濟，韓擒虎趨横江濟，分兵晨襲采石，取之。進拔姑孰，次於新林。時弼攻下京口，緣江諸戍望風盡走，弼分兵斷曲阿之衝而入。戊辰，以蕭摩訶、樊猛、樊毅、司馬消難、施文慶分兵鎮守要害。庚午，賀若弼攻陷南徐州。辛未，韓擒虎陷南豫州。辛巳，賀若弼進軍鍾山，頓白土岡之東南，陳衆軍敗績。弼乘勝進軍宫城，燒北掖門。是時，韓擒虎率衆自新林至石子岡，鎮東大將軍任忠出降，引擒虎經朱雀航趨宫城，自南掖門入。城内文武百官皆遁出，後主乃逃於井。既而，軍人以繩引出之。丙戌，晋王廣入據臺城，送後主於東宮。三月，發至長安。

江都之役

大業十二年，秋七月甲子，帝如江都。

十三年，十一月，唐公立代王侑爲帝，遥尊帝爲太上皇，改元義寧。

二年，三月，太上皇崩於江都温室，謚曰煬。

江南通志卷一百九十九

雜類志

摭史紀事 二

唐

平江淮

先是，隋煬帝大業九年八月癸卯，吴人朱爕、晉陵管崇擁衆十萬餘寇江左。九月己卯，東海人彭孝才舉兵爲盜，衆數萬。十月，朱爕、管崇共迎劉元進爲天子，毗陵、東陽、會稽、建安多應之。遣將軍吐萬緒、魚倶羅討之。十二月，徵緒還，遣江都丞王世充討元進。頻戰皆捷，元進、爕敗死。

十一年，秋七月己亥，淮南人張起緒起兵爲盜，衆至三萬。冬十月壬申，東海賊帥李子通擁衆渡淮，自號楚王，建元明政，寇江都。

十二年，二月癸亥，東海賊盧公暹率衆萬餘，保於蒼山。九月，東海人杜伏威、揚州沈覓敵作亂，衆至數萬，右禦衛將軍陳稜擊破之。

十三年，春，齊郡賊杜伏威率衆渡淮，攻陷歷陽郡。三月，廬江人張子路舉兵反，右禦衛將軍陳稜討平之。又賊帥李通德聚衆數十萬寇廬江，左屯衛將軍張鎮州擊走之。

恭帝義寧元年，即大業十三年。十二月，賊帥張善安陷廬江郡。

二年，三月，吴興郡守沈法興據丹陽，稱江南道總管。

唐高祖武德二年，九月辛未，李子通僭號，沈法興稱梁王。丁丑，杜伏威降。

三年，李子通襲法興於吴郡，法興走死。按：此條見《通鑑》，《唐書》不載。

四年，十一月庚寅，李子通降。丙申，復叛，伏誅。

〔道〕①行臺左僕射輔公祏反。乙丑，趙郡王孝恭討之。

六年，正月庚寅，徐圓朗陷泗州。二月丙寅，行軍總管李世勣敗徐圓朗，執之。八月壬子，淮南

七年，三月戊戌，趙郡王孝恭敗輔公祏，執之。

① 據《四庫》本補。

敬業起兵

中宗嗣聖元年，太后以帝爲廬陵王，遷於房州。二月后改元光宅。九月，柳州司馬英國公李敬業舉兵於揚州，移檄四方，以匡復爲名。十月癸未，楚州司馬李崇福以山陽、安宜、鹽城三縣歸於敬業。

甲申，太后以左玉鈐衛大將軍、梁郡公孝逸爲揚州道行軍大總管，左金吾衛大將軍李知十爲副，率兵三十萬，以拒李敬業。壬辰，李敬業克潤州。丁酉，曲赦揚、楚二州，復敬業姓徐氏。十一月庚申，右監門衛將軍蘇孝祥及徐敬業戰於阿谿，死之。

乙丑，徐敬業將王那相殺敬業降。

平劉展

肅宗上元元年，十一月甲午，揚州長史劉展反，陷潤州。丙申，陷昇州。壬子，李峘、淮南節度使鄧景山及劉展戰於淮上，敗績。

二年，正月乙卯，劉展伏誅。

討平盧軍

德宗建中二年，八月辛卯，平盧軍節度使李正己卒，其子納反，自稱留後。十月戊申，李納將李洧以徐州降。十一月辛酉，納寇徐州，宣武軍節度使劉洽敗之於七里溝。甲申，李納將王涉以海州降。

三年，正月癸未，李納陷海、密二州。

貞元八年，五月癸酉，李納卒，其子師古自稱留後。

平鎮海軍

憲宗元和二年，十月，鎮海軍節度使李錡反，殺留後王澹。乙丑，命淮南節度使王鍔爲諸道行營兵馬招討使以討之。癸酉，鎮海軍兵馬使張子良執錡。己卯，免潤州稅。十一月甲申，李錡伏誅。

平淮蔡

憲宗元和九年，彰義軍節度使吴少陽抄掠壽州。閏八月，少陽卒，其子元濟自稱知軍事。九月丁亥，以山南東道節度使嚴綬、忠武軍都知兵馬使李光顔、壽州團練使李文通等討之。

十年，二月，嚴綬及吴元濟戰於磁(邱)〔丘〕，敗績。三月庚子，忠武軍節度使李光顔及吴元濟戰於臨潁，敗之。四月，又敗之於南頓。五月，又敗之於時曲。十一月，敗之於小溵河。丁丑，李文通敗之於固始。

十一年，四月，光顔等敗之於凌雲柵。七月，韓弘敗之於郾城。

十二年，四月，唐鄧隋節度使李愬敗之於嵖岈山，又敗之於張柴。七月，以裴度爲淮西宣慰處置使。十月，愬用所得賊將李祐等，自文城因天大雪，疾馳百二十里，夜半破其門，擒元濟，檻送京師。元濟伏誅。

平康全泰

宣宗大中十二年，八月，宣歙將康全泰逐其觀察使鄭薰，命淮南節度使崔鉉兼宣歙池觀察處置使以討之。十月，康全泰伏誅。

平龐勛

懿宗咸通九年，七月，武寧軍節度糧料判官龐勛反於桂州。十月庚午，陷宿州。丁丑，陷徐州，觀察使崔彦曾死之。按：《通鑑》作十年四月事。十一月，陷濠州，刺史盧望回死之。右金吾衛大將軍康承訓爲徐泗行營兵馬都招討使，神武大將軍王晏權爲北面招討使，羽林將軍（載）〔戴〕①可師爲南面招討使。十二月，龐勛陷和、滁二州，滁州刺史高錫望死之。壬申，戴可師及龐勛戰於都梁山，死之。是月，前天雄軍節度使馬舉爲南面招討使，泰寧軍節度使曹翔爲北面招討使。

十年，四月，康承訓及龐勛戰於柳子，敗之。九月癸酉，龐勛伏誅。十月戊戌，免徐、宿、濠、泗四州三歲税役。

平王仙芝黄巢

僖宗乾符三年，十二月，王仙芝陷申、光、廬、壽、通、舒六州。

五年二月，王仙芝伏誅。

六年，黄巢陷宣、歙、池三州。

廣明元年，正月，淮南將張潾及黄巢戰於大雲倉，敗之。

七月，黄巢陷滁、和二州。

中和四年，五月辛未，河東節度使李克用及巢戰於宛句，敗之。七月壬午，黄巢伏誅。

① 據《四庫》本改。

唐末群盜

廣陵被兵，附見楊吴。

僖宗中和元年，八月，感化軍將時溥逐其節度使支詳，自稱留後。是歲，霍(邱)〔丘〕鎮使王緒陷壽、光二州。

三年，六月，陳州刺史趙犨被秦宗權所圍，求救於全忠，全忠敗賊於鹿邑。遂入亳州，據之。十月，全椒賊許勍陷滁州。

四年，六月，朱全忠爲宗權所攻，天平節度使朱瑄遣其從父瑾救之，敗宗權於合鄉。九月，以全忠兼淮南節度使、感化節度使。時治徐州。以其行軍司馬李璠爲淮南留後，至泗州，時溥以兵襲之，徐、汴始搆怨。

初，朱珍與李唐賓二人素不相能，全忠遣珍攻徐州，拔滕、沛。文德元年十月事。六月，攻蕭縣，據之，與時溥相拒。珍殺唐賓。七月，全忠至蕭縣，執珍斬之。進攻時溥，會大雨，引還。

連年攻時溥，徐、泗、濠三州民不得耕穫，復得水灾，人死者什六七。溥困甚，請和於全忠。

光啓二年，正月辛巳，鎮海軍將張郁陷常州。

是年，十月，武寧軍將張雄陷蘇州。

三年，三月癸巳，鎮海軍將劉浩逐其節度使周寶。四月甲辰，六合鎮遏使徐約陷蘇州，逐其刺史張雄。六月壬戌，亳州將謝殷逐其刺史宋衮。

昭宗龍紀元年，正月壬子，宣武軍將郭璠殺奉國軍留後申叢，自稱留後。

大順元年，四月丙辰，宿州將李筠逐其刺史張紹光。

二年，正月，甘露鎮使陳可言陷常州，宣武節度使朱全忠掠淮南，朱温，碭山人，亡入黄巢賊中。至僖宗中和二年降唐，賜名全忠。三年三月，命爲宣武節度使。錢鏐陷蘇州。十一月，朱全忠取濠、泗、濮州，遂擊徐州。

景福元年，二月，朱全忠遣其子友裕圍彭城。旋以龐師古代之。

二年，四月，全忠自將如徐州，師古拔彭城，時溥舉族登燕子樓自焚死。

楊吴紀略

僖宗中和三年，楊行密初名行慜，字化源，廬州合肥人也。世爲農家，長大有力，能手舉百斤，日行三百里。以爲盜見獲，刺史鄭棨奇其狀貌，釋之。後應募爲兵，充廬州牙將。戍滿還，都將忌之，復使出戍。遂殺都將，據廬州，自稱八營都知兵馬使。高駢以爲廬州刺史，朝廷因而命之。

光啓二年，十二月，高駢命改名行密。

三年，三月，高駢遣都知兵馬使畢師鐸，將兵屯高郵，備秦宗權師。鐸自以黄巢降將，又與駢所親信吕用之有隙，疑懼不自安。遂起兵，謀誅用之，掩至廣陵。又乞師於宣州觀察使秦彦，彦將秦稠將兵三千，助師鐸攻城，克之，用之亡走。駢署師鐸節度副使，仍承制加左僕射。明日，師鐸遣使趣秦彦過江，幽駢於道院，並其親黨十餘人。秦彦以宣歙三萬餘人入廣陵，自稱權知淮南節度事。

初，吕用之詐爲高駢牒，署楊行密爲行軍司馬，遣兵入援。行密至天長，今泗州天長縣。用之及張神劍以衆歸之。行密至廣陵，彦閉城自守。六月，出戰，彦兵敗，士卒死者什七八，城中食盡。八月，秦彦遣畢師鐸、鄭漢章擊行密，爲行密俘斬殆盡。九月，秦彦殺高駢，并其子弟甥侄。十月，楊行密圍廣陵，克之，自稱淮南留後。

十一月，秦宗權遣其弟宗衡，渡淮與行密争揚州，以孫儒爲副。抵廣陵，與秦彦、畢師鐸合兵。孫儒殺秦宗衡，襲高郵，張神劍逃歸揚州，儒屠高郵，行密殺神劍而坑其衆。

文德元年，二月，以楊行密爲留後。四月，孫儒陷揚州，自稱節度使，楊行密奔歸廬州。八月，楊行密説和州孫端、上元張雄使自采石濟江，行密自銅官今池州府銅陵縣。濟江會之，遂圍宣州。

昭宗龍紀元年，六月，指揮使周進思據城，逐其使趙鍠。鍠奔廣陵，追擒之城中，執進思以降。行密入宣州，詔以行密兼宣歙觀察使。二月，行密取潤州，孫儒攻廬州，淮南指揮使蔡儔以州降之。十一月，田頵取常州，擒制置使杜稜，以兵三萬戍常州。十二月，孫儒逐頵，取常州，以劉建鋒守之。建鋒又取潤州。時屬吴越錢氏。

大順元年，正月，淮南將馬敬言襲據潤州，李友將攻常州，安仁義、劉威、田頵敗劉建鋒於武進。三月，賜宣歙軍號寧國，以楊行密爲節度使。八月，孫儒攻潤州，李友拔蘇州。時屬吴越。九月，孫儒拔常州。十二月，拔蘇州，殺李友。安仁義棄潤州走，儒遣將守之。

二年，正月，孫儒盡舉淮蔡兵濟江，轉戰而南，行密城戍皆望風奔潰。儒將李從立掩至宣州東谿，今句溪府城東。行密將臺濛屯谿西，以計使引去。儒前軍至溧水，今江寧府溧水縣。行密將李神福襲敗之。五月，神福攻滁、和，皆下之。

七月，朱全忠遣使與行密約，共攻孫儒，儒於是悉焚揚州廬舍，盡驅丁壯及婦女渡江，殺老弱以充食。行密將張訓、李德潛入揚州，滅餘火，得穀數十萬斛，以賑饑民。十二月，孫儒攻宣州。杭州刺史錢鏐復遣兵據蘇州。儒屢破淮南兵，行密求救於鏐，鏐以兵糧助之。

景福元年，二月，行密復取常、潤二州。四月，屢破儒兵。張訓斷其糧道，儒食盡，士卒大疫。六月，行密縱兵擊之，儒軍大敗。安仁義破儒五十餘寨，田頵擒儒於陳，斬之，傳首京師。行密歸揚州，表頵守宣州，安仁義守潤州。

八月，以楊行密爲淮南節度使。淮南被兵六年，士民轉徙幾盡，行密招撫流散，輕徭薄斂，非公宴，未嘗舉樂。未及數年，公私富庶。十一月，行密遣李神福將兵討廬州刺史蔡儔。

二年，七月，行密克廬州，斬蔡儔。舒州刺史倪章初與儔連兵，儔敗，章棄城走，行密以李神福爲舒州刺史。舒州，今安慶府。八月，楊行密遣田頵攻歙州，歙州人願以陶雅爲刺史，雅與行密同起事，號三十六英雄之一。時諸將爲刺史多貪暴，獨池州陶雅寬厚得民。從之，歙人遂降。九月，昇州刺史馮弘鐸叛，附於楊行密。

乾寧元年，十一月，朱全忠遣使至泗州，陵慢刺史張諫，諫舉州降行密。

二年，三月，楊行密取濠州。今鳳陽府。四月，楊行密取壽州及漣水。在淮安府安東縣西北三里。

三年，五月，楊行密取蘇州。又遣將朱延壽進攻蘄州，賈公鐸以蘄州降，行密遂全有淮南之地。

四年，四月，朱全忠遣兵掠泗州。九月，朱全忠大舉擊楊行密，遣龎師古壁清口，在淮安府城西。將趣揚州。葛從周壁安豐，在壽州西。將趣壽州。全忠自將屯宿州。十月，楊行密將朱瑾壅淮上流，以五千騎潛渡，擊龎師古。淮水大至，汴軍駭亂。行密督大軍夾攻，汴軍大敗，斬師古，全忠奔還。

天復二年，三月，帝遣金吾將軍李儼宣諭淮南，封楊行密吴王，御札令討朱全忠。六月，行密發兵討朱全忠，攻宿州，不克而還。昇州刺史馮弘鐸襲宣州，田頵擊降之，署弘鐸節度副使，以李神福爲昇州刺史。

田頵有反謀，其部下康儒與不合，行密署儒廬州刺史，頵遂與潤州團練使安仁義同舉兵反，族誅儒。行密使神福等討頵，王茂章討仁義。九月，頵將王檀、汪建爲神福所敗。頵自將水軍逆戰，行密發步兵斷其歸路，又遣漣水制置使臺濛將兵應檀建。十一月，臺濛與頵遇於廣德，頵大敗，墜馬，斬之，遂克宣州。

天祐二年，正月，安仁義勇決得士心，王茂章攻之踰年不克，至是城破，斬之。十一月，行密卒，宣諭使李儼承制，以行密長子渥爲淮南節度使。

三年，宣州觀察使王茂章奔杭州。

四年，梁開平元年。楊渥驕侈，將佐皆不自安。左右指揮使張顥、徐温謀作亂，殺其親信十餘人，謂之兵諫，於是軍政悉歸二人。四月，梁王朱全忠稱皇帝，改元。渥與蜀王建移檄諸道，興復唐室。

五年，梁開平二年。五月，張顥、徐温弑渥，徐温斬顥。七月，李儼承制，以楊隆演渥弟。爲節度使，遣兵攻吴越，圍蘇州。

六年，梁開平三年。二月，徐温自領昇州刺史，以其假子知誥爲昇州防遏兼樓船副使，往治之。四月，吴越破淮南兵於蘇州。

七年，梁開平四年。二月，岐王承制，加隆演嗣吴王。

八年，梁乾化二年。三月，吴徐温遣兵攻破宣州，殺其觀察使李遇。以徐知誥爲昇州刺史。七月，吴以徐温領鎮海節度使。

十年，梁乾化四年。十二月，梁遣兵侵吴廬、壽，徐温帥諸將拒之，戰於霍(邱)〔丘〕，今潁州府霍(邱)〔丘〕縣。梁兵大敗。梁之渡淮而南也，表其可涉之津，霍(邱)〔丘〕守將朱景徙置深淵。及梁兵敗，望表而涉，溺死大半。

十二年，梁貞明元年。八月，吴封徐温齊國公，出鎮潤州，留子知訓居廣陵輔政。

十四年，梁貞明三年。吴徐温徙治昇州，徙知誥潤州防禦使。

十五年，梁貞明四年。吴副都統朱瑾殺徐知訓，亦自殺。知誥在潤州，聞難，即日濟江，撫定軍府。七月，吴以徐知誥爲淮南節度行軍副使輔政。

十六年，梁貞明五年。四月，吴王楊隆演建國，改元。吴越擊吴，戰於狼山，吴敗績。七月，吴越攻吴常州，戰於無錫，吴越兵敗。八月，吴與吴越連和，歸無錫之俘，吴越亦遣使請和，自是吴國休兵息民，三十餘州民樂業者三十餘年。

吴武義二年，梁貞明六年。五月，吴王隆演卒，弟溥嗣。

後唐明宗李嗣源天成二年，吴主溥乾貞元年，吴金陵城成。十月，吴徐温卒。十一月，以知誥都督諸軍事。

後唐清泰二年，吴天祚二年，九月，吴王溥稱帝，改元。十月，吴加徐知誥尚父，太師、太丞相、元帥，封齊王，備殊禮。

晋天福二年，南唐昇元元年，春正月，徐知誥始建齊國金陵。十月，吴主遜位於齊。吴自唐昭宗景福元年壬子鎮淮南，梁主瑱①貞明五年己卯建國，後唐明宗天成二年丁亥稱帝，至晋天福二年丁酉亡，凡建國十九年，稱帝十一年。統前淮南，共計四十六年。

---

① 「瑱」，《四庫》本作「真」。

南唐

晋高祖天福二年，吴天祚三年，南唐烈祖昇元元年，冬十月，齊王知誥即帝位於金陵，國號唐。

周世宗顯德二年，南唐保大十三年，冬十一月，周遣李穀督諸軍伐唐。初，汴水自唐末潰決，自埇橋在鳳陽府臨淮縣。東南悉爲污澤。周主謀擊唐，先命發民夫因故堤疏道之，東至泗上。唐主以劉彦貞將兵二萬趨壽州，皇甫暉、姚鳳將三萬屯定遠。今鳳陽府定遠縣。

周顯德二年，唐保大十四年，正月，周主下詔，親征淮南，命侍衛指揮使李重進將兵先赴正陽。在鳳陽府潁川。時李穀與南唐將劉彦貞相持正陽，李重進度淮，逆戰於正陽東，大破之，殺彦貞，斬首萬餘級。皇甫暉、姚鳳退保清流關。在滁州。周主在壽州，命諸軍圍之。

是時，宋太祖爲殿前都虞侯，大敗唐兵於渦口，在鳳陽府懷遠縣東北。遂倍道襲清流關。暉等陳山下，方與前鋒戰，宋太祖引兵山後，涉水直抵城下。暉整衆而出，宋太祖手劍擊暉中腦，生禽之。并禽姚鳳，遂克滁州。

夏四月，唐將軍陸孟俊攻揚州，韓令坤棄揚州走。周主命韓令坤襲揚州，令坤以數騎馳入城，城中不覺，唐副留守馮延魯逃。三月，周取唐光、舒、蘄州。光在河南汝寧府，舒即江南安慶府，蘄今湖廣黄州府蘄州。四月，宋太祖引兵屯六合，景達將兵二萬自瓜步濟江。唐出兵趣六合，宋太祖奮擊，大破之。餘衆走渡江，爭舟溺死者甚衆，於是唐之精卒盡矣。五月，以渦口爲鎮淮軍，周主北歸。

周顯德四年，唐保大十五年，二月，周主發大梁，命王環將水軍，自閔河沿潁入淮，閔河名琵琶溝，亦曰蔡河，即汴水分流，自大梁城東經蔡口入潁。潁水源出河南府嵩山，東至歸德府鹿邑縣。俱與蔡河合流，至正陽入於淮。周主軍於趙步。自壽州北二十五里花靨鎮，沿淮東下一百餘里，有趙步灘。三月，諸軍擊唐紫金山寨，在壽州東北，即八公山。大破之，殺獲萬餘人，禽許文真、邊鎬、楊守忠，唐兵溺死及降者殆四萬人。獲船艦糧仗十數萬，景達、陳覺皆奔還金陵。

已而，唐壽州節度使劉仁贍病甚，監軍使周廷構㝢之出降。明日，仁贍卒，以清淮軍爲忠正軍，以旌仁贍。徙治下蔡，赦州境死罪以下，除政令不便民者。

四月，周分江南降卒爲六軍三十指揮，號懷德軍。十一月，周主拔濠州，又拔其水寨及羊馬城，大破唐兵於洞口。鳳陽府東九十里浮山洞口。鼓行而東，所至皆下。十二月，唐兵退保清口。淮安府清河縣有清口驛。周主自將親軍自淮北，宋太祖將步騎自淮南，諸將以水軍自中流，共追唐兵至楚州今淮安府。西北，大破之，獲戰艦三百餘艘，戰士七千餘人。唐濠州團練使郭廷謂舉城降。周主使將濠州兵攻天長，遣指揮使武守琦將騎數百趣揚州。至高郵，唐人悉焚揚州官府民居，驅其人南渡江。周主聞泰州無備，遣兵襲取之。

周顯德五年，唐交泰元年，正月，周師克唐海州。周主欲引戰艦自淮入江，阻北神堰，在淮安府城北。不得渡。鸛鶴水在淮安府城西，名老鸛河。以通其道，巨艦數百艘，皆達於江。又拔唐静海軍。淮安府通州。

周兵攻楚州踰四旬，唐防禦使張彦卿固守不下，周主自督諸將攻克之。彦卿矢刃皆盡，猶舉繩牀以鬭而死，所部千餘人無一降者。

二月，周主發楚州。三月，至泰州。辛卯，如迎鑾鎮。今儀徵縣。至江口，擊唐軍，大破之。時淮南惟廬、舒、蘄、黄未下。唐主遣劉承遇表獻四州，歲輸貢物數十萬，於是江北悉平，得州四十、縣六十。

是月，浚汴口，道河達流於淮，於是江、淮舟楫始相通。

宋太祖建隆二年，二月，唐遷都於豫章。八月，唐主璟殂，子煜嗣，立於建康。

開寶四年，乃上表乞貶國曰江南，宋許之。

七年，宋遣使諭江南主入朝，江南主稱疾辭。九月，命曹彬、潘美、曹翰將兵十萬伐之。十月，彬等自江陵發戰艦東下，水陸並進。閏月，克池州，敗唐兵於銅陵，今池州府銅陵縣。遂次采石。

初，池州人樊若水釣魚采石江上，數夜乘小舟，載絲繩維南岸，疾棹抵北岸，以度江之廣狹。因詣闕上書，言江南可取狀，請造浮梁以濟師。帝然之，遣内侍石全振造黄黑龍船數千艘，又載竹絙自荆渚而下。既克池州，即用爲知州。若水請試舟於石牌口，遂移置采石，不差尺寸，大軍渡江若履平地。江南主以鄭彦華督水軍，杜直督步軍，各萬人，逆戰皆敗。

八年，正月，田欽祚克溧水。江南兵水陸十萬，陳於城下。時舟楫未具，潘美涉水徑渡，大軍隨之，江南兵大敗。馬軍都虞侯漢瓊率所部取巨艦，實以葭葦，乘風縱火。拔其城南水寨，又拔關城。

守陴者争遁，溺死。

二月，曹彬以大軍進次於秦淮。江南統軍使李雄，父子八人皆没於陣。十月，曹彬遣都虞侯劉遇破江南軍於皖口。時唐朱令贇入援，衆號五十萬，順流而下，將焚采石浮橋。會北風甚，火反及之，衆大潰。遂擒令贇，自是絶無外援。十一月，唐主再奉表緩師，不報。甲申，曹彬夜敗江南軍於城下。乙未，遂克昇州。

江南平，凡得州十七、軍三、縣一百八十。南唐自晉高祖天福二年丁酉，至宋太祖開寶八年乙亥，凡三主，計三十九年。

吴越

唐僖宗乾符二年，浙江狼山①在揚州府通州，濱海。鎮遏使王郢等劫庫兵作亂，攻陷蘇、常，隨泛江入海。

四年，閏月，鎮海節度使裴璩招降郢黨，散其徒六七千人，輸器械二十餘萬，舟航粟帛稱是。

光啓三年，五月，鎮海軍亂，逐其節度使周寶奔常州，推薛朗留後。錢鏐遣都將杜稜、阮結、成及等討薛朗。六月，敗之陽羨。十月，拔常州，錢鏐具部將禮迎周寶歸杭州。十二月，鏐以杜稜爲常州

① 「浙」，《四庫》本作「淅」。

制置使。命阮結攻潤州，禽薛朗，斬之。以阮結爲潤州制置使。

昭宗龍紀元年，三月，錢鏐從弟銶拔蘇州。

景福元年，五月，以錢鏐爲蘇杭觀察使。

二年，董昌僭號，命鏐討之。三年，昌求救於淮南楊行密，行密遣兵攻蘇州以救之，虜刺史成及。

四年，七月，錢鏐使顧全武拔松江、無錫、常熟、華亭。

光化元年，九月，顧全武攻蘇州，淮南刺史臺濛棄城走。獨秦裴守昆山不下，食盡城壞乃降。二年，五月，進錢鏐爵爲越王。

天祐元年，四月，更封爲吴王。

梁太祖開平元年，晋、岐、吴稱天祐四年，四月，梁以錢鏐爲吴越王。

梁開平三年，晋、岐、吴稱天祐六年，四月，淮南將周本圍蘇州，不克，夜遁。

梁乾化三年，晋、岐、吴稱天祐十年，五月，拔廣陵。今江南廣德州。

梁末帝貞明五年，晋、岐、吴稱天祐十六年，楊吴武義元年，三月，梁詔吴越王鏐討吴。語在《吴志》。

周顯德三年，南唐保大十四年，吴越入貢，周乃詔諭吴越出兵擊唐。吴越王俶遣吴程督兵趣常州，爲唐所敗，引還。

宋太祖開寶八年，四月，吴越王俶帥兵五萬攻常州，進兵拔其關城，攻江陰、宜興，皆下之，遂取常州。

太宗太平興國三年，吴越王俶籍境内州軍以獻宋，封俶爲淮海國王。吴越自唐昭宗光化元年戊午始鎮杭州，後梁龍德三年癸未始建國，至宋太宗太平興國三年戊寅納土，前後五傳，共計八十一年，建國五十六年。

宋

平揚州

淮南節度使李重進，周太祖之甥也。帝即位，加重進中書令，賜之鐵券。重進不自安，拘宋使陳思誨，治城繕兵，求援於唐。唐主以聞，遣石守信等討之，尋親征。

太祖建隆元年，十一月，至廣陵。城將陷，重進盡室自焚，揚州平。

南渡

高宗，徽宗第九子，名構，封康王。靖康元年，金兵圍京師，以張邦昌爲計議使，奉康王往質金軍求和，金人以爲非親王，遣還。十一月，復詔王雲副王，使（幹）〔斡〕離不①軍，王至磁州，守臣宗澤諫止之。帝即命爲兵馬大元帥，開府相州。

二年，二月，康王帥師次濟州，有衆八萬。四月，金人以二帝北去，元祐太后降詔命即帝位。五月朔，受命即位於濟州。

建炎元年，七月，詔郭仲荀奉元祐太后如揚州，六官及衛士家屬皆從，迎奉太廟神主赴行在。十月，帝如揚州。三年，春正月，帝在揚州。五月，下詔擇日還京，既而不果。冬十一月辛巳朔，朝享祖宗神主於壽寧寺。

三年，春正月，帝在揚州。丙午，金人陷徐州。二月庚戌朔，皇子、六宫如杭州。金人至楚州。辛亥，陷天長。

壬子，内侍報金兵至，帝被甲，馳至瓜洲渡江，至鎮江府。是日，金兵過楊子橋，遊騎至瓜洲。翌日，發鎮江，次吕城鎮。金兵入真州。甲寅，次常州。丙辰，次平江府。丁巳，金人犯泰州。戊午，次吴江縣。己未，次秀州。壬戌，駐蹕杭州，即州治爲行宫。

癸亥，命有司具舟常、潤，迎濟衣冠、軍民家屬。戊辰，金人焚揚州而去，吕頤浩復揚州。夏四月丁卯，帝發杭州。五月戊寅朔，帝次常州。辛巳，次鎮江。乙酉，至江寧府，改名建康。

① 據《四庫》本改。「（幹）〔斡〕離不」，《四庫》本作「斡里雅布」。

六月庚申，皇太后至建康。乙亥，詔諭中外以迫近防秋，請太后率宗室迎奉神主如江表，帝與輔臣宿將備禦敵兵，應接中原。官吏士民家屬南遷者，有司毋禁。

秋七月辛卯，改杭州爲臨安府。八月己未，太后發建康。閏月丁酉，至洪州。壬寅，帝發建康。甲辰，次鎮江。九月丙午朔，諜報金人治舟師，將由海道窺浙，遣韓世忠控守圌山、福山。辛亥，帝次平江府。冬十月癸未，帝至臨安。留七日，遂如越州。壬辰，至越州。

戊戌，金人陷壽春。十一月乙巳，犯廬州，守臣李會以城降。戊申，兀术①犯和州，守臣李儔以城降。己酉，陷無爲軍。庚申，陷真州。壬戌，金人陷溧水縣。癸亥，陷太平州。丁卯，金人又陷六安軍。辛未，兀术渡江，入建康。癸酉，帝如明州。十二月辛巳，金人攻常州，守臣周杞擊走之，陷廣德軍。壬午，定議航海。

四年，正月，帝御舟碇海中。

二月丙申，金游騎至平江。戊戌，入平江，縱兵焚掠。三月壬子，入常州。丁巳，至鎮江府。韓世忠屯焦山寺，邀擊之。四月，韓世忠駐軍楊子江，要金人歸路，屢敗之，兀术引軍走建康。丙申，韓世忠及兀术再戰江中，金人乘風縱火，世忠敗績。兀术渡江，屯六合縣。五月壬子，金人焚建康，淮南宣撫司統制岳飛邀擊於静安鎮，敗之。甲寅，金人陷定遠縣。是月，兀术自六合引兵趨陝西。七

① 《四庫》本作「烏珠」。下同。

月庚申，以岳飛爲通泰州鎮撫使。九月，金人陷楚州。辛酉，犯揚州，統制靳賽逆戰於港河，敗之。十一月丙午，岳飛棄泰州渡江。丁未，金人犯泰州，飛退保江陰軍沙上。乙卯，金人陷泰州。丁巳，通州守臣吕伸棄城去。

紹興元年，春正月己酉，金人犯揚州。秋七月，撻懶①自宿遷北歸。

三年，四月壬辰，徙都督府於鎮江。

四年，正月庚午，詔諸路將帥，毋以兩國通使輒弛邊備，淮南州郡津渡尤慎譏察。

五年，二月丁丑，帝發平江。七月甲午，韓世忠復鎮淮軍，擒僞齊守王拱。冬十月乙丑，僞齊兵寇漣水軍，遣統制呼延通等逆擊，敗之。

六年，二月乙卯，韓世忠引兵攻宿遷縣。統制呼延通與金兵戰，敗之，擒其將孛堇牙合②。丙辰，韓世忠圍淮陰軍。辛酉，兀朮救淮陽，韓世忠引兵歸楚州。三月，金齊兵犯③漣水軍，韓世忠擊敗之。七月，劉光世復壽春。

八月甲辰，詔諭將士將親征。九月丙寅朔，帝發臨安。癸酉，帝次平江。癸未，權奉安神主於平

---

① 「撻懶」，《四庫》本作「達蘭」。
② 「孛堇牙合」，《四庫》本作「貝勒雅哈」。
③ 「犯」，《四庫》本作「寇」。

江能仁寺。冬十月，劉麟寇淮西，張浚遣楊沂中、張宗顔等分兵禦之。戊戌，沂中至濠州，遣統制王德、酈瓊及賊將崔皋、賈澤、王遇戰，皆敗之。賊兵壽春芍陂砦守臣孫暉拒戰，又敗之。甲辰，劉猊犯定遠縣，沂中進戰，大敗之於藕塘，猊挺身遁，追至南壽春而還。癸丑，張浚、楊沂中引兵攻壽春，不克而還。十二月，韓世忠攻淮陰軍，及金人戰，敗之。辛丑，城南壽春府。

七年，春正月癸亥朔，帝在平江，下詔移蹕建康。庚辰，築采石、宣化二城。二月己未，帝發平江。三月癸亥朔，次丹陽。韓世忠入見，命世忠扈從，岳飛次之。甲子，次鎮江。辛未，帝至建康。夏四月，築太廟於建康，以臨安太廟爲聖祖殿。戊戌，修濬建康城池。秋七月，詔即建康權正社稷之位。

壬子，統制呼延通、王權等襲擊金人於淮陽軍，敗之。閏月，韓世忠引兵渡淮，逆擊金人於劉冷莊，敗之。是月，張俊棄盱眙，引兵還建康。十二月庚午，命韓世忠留屯楚州，屏蔽江淮。

八年，春正月戊子朔，帝在建康。二月，帝發建康，如臨安。

九年，春三月丙申，王倫受地於金，得東、西、南三京，壽春、宿、亳、曹、單州及陝西京西之地。四月壬申，移壽春府治淮北舊城。九月己亥，郭仲荀率東京兵五千至鎮江。

十年，閏月，韓世忠遣統制王勝、王權攻海州，克之，執其守王山。庚子，張俊棄亳州，引軍還壽春。八月丁亥，楊沂中自宿州夜襲柳子鎮，軍潰，遂自壽春渡淮歸。金人屠宿州。九月壬寅朔，諭韓世忠罷兵。時秦檜專主和議，諸大帥皆還鎮。

十一年，春，金人犯壽春，守臣孫暉、統制雷仲合兵拒之。丁巳，壽春陷，暉、仲棄城去。丙寅，兀术陷廬州。二月癸酉，張俊遣王德渡江，屯和州，金人退屯昭關。乙亥，金人復來争和州，張俊敗之。丙子，王德等敗金人於含山縣東。己卯，統制關師古等横擊敗金人於巢縣，復之。癸未，王德、田師中等擊破金人，復含山縣，奪昭關。劉錡自東關擊敗金人於青谿。甲申，金人復犯昭關，王德等又敗之。李顯忠遣統領崔皋，擊敗金人於舒城縣。丁亥，楊沂中等大敗金人於柘皋。己丑，兀术率兵逆戰於店步，沂中等又敗之。乘勝逐北，遂復廬州。

三月壬寅，韓世忠引兵趨壽春，金人圍濠州。甲辰，張俊、楊沂中、劉錡議班師。丁未，金人陷濠州，執守臣王進，夷其城。壬子，金人渡淮北歸。冬十月丙寅朔，金人陷泗州，遂陷楚州。是月，金人陷濠州。

是月，與金國和議成，立盟書，約以淮水中流畫疆，歲奉銀二十五萬兩、絹二十五萬匹，休兵息民，各守境土。

平江淮群盜

建炎元年，秋七月，命都統制王淵、劉光世、韓世忠、張俊分討江淮群盜。九月，賊趙萬陷常州。冬十月，王淵誅之。十一月，軍賊張遇陷池州，遇，本真定軍校，聚衆爲盜，自淮西渡江。守臣滕祐棄城遁。賊丁進圍壽春，守臣康允之拒却之。十二月辛巳，丁進詣宗澤降。

二年，春正月，王淵招降張遇，以所部萬人隸韓世忠軍。八月，河北京東捉殺使李成叛，犯宿州，詔劉光世討之。九月，丁進復叛，寇淮西，劉正彦擊降之。

三年，盗邵青掠泗州。青本五丈河舟人，爲盗劫楚、泗間。夏四月，盗薛慶據高郵，有衆數萬。張浚入其壘，諭以朝廷恩意，慶遂降，浚留撫其衆。

秋七月，山東盗郭仲威掠淮陽軍，仲威，本李成黨。翟興引兵與戰，敗之。冬十月，仲威詣平江守周望降，望以仲威爲將。李成掠淮北，陷泗州，殺知州耿堅，據其城。詔撫諭之，命知泗州。成復陷滁州，守臣向子伋及諸官屬皆被殺。

四年，三月己巳，盗戚方陷廣德軍。五月，用范宗尹言，以群盗爲諸軍鎮撫使，趙立楚、泗州、漣水軍，劉位滁、濠州，趙霖和州、無爲軍，李成舒、蘄州，李彦先海州、淮陽軍，薛慶高郵、天長軍，俾立顯功，許以世襲。

六月甲申，岳飛破戚方於廣德。丙戌，戚方詣張俊軍降。冬十月，江東賊張琪犯建康府。

紹興元年，五月，劉光世使王德襲揚州，擒郭仲威送行在斬之。時仲威謀據淮南通劉豫。

辛亥，水軍統制邵青叛，圍太平州，劉光世招降之。六月，邵青復叛，犯江陰之福山。遣李進彦、耿進率舟師，會劉光世討之。冬十月，邵青聚其黨於崇明沙，將犯江陰，劉光世令王德討之。青用火牛衝陳，德命合軍持滿，萬矢齊發，牛返奔，賊衆殲焉。縛青送行在，餘黨悉平。

劉豫南犯

豫，景州人。建炎四年，金立爲齊帝。

紹興元年，六月，劉豫置招受司於宿州，誘宋逋逃。

三年，夏四月，水軍統制徐文以所部海舟六十艘、官軍四千餘，自明州浮海抵鹽城，降於豫。豫以文知萊州，帥其衆寇通、泰州。

四年，劉豫乞師於金，因岳飛復襄鄧而懼也。金以兵五萬應豫，使兀术將前軍，豫遣子麟、侄猊分道南侵。騎兵自泗攻徐，步兵自楚攻承州。冬十月丙子，詔韓世忠屯揚州。戊子，世忠使統制解元守承州，親提騎兵至大儀，勒五陳，設伏二十餘所以待之。金别將撻不野①擁鐵騎至，伏兵四起，生擒不野等二百餘人。而所遣董攸，亦擊敗金人於天長之鴉口橋。己丑，金人攻承州，解元一日十三戰，相拒未決。世忠往援，復大戰，俘獲甚多。追至淮，金人驚潰，相蹈藉溺死者甚衆。帝決策親征，發臨安。

十二月壬辰，金、齊合兵，圍廬州，守臣仇悆嬰城固守，岳飛遣牛皋、徐慶援之。金軍潰，皋追之三十里，殺獲甚多。會雨雪，餽道不繼。又聞金主晟病，兀术、撻懶夜引還，劉麟、劉猊亦棄輜重遁。

① 「撻不野」，《四庫》本作「托卜嘉」。

六年，春正月，韓世忠引軍渡淮，傍符離而北。呼延通擒金將牙合孛堇，乘勝進圍淮陽。兀术與劉猊皆引兵至，復還楚州，淮陽民從而歸者萬計。

冬十月，劉豫分三道入寇，麟率中路兵由壽春犯合肥，猊率東路出渦口犯定遠，孔彦舟率西路兵犯六安。張（浚）〔俊〕①、劉光世議退保，張俊上言：「淮南之屯，正所以屏蔽大江。諸將渡江則無淮南，而長江之險與賊共矣。」乃諭諸將，有一人渡江，即斬以徇。劉猊軍至淮東，爲韓世忠所阻，乃引趨定遠。張俊拒劉麟於濠、壽之間。猊謀寇建康，兵至藕塘，復爲沂中所敗。張宗顔自泗來，乘背擊之。張俊復與戰於李家灣，賊衆大敗，猊遁去。麟聞猊敗，亦拔砦去，官軍追至南壽春而還。金人聞豫敗，始有廢豫之意。

海陵南侵

紹興三十一年，五月，金來求淮漢地。六月，金主亮遷都於汴以逼我。秋七月，金大括馬於諸路。

八月辛丑朔，忠義人魏勝復海州。九月戊戌，詔以金人背盟，降敕榜諭中原軍民。是月，金主命李通造浮梁淮上，大舉入寇，衆號百萬。冬十月庚子朔，詔將親征。金人圍魏勝於

① 據《四庫》本改。

海州。李寳以舟師至東海，與勝同擊金人於西橋，敗之，乃解圍去。

辛丑，金人自渦口渡淮。癸卯，金人陷蔣州，李顯忠遣孔福與戰於大人洲，敗之。乙巳，金人復犯海州，魏勝、李寳擊却之。劉錡引兵次淮陽，金人將自清河口入淮，錡列兵於運河岸以扼之。戊申，王權聞金兵大至，自廬州遁，屯昭關。庚戌，知廬州龔濤棄城走。壬子，劉錡遣王剛擊敗金人於清河口。金人復來戰，剛失利。癸丑，金人圍廬州，又陷海州，李寳力戰敗之，解圍去。劉錡引兵渡淮，及金人戰，死者十七八。金主亮以大軍至廬州城北之五里，築土城以居。戚方遣張寳復蔣州。乙卯，劉錡自淮陽引兵歸揚州。

丙辰，金主亮入廬州，王權自昭關遁。金人追至尉子橋，姚興戰死，權退保和州。丁巳，帝定議親征。金人犯真州，遂犯揚州。庚申，王權自和州遁，歸屯於東采石。辛酉，金人陷和州。壬戌，劉錡退軍瓜洲鎮，揚州陷。乙丑，金人趨瓜洲，劉錡拒之於皂角林，大敗之，斬其統軍高景山。丙寅，劉錡還鎮江府。十一月己巳朔，金人犯瓜洲鎮，劉汜戰敗走，金人鐵騎奄至江上。

乙亥，金主亮臨江，期翌日南渡。丙子，虞允文督建康諸軍，以舟師拒亮東采石，戰勝却之。崔定復巢縣。丁丑，允文以舟師擊金人於楊林河口，又敗之，亮焚舟而去。庚辰，亮引軍趨淮東。癸未，虞允文自采石如鎮江備敵。甲申，亮至揚州。乙未，陷泰州。是日，金人弑亮於揚州龜山寺。

戊戌，金遣人詣鎮江軍中議和。十二月庚子，楊存中及虞允文渡江至瓜洲，察金人兵。是月，金主知亮已死，遂趨燕京。

三十二年，春正月戊辰朔，帝在鎮江。己巳，金人犯壽春，忠義將劉泰戰死，金人引去。庚午，帝發鎮江。壬申，至建康府。二月癸卯，帝發建康。乙卯，至臨安府。夏四月庚寅，王剛破金人於海州。旋復來圍，張子蓋及魏勝敗之，圍解。六月，罷三招討司。以金人議和故也。

隆興和議

紹興三十二年，帝新即位，張浚請先城泗州。十一月，金以宋欲正敵國體，命將分屯要害。

隆興元年，五月丁酉，李顯忠復靈璧縣。庚子，復虹縣，金知泗州蒲察徒穆①降。甲辰，李顯忠等敗金人於宿州。丙午，復宿州，戮金兵數千人。辛亥，金人自睢陽引兵至宿州，李顯忠擊却之。壬子，顯忠與金人戰於宿州，軍大敗。甲寅，李顯忠、邵宏淵二將不睦，軍大潰於符離。乙卯，下詔親征。六月，張浚自盱眙還揚州。秋八月戊寅，金紇石烈志寧②屢以書求海、泗、唐、鄧四州地及歲幣，遣官往返，不允。至是，命海、泗州徹戍。

二年，金使至盱眙，以國書違式，弗受；欲得商、秦地及俘獲人，且邀歲幣三十萬，〔魏〕③杞未

① 「蒲察徒穆」，《四庫》本作「富察特默」。
② 「紇石烈志寧」，《四庫》本作「赫舍哩志寧」。
③ 據《宋史·本紀三十三》補。

得進。辛巳，金人分道渡淮，劉寶棄楚州遁。十一月乙酉，知楚州魏勝與金人戰，死之，州遂陷。濠州亦陷。王彦棄昭關遁，滁州亦陷。丙申，遣國信大通事王抃如金帥府，正皇帝號，爲叔侄之國；易歲貢爲歲幣，減十萬；割商、秦地；歸被俘人，惟叛亡者不與。甲辰，金人犯六合縣，步軍司統制崔皋擊却之。閏十一月，詔廷臣舉楚、廬、滁、濠四州守臣。

乾道六年，閏月戊子，遣范成大等使金，求陵寢地，且請更定受書禮。是月，成大至自金，許以遷奉及歸欽廟梓宫，而不易受書禮。

北伐更盟

寧宗嘉泰四年，春正月，韓侂胄以金國多難，定議伐金。

開禧二年，夏四月丁丑，鎮江都統制陳孝慶復泗州。五月辛巳朔，陳孝慶復虹縣。癸巳，以伐金告於天地、宗廟、社稷。是月，攻宿州，敗績。六月，攻壽州，敗績。

冬十月，金兵分九道南下。丙子，胡沙虎①自清河口渡淮，圍楚州。十一月戊子，犯廬州。戊戌，圍和州。甲辰，犯真州。是月，濠州爲金所破。十二月甲寅，攻六合縣。戊辰，僕散揆②自淮南

① 「胡沙虎」，《四庫》本作「呼沙呼」。
② 「僕散揆」，《四庫》本作「布薩揆」。

退師，留一年，據濠州。

嘉定元年，春正月壬午，金人牒求韓侂冑首。三月辛卯，詔梟侂冑首於兩淮。夏六月辛未，歸濠州。

宋復金讎

寧宗嘉定四年，六月，遣使賀金主生辰。時金有蒙古之難，不暇延使者。冬十月甲辰，金謹邊備。

七年，秋七月庚寅，以真德秀奏，罷金國歲幣。

十年，夏四月，金人南犯。壬戌，徐州以捷聞，金人遁去。

十二年，閏三月辛卯，金人圍安豐軍，江淮制置使李珏遣將救之。

十三年，八月甲申，復海州，以徐晞稷知州事。盱眙將石珪叛入漣水軍。

十四年，三月，扈再興擊金人於天長，敗之。四月戊辰，金人渡淮而北，李全遣兵追擊，又大敗之。

理宗紹定四年，冬十月，金將以盱眙軍來降，赦盱眙，（敗）〔改〕①爲招信軍。

① 據《四庫》本改。

端平元年，正月，金亡。

平細巾

嘉定十二年，閏三月，興元軍士張福、莫簡作亂。七月丙申，安丙誅張福，莫簡自殺，細巾賊悉平。

平李全

嘉定十一年，春正月壬午，洋帥李全率衆來歸，詔以全爲京東路總管。

寶慶元年，二月，李全焚楚州，許國走死。

三年，八月，李全自青州復入淮安，殺張琳。

紹定三年，三月，李全兵數萬，寇鹽城。十二月，李全寇泰州，復寇揚州，趙范、趙葵會師擊敗之。

四年，春正月，李全伏誅於揚州之新塘。

蒙古南侵

理宗端平元年，六月，趙范、趙葵因金之亡，欲乘時撫定中原，收復三京。參議（邱）〔丘〕岳言：「方興之敵，新盟而退；開釁致兵，必自此始。」不聽。

三年，四月，以襄陽失陷，洛陽兵敗，下詔自責。冬十月丙午，元游騎趨合肥。十一月，元兵攻真州，知州(邱)〔丘〕岳設伏西城，殺其驍將，焚其廬帳。越二日，引去。

嘉熙二年，秋九月，蒙古軍察罕帥兵號八十萬，圍廬州，杜杲極力守禦。又練舟師扼淮河，蒙古軍不能進，引師北歸。

淳祐元年，秋七月，蒙古軍渡淮，入揚、滁、和州。冬十月甲寅，陷通州。

三年，夏六月，以吕文德爲淮西招撫使。先是，以文德總兩淮軍馬，值蒙古軍圍壽春，文德解其圍，遂有是命。未幾，又敗蒙古軍於五河，復其城。

五年，秋七月，蒙古軍掠淮西，至揚州而去。

十一年，秋七月，蒙古軍分道寇淮、蜀。

寶祐五年，秋八月，李全子壇攻海州、漣水等處。十一月，陷之。

景定三年，二月庚戌，李壇子彦簡以漣、海三城來歸，改漣水爲安東州。八月，李壇爲蒙古軍所獲，支解以徇。

度宗咸淳元年，八月甲午，元阿术①帥大軍至廬州及安慶諸路，統制范勝等殁於陳。

① 「阿术」，《四庫》本作「阿珠」。下同。

元

取江南

世祖至元二年，宋咸淳元年。秋七月癸未，元伯顔分大軍爲兩道，自與阿术由襄陽，博羅歡①由東道取揚州。

十二年，宋德祐元年。春正月戊戌，宋池州都統張林請降於元，權州事趙卯發自經死。元兵入安慶，宋范文虎降，通判夏椅自殺。二月壬戌，宋知鎮江府洪起畏知寧國，趙與可知和州，王喜以城降元。戊辰，宋知江陰軍鄭濡棄城遁，知無爲軍劉權、知太平州孟之縉皆以城降。三月癸酉，宋都統徐旺榮迎元兵入建康府。甲戌，元兵至無錫，宋知縣阮應得出戰，一軍皆没，應得赴水死。丁丑，宋知滁州王應龍以城降元。壬午，宋知常州趙與鑒聞元兵至，遁，州人錢訔等以城降。甲申，元兵至西海州，宋安撫丁順降。乙酉，知東海施居文乞降於西海州，知平江府潛説友以城降。丙戌，知廣德軍令狐概以城降。己丑，滁人執王應龍歸於揚州，殺之。知安東州孫嗣武以城降。丙申，宋閻順復取廣德軍。四月，元兵入廣州，知縣王汝翼死之。丁巳，總制霍祖勝攻溧陽，復取之。知金壇縣李成大

---

① 「博羅懽」，《四庫》本作「博囉歡」。

與元戰，死之。壬戌，元兵攻真州，宋知州苗再成、宗子趙孟錦率兵大戰於老鸛嘴，敗績。阿术乘勝趨揚州。庚午，阿术兵至楊子橋，宋揚州都撥發官雷大震戰死。五月癸酉，元兵至寧國縣，宋知縣趙與穗出戰死。丁丑，劉師勇攻常州，復取之。丙申，宋帝詔張世傑、張彦、阮克己、仇子真分道出兵。

秋七月辛未，張世傑諸軍戰焦山下，敗績。八月乙巳，宋吴繼明復平江縣。庚戌，劉師勇攻吕城，破之。甲子，宋以文天祥兼知平江府。

十月，以張世傑兼知江陰軍。壬戌，元伯顔渡江，分兵爲三道，阿剌罕①、奥魯赤②帥右軍出廣德之四安鎮，董文炳帥左軍出江並海，取道江陰，趨澉浦、華亭，以范文虎爲前鋒。伯顔自將中軍趨常州，以吕文焕爲前鋒。水陸並進，期會臨安。《元史》係十一月乙亥，伯顔分軍爲三趣臨安：阿剌罕率步騎自建康、四安、廣德以出獨松嶺，董文炳率舟師循海趨許浦、澉浦以至浙江，伯顔、阿塔海③由中道節度諸軍，期並會於臨安。

是月甲子，宋尹玉戰五牧，死之。李世修以江陰降。十一月，元兵破興化，知縣胡拱辰自殺。戊寅，元將阿剌罕破廣德軍及四安鎮。甲申，元伯顔圍常州，招降，不聽。攻二日，破之，屠其城，知州

① 「阿剌罕」，《四庫》本作「阿喇哈」。下同。
② 「奥魯赤」，《四庫》本作「鄂囉齊」。
③ 「阿塔海」，《四庫》本作「安塔哈」。

姚旹、通判陳炤、都統王安節皆死之，劉師勇潰圍奔平江。丁未，元兵入平江府。

十三年，宋德祐二年。春二月丁酉朔，宋帝詔諭郡縣使降元。

明

太祖龍興

太祖先世沛人，徙家句容，大父再徙家泗州。太祖年十七，遭疫，父母相繼没，乃入皇覺寺。逾月，僧乏食，西至合肥，歷汝、潁諸州。時定遠人郭子興據濠州，往歸之。子興以所撫女妻焉，即馬后也。軍中呼爲朱公子。

至正十二年，閏三月甲戌朔，起兵於濠。

十三年，春，朱公子歸鄉里，募兵得七百人。

十四年，秋七月，率徐達、湯和等二十四人，南略定遠，執驢牌寨帥，降其兵三千人。又招降秦把頭等八百人。破繆大亨義兵於橫澗山，軍聲大振。遂克滁陽，收全椒、大柳諸寨。子興帥所部歸滁陽，稱滁陽王。冬十月，元兵攻滁，敗之。

十五年，春正月，據和陽。三月，滁陽王子興卒，劉福通等立韓林兒爲主，號小明王。檄興子爲元帥，朱公子副之，公子不受。夏五月，至巢湖，收廖永安水砦兵，破蠻子海牙①於黄墩。六月朔，渡江拔采石，改太平路爲太平府。八月，分命徐達等取溧水、溧陽、句容、蕪湖，皆下之。進攻集慶，與元將陳埜先②、福壽戰秦淮上，失利。埜先爲鄉兵所殺，其子兆先屯方山，蠻子海牙結寨采石爲犄角。

十六年，春正月，常遇春破蠻子海牙兵。三月朔，攻集慶路。庚寅，克之。丙申，進攻鎮江。丁酉，克之。分兵下金壇、丹陽諸縣，改鎮江府爲江淮府，旋復舊名。六月乙卯，命鄧愈等進攻廣德路，克之，以愈鎮守。秋七月己卯，諸將奉朱公子爲吴國公。

定江南

元至正十六年，九月，張士誠攻鎮江，陷宜興。士誠，泰州白駒場亭民，爲鹽場綱司牙儈。與弟士德、士信，俱以販鹽，緣爲奸利，性輕財好施，頗得衆心。於至正十三年五月起兵，陷高郵，復陷泰州。十六年二月，陷平江，遂掠松江、湖州、常州諸郡，皆據之。徐達攻毗陵，設伏擒其弟士德。十一月，士誠圍徐達於牛塘，常遇春等來援。内外夾擊，大破之，擒其將張德。

① 「蠻子海牙」，《四庫》本作「曼濟哈雅」。下同。
② 「埜先」，《四庫》本作「額森」。下同。

十七年，三月戊午，克常州。夏四月，徐達、常遇春攻寧國，降之。五月，俞通海等略太湖，降士誠將王貴、紐津。己卯，克泰興。六月，克江陰。七月，徐達等下常熟，襲江陰馬䭾沙，克之。鄧愈、胡大海下績溪、休寧。庚辰，克徽州，改爲興安府。九月，青軍元帥張明鑑據揚州，繆大亨攻下之，改揚州路爲淮海府。敗元兵於徽州城下，進克婺源。冬十月，常遇春等克池州，斬天完將洪元帥。復敗天完平章陳友諒兵。

十八年，春二月，李文忠等進取青陽、石埭、太平、旌德諸縣，皆下之。夏四月，陳友諒寇池州、太平，劉友仁、趙忠死之。俞通海尋復池州。趙德勝略石埭，擒友諒將錢清。六月，張士誠寇常州，湯和戰敗之。復寇常熟，廖永安大敗之於福山港。冬十月甲戌，克宜興。

十九年，春三月，陳友諒遣將寇寧國太平縣，胡惟庸等擊敗之。復寇青陽、石埭等縣，張德勝戰走之。夏四月，徐達等擊破友諒柵江營，賊棄舟走。癸酉，復池州。五月，克無爲。秋八月，徐達克潛山。

二十年，夏四月，徐達、常遇春拔友諒之水寨，敗其援師九華山下。閏五月，友諒陷太平，守將花雲死之。友諒引兵東下，吴公擊之，潰走。追擊至慈湖，焚其舟。追至采石，復大敗之，遂復太平。七月，克安慶。

二十四年，夏四月，俞通海等略劉家港，敗士誠兵於通州，擒其院判朱瓊。秋七月丁丑，克廬州路，安豐部將以舒城降。

二十五年，閏十月，克泰州，擒士誠將嚴再興等。徇興化，降其將李清。

二十六年，三月，徐達等克高郵。進攻通州，大破之。夏四月，徐達、常遇春攻淮安，士誠將梅思祖出降，并獻所部四州。戊午，克興化，淮地悉平。庚申，克濠州，遂入濠，省陵墓，宴父老。五月，徐達、韓政克安豐。八月辛亥，命徐達、常遇春伐張士誠。十一月辛卯，圍吴江，降之。癸卯，達等兵圍平江城，俞通海分兵取太倉州，昆山、崇明、嘉定望風皆降。松江路守將王立中聞之，亦降。

二十七年，夏四月，破平江城，擒士誠送建康，士誠自縊死。諸將還師，取通州。丁亥，胡廷美取無錫。

太祖定鼎金陵

元至正十五年，六月，克太平路。耆儒陶安進説金陵帝王之都，龍蟠虎踞，可據形勢以臨四方。吴公大悦。

十六年，三月，克金陵，改集慶路爲應天府。八月，拓建康城，延亘周圍凡九十六里。作新宫於鍾山之陽，遂定都焉。

二十四年，春正月，群臣奉吴公爲吴王，建百官司屬。

二十七年，稱吴元年。

二年戊申，春正月乙亥，即帝位於南郊，定有天下之號曰大明，建元洪武，建南、北郊，大社、稷。

五月庚寅，帝至汴梁。八月，詔以金陵、汴梁爲南、北京。

燕王靖難

建文四年，五月，燕兵至泗州，守將周景初舉城降。遂濟淮，攻下盱眙。以兵趨揚州，守將王禮降，即命禮諭降高郵、通、泰諸城。進攻儀真，破之。

六月，兵至浦子口，都督僉事陳瑄等降。乙卯，渡江，鎮江降。建文帝分命諸王守城。復命諸王往燕，割地議和，燕王不許。齊泰奔廣德州，黄子澄奔蘇州。

癸亥，燕兵至朝陽門。屯金川門，谷王橞、李景隆開門降。徐國公徐輝祖迎戰，敗績。朝廷文武俱迎，建文帝左右唯數人，遂盡閉諸后妃宫内，縱火焚之，帝遂遜國去。己巳，燕王即皇帝位。

平倭寇

嘉靖三十二年，夏四月，倭犯蘇、松郡，屠上海之南匯、川沙，圍嘉定、太倉，所過殘掠。指揮盧鏜掩擊，斬其帥蕭顯。秋七月，太平同知陳璋敗倭於獨山。冬十月，倭掠蘇、松各州縣，移舟泊寶山，總兵湯克寬擊敗之於高家嘴。倭寇興化，指揮張棟擊殲之。

三十三年，三月，倭掠通州、如皋、海門諸州縣，焚掠鹽場。四月，倭破崇明城，知縣唐一岑死之。進掠蘇州，轉至松江，總兵俞大猷擊敗之於吴淞所。八月，倭自嘉興還，屯採淘港、柘林諸處。進薄嘉定，參將李逢時敗之於新涇橋。倭退，據羅店，官軍追斬之。詔以工部侍郎趙文華禱祀東海，兼督察沿海軍務。

三十四年，夏四月，倭犯江北淮、揚諸處，分掠常熟、江陰諸鎮。兵備任環等攻破其巢，倭奔江陰川沙窪出海去。

五月，張經破倭於王江涇。詔以巡按御史胡宗憲爲僉都御史，代李天寵巡撫剿賊。倭分衆兩道，一由蘇州齊門而北，掠滸墅關、長洲五都地，一由胥門、木瀆而南，轉掠吴縣橫鎮，蔓延常熟、江陰、無錫等縣。川沙窪倭犯閘港、周浦，流劫昆山石浦。

六月，倭寇蘇、常諸縣，知縣王秩、錢錞，居鄉參政錢泮等戰死。任環邀擊，敗之於太湖。復擊於馬跡山，獲倭，投火爇之幾盡。八月，倭突入歙縣，至南陵，趨太平，犯江寧鎮。操江兵扼之，遂趨秣陵關，流劫溧水、溧陽，趨宜興、無錫，至滸墅關。巡撫曹邦輔會兵進剿，倭奔太湖。追及楊家橋，盡殲其衆。副使任環復剿倭於新場，及上海之五里橋，太倉之毛家、葛隆諸處，倭走。

三十五年，正月，倭流劫至圌山、山北等港。無爲州同知齊恩迎戰，敗之。恩子尚文等二十一人，追倭至安港，伏發，皆死。賊乘勝至金山，殺千户沈宗玉於江中。八月，海寇徐海伏誅。

三十六年，冬十一月，海寇汪直伏誅。

三十八年，四月，江北倭趨通州，進據白浦鎮。副使劉景韶、遊擊(邱)〔丘〕陞三戰三捷，倭逸入潘家莊。復盡鋭攻之，乃剿絶。

廟灣倭合衆攻淮安，參將曹克新禦戰於姚家宕，大敗之。倭遁入民莊，官兵縱火焚之，無一人脱者。五月，江北兵攻倭於廟灣，破之。追奔至瑕子港，倭開洋去。六月，倭屯崇明三川沙，總兵盧鏜攻破之。秋七月，三川沙倭犯海門，參將（邱）〔丘〕陞敗之於鄧家莊。復追至鍋團，倭遁。八月，官兵圍倭於劉家橋、白駒沙諸處，縱火冲擊，破其巢。又追敗之於七竈莊、花墩，盡殄之。四十三年，二月，戚繼光大破倭於仙遊。俞大猷復大破之於潮州，倭患始息。

福藩之立

福王名由松，神宗孫，福王常洵子。洛陽陷，王避亂南下，次淮安。值甲申三月之變，南中府部等官會議，監國史可法、吕大器欲奉潞王，鳳督馬士英與操江誠意伯劉孔昭，總兵劉澤清、高傑、黄得功、劉良佐，迎王於江上。

大清順治元年，甲申五月，福王稱號於南京，以内守備府爲行宫，召史可法、高弘圖、馬士英入閣辦①事，姜曰廣、王鐸俱爲大學士，以總兵黄得功、高傑、劉澤清、劉良佐分鎮淮上。史可法開府揚州，督其軍。

二年，五月，大清兵渡江，王奔蕪湖。十五日，大兵追至蕪湖，王被執。三年五月，賜死。

① 「辦」，《四庫》本作「辨」。

國　朝

平定江南

順治二年，三月乙巳，王師下徐州，明總兵、鎮徐將軍李成棟南奔。遂下潁州。夏四月，下亳州。至淮安，總兵、東平伯劉澤清逃。丁丑，下揚州，明督帥史可法死之。五月己丑，駐兵瓜洲。

庚寅，大兵蔽江而下，明三鎮兵各東遁。

丙申，豫親王至南京，總督京營戎政，尚書趙之龍以下文武百官皆降。豫王駐劄天壇中。戊戌，百官朝豫王於行營，光禄寺卿葛徵奇、給事王端伯，部郎劉光弼、吴嘉允，中書龔廷祥死之。乙巳，劉良佐以明福王至南京，靖南侯黄得功死之。

六月，徇常州、蘇州，下之。閏六月八日，下常熟。圍昆山，徐開禧開城迎降。圍嘉定，秋七月破之，鄉紳侯峒曾、黄淳耀死之。八月初三日，下松江，沈猶龍、夏允彝死之。二十日，破金山衛，指揮侯懷玉父子死之。下清浦。圍江陰，歷閏六月至八月二十一日破之，典史陳明遇、在籍中書戚勳等死之。十一月十三日，破崇明。

凡九閱月，而江南平。

江南通志卷二百

雜類志

辨訛

贛榆故城

按贛榆故城有二：一爲漢縣，在贛榆界。一爲唐縣，在海州界。詳見海州《古蹟》。舊志乃云在贛榆縣北青山之陰，混二城爲一地，亦舛錯也。

沭陽故僮縣

《元和志》：沭陽縣，劉宋元嘉四年於此置僮縣，屬南彭城郡。按：漢僮縣在今鳳陽府虹縣界。

《宋書·志》北下邳郡有僮縣，乃泰始中失淮北後僑立，在廣陵界。俱非今縣境。惟蕭子顯《齊書·志》北東海郡領僮縣，當即今縣也。

海州之廢沂州

《寰宇記》：廢沂州城，在縣西一百四十步。宋泰始三年，失舊沂州。五年，於朐山東北僑置沂州。至泰豫元年，移朐縣就沂州。北周建德六年，改沂州爲朐州。隋開皇二年省。按《宋志》無沂州，惟徐州注：泰豫元年，移治東海朐山。則沂州當即徐州之譌。且《隋志》亦無朐州，恐皆舛誤也。

休寧之黎陽廢縣

黎陽廢縣，在今休寧縣東南黎陽鄉屯溪率口之間。而《寰宇記》謂有隋廢休寧縣，在縣東南三十五里，南當水口。按：隋氏休寧治萬歲山，乃孫休時海陽舊地，不應復有此址，當是誤以黎陽爲休寧也。

當塗之小丹陽

《括地志》：丹陽故城，在江寧縣東南五十里。《九域志》：當塗縣有丹陽鎮，即故縣也。而班固

《地理志》丹陽郡丹陽縣注曰：楚之先熊繹所封。陳宣帝詔亦曰，邇熊繹之遺封。按：楚始封之丹陽，《史記》徐廣注：在南郡枝江。《正義》云：歸州秭歸縣東有丹陽城，熊繹始封。是與此相距幾千里，非吳地之丹陽也。而當塗之故丹陽城，乃吳地之丹陽。漢置丹陽郡，治宛陵，而丹陽別自爲縣。因有小丹陽之名，班固以此爲楚始封之丹陽，誤矣。

朐縣非臨朐

《魏書・地形志》：琅邪郡朐縣，二漢屬東海郡，晉曰臨朐，屬琅邪郡。按漢臨朐縣有二：一屬齊郡，一屬東萊郡。東漢屬齊國，晉屬東莞郡，與朐縣兩地。晉東海郡仍有朐縣，未嘗改爲臨朐也。《通鑑注》：朐縣，晉曰臨朐，屬東莞郡。魏復曰朐，屬琅邪郡。亦承《魏志》之訛。

厚（邱）〔丘〕訛廩（邱）〔丘〕

漢厚（邱）〔丘〕縣，後魏改曰沭陽，即春秋時魯之中城邑。杜註云：在東海廩（邱）〔丘〕縣西南。按：廩（邱）〔丘〕，齊邑。《左傳・襄二十四年》：齊烏餘以廩（邱）〔丘〕奔晉。杜註云：今東郡廩（邱）〔丘〕縣故城是。一齊邑，一魯邑，非即厚（邱）〔丘〕也。晉東海郡無廩（邱）〔丘〕縣，杜註當屬傳寫之訛。而《舊唐書・志》云：沭陽，漢廩（邱）〔丘〕縣。是又因杜註而訛矣。

通州静海縣

《五代史·職方考》：周世宗置通州，分其地置静海、海門二縣爲屬，而治静海。是静海縣周世宗所置。宋政和七年，以通州置静海郡，仍領静海、海門二縣。而《續文獻通考》云：静海縣，宋置静海郡時，並置縣。是未考《五代史》之故耳。

盧　州

應劭曰：盧州，古盧子國也。《通典》因之，而復云：《左傳》「自盧以往」即此地。考《左傳》杜註：盧，今襄陽中盧縣，漢屬南郡，與盧江郡之盧名同而地異。又盧州古蹟有同食館，唐元和中刺史路應求建，亦採《左傳》「自盧以往，振廩同食」之義爲名，其誤與《通典》同。

古英國

《史記·夏本紀》：封皋陶之後於英、六。註：《索隱》曰：《地理志》：六安國六縣，咎繇後偃姓所封，英地闕。《正義》曰：英，即蓼也。又曰：英後改爲蓼。數説不同，蓋英地久已無可考矣。

今英山縣始見於《元史·志》。《續文獻通考》云：英山縣，本羅州羅田縣東鄉地。宋淳祐間，立鷹山寨。咸淳初，改名英山，因立爲縣，屬六安軍。是「英」與「鷹」，以音同而改，非即古英國也。《英山志》云：縣有英布宅。又因布姓英氏，而附會其説耳。

丹徒曰京

《通典》：漢建安十三年，吴鎮丹徒，築城，南面、西面各開一門，因京峴爲京鎮，因門爲京口。而《文獻通考》復引《爾雅》「絶高曰京」爲証，則京當因丹徒峴而得名。然三國以前，丹徒未有京之名。蓋孫權初鎮丹徒，謂之京城，侈大言之耳。東晋至梁、陳，皆以此地爲京城，而建康謂之京邑。

十字碑

丹陽縣延陵鎮西北九里延陵季子廟中，有孔子書「嗚呼有吴延陵君子之墓」十字，舊謂之十字碑。開元中，敕殷仲容摹刻。大(歷)〔曆〕十四年，蕭定重刻石。又江陰縣申浦延陵季子墓，亦有是碑，但譯其文「君子」作「季子」，字畫小異。一刻於廟，一刻於墓，皆至聖遺蹟也。而《廣川書跋》云：仲尼書延陵墓碑，今入《淳化官帖》中，不類豐碑石柱，所刻書亦異籀文。又孔子未嘗至吴，其書是非，不可考也。唐人於季子墓刻此十字，張從申書其後，而籀字極大。一書而傳於世者，大小不同，竟誰當其傳哉？書跋之説，蓋疑其非真矣。

然考李陽冰書，初學嶧山，後見仲尼書季札墓，字便變化。是碑陽冰所從得法，又古於嶧山，以書品論之，亦未可輕議也。

溧陽舊縣

溧陽舊縣有二：一秦置縣於古固城，在今高淳縣界固城湖之側。隋開皇九年，改爲溧水縣，而故城廢。一唐武德三年，析溧水地復置縣，在今縣西北四十五里。唐[①]李賀《記》云：孟東野，貞元中爲溧陽尉。溧陽昔爲平陵縣，縣南五里有投金瀨，瀨南八里有故平陵城。而縣志亦云：平陵廢縣，在縣西北四十里平陵山西。與賀説合。唐天復元年，始移今治，土人猶謂其處曰舊縣村。舊志并爲一條，遂混。

黟　縣

黟縣之名，舊有二説。劉眗曰：黟音同「翳」，縣南石墨嶺出石墨故也。《圖經》云：新安貢柿心黑木，故以名縣。二説皆穿鑿字義，似乎近纖。考《新安志》：黄山舊名黟山。秦置黟縣，取義於此。《南畿志》從之，其説爲正。

---

① 「唐」，《四庫》本作「又」。

松滋廢縣

《通典》云：霍（邱）〔丘〕，漢松滋縣。《續通典》云：宿松縣，漢元始中爲松滋縣，屬廬江郡。晋武帝以荆州有松滋縣，遂改爲宿松。兩説互異。

考《漢書·志》：廬江郡松滋縣。東漢時省，三國魏置安豐郡，復置松滋縣爲屬，晋以後因之。至隋始改名宿松，故《隋書·志》無松滋縣。唐武德初，别置松滋縣，屬蓼州。七年，省入霍（邱）〔丘〕縣。《通典》以唐蓼州之松滋爲漢松滋，誤也。至《續通典》「晋改宿松」之説，考宋、南齊《志》，安豐郡仍有松滋縣，則以隋改名爲正。《霍（邱）〔丘〕志》：松兹廢縣，在縣東十五里。漢初置松兹侯國，在今宿松縣界。後漢省，唐初改置於此，武德七年廢。考核最明。又《寰宇記》：松兹，一名祝兹，即古鳩兹。春秋鳩兹邑在蕪湖縣，既非宿松，亦非霍（邱）〔丘〕，《記》又誤矣。

六　蓼

六、蓼二國，虞夏以封臯陶後，六後爲六安州，蓼後爲霍（邱）〔丘〕縣，本無可疑。一説六、蓼故城俱在壽州，而遂以六安州爲漢潜縣，霍（邱）〔丘〕縣爲漢松滋，皆非也。

碭　山

秦置碭郡，治碭縣，本因山得名。其後或爲碭縣，或爲碭山，其名屢易，而縣治亦遷改不常。今縣屬徐州，而山則在歸德之夏邑境。舊志謂山在縣東南，誤也。

昆　山

吴郡婁縣，梁大同初分置昆山縣，本取縣界山爲名。唐天寶中，割縣之南境置華亭縣，而昆山遂在華亭界。後蘇人以馬鞍山爲昆山，而松人翻以昆山爲小昆，皆非也。

皖城在潛山辨

《皇輿全覽》及《明一統志》皆云：元至治三年，分懷寧清朝、玉照二鄉，於故懷寧置潛山縣。《南畿志》亦云：潛山古有城，即府治故址。蓋懷寧縣，東晋安帝時置，地在三國吴之皖城。故《新唐書·志》云：懷寧縣有皖山。

又《圖經》云：縣之最著者有潛、皖、天柱三山。以地言之，則曰潛山，謂其遠近山勢皆潛伏也。以國言之，則曰皖山，謂皖伯所封之國也。以峰言之，則曰天柱，指其最高者名之也。而三國吴之皖城，在今懷寧縣之北。今潛山縣，亦在懷寧縣之西北一百四十里。則《南畿志》所謂「古有城」者，即是吴之皖城。及元分懷寧爲潛山，而潛、皖、天柱三山，皆在潛之境内。則今之潛山，即古皖伯所封之國，在吴謂之皖城，在東晋以後謂之懷寧，在元以後謂之潛山。馬端臨所謂「郡邑有時變更，山川終古不易」者也。

又考《一統志》，今之懷寧，宋端平三年隨府南徙，則皖城在潛山無疑。而以今之懷寧爲皖城者，誤也。

安豐城有二辨

一在霍（邱）〔丘〕。漢置安風縣，後漢爲安風侯國，三國魏置安豐郡。晋安帝省，宋末復置。東魏郡縣俱廢。《水經注》：淮水東爲安豐津，水南有城，故安豐都尉治，後立霍（邱）〔丘〕戍。是也。此在霍（邱）〔丘〕之西南界。

一在壽州。沈約《宋志》：南豫州安豐，江左僑立，晋安帝省爲縣。宋、齊、梁間，屢復置。隋開皇初，郡廢，以縣屬淮南郡。唐屬壽州，明初省。《寰宇記》：縣在壽州南八十里，今爲安豐鄉。《水經注》：滭水西北，逕安豐縣故城西。是也。

古舒縣古龍舒考

舊説及府、縣志皆以舒城爲古舒縣，而以廬江爲古龍舒。按蕭《齊志》廬江郡舒縣注：建元二年，爲郡治。《隋書》廬江縣注：齊置廬江郡，梁置湘州。據《隋志》所云置郡之地，與《齊志》合觀，是舒與廬江皆爲郡治，而今之廬江即古之舒縣明矣。但其改舒縣爲廬江，不知何時？《梁》《陳》無志可考，《隋志》又不詳，後人緣此致疑。然其實一也。

又按《漢志》，廬江郡所領有舒、龍舒二縣。杜預注：廬江南有舒城，舒城西南有龍舒。明是舒縣在東，龍舒在西。今舒城在廬江之西，則舒城之爲龍舒，尤爲明證。且其縣唐時所置，上取古舒城爲名。後人泥其名，以爲即古舒縣，遂反以廬江爲龍舒，誤矣。

取慮臨潼二城

舊志謂：取慮，漢縣，後魏置臨潼郡，謂之臨潼城，在虹縣北一百二十里。按虹縣北六十里即睢寧界，取慮既在虹縣北一百二十里，尚得謂虹縣地乎？又按秦二世二年，取慮人鄭布同起兵圍東海，則取慮秦已有之。

又按臨潼故城，在今靈璧縣東北七十里。《金志》「元光初，議於靈璧縣潼城鎮設倉都監」是也。而取慮又在臨潼東北，屬睢寧界。魏收《志》云：臨潼郡，治臨潼城。孝昌中陷，武定六年復置，兼置晉陵縣爲郡治。又云：梁武置潼州。武定六年，改置睢州，治取慮城。是取慮、臨潼本爲二城。後人混爲一城，誤以潼州爲潼郡也。

故虹城

按：故虹縣，在今五河縣西。《元和志》云：武德四年，在今虹縣南百里故虹城，重置虹縣。十三年，移於今理。即今虹縣也。計虹縣南四十里即入五河界，則故虹城之在五河明矣。舊志入虹縣，誤。

潁州非平輿辨

《後漢·地理志》汝南郡有平輿、有沈亭故國。《新唐書·地理志》蔡州有平輿，注云：貞觀元年，省入新蔡，天授二年復置。《宋史》淮西路有壽春、安豐、霍(邱)〔丘〕，而無平輿。疑是時平輿已入金矣。《輿圖備考》於河南沈(邱)〔丘〕下注云：古沈子國，漢平輿。合諸《漢志》「平輿有沈亭」之説相符，則平輿的在沈(邱)〔丘〕。《潁州志》以平輿人如陳蕃、許劭之倫俱載入者，誤。

僑立州郡

考輿地沿革，南朝僑立州郡以處過江人士，其在今鎮江界者，曰南徐州，曰南東海郡，又曰南彭城。又嘗置郯、朐、利城、祝其、厚(邱)〔丘〕、西隰、襄賁等七縣，寄居曲阿。蓋南朝北境，僅得徐州、彭城之半。而東海郡縣，郯、朐、利城等，與南朝爲近，其人民多來遷者，故不没其舊地名，以安插之。

所以彭城、東海何、劉諸族，不得不爲鎮江人物。然竟同之土著則無别，今約略其來居未久者入流寓。

蘭　陵

舊《通志》蘭陵諸蕭俱載鎮江者，以西晋毗陵郡兼轄今常、鎮之地。後分丹徒、曲阿爲武進，梁又改曲阿、武進爲蘭陵。是今丹徒、丹陽，亦曾稱武進、稱蘭陵矣，人物之所以混也。今亦莫辨其全與鎮江無涉。但南蘭陵之名，夫人知是常州，則諸蕭入常州府爲宜。

蒙城非莊周故里辨

按蒙邑，《前漢·地理志》屬梁國，今歸德府地。而江南之蒙城，在漢爲山桑縣，屬沛郡，至五代時始置蒙城。《史記》以莊周爲蒙人，應在梁國，而非五代所置之蒙城矣。商（邱）〔丘〕縣有小蒙城，云是莊周故里。

宿　遷

舊説宿國嘗遷此，故名。按歐陽忞曰：晋元帝督運軍儲於此，以爲邸閣，因有宿預之名，安帝遂立宿預縣。唐時以代宗諱，始改宿遷，與宿國無預。

毗陵晉陵辨

晉永嘉中，東海王越食邑毗陵，以世子名毗，改毗陵爲晉陵。事詳《宋書·州郡志》。而《晉書·地理志》但言毗陵之置，而不及晉陵之改。《明一統志》則云：「東晉改晉陵。」按：此乃西晉之制，非東晉也，二志皆未詳核。

白公勝封邑

廬江郡慎縣，《文獻通考》云：白公勝邑。按《左傳》：子西召勝，使處吳境，爲白公。杜註：白，楚邑也，汝陰郡褒信縣西南有白亭。是勝之封邑在褒信矣。白公敗吳於慎，非封慎也。至廬江郡之慎縣，乃江左僑置，本漢九江郡浚遒縣之地。而《通考》混爲汝陰之慎，訛之訛矣。

宋國地辨

春秋宋國之地，今屬江南者，惟徐州之彭城、蕭二邑，宿州之相、銍二縣。而國都則在河南歸德之商(邱)〔丘〕，所謂閼伯之墟、微子之所封是也。舊志凡宋大夫華元、樂喜、向戌諸人，皆入鳳陽府人物者非。至汝陰郡新鄓縣，東漢章帝以封殷後，因改曰宋，本七國時魏地。舊志蓋誤以東漢宋縣爲春秋之宋耳。

焦　山

鎮江之焦山，相傳爲焦先所居。按《高士傳》云：焦先世莫知所出，或言生乎漢末，自陜居大陽。及魏受禪，結草爲廬於河之湄，止其中。其後野火燒其廬，先因露寢，遭冬雪大，袒卧不移。則先爲魏人，非吴人明矣。更考《魏略》曰：中平末，先年二十餘，避亂客揚州。建安初，西還陜界。是先東下時年尚少，未幾即還，其居兹山與否不可知。或因山名偶同其姓，遂附會之耶？

建德縣堯城舜城

《寰宇記》：舜井城在縣南四里，城中有舜井，故名。按《元和志》，堯城在縣南，舜城在縣北，本爲二城。《寰宇記》遺去堯城，而以縣南爲舜城，皆舛也。

亳州之湯陵桐宫桑林

《皇覽》云：湯冢在濟陰亳縣東北郭，去縣三里。金仁山謂：桐宫在州東三里。新志乃謂州即湯都，且有桑林、湯陵諸蹟。是竟以亳州爲古亳地矣。

按：今亳州，乃漢譙縣，爲魏武故里。至《尚書》三亳，其西亳爲今偃師，去州絶遠。北亳爲蒙城，南亳爲穀熟，皆在今歸德府商（邱）〔丘〕縣境，商（邱）〔丘〕有大蒙城、小蒙城，非即今亳州所屬之蒙城縣也。相去亦百餘里。漢晋諸儒，從無以譙爲亳之説。至後周，始改爲亳，亦遥取商（邱）〔丘〕之亳爲名耳。又按《括地志》云：洛陽偃師縣東有湯冢，近桐宫。則非今之亳州明矣。故如桐宫、桑林諸蹟皆不載。

下邳白門

《後漢書》云：曹操自將擊吕布，至下邳城下，布與麾下登白門。《宋武北征記》云：下邳城有三重，魏武擒布於白門，大城之門也。是白門之在下邳無疑矣。《三國・魏志》云：太祖軍至彭城，陳宫謂布宜擊之，布曰：「不如待其來攻，蹙著泗水中。」及太祖攻之急，布於白門樓上謂軍士曰：「卿曹無相困，我自足當明公。」而《輿地志》謂：白門，徐州南門。

今按《魏志》云「不如待其來攻」，是至彭城時猶未軍臨城下也。曰「及太祖攻之急」，則已及下邳矣。且建安初，先主爲徐州牧，屯下邳，吕布擊取之。三年，曹操攻吕布於下邳，決泗、沂水以灌城，擒布殺之。操之擒布在下邳，則布所登之白門樓，其爲下邳又何疑焉？《輿地記》未審考也。

滁陽城

《寰宇記》：滁陽城，在廬愼縣東北六十四里。吴赤烏三年，遣兵斷滁作堰，以淹北道，遂築此城。按《吴志》：赤烏十三年，遣軍十萬作堂邑涂塘。其地在全椒、六合二縣界，與合肥尚遠。又《晋書·志》：江西廬江、九江之地，自合肥北至壽春，悉屬魏。時廬江郡居巢、襄安諸縣江津要害之地，雖爲吴所據，豈能越境築城於此？當是魏人所築以備吴耳。

焦　城

《通典》：亳州，理譙縣。周武王封神農之後於焦，即其地也，有古焦城。考《史記·周本紀》註：《地理志》：弘農陝縣有焦城，故焦國也。據此，則非亳州之譙矣。譙本春秋陳之焦邑。《左傳·僖二十三年》：楚伐陳，取之古焦城。蓋陳、楚時舊城耳。

金山城　周公墩

金山縣有金山城，捍海塘外有周公墩，皆昔人所築，戍兵防海之地。而舊經云：周康王南遊，築此城以鎮大海，墩與孔宅爲周公、孔子遺蹟。周康王未嘗南巡，周公未嘗至吴，其謬妄不待辨也。一説吴越錢氏築以戍守，近是。

周瑜城

舊志謂：吴周瑜從孫權舉義，徙家於舒，因築此城。按瑜本傳：瑜，廬江舒人。孫堅興義兵討董卓，徙家於舒。堅子策，與瑜同年友善，瑜推道南大宅以舍策，升堂拜母，有無通共。是瑜本家於舒，徙家者乃孫氏也，謂瑜徙家於舒者訛傳。稱孫堅興義兵，而志謂孫權，亦訛。

丹陽人物

兩漢三國，丹陽郡治宛陵。而丹陽別自爲縣，在今江寧、溧水之間。至隋，始省入溧水縣。自隋以前，諸史所載之丹陽人，皆屬江寧。而《寧國府志》亦間載之，蓋誤以郡爲縣耳。又唐武德初，復析置丹陽縣。貞觀元年，省入當塗。故太平亦有丹陽之地。而《府志》因載入隋以前丹陽人物，皆誤。

天柱山

天柱山舊名南嶽，高七千餘仞，綿亘數百里，連跨安慶、六安界。其南曰潛山，其北曰霍山，皆此山也。《史記》武帝登禮灊之天柱山，號曰「南嶽」。應劭曰：灊縣屬廬江，南嶽霍山也。《水經注》：灊者，山水名也。《開山圖》：灊山圍繞大山爲霍山。《爾雅》：大山宫小山曰霍。郭註云：宫謂圍繞之。自唐以前，皆以灊、霍爲一山。至《通典》，以霍山爲漢灊縣地，則天柱似專屬六安。而懷寧縣註復云：有灊山，一名天柱山。其説兩岐。明楊循吉求其説不得，遂謂灊山縣別有一天柱山，非漢武登封之南嶽。灊山去六安僅數百里，山川亘互，安得有兩天柱乎？

睢水

舊《通志》：小河在靈璧縣城北六十里，即睢水。項羽大破漢軍於靈璧東睢水上，即此。所引與《史記》合。而徐州之睢水復云：楚項羽敗漢睢水上，水爲不流，即此。兩地不同，而一事疊見，誤矣。

蟂磯

蕪湖縣西南七里大江中蟂磯，相傳昭烈孫夫人自沉於此，有廟在焉。顧炎武云：按《蜀志》，先主既定益州，而孫夫人還吴。又裴松之註引《趙雲列傳》曰：先主入益州，雲領留營司馬。時孫夫人以權妹驕豪，多將吴吏兵，縱橫不法。先主以雲嚴重，必能整齊，特任掌内事。權聞備西征，大遣舟船迎妹，而夫人欲將後主還吴。雲與張飛勒兵截江，乃得後主還。是孫夫人自荆州復歸於權，而後不知所終，蟂磯之説殆妄。

今考：蕪湖，吴地。夫人既以蜀爲重，必不肯當先主之出，而挈子歸吴。既已歸吴，又何必以身殉蜀？既欲殉蜀，又何不死於蜀地，而死於吴地？皆不可解。似當以顧説爲正。

花靨鎮

宋孝武帝建含章殿，帝女壽陽公主，人日卧殿檐下，梅花落額上，號梅花粧。其地在建康城宫内。而壽州之花靨鎮，亦以壽陽公主梅粧而名，附會極矣。

馬頭戍

梁天監五年，取魏合肥。魏人守壽陽，於馬頭置戍。普通五年，梁取壽陽，亦置戍於此。其地在壽州西北二十里。或以爲即馬頭郡者，誤。晋安帝於故當塗縣置馬頭郡，在懷遠縣西南二十里，非壽州也。

泗州挂劍臺

《寰宇記》：挂劍臺在大徐城，臨朱沛水，相傳爲季子挂劍處。《括地志》：徐君廟在泗州徐城縣西南一里，即延陵季子挂劍之徐君也。按：泗州爲古徐子國。大徐城，即古徐子國也，漢之徐縣，隋之徐城縣，皆泗州地。而舊志或入於邳州，或入於徐州，誤矣。

新亭勞勞亭

新亭在江寧城西南。《丹陽記》云：吴所築。東晋後，名士多讌集於此。見《王導傳》。梁簡文帝亦有《侍遊新亭應令詩》是也。勞勞亭在江寧城南勞勞山上，古送别之所，見李白詩。上有望遠樓，宋時改臨滄觀。與新亭兩地，所記甚明。而《建康志》云：新亭壘在城西南十二里，其亭乾道五年留守史正志即故基重修。臨滄觀在今城南顧家寨路東。《輿地紀勝》云：新亭在江寧十里，俯近江渚，今名勞勞亭。《輿地志》云：新亭壘，上有望遠樓，宋改曰臨滄觀，即勞勞亭故基。兩亭合而爲一，非也。

揚州東閣

舊志云：舊傳揚州有東閣，爲梁何遜咏梅之所。按：今之揚州，梁爲南兖州廣陵郡。其時揚州治丹陽郡，今江寧府也。何遜本傳：天監中，起家奉朝請，遷中衛建安王水曹行參軍，兼記室。建安王者，南平元襄王偉初封，天監六年，遷使持節、都督揚南徐二州諸軍事，右軍將軍、揚州刺史。則何遜東閣咏梅，當在丹陽郡，不在廣陵郡矣。

楊慎《丹鉛録》亦云：遜未身到揚州，揚州亦無東閣。

揚州文選樓

《明一統志》：曹憲爲隋秘書監，以《文選》教授生徒，李善、魏模輩皆出其門。所居名文選巷，故樓以憲得名。按《大業拾遺記》云：梁昭明文選樓，隋煬帝嘗登眺焉。是樓以昭明得名，不因憲也。

陸機祖祠

華亭普照寺有陸將軍祠，爲廣衛將軍，相傳爲陸機之祖。按《吴志》，機祖遜，初拜撫軍將軍，又拜鎮西將軍，又拜上大將軍。吴因漢制，雖置雜號將軍，而考之遜傳，未嘗有廣衛之稱。若機曾祖紆守城門校尉，高祖駿九江都尉，亦未嘗位至將軍也。

段秀實宅

舊志英山縣有段秀實宅。按本傳：秀實，姑臧人，自安西府別將，以至四鎮北庭行軍涇原鄭潁節度使。其生平宦績所至，皆在西陲。大（歷）〔曆〕十三年朝京師，賜第一區，應在長安。舊志以秀實曾領鄭潁，又嘗賜第，遂舉英山之響山以實之。不知秀實開府地實在涇原，而鄭、潁不過遥領以資軍實耳。觀《馬璘傳》云「涇軍乏財，帝諷李抱玉讓鄭、潁」可見。而秀實之爲帥，實代馬璘。則鄭、潁非其所歷，而有宅之説誤矣。

定遠縣死虎亭

《宋書》：死虎亭，去壽陽二百里。應在今定遠縣西南。《通典》云在壽州東四十里，誤。又按殷琰、劉勔傳，皆作「宛唐」，而黄回、王敬則、劉懷珍、劉悛、王肅傳皆作「死虎」，《水經注》又作「死虗」。三説不同，皆以字形相近而訛也。

建陵辨

梁武帝父追尊爲文皇帝，廟號太祖，陵曰建陵，陵有碑曰「太祖文皇帝之神道」。歐陽修《集古録》以爲宋文帝神道碑。按宋陵號長寧，自在蔣山。特其碑中八字與宋主廟號同，故誤以爲宋也。二陵見《宋》《齊》二書、《建康實録》甚明。

郭璞墓

顧炎武云：《晉書·郭璞傳》：璞以母憂去職，卜葬地於暨陽，去水百步許。人以近水爲言，璞曰：「當即爲陸耳。」其後沙漲，去墓數十里皆爲桑田。王惲《集》乃云：金山西北，大江中流，亂石間有叢薄，鴉鵲棲集，爲郭璞墓。按史文元謂「去水百步許」，不在大江之中，且當時即已沙漲爲田。而暨陽在今江陰縣界，不在京口。

又所葬者璞之母，而非璞也。《世説》載璞詩曰：「北阜烈烈，巨海混混。壘壘三墳，惟母與昆。」則璞又有二兄同葬。據此，則王惲所云，乃因史文而附會之，又以璞之母墓而訛爲璞墓，皆世俗沿青烏家不經之説也。明沈周詩「氣散風衝豈可居」，日本使臣詩「墓前無地拜兒孫」，早已識其妄矣。

二疏墓

沈括《筆談》云：海州東海縣西有二古墓，石延年通判海州，因行縣見之，曰：「漢二疏，東海人，此必其墓也。」遂謂之二疏墓，刻碑其旁。後人收入《圖經》。予按：疏廣，東海蘭陵人。蘭陵，今屬沂州承縣。今東海縣乃漢之贛榆，自屬琅邪郡，非古之東海也。今承縣東自有疏廣墓，其東二里有疏受墓。延年不講地志，但見今謂之東海縣，遂以二疏名之，極爲乖誤。按《筆談》之説甚核。然宋蘇軾、金黨懷英皆有詩，則承延年之誤也。

華亭陸氏

自唐以前，松江未立郡縣，華亭亦僅以一亭，隸於吴郡之婁。舊志以陸氏世居華亭，如漢之曰康、曰績，吴之曰遜、曰抗、曰凱、曰瑁，晋之曰機、曰雲、曰士光，列之松江人物是矣。若陸績，即康之祖；陸玩，即士光之弟；陸納，又玩之子。而復分載蘇州人物中，亦未考其家世故也。

李　耳

按《史記》：李耳，楚苦縣人。漢陳國苦縣，晋改爲谷陽，隋改谷陽爲仙源，唐改仙源爲真源，屬亳州譙郡。宋省真源入鹿邑，置衛真縣，元初復省衛真入鹿邑。則李耳，歸德之鹿邑人，非今江南地。唐、宋之亳州領六縣，惟譙、城父二縣今江南境，餘俱屬河南。舊志載李耳鳳陽人物中，誤矣。又《宋史・隱逸傳》：陳摶，亳州真源人。摶生於唐末，時真源尚未省入鹿邑也，亦非今江南之亳州人。

鄭　國

《史記・仲尼弟子列傳》鄭國，《家語》作薛邦，俱不言何國人。張守節《正義》云：避漢高祖諱，「邦」爲「國」。而姓又互異，地當從闕。舊志以宋封國爲朐山侯，纂入海州人物。按：鄭國，唐贈滎陽伯，宋封朐山侯，既有兩地。又仲尼弟子有魯人，而贈南陵伯、封華亭侯者，豈得皆以爲江南人乎？

兒　寬

舊《通志》，兒寬載入亳州。按《史》：兒寬，千乘人。《前漢・志》屬青州，入亳州誤。

虞　詡

舊《通志》載亳州虞詡，陳國武平人。按《後漢・地理志》武平注云：《左傳》：諸侯侵陳鳴鹿。杜預曰：縣西南有鹿邑。《皇輿表》於鹿邑下注云：東漢始置武平縣，屬陳國。則虞詡爲河南鹿邑人。

又孔全，亦鹿邑人，俱誤入亳州。

陳　咸

《漢書・陳萬年傳》：子咸，爲南陽太守，以殺伐立威。媚陳湯以求薦，徵爲少府。後爲翟方進奏免，以憂死。而《後漢・陳寵傳》云：曾祖父咸，成、哀間以律令爲尚書。王莽輔政，咸心非之，乞骸骨去職。及莽篡位，召咸爲掌寇大夫，謝病不應。其後莽復徵，遂稱病篤。是漢有兩陳咸，一免官而憂死，一兩徵而不起，迴然異趣。舊志乃云：陳咸，萬年子，擢御史中丞，王莽再徵不起。是合兩人爲一矣。

況陳萬年之子咸，沛郡相人。陳寵之曾祖咸，沛國洨人。兩史所載，籍貫亦異。

是儀

《三國·吳志》：是儀，北海營陵人。本姓氏，郡相孔融嘲之，遂改爲是。後依劉繇避亂江東，繇軍敗，儀徙會稽。孫權承攝，徵拜騎都尉。蓋儀生於北海，暫至江東，而即徙會稽，非江南人明甚。徐衆評亦曰：儀以羇旅異方，客仕吴朝。諒矣。惟《吴書》云：儀爲人儉約，不治産，宅甚卑陋。鄰家起大屋，大帝望見，問左右，以儀家對。大帝曰：「儀儉，必非。」及問，果他宅。舊志以有宅之説，遂列之江寧人物，誤也。

三江

孔安國謂：彭蠡江分爲三，以入震澤，遂爲北江而入海。班固謂：北江，自毗陵縣北東入海。南江，在吴縣南入海。中江，自蕪湖縣西南，東至陽羨入海。《水經注》同，王安石宗之。蘇軾謂：豫章江入彭蠡而東至海爲南江，岷江會彭蠡以入海爲中江；漢自北入江，匯爲彭蠡以入海，爲北江。自彭蠡而下，則三江爲一，過秣陵、京口以入海。曾鞏亦同其説。又有謂岷江、浙江、松江者，郭璞也。宗郭氏説，而以今之揚子江、吴淞江、錢塘江當之者，邊韶、陳師凱、歸有光、顧炎武也。有謂南松江、錢塘江、浦陽江者，韋昭也。其以爲松江、東江、婁江者，則自庾闡《吴都賦》注始，而張守節《史記正義》、蔡沈《尚書傳》及黄震、金履祥諸家，皆主其説。

按孔氏謂「江自彭蠡分爲三，以入震澤」，不知江自夏口合漢以入彭蠡，即合爲一，未嘗分而爲三，且未嘗入震澤也。

班氏之説，近世朱鶴齡亦取之，謂大江東過江陰許浦入海，所謂北江。永陽江在溧陽西北，下流至宜興，注太湖入海，所謂中江。吴淞江分東、婁二江入海，所謂南江。北江、中江爲太湖上流，南江爲太湖下流。上、下流皆入海，故曰底定。然此皆自會稽入海者。而班氏加以南、北、中之名，遂與江漢入匯之文相混。又以大江與永陽江、吴淞江並稱三江，亦恐大小不敵也。

蘇氏之説，以揚州三江即荆州之中江、北江，而猶闕其一，因以彭蠡餘波，冒南江之名足之。夫彭蠡發源章贛，而西章有江南之號，或可稱南江。但此三江若即是江、漢、彭蠡，則江、漢既見荆州，彭蠡既見上文，不應下又重出三江。且經謂彭蠡之下爲中江、北江，而蘇氏於彭蠡之上求三江，亦不相合。又與震澤懸隔，而不相屬也。

郭氏以岷江、浙江、松江爲三江，亦恐大小不敵。

至浙江自杭言之曰錢塘，自越言之曰浦陽，本一江而二名。韋氏析一爲二，并松江爲三，尤爲失之。

唯庾氏《吴都賦》注，謂太湖東注爲松江，下七十里分流，東北入海爲婁江，東南入海爲東江。張氏《史記正義》謂，在蘇州東南三十里名三江口，一江西南上七十里至太湖，曰松江，即古笠澤江；一江東南上七十里至白蜆湖，曰上江，亦曰東江；一江東北下二百餘里入海，曰下江，亦曰婁江。其分處號三江口。

今以經文考之，荆州既書江、漢朝宗於海，則揚州不必更及江、漢。且荆州九江既不指岷江，則揚州三江亦不當指岷江。又揚州之文，彭蠡豬而後陽鳥居，三江入而後震澤定。則三江必爲震澤下流：震澤納百川之水而注之江，三江泄震澤之水而入於海，東南水利咸在焉。庾氏、張氏說，似爲妥協，今從之。

邗溝

據《通鑑》，隋大業元年，開邗溝，自山陽至揚子江三百餘里。六年，穿江南河，自京口至餘杭八百餘里。舊志併爲一條，誤以元年爲六年。

孟瀆

唐元和間，常州刺史孟簡開泰伯瀆。復浚一瀆，後人名曰孟瀆。自是兩河：泰伯瀆，在無錫縣東五里，西連運河，達蠡湖；孟瀆河，在常州府西三十里，東南接運河，北流六十里入於江。舊志不載唐孟簡開瀆，而先立一條，曰：泰伯開瀆，後人名曰泰伯瀆。下注云：又名孟瀆。兩河併而爲一，誤矣。

漕渠

《宋史·河渠志》：真宗天禧二年，江淮發運使賈宗言：諸路歲漕，自真、揚入淮、汴，歷堰者五，糧載煩於剥卸，民力罷於牽挽，官私船艦，由此速壞。今議開揚州古河，繚城南接運渠，毁龍舟、新興、茱萸三堰，鑿近堰漕路，以均水勢，歲省官費十數萬。詔屯田郎中梁楚、閤門祗候李居中按視，以爲當然。明年，役既成，而水注新河，與三堰平，漕船無阻，公私兩便。此議發於二年，而成於三年。舊志不載原委，而云：天禧末，發運使魯宗道通浚真、揚漕河。按《魯宗道傳》：天禧元年，與劉爗爲右正言，尋除户部員外郎，兼右諭德。踰年，遷左諭德。仁宗即位，遷户部郎中。並無爲江淮發運使事。

龍山

無錫縣慧山，一名九龍山。陸羽謂：山陽有九隴，若龍偃卧，故名。實一山也。舊志於慧山下阮注云：一名九龍山。又另立龍山一條，云：在慧山北十里。實無此山也。

黄河

舊志載：永樂九年，侍郎金純築堤，導河經二洪南入淮。考是年江南境並無築堤導河入淮之事。

按《太宗實録》：九年三月壬午，浚河南黄河故道。蓋河水累歲爲患，至是決壞民田廬益甚，事聞，遣侍郎張信往視。信訪得祥符縣魚王口至中灤下二十餘里有舊黄河，岸與今河面平。浚而通之，俾循故道，則水勢可殺，遂繪圖以進。詔發河南民、兵十萬，命興安伯徐亨、工部侍郎蔣廷瓚率運木夫，同侍郎金純相度開浚。仍遣定國公徐景昌，以太牢祀河神，户部侍郎古朴以太牢祭河南境内山川。是河南事，與江南全無關涉。

當塗辨

《後漢書·下邳王傳》：建初四年，以九江之當塗等縣益下邳國。李賢注：當塗在今豪州鍾離縣。此説是也。而《荀淑傳》：遷當塗長。《滕撫傳》：陰陵徐鳳等築營當塗山中。注皆云：當塗在今宣州。其説互異。

按宣州之當塗，乃東晋僑置之縣，非漢之當塗也。蓋賢注書時，集儒臣張大安、劉訥言、許叔牙等數人共爲之，不出於一手，故有自相牴牾之處，擇其是者從之可矣。然今之當塗，乃即晋僑置之邑，而古當塗之廢已久。

堂邑辨

《後漢·質帝紀》：廣陵賊張嬰攻殺堂邑長。注云：堂邑縣，屬廣陵郡，今揚州六合縣。此注與《後漢·郡國志》合。又《鍾離意傳》：遷堂邑令。注：堂邑，故城在今博州堂邑縣西北。按：博州之堂邑，乃隋開皇中所置，即今東昌府堂邑縣，非漢廣陵屬邑也。漢時尚無此縣，意安得令其地？兩注亦一是一非。

又《通典》云：春秋棠邑，漢爲堂邑。蓋「棠」「堂」二字本不同，而諸書中有以漢之堂邑作棠邑者，亦誤。

石城辨

《後漢·高獲傳》：獲遠遁江南，卒於石城。注：石城，在今蘇州東南。後人因此注，遂謂獲隱蘇州常熟石城鄉，皆非也。

漢丹陽郡有石城縣。又據《水經》，石城縣在牛渚東。宋白《續通典》云：池州貴池、石埭二縣，皆漢石城縣地。獲遁跡之所，蓋在是耳。

歷陽山辨

《明一統志》：歷陽山在和州西北四十里。《江表傳》：歷陽縣有石山，謂之石印。又云：石印封發，天下當太平，吴孫皓嘗遣使祭以太牢。蓋今和州，古歷陽縣地，故所載如此。

按《吴志·孫皓傳》：天璽元年，鄱陽言歷陽山石文理成字。與《江表傳》之言合。但歷陽之上冠以鄱陽，而吴之鄱陽郡由孫權分豫章地置，乃今江西饒州地，非和州也。

又胡三省言：《晋志》鄱陽郡無歷陽縣，有歷陵縣，「陽」當作「陵」。并引《饒州圖經》所載鄱陽歷陵縣有石印山爲証。則《吴志》及《江表傳》之歷陽，已屬歷陵之訛。後代纂志者并不察鄱陽之文，直指爲和州之山，斯尤誤矣。舊志亦仍之而未削也。

當利浦辨

《明一統志》：當利浦在和州城東。漢末劉繇遣將張英，屯當利口以拒袁術，即此。志説是也。舊志不採，而引他志，言晋王濬過三山，王渾遣人邀之，濬曰：「風當利不得泊。」即此。

按劉繇屯兵當利事，見《吴志·孫策傳》。又《周瑜傳》：瑜從孫策，攻拔當利。則當利之名，其來已久，不始於晋也。又王濬伐吴，自武昌順流東下，已至三山，則距建康止四十餘里。而當利在三山西八十餘里，非濬軍所過也。況濬本言「風利不得泊」，亦無「當」字。他志所云，皆鑿空之説，舊志採之誤矣。

霍(邱)〔丘〕辨

《明一統志》云：霍(邱)〔丘〕縣，周霍叔處封邑。并言叔有冢在縣淮水岸上。按《史記》：武王封叔處於霍。注引《漢書・地理志》云：河東彘縣，霍叔所封。又鄭(元)〔玄〕《周禮注》：霍山在彘縣，本春秋時霍國地。杜預《左傳注》略同。按：漢彘縣，今山西霍州。則言霍叔封霍(邱)〔丘〕，及淮岸有冢之説，皆不足據。舊志悉仍之，是未深考耳。且因《左傳》晉獻公滅霍之文，并附會獻公之墓亦在霍(邱)〔丘〕，其誤滋甚。

徐州辨

《史記》：齊威王語魏王曰：「吾臣有黔夫者，使守徐州，則燕人祭北門，趙人祭西門。」按：此徐州，乃齊之西北境，與燕、趙接壤，與淮北之徐州了不相涉。蓋燕趙皆在大河以北，去今之徐州絶遠。《明一統志》列黔夫於徐州名宦，而舊志承之，俱失考也。

山陽辨

今之淮安府，在晉爲山陽郡，今山陽縣即晉舊縣名也。自晉以前，淮安無山陽之名。舊志淮安人物中，入漢山陽曹竟。按：漢有兩山陽。一山陽郡，今山東兖州府地；一河内郡山陽縣，今河南懷慶府地。皆非今淮安之山陽也。

又竟事附載《漢書·鮑宣傳》，而志云見《歷代忠義録》，亦考之未詳矣。

張　純

舊志廣德名宦中，入漢張純。云：純，京兆人，爲廣德令，有異績。按京兆之張純字伯仁，東漢人，仕光武朝，位至大司空。其前後歷官，具載范史本傳，未嘗爲廣德令。蓋爲廣德令有異績者，乃吴郡之張純，字元基，仕三國吴，大帝時官終太子輔義都尉。其事蹟皆見《吴志·孫和傳》注中。舊志誤合爲一耳。

劉榮　劉江

明代衛弁承襲，例得沿祖名。故鄭曉《名臣傳》云：劉榮沿父名江爲總旗，從靖難立功，歷官左都督，充總兵，守遼東，以破倭功，封廣寧伯。復名榮。則劉榮即劉江，非二人也。《明一統志》淮安人物中，分榮、江爲二人，并異其籍貫。舊志則言，江鎮遼破倭，榮爲江子，皆誤。

蔣山

《輿地志》：鍾山，又名蔣山。漢末秣陵尉蔣子文討賊，戰死於此，吴大帝爲立廟。子文祖諱「鍾」，因改蔣山。《明一統志》與舊志並採其説。按胡三省《通鑑注》言：孫權祖諱「鍾」，蔣山之名，當因是而改。二説互異。然詳考之，胡説爲長。

虎頭辨

《吴郡志》引唐陸廣微《吴地記》言：顧悌仕吴爲虎頭將軍。按悌之歷官，詳見《吴志·顧雍傳》注中，嘗爲偏將軍，無虎頭之號。兼孫吴時，亦不聞置此官。陸《記》誤也。

又《明一統志》言：晋顧愷之嘗爲虎頭將軍，人號顧虎頭。而舊志仍之。按《晋書·百官志》無虎頭將軍。據唐張彦遠《名畫記》，虎頭乃愷之小字，非官也。此誤始於宋吴曾《能改齋漫録》，而後人相沿未正耳。

徐光諸人時代辨

徐光，三國孫吴時人，見《吴志》注。而舊志誤以爲春秋之吴。

又徐秋夫，劉宋時人，見《南史》，而誤以爲趙宋。

昌義之，蕭梁時人，見《梁書》，而誤以爲朱梁。杜僧明，陳人，見《陳書》，而誤以爲唐。此皆顯與史戾者。

又古有杜康。據李善《文選注》：或云黄帝時人。蓋善亦疑而未能定其時代。然魏武帝《短歌行》及曹植《七啓》中，皆已引之，則爲漢以前人可知。舊志以康爲晋人，殆未考魏武父子詩文耳。

曹休爲吴郡太守辨

《姑蘇志·守令表》有漢吴郡太守曹休。按《魏志·休傳》載其前後歷官甚詳，無守吴郡事。蓋仕漢爲吴郡守者，乃休之祖父，非休也。休值漢亂，避地至吴，於太守舍見祖父畫像，涕泣下拜。王沈《魏書》記其事，即見《休傳》注中，但佚其祖之名耳。《姑蘇志》誤列休於表，舊志削之是也。

梁適知淮安軍辨

宋理宗紹定元年，升楚州山陽縣爲淮安軍，淮安之名始此。按《梁適傳》，適仕仁宗朝位至宰輔，嘗知淮陽軍，非淮安也。蓋淮安置軍，在適殁後百餘年矣。

據《地理志》：太宗置淮陽軍於邳州，地在長淮之北，故曰淮陽，取古人水北曰陽之義。而淮安則地在淮南，故淮陽屬京東東路，而淮安屬淮南東路。二軍疆界本自截然，舊志作適知淮安軍，乃仍《明一統志》之誤也。

米芾知山陽辨

《宋史·芾傳》：擢禮部員外郎，出知淮陽軍。未嘗知山陽也。當芾之時，山陽尚爲縣，未升軍。考芾前此歷官，嘗知雍（邱）〔丘〕縣，無知山陽事。蓋山陽亦淮陽之訛。此皆舊志仍《明一統志》載入，而失於釐正者也。

淮安鎮辨

《宋史·忠義傳》：張吉，慶州卒，爲淮安鎮守烽。西夏寇東谷，掠得之，脅降不從見殺。按：宋慶州屬陝西路，所轄有東谷砦懷安鎮，而無淮安。見於《地理志》甚詳。蓋其地去淮甚遠，不當以淮安爲名。吉傳中訛「懷」爲「淮」，乃傳録之誤。然其地在陝西，史文自明，與淮南無涉。舊志採入淮安人物，誤矣。

陽州作揚州辨

《五代·志》：河南郡宜陽縣，東魏置陽州。《北史·盧勇傳》：遷揚州刺史，鎮宜陽。按：宜陽在戰國爲韓地，即今河南府之宜陽縣也。「揚」當作「陽」，舊志誤採入揚州名宦。

又言：太和中，授揚州刺史，高祖賜書獎異。按：勇鎮宜陽，乃孝静帝時事，非太和中也。又賜書者，乃北齊高祖神武帝，非魏高祖獻文帝也。志説與史無一合者。

吴置新安辨

《晋書·地理志》：新安郡，吴置。按《吴志·孫權傳》：建安十三年，分丹陽黟、歙二縣地置新都郡。又吴臣賀齊爲新都太守，朱據左遷新都郡丞，各見本傳。則吴置新都，非新安也。至晋武太康元年，始改名新安，具見《宋書·州郡志》。《晋志》所云，較《宋志》爲疏矣。惟《吴志·陳表傳》中有「新安都尉」之文，然此乃傳寫之誤。據《諸葛瑾傳》注中所引《吴書》，蓋表本爲新都都尉，斯尤明証也。後代纂志者尚有沿《晋志》之説，是未詳考之於吴、宋二史而究其始末耳。

九峰辨

《宋史》：蔡沈，建寧人，躬耕不仕，隱居九峰。乃謂建寧府之九峰在崇安縣南，即武夷山，因山有九曲，故名九峰。後學者稱沈爲九峰先生，以此。至松江九峰，沈生平足跡所未至，舊志以山名偶同，採入流寓，誤矣。

平江辨

宋平江有二，一縣一府。平江府即今蘇州，屬浙西路。平江縣爲岳州所轄之邑，屬湖北路。《宋史·李衡傳》：衡，岳州平江人，游學吴下。其非吴人明矣，舊志誤入蘇州人物。今據史「游學吴下」語，改入流寓。

魏據濡須拒蜀辨

舊志：和州濡須山，魏據其西以拒吴、蜀。此承《明一統志》之文也。按：濡須爲吴要地，屢與魏兵相持於此，見於《吴》《魏》二志者詳矣。地有東、西兩關，云魏據其西以拒吴，是也。若蜀境去濡須絶遠，其兵安得涉斯地，而魏特據險拒之乎？「吴」下蓋衍一「蜀」字。

王範辨

舊志：無爲州東興堤，梁合州刺史王範屯兵於此。按：屯兵者，乃梁武帝從子鄱陽王範，「王」非姓也。據《梁史·範傳》：太清元年，除合州刺史，鎮合肥。侯景之亂，棄鎮出東關，請兵於魏。東關，即東興堤。

章華臺辨

舊志：章華臺，故址在亳州。據《左傳》「楚子成章華之臺」，杜預注：在今南郡華容縣。《通典》云：古華容在竟陵郡監利縣。即今湖廣荆州府屬縣也，蓋去亳地遠矣。

牛口辨

舊志：潁州霍(邱)〔丘〕縣城東牛口埠集，唐太宗追竇建德處。按《唐史》，太宗敗建德於虎牢，追奔三十里，建德竄匿牛口，唐兵執之。則牛口即近虎牢，不在霍(邱)〔丘〕，地名偶同爾。

相人入下相辨

漢沛郡相縣，今爲宿州地。臨淮郡下相，今爲宿遷。若漢之薛廣德、隋之劉臻皆相人，見於《漢》《隋》二史甚明。舊志並作下相，採入淮安人物，非也。

又蘭陵有南北之異，南蘭陵即今常州，而北蘭陵乃今山東地。南齊周盤龍，據《南史》本北蘭陵人，《明一統志》誤入常州。舊志削之，是也。

丹陽郡治辨

自兩漢、三國，丹陽郡皆治宛陵，即今寧國府治。至晉武太康二年，置宣城郡，治宛陵，而丹陽郡移治建康，今江寧府是也。漢丹陽守李忠，《明一統志》入寧國府名宦，本不誤，舊志改入江寧，非也。

蔡洲擒盧循辨

《明一統志》：應天府西蔡洲在江中，宋高祖擒盧循於此。舊志仍之。按晋義熙中，循入寇建康，泊蔡洲，宋高祖率諸軍拒之，循退。後屢敗，走交州之龍編，晋軍邀擊，循投水死，斬其首傳送建康。事詳《晋史》。交州即古之交趾，龍編其屬縣也。非擒於蔡洲，二志並誤。

蔣濟　張令鐸

漢末及後五代，疆宇分裂，所除之官每有遥授而非實任者。如漢建安中，除蔣濟爲丹陽太守。是時丹陽已爲孫氏所據，不得赴郡矣。又，周世宗以張令鐸領常州防禦使。按世宗攻南唐，止取淮南之地，自江以南如昇、常諸州，其官吏皆由唐主除授，世宗不得而命之。則令鐸之常州防禦，亦止遥領使職耳。此二人皆非實任。舊志列濟於職官，入令鐸於名宦，疏矣。

陸　傪

唐貞元中，陸傪自祠部員外郎出爲歙州刺史，赴官未至，卒於道。詳見權德輿所作墓誌。蓋傪雖除歙州，而不及蒞任。舊志採入徽州名宦，蓋震於韓愈《送陸歙州序》而失之耳。

淩　準

《明一統志》和州名宦入唐淩準，言準爲和州刺史，有政績，柳宗元爲作《權厝志》。按宗元《志》中止云以連累出和州，降連州，初不言在和政績。又《唐史》亦但言準自翰林學士貶連州司馬，而不及和州事。蓋準先坐王叔文黨，出爲和州刺史，未至，復斥連州，故略之也。則有政績之説爲誤。舊志仍之，亦失考矣。

王庭筠寓安慶辨

舊志安慶流寓中，入金王庭筠，云晚愛郡之司空山，居其下。按《金史·王庭筠傳》：太和元年，爲翰林學士。明年，卒官。無晚歲山居事。況是時南北分境，庭筠以文學貴顯於金，不得越疆而寓宋地也。志甚誤。

李　戡

舊志：戡，宜興人，隱陽羨里。按《唐史》，戡爲宗室渤海王奉慈七世孫，嘗隱陽羨，非本貫宜興。後又應平盧節度王彦威之辟，爲幕府巡官，非終於隱居者。今改入常州流寓。

彭脩　彭循

彭脩字子陽，毗陵人，守吴令，見《後漢書·獨行傳》。而張勃《吴録》所載彭循事，其姓字爵里並同，但脩、循互異。按《漢史》云：郡言州請脩守吴令。而《吴録》又云：太守聞循勇，謀以守令。謀即「請」字之譌，守令蓋攝令也。語皆相符，當是一人。雖傳言脩討賊中流矢死，而《吴録》則云：循見盜，陳説利害，即各散去。此或傳聞異詞，記事者微有參差耳。

又三國時魏有郭脩，見《三少帝紀》。而蜀《後主傳》作郭循。宋胡三省言：「循」當作「脩」。并引洪适《隸釋》之文爲証，言漢隸法「脩」「循」二字只争一筆，正與此類也。《姑蘇志》名宦中入彭脩，全採《漢史》之文，而附注《吴録》彭循於下，蓋亦以爲一人，特未顯言耳。今姑從《毗陵人品紀》及舊《省志》作二人，而附辨於此，以俟博識。

聽箏堂辨

舊志江寧古蹟有聽箏堂，引宋張養正《六朝事迹》云：晉元帝幸謝安宅，命讌，安侍坐，使桓伊吹笛，又撫箏作《金滕曲》。按此事見《晉書·伊傳》，乃孝武帝，非元帝也。又帝召伊飲讌，安侍坐，伊先奉帝旨吹笛畢，繼自請以箏歌，皆在帝所，非幸安宅也。養正所記，皆與史異，殊不足據。聽箏堂故蹟，又因張説附會耳。

諸墓辨

《吴志》：孫堅葬曲阿。而晋元康中，吴令謝詢有表，求爲堅、策父子置守冢人，與志不合。明盧熊《孫王墓辨》，言必始葬曲阿，後遷於吴，史文失載，其説良是。

又舊志中諸墓最多附會。如楚項羽葬穀城，見《史記》，而有墓在江浦。漢張劭志作元伯，蓋舉其事。葬汝南，見范史，而有墓在盱眙。唐李勣、程知節、尉遲恭皆陪葬昭陵，郭子儀陪葬建陵，俱見史傳，而有墓在睢寧、淮安、定遠、六合。是皆不可信。今略辨其尤者，餘不及縷舉也。

至宋王象〔之〕《輿地紀勝》，揚州有淳于棼墓。按唐人作淳于棼傳，記夢入蟻穴事，其文見《太平廣記》，特文士寓言游戲之作，本無其人，安得有墓？而宋後諸志，悉仍而不削，尤荒誕矣。

周榮　周景　周瑜

《三國·吴志》：周瑜，廬江舒人。從祖父景，景子忠，皆爲漢太尉。張璠《漢紀》：景父榮，章、和時爲尚書令。是瑜與榮、景服屬，皆舒人也。舊志分周榮、周景屬安慶，周瑜屬廬州，是未詳考其家世矣。

蕭　方

唐、宋《藝文志》皆載蕭方《三十國春秋》。按蕭方當作「蕭方等」，梁元帝長子、敬帝方智之兄，《梁書》有傳。蓋二名也。二志皆脱一「等」字。今《省志・藝文》中列「方等」所著書，而其名從《梁史》，以與唐、宋《志》異，故特辨之。

陳果仁

舊《通志》：陳杲仁，字世威，晋陵人，仕陳爲監察御史，未幾挂冠歸養母。母死，刺血書《孝經》。繼母病，思牛炙，適禁屠，刲股以進，母病愈。郡上其事，旌表。至大業中，奉詔平長白山及江寧。義寧中，與沈法興等剪東陽賊二十萬，擢左司徒。煬帝被殺，沈法興入毗陵，陽爲起義，陰欲據之，懼杲仁不附己，遂遇害。

按《唐書・沈法興傳》：大業末，法興爲吴興郡守，東陽賊略吴興，煬帝詔太僕丞元祐討之。義寧二年，江都亂，法興與祐將孫士漢、陳果仁執祐，名誅宇文化及，收兵趨江都。至毗陵，通守路道德拒之，法興襲殺道德，據其城，遂定江表十餘州，自署江南道總管。聞越王侗立，乃上書稱大司馬、録尚書事，承制置百官，以陳果仁爲司徒。則司徒爲法興所署，非因剪東陽賊而擢者也。法興定江表十餘州之後，然後上書越王，署果仁爲司徒，則亦非初至毗陵遂遇害者也。

《唐書》又云：法興聞伺被廢，自稱梁王，意南方諸城可跂而平，專事威戮，下有細過即誅之。果仁之遇害，或即在其時，而史未有明文。

獨其既死之後，屢現靈異。南唐保大三年，封武烈帝，夫人軫氏封武烈后。明洪武初，詔去封號，題木主曰「司徒之神」。至今廟食常州、無錫間，士民事之惟謹。其名史作「果仁」，舊志作「杲仁」，則字形相近而訛也。

張　籍

《新唐書》云：張籍，和州烏江人。韓愈《與孟郊書》亦云：張籍在和州居喪，家甚貧。而愈《張巡傳後》則云：吴郡張籍。至張洎編次籍詩曰：蘇州吴人。按籍《寄蘇州白使君詩》云：「登第早年同座主，題詩今日是州民。」《贈陸暢詩》云：「共踏長安街裏塵，吴儂獨作未歸身。胥門舊宅今誰住①，君過西塘與問人。」則籍爲蘇人無疑。當是籍生於蘇，後嘗居和，故《唐書》誤以爲和州也。

權德輿

《唐書》稱權皋自略陽徙居丹徒。德輿，皋子也，故舊志以德輿載入丹徒。但按韓愈《權公墓碑》

① 「住」，《四庫》本作「主」。

云：授節鎮山南，以疾求還，道薨於洋之白草亭，葬河南北山，在貞孝東五里。貞孝，即皋謚也。是其兩世雖居丹徒，而皆葬河南矣。

李公麟

《明一統志》《南畿志》、舊《省志》俱載入安慶府，而《舒城縣志》據所得舊碑《龍眠記》，定爲舒城人。考《宋史·文苑傳》云：舒州人。舒州，今安慶也。《桐城縣志》載公麟龍眠山莊遺蹟甚詳，則公麟當屬之安慶矣。而王偁《東都事略》作舒城人。此書在《宋史》前，典核可信。《廬州志》亦不爲無據，然終以正史爲定。

宗澤

《明一統志》有宗澤墓，在鎮江。注云：澤以言事謫居潤，夫人死，藁葬丹徒。後澤卒，因合葬焉。舊説遂謂澤家於潤。然考《宋史》，澤爲義烏人，其官位歷歷可數，未嘗以言事謫。其罷登州也，唯云「退居東陽，結廬山谷間」耳。東陽，義烏鄰邑，亦未嘗居潤也。

盧雍　伊乘　張益

明洪武初，徙富室實京師，數世以後，遂同土著。如盧雍、伊乘、伊敏生、張益諸人，皆占籍應天，今入之江寧可矣。舊志蘇州府又收之，非也。

二喬宅　喬玄墓

案《三國志・周瑜傳》：孫策克皖，得喬公兩女，皆國色，策自納大喬，瑜納小喬。史於喬公不載其名，第稱公。柳子厚所謂年之長老通曰公，若毛公、申公、涪公是也。曹操《祭太尉橋公》文，案《後漢書》，橋玄字公祖，靈帝時遷司空，轉司徒。柳子厚所謂天子之三公稱公是也。「橋」與「喬」姓字既不同，名亦各別。況喬公皖人，今爲安慶府潛山縣。橋太尉是梁國睢陽人，今爲歸德府睢州，相去千餘里。

考《太尉傳》中，絕無避地居皖之事。而《三國・魏志》云：建安七年，曹公軍譙，遂至浚儀，遣使以太牢祀橋玄。其辭曰：奉命東征，屯次鄉里，北望貴土，乃心陵墓。浚儀，今河南開封府祥符縣，宋真宗時改浚儀爲祥符。是太尉以睢州人，而葬於祥符，總與安慶之潛山無涉也。

府志於《古蹟》內載二喬宅云：漢喬玄避地居此。有二女，負國姿。宅前有井，水猶帶脂粉色。因於《墳墓》內入喬玄墓，并易其姓爲「喬」。欲令太尉得佳婿，而先使二喬認假父，不亦謬乎？

又案：太尉以靈帝光和六年卒，年七十五。至獻帝建安三年，孫策破皖之歲，凡十六年。計二喬初嫁，必當及笄之年。則方其始生，而太尉已當作土中人矣。算其年分，亦未合也。

唐柴紹墓

《安慶府志》云：唐駙馬柴紹墓，在潛山縣太平山。亦非也。

案《新唐書・傳》：紹，晋州臨汾人，尚高祖女平陽公主。高祖起義旗，時有功，累封霍國公，徙封譙國。貞觀二年卒。夫紹以功臣與佐命，例當賜塋域，陪葬京師。況公主已於前武德六年薨，高祖以主有武功，特異其禮，令葬用前後部羽葆、鼓吹、大路、麾幢、虎賁、甲卒、班劍，其尤爲京師長安無疑。豈有羽葆、鼓吹經行三四千里之遠，至舒州而營葬耶？主既葬長安，後五年而紹薨，太宗親自臨問。豈有不與主合葬，而孤孑一墓遠在舒州之域耶？其爲傳譌無疑，後人第弗深考耳。

顧右丞祠

顧右丞祠，在無錫縣南林，祀晋無錫令顧愷之。按《晋書》本傳：愷之，晋陵無錫人。父悦之，歷尚書左丞。亦不言爲無錫令。然則「右丞」乃「左丞」之譌，而所祀者乃愷之之父悦之也。今據史本改正。

附録

一、黄之雋傳記資料

（一）《國朝耆獻類徵初編》

黄之雋，江蘇華亭人，原籍安徽休寧。少聰穎，讀書過目輒成誦。康熙六十年進士，改翰林院庶吉士。雍正元年，奏《中元祭聖祖仁皇帝文》，稱旨，越日召見，授編修，充日講起居注官。尋命提督福建學政。一歲之内，叠荷特恩，蓋異數也。二年，遷中允。三年，以巡撫毛文銓奏參庇護生員，回京。四年，降編修，復以浮開廪册革職。乾隆元年，刑部尚書徐本薦試博學鴻詞，是時之雋年逾七十，試日屬稿成，以目眵不能就燭下作書，遂納卷出，報罷。南歸又十餘年，卒。

之雋倜儻自喜。初罷官歸，囊無餘貲，惟嗜蓄書，偫目者二萬餘卷。撰述甚富，詩筆尤工。手編《唐堂集》六十卷，别開生面，仍復不失正軌。嘗集句爲《香屑集》十八卷，凡古今體九百三十餘首，千首中句無重出，一首中人無叠見。又集唐人文句爲之序，亦二千六百餘言，組織工巧，一一如自己出。雖非正格，實爲唐宋以來所未聞。兼收并蓄，足見文章之變，無所不有也。（右國史館本傳）

雲間詩自陳黄門振興後，俱以不入歧途，累累繩貫。至盧文子後，又日就衰瞶，匙所宗法矣。唐堂學殖富有，而心思才力又足以驅策之，故能自開生面，仍復不失正軌，謂之詩學中興可也。（右《國朝詩别裁集小傳》，沈德潛撰）

（《國朝耆獻類徵初編》卷一二五）

（二）《清史列傳》（摘録）

黄之雋，字石牧，江蘇華亭人，原籍安徽休寧。……其爲學排陸王而尊程朱，持論甚正。而綜覽浩博，才華富贍，下筆不能自休，撰述甚富。手編《唐堂集》五十卷、又《補遺》二卷、《續集》八卷。嘗纂修《江南通志》，時人比之范成大、梁克家。

（《清史列傳》卷七一《文苑傳》二）

（三）嘉慶《松江府志》

黄之雋，字石牧，先世休寧人，遷華亭之陶宅，今爲奉賢。讀書過目成誦。登康熙六十年進士，選庶吉士。雍正元年，奏呈《中元祭聖祖仁皇帝文》，大稱旨，次日召見養心殿，授編修。未幾，充日講起居注官，纂修《明史》。旋視學福建。一年之内，叠荷特恩，蓋異數也。在任條教一新，多士争自濯磨，自將軍、制府以下，悉不敢干以私。二年，陞右春坊右中允。明年轉左。

會巡撫毛文銓奏之雋庇護生員，調回京。四年六月，有旨鐫中允，仍在編修行走。五年，復以在閩時試册浮開廪額，部議革職，然實無逾額糜帑事也。乾隆元年，膺博學鴻詞之薦，以老疾報罷。時許廢員陳訴，部院驗看，引見録用，之雋淡於宦情，徑南歸。閉門却掃，州郡交聘，悉謝不往。年八十餘，卒。著有《香屑集》《㾕堂集》。

（嘉慶《松江府志》卷五十八《古今人傳》）

（四）光緒《重修奉賢縣志》（摘録）

黄之雋，字若木，一字石牧，號㾕堂，陶宅人。六歲就傅，書如宿讀。十五補諸生，而困場屋者歷三紀，康熙庚子中北闈，年已五十三。辛丑成進士，選庶吉士。雍正元年，奏呈《中元祭聖祖文》，大稱旨，授編修，充日講起居注官，與修《明史》，簡督福建學政。上嘗言黄之雋係朕特用，并不由人薦舉，蓋殊遇也。興化府屬止莆田、仙遊二縣，有莆人徙居仙者四十八家，長子孫、卜宅兆已久，而仙人擯之不得與考試，及歸則莆人亦拒之，互相攻擊，至斗毆殺傷不悔。之雋曰：「若兩縣俱不許入試，是終身錮之也。」於是坐明倫堂，呼仙遊廪生諭之，語音有不省，則具紙筆相問答。往復盡十餘紙，始翕然服，四十八家者得試仙邑自此始。三年，陞右中允，明年轉左。閩俗命盜、欠糧案件必株及其族，生監坐以主使包攬，先咨詳褫革。之雋不輕受愬，事必核實。有司以爲不便，撫臣劾稱庇護生員，遂輟任。士子群送之，有號泣者。抵京，仍在翰林院行走。科臣又疏劾督學時試册浮開廪額事，革職歸。應江浙兩省聘，纂修通志。乾隆元年，薦舉博學鴻詞，時詔許參革被冤者赴部院陳訴驗看，引見録用，有爲之地者，之雋謝焉。

（光緒《重修奉賢縣志》卷十《人物志·仕績》）

（五）自傳①

之雋初名兆森，字若木。年十五，萊陽趙公崙督學，入府庠。吉水李公振裕歲試高等，補增廣生。韓城張公廷樞歲試古學超等第一，科試復第一。古田余公正健歲試高等。昆明謝公履厚歲試月課古學，皆超等第一。爲諸生垂四十年，凡鄉試甲子、丁卯、癸酉、壬午、乙酉、戊子、辛卯、癸巳、甲午共九科，唯庚午丁生母憂、丙子丁父憂、己卯背瘍、丁酉羈粤不試。

時庠友有同字者，故改今字。入國子監，遂改今名。李公《匯徵録》、張公《古學》、魏公《試牘存真》、謝公《江南風雅》及考卷各選本，皆刻原名。查編修慎行《敬業堂集》、儲進士雄文《浮青水榭集》，皆刻原字。徐訓導基《同聲集》，皆刻原名原字。今校《唐堂集》，皆追改如史傳：劉向更生、服

① 標題爲校點者所擬。

虔重、趙岐嘉、宋庠郊之屬，皆不稱初名。

嘗就初名拆其文爲十八者，三合之爲五十四，伯、叔、父、從兄年皆止此。少時課樵陶宅之野，仰見歸鴉群飛，默數以自卜齒，適五十四。歸告大兄，兄笑爲愚。至五十三，改名，登仕籍。六十歸田，居谷陽門外，又十餘春秋矣。暮年自稱石翁，又稱老牧云。

（黄之雋《唐堂集·冬録》二十一）

二、乾隆《江南通志》編纂與評介

（一）黄之雋：《答〈江南志〉議》

議曰：按舊志，帝王、人物各爲門類。今十志中秖有《人物》，則帝王宜列《人物》。若創爲《都邑》之名，而載帝王、后妃（凡志后妃附帝王門）之事，名從輿地，而實隸人物，揆之義例，大覺未安。若漢高帝，沛人也，而都關中。魏文帝，譙人也，而都鄴。所生則是，而所都則非，則此二帝可删矣。后妃中如漢昭烈之甘后，唐憲宗之鄭后，宋英宗之高后、孝宗之謝后，明英宗之錢后、憲宗之王后、武宗之夏后，皆江南産也，四代并不都此，無所附麗，則又可删矣。此以《都邑》載帝王，其不可較然也。

至命之曰《古都邑》，則混帝王、后妃於古迹矣。是不若載於《人物》之爲安也。

答曰：省志者，必專繫之省者，而後志之。帝王則五帝三王以來，一統之君固非一省所得專。即偏安割據，亦必連跨州郡，非今上下兩江可獨有。雖生其地，而人物常有，帝王豈常有哉？故凡志列《帝王》一門者大非也。況周、秦而後，王亦人臣，不宜與帝連稱。

今立《都邑》一門，而後可以該帝王。如漢高爲沛公、項羽爲楚王，六朝諸帝之建康，明祖之南京，以及泰伯之無錫，闔閭之吴，漢之江都、廣陵、淮南、廬江諸王，唐之楊行密、李昪等，皆確然宜繫於江南之都邑者。則紀其姓氏、世代年號之大略，原無庸備載其事若史鈔也。不然，歷朝帝王多矣，何擇而取之？誠取諸其都邑，而非取諸其帝王也。

是故今志有《都邑》，猶各省志有封建割據也。封建割據但及王侯藩鎮，而都邑可以由帝而遞及之也。是故易《封建》爲《都邑》，非創也。《天文》猶《天官》也，《溝洫》猶《河渠》也，《郊祀》猶《封禪》也，《食貨》猶《平準》也，《州郡》《郡國》猶《地理》也，《司天》《職方》猶《天文》《地理》也，非創也。特以帝王之都邑皆往代矣，故命之曰《古都邑》，以别於《輿地》中之《城池》《疆域》，而與《古迹》并列云爾，安得混於古迹哉？

至於所生是而所都非者，秖譙人之曹魏，碭人之朱梁，是爲篡賊，既非所都，不載可也。若賢后妃之江南産者，則仿劉向《列女傳》，載入《人物》矣。前史后妃唯吕氏稱制作紀，范曄違史例作紀，餘自史漢、三國以迄元、明，皆爲列傳，與臣子類，不與帝王相附麗也。

議曰：按漢、唐地圖，今無可考。若宋之《景定建康志》，元之《金陵新志》，其府縣諸圖大率皆北上而南下。由此以推，古之爲地圖者皆然矣。至明人一代地圖，與我朝御定三十六張之大圖，及各省、各府之小圖，無不北上而南下者。其所以然者有三：以帝京在北也，以地之形勢北高而南下也，又凡物之理多向南而少向北也。

近日地志圖亦間有南上而北下者，今志從之。請試言其不可。如府州圖中以南爲上，則山陽處處成陰，城之門面面向北，已大乖物理。然猶但載山川城郭，不畫屋宇，未盡見其不可也。至省城一圖，大小官署悉載，豈可使其門庭皆如三晋雲山乎？

夫古人北上南下之義有前三説，後有作者，不得而更張之。況本朝《一統志》中之圖，又無不如是。尤不可立異創新，而紊已成之例也。

答曰：圖之最古者，莫先於八卦。而文王《八卦方位之圖》，必離南而上、坎北而下、震東而左、兑西而右，《易·説卦傳》明言之。今所論南北，皆方位也。南上而北下，正以文王《八卦方位圖》爲準，未嘗立異創新也。

近代之圖，誠多北上南下，而不知所始。楊佺期《洛陽京城圖》、賈耽《地圖》、王曾《九域圖》之類，既無可考，是三説者果據何書？

就三説論之，唯尊帝京一説，則或元、明以來之圖北上南下之所繇耳。然所謂帝京在北者，統天下而爲圖，故以北爲尊。今一省之圖，非天下之圖比也。是故潘季馴《黄河圖》、王篆《長江圖》、白潢《西江志》諸圖，皆南上而北下也。

至所謂地之形勢北高而南下，書則無形勢也。一册之上下，無高低隆窪之判也。所謂物理多向南而向北者，正惟南上而北下，可使閲者向南。若北上而南下，則閲者必向北矣。斷無因物理之向南，而倒執簡册以觀之者。

至謂以南爲上，則山之陽皆陰，城之門皆北。夫城必非一門，東、西、南、北各有方向，安得面面向北？北無足慮矣。若山之陰陽，如畫一山曰某山，不過書山名於其陰耳。銘金人之背，題石碑之陰，硯銘鏡款皆然，何乖物理？若水則正書名於其陽，何獨不及之？

至謂官署門庭，不可向北，則豈不見《江西新志》亦南上北下，而門仍可南向乎？

嘗謂懸幅之大圖，必竪而張屏壁之間，則可北上而南下，人入門而見之故也。書册之小圖，必平而陳之几案上，則宜南上而北下，人坐而向故也。此物理之一定者。

議曰：按山水固自爲類，而其中又有小類。如山之有嶺，岡之有巖、有墩、有洞也，水之有江、有河、有湖、有溪、有港也。分小類而以州縣分列其下，此《一統志》舊例，以其便於觀覽也。曩在《一統志》館中，伏見御府發出司寇徐公、宗伯韓公進呈二書，莫不皆然。

今於山川類中，變舊例而計東西南北之方向、道里，無論名類淆亂，徒令觀者眩目。且其中亦有難盡以方向、道里記者。如此山去彼山若干里，府縣志本無明文，或一水而繞境數面之類；又山有名山鎮山，水有大川巨澤。倘惟主方向，其如尊卑先後之義何？

若謂各分小類，嫌於類書之陋，則此書之體，又何往非類也？且《周官》職方氏有可證者：荆之川曰江，漢浸曰潁、湛，豫之川曰滎，雒浸曰波、溠。同一水也，而别之曰川曰浸，以類相從，其即地志之權輿乎？

答曰：《山海經》之紀山也，以南、北、東、西爲目，而曰「又東幾里爲某山」、「又西幾十里爲某山」。《禹貢》之紀水也，曰「南至」、曰「北過」、曰「東流」、曰「又東」。《水經》亦遵之。今亦從其本耳。使今而必欲考其此山去彼山若干里，則誠未暇遍觀而盡識，而在東在西、去郡幾里、去縣幾里，則府縣諸志已明載之矣。故於各府州之屬縣之下，記某山則云在縣東、縣西若干里，南北如之，記某水亦如之。以縣爲經，而山水爲緯，井如也。豈可以山嶺巖洞、江湖浦港分類爲經而組織，各縣以爲緯哉？

乃忽欲以一府諸縣之山爲一類，次以巖爲一類、嶺爲一類，又以湖爲一類、浦爲一類、溪爲一類。不但嫌於類書也。試思山水皆有脉絡經界，序其方向、道里，則脉絡清而經界定，郡邑形勢於是乎出，考山川者循州依縣，開卷犂然。乃必使錯雜於州縣之間，脉絡斷而經界淆，斯則徒以眩觀者之目矣。

至謂以方向之故，而昧尊卑先後之義，則惟五岳、四瀆，誠尊而所宜先者也。若各府州縣之山水，又何從分晰，而尊卑之、先後之耶？若以《周禮》爲證，則固未嘗以山爲一類，曰會稽在揚、衡山在荆、華山在豫；又以澤爲一類，曰具區在揚、雲夢在荆、圃田在豫；又以川爲一類，曰三江在揚、江漢在荆；又以浸爲一類，曰五湖在揚、潁湛在荆也。則固明明以九州爲經，而緯之以其山鎮、其藪澤、其川其浸也，地志之權輿如此，云何不從？

議曰：按古人陳迹，如已廢之州縣及園囿、池沼、亭臺、樓閣之屬，今有名而無其地無其物者，則立爲《古迹》一門，此《一統志》舊例也。然則古迹者，所以囊括遺漏，匯萃細瑣，取不能成類者而類之。若寺觀、陵墓，則《一統志》中本各自爲類矣。自二氏既盛，琳宫梵宇遍於天下，所載皆今日現存者，不與有名無地一例。至陵墓，或系帝王聖賢，或系名臣達士，亦有當代奉旨諭葬者，皆不得謂之古迹也。且此二類居然自爲門庭，非細瑣不能成類者比，混入《古迹》，有乖義例。

至於川澤，有昔爲通流，而今已湮塞者，仍宜載於山川本類。如古之陂渠、塘堰，後雖毁棄，亦載《河渠志》。蓋此書本非一代之書，將使考鏡往古者有所據依，不可以偶經遷變，而遽削之入於《古迹》也。且郡縣諸志所載某江某湖而遷變非其故道者自多，豈能一一皆得其實，如松郡之柘湖乎？削此存彼，又不無遺議矣。

答曰：以陵墓、寺觀爲古迹，雖至愚不爲；其不可爲古迹，雖至愚知之。今寺觀自寺觀，陵墓自陵墓，以此二類次於《第宅》《園亭》二類，而俱附於《古迹》之後，并非泯其門類，而雜於《古迹》之中也。如以其附也而謂之混，則各省舊志如《畿輔志》與《盛京志》，皆陵墓附《古迹》，湖廣、河南皆寺觀附《古迹》，福建則寺觀、宅墓附《古迹》，雲南則冢墓、寺觀附《古迹》，而江南舊志亦寺觀附《古迹》，未有因其附而訾其混者。夫附與混判然也，奚難辨之有，而自眯其目哉？

至謂川澤之已湮塞者，仍宜載之《山川》而不可削，此正唯議中所謂不能皆得其實故耳。若松郡之柘湖，則府志明言今查山之西北、張堰之東南，黄茅、白葦之場皆其遺迹，故江南舊志《山川》内已削而不載矣。今尚留其名，而紀之於《古迹》中，正所藉以考鏡往古，有所據依，而反曰削之哉？若明知已廢之湖，而仍載之《山川》，則議中所謂已廢之州縣，亦宜仍載之《城池》《疆域》，何以但載之《古迹》哉？

議曰：按文章者，經國之大業也。而月露風雲，古人亦所不廢。況三代聖賢、漢唐豪杰，大抵發迹中土。而江南自三國以後，風氣乃稍稍開始，以文采風流著稱。其道德事功，已遜他國。所長唯藝文，又削而不録，則江南之書，其所以大異閩、粤、滇、黔者，果何在乎？

蓋藝文有當録者三：其紀載，能具本末源流也；其辨證，能析是非同異也；其緣情體物，名勝藉以流傳也。三者關繫乎志非淺。若徒採紀載、辨證之文，而緣情體物之作概爲汰除，則名勝之區黯然減色，而所謂人文之盛，亦不可得而見矣。

且凡志設《藝文》一類，例載詩文。今專載書目，仿《漢史·藝文》《隋書·經籍》二志之例，謂以新耳目則可矣。而一切詩文編入各類之下，如一山、一水，既有故實當載，而詩文多者連篇累牘，不無擁腫破碎之嫌。

且皇朝御制詩文，與往古篇章雜然并列之於雙行細字之中，亦所當斟酌以求至當者。各省新修志多以上諭、御制列於卷首，似宜仿之，《周頌》先《商頌》之義也。

答曰：江南之道德、事功，不可更僕數。若子游、季札、管仲、蕭、曹、韓信、周勃、文翁、朱邑之徒，皆不在三國風氣稍開之後，何爲而代江南作謙辭耶？且正惟藝文爲江南之所長，天下所共見聞，不待志之鋪張揚厲而始著，若閩、粵、滇、黔之窮搜博採，以夸其聲明文物也。況何嘗削而不録乎？詔諭、奏議、記載、辨證之文，關係人地之詩，皆附入各類之下，一山、一水、一事、一物，閲者了然心目，不待另翻後半部之《藝文》，於叢雜千百紙中而後見之也。若緣情之詩，體物之賦無關有無者，奚所用於志而載之？若盡名家詩賦而載之，何啻插架充棟，則何不購選樓、開石倉，網羅遺失，裒緝風雅，以爲江南風雲月露之大觀，而必載之志書以傳耶？

況以《藝文》載書目，則一書奚啻詩文數十百篇，著書奚啻數千百家，較之載詩文者之邑不數人、人不數篇者，孰多孰少？將名勝之區不愈生色，而人文之盛不愈章明耶？

前代史例，不但漢、隋凡奏議、辭賦必入紀、志、傳中，而《藝文》《經籍》秪載書目，其例舊矣，胡云新耳目也？若上諭、御制詩文之繫江南者，舊志皆列雙行細字中，特雜入藝文非體。今冠於各類之前，或載於本事之内。聖謨之原委，昭如日月矣。必欲另標卷首，恐孔子尊周之義不在是，觀《尚書》可知已。

議曰：按今書分十志以統之，每志又各分細目以紀之，亦可謂綱舉目張，鉅細畢舉矣。然其中亦有未盡善者。如沿革、山川、疆域、城池之屬，所當前列者矣。次即有國家之大政鉅典在，而今以限於《輿地》一志，遂使門類之本宜殿後者，而居然先於《賦役》《河渠》《學校》《兵制》，失其次序矣。

又如《食貨志》所載田賦、漕運、鹽政、錢法、關税等爲正。若土産一項，原無關於國計、經費。至於户口而亦入之《食貨》，俱爲不倫。

又如「輿地」二字，《漢書·藝文志》有《堪輿金匱》四十卷，注云：「堪，天道；輿，地道。」輿地之説，蓋昉於此。後人曰坤輿、曰大輿、曰皇輿、曰方輿，蓋皆包舉六合而言。若一省，不可謂輿，猶一輪一轂不可謂之車也。惟近日州縣志中乃有以一方一隅，而命爲輿地者，今不當襲其繆也。

若斯之類，既使衆目拘於所統，而位置因以失宜，則不如舊志之不立總部，而先后有倫，行所無事矣。

答曰：十志者，皆取諸史，非鑿也。既分十志，則各以類從。若謂失其次序，某類宜殿後，某類宜居先，則《漢書》先《食貨》後《天文》，《晋書》先《天文》後《食貨》，《宋書》先《五行》後《州郡》《百官》，《南齊書》先《州郡》《百官》後《五行》。諸史皆先《禮樂》《律曆》後《天文》，《宋史》先《天文》後《律曆》後《禮樂》，《隋書》先《食貨》後《刑法》，《唐書》先《兵》後《食貨》，《宋史》先《食貨》後《兵》，《金史》先《刑》後《食貨》。諸史先志後傳，《魏書》先傳後志。若此類不勝紀，何嘗有先後一定之例也？况今書既以十志爲次序矣，而又及於細目，不亦鋭乎？

謂土産無關於國計、經費，及户口入《食貨》爲不倫，夫食貨所以養民，故户口繫焉。而土産者民生所資，亦貢賦所出，經國者重之。如《禹貢》厥貢某某、厥篚某某，即土産也。《職方氏》其利某某、其畜某某、其穀某某，即土産也。《唐書》首紀土貢之物於州郡之下，而宋、元《食貨志》所載鹽、茶、礬、錫、絹、布等物，即土産也。《晋書》《隋書》《唐書》《元史》《食貨志》中皆及户口，而《金史》竟列户口於《食貨志》第一，以冠於《田制》《租賦》《錢幣》之前，故《食貨》之於户口、土産必詳而勿略也，合而勿離也，而奚不倫之有？

謂一方一隅爲輿者繆，則《中庸》所言「萬物載焉」者爲地，一撮土獨非地乎？包舉六合爲輿，一省獨非輿乎？且輿既稱地道，則非包舉六合之解。六合者，合上下四方言之。其所謂上者天也，非地也。議者徒以其有總部也，而欲散之以遵舊志，不知合之爲十大類，分之爲六十四類，一也。

議者又輒舉《一統志》。夫《一統志》設官開局，將匯各省志稿以供採擇去取，而後畫一以成一書者乎？抑不動一筆，不費一墨，徒合各省之志以輻湊而成一書者乎？《河南通志》，康熙中所頒於天下以爲式者，而卷首《凡例》第一句即云：「省志與一統志不同」，可見也。

（黄之雋《㢈堂集》卷十九《雜著》三）

（二）黄之雋《詹言》「江南通志」條

《江南通志》訂訛辨正頗勞。今借閲刻本，與原稿多舛。惜遽索去，未盡標出。

分十志者創例，而序言分括十門，舊志所同。崇禎，本朝謚莊烈，而仍福王所謚爲懷宗。漢武帝登禮潛之天柱山，謂之南岳，在今六安州之霍山，《漢書》注甚明，而仍謂即元時所置之潛山縣。吾始祖諱積，爲新安太守，程元譚繼之，俱東晋時，今俱列西晋，而置程於前。至吾松，錯誤尤夥。今所行《松江府志》修於康熙二年，至二十二年重修，而其本未行。乃於雍正二年知府楊紹修捍海塘一條，引《府志》康熙六十一年云云，六十一年曷嘗有志哉？舊《通志》載知府止。今載及知州、知縣，各州縣造册申局，極其詳備。今《職官志》華亭知縣馮賡，康熙元年任，而直接十六年之任之南夢班。婁縣知縣張顧恒，康熙二年任，而直接十六年任之史彬，中間李復興、孟某俱失載。李行均田均役法，吴民感頌至今，今志内徭役類大書，名宦類大書，何故職官删去？孟則欲變壞李法，而獲罪去者。署奉賢知縣徐必昌，改「昌」爲「達」。陶宅四隱墓，明載四人，而删其一曰忘其名。谷陽改「暘」。科目類康熙甲辰程文彝，婁縣人，雍正甲辰重見。康熙庚戌黄雲企，華亭人，雍正庚戌重見。北榜舉人康熙丙午錢芳標、戊午錢金甫，俱删去；康熙壬辰董洪，即胡宏，兩載。藝文類《華蘋集》，吴懋謙著；《保素堂集》，錢金甫著，皆本朝人，而入明代，且重見。凡此皆予親閲定，而紊亂至此，豈有意爲之耶？

予辭歸日，謂當事勿列予名。今忝載纂輯之首，而官銜亦倒。後晤長洲邵峙東、無錫華豫原，亦言蘇、常多竄改原稿，可怪也。

（黄之雋《㢈堂集》卷二十一《雜著》五《詹言》下篇）

（三）《四庫全書總目》提要

《江南通志》二百卷，通行本。

國朝兵部尚書、兩江總督趙（宏）〔弘〕恩等監修。先是，康熙二十二年，總督于成龍與江蘇巡撫余國柱、安徽巡撫徐國相等，奉部檄創修《通志》，凡七十六卷。雍正七年，署兩江總督尹繼善等奉詔重修。乃於九年之冬，開局江寧，屬原任中允黄之雋等司其事。因舊志討論潤色，刊除踳駁，補苴罅漏。凡閲五載，至乾隆元年書成，總督（宏）〔弘〕恩及江蘇巡撫顧琮、安徽巡撫趙國麟等具表上之。

卷首恭録聖諭及御制詩文，以尊謨典。次《輿地》，次《河渠》，次《食貨》，次《學校》，次《武備》，次《職官》，次《選舉》，次《人物》，次《藝文》，次《雜類》。發凡起例，較舊志頗有體裁。惟纂輯不出一手，微有牴牾。黄之雋《唐堂集》中嘗稱，是書刻本與原纂多有舛互。如潛山在六安州之霍山，而仍謂即元時所置之潛山縣。黄積、程元譚俱東晋時新安守，而誤入西晋。其他遺漏重復者甚多，皆之雋離局以後爲他人所竄改者也。司馬光修《資治通鑒》，以《史記》以下屬劉攽，三國以下屬劉恕，唐以下屬范祖禹，始終不易，其知此意歟！

（《四庫全書總目》卷六八《史部・地理類一》）

（四）《中國地方志總目提要》（摘録）

（乾隆）《江南通志》二百卷　首四卷。

……江南水鄉，土地肥沃，物産豐富，商賈雲集，納税錢糧在清初國庫歲中占有十分重要位置。因而是志將有關食貨列入突出地位。水利、水運係江南農工商的命脉，是志用十八卷的篇幅作詳細記載。由於天時地利，江南文人薈萃，因而有關人物的專志其卷數超過全志的四分之一。尤爲珍貴的是《雜類志》中的第（一百二十）〔二百〕卷《辨訛》①，考録了《康熙志》中一些不確記載。例如，有關贛榆故城、沭陽故僮縣、海州之廢沂州、丹徒（日親）〔曰京〕②、溧陽舊縣、昆山、宿縣等辨訛頗有一定參考價值。

（金恩輝、胡述兆《中國地方志總目提要》）

（五）《中國方志大辭典》（摘録）

（乾隆）《江南通志》

與康熙志相比，增《河渠》《雜類》兩志，可謂創新。此志於水利、漕運、食貨方面内容甚詳，反映了清朝統治中國一個世紀以來社會經濟的發展，突出了江南地區在經濟上的重要意義。同時，對史事考訂頗精，設有「辨訛」一目，如認爲宗澤墓不在鎮江等，反映了纂修者的功力。時人評論是志「既部分而類居，亦詳稽而博考」，是成功之作。

（《中國方志大辭典》）

①② 均據原刻本改。